教育部第三批1+X证书制度试点
运动营养咨询与指导职业技能系列教材

运动营养师培训教程

基础知识与技能

杨则宜　主　编
汤春雪　副主编
焦　颖　审　订

人民体育出版社

图书在版编目（CIP）数据

运动营养师培训教程：基础知识与技能 / 杨则宜主编. -- 北京：人民体育出版社, 2020（2024.9重印）
运动营养咨询与指导职业技能系列教材
ISBN 978-7-5009-5814-7

Ⅰ. ①运… Ⅱ. ①杨… Ⅲ. ①体育卫生—营养学—职业培训—教材 Ⅳ. ①G804.32

中国版本图书馆CIP数据核字(2020)第093078号

*
人民体育出版社出版发行
三河兴达印务有限公司印刷
新 华 书 店 经 销
*
710×1000 16开本 25.75印张 458千字
2020年9月第1版 2024年9月第8次印刷
印数：53,001—66,000册
*
ISBN 978-7-5009-5814-7
定价：85.00元

社址：北京市东城区体育馆路8号（天坛公园东门）
电话：67151482（发行部） 邮编：100061
传真：67151483 邮购：67118491
网址：www.psphpress.com
（购买本社图书，如遇有缺损页可与邮购部联系）

编委会

主　编：杨则宜

副主编：汤春雪

审　订：焦　颖

编　委：杨则宜　　汤春雪　　焦　颖

王　橹　　李　阳　　白旭阳

乔　旭　　葛晓川

序

体育科技进步推动了现代竞技体育发展。如何通过科学的训练和综合恢复手段来提高运动员的体能，是奥运攻关的关键，也是在竞技舞台上创建佳绩的必由之路。作为最初就服务于竞技体育运动员人群的学科，运动营养学在其中发挥了巨大作用。随着现代竞技体育的快速发展，教练与运动员在运动营养知识方面的需求也越来越多。随着我国经济发展和人民生活水平的提高，群众性健身运动空前高涨。据国家体育总局统计，2014年全国经常参加体育锻炼的人数百分比为33.9%，约为4.6亿人。按照“健康中国2030”的要求，我国2030年经常参加体育锻炼人数（运动人群）要达到5.3亿。可见，运动营养学的发展与普及将在竞技体育与全民健身运动中发挥增强体能和保障健康的积极作用。

营养师职业在国外已经有几十年的历史。运动营养师作为营养师中的一个特殊群体，在国外受到高度的重视，因为他们同时肩负着指导运动和营养的双重任务。然而，在我国营养师凤毛麟角，运动营养师更是在珍稀之列。竞技体育和全民健身对运动营养的高需求与运动营养师的奇缺，成为一对十分尖锐的矛盾，已经到了不得不解决的时候。我们对能够肩负起这样具有历史意义的培养运动营养师的责任，感到无上的光荣和自豪。

综合各国以往的经验，我们认为要成为一个合格的运动营养师，需要掌握营养学、训练学、生理生化学等多方面的理论和实践知识。通过多年运动队及全民健身营养工作的实践，我们认为，作为一名运动营养师应该具备三大领域中九大咨询与指导的技能。为了让有志于运动营养师工作的人全面地掌握所需知识，在走上相关职业岗位以后能够胜任这九大技能，我们编写了《运动营养师培训教程　基础知识与技能》，奉献给我们未来的同行。希望这本书能够成为未来的运动营养师们的良师益友。

愿我国的运动营养事业跟随时代的步伐，大踏步地前进。

2020年2月17日

前 言

2008年，杨则宜教授主编的《运动营养师培训教程》由人民体育出版社正式出版，十余年间，以该本教材为基础，我国运动营养人才培训持续推进，并随着我国健身事业的发展与相关政策的完善而逐步进入正轨。随着运动营养学研究和实践应用的迅猛发展，为完善运动营养师培训体系，杨教授带领编写组，编写了《运动营养师培训教程　基础知识与技能》，在保持为运动人群进行训练及营养综合指导的初衷的基础上，添加了更为丰富的内容，并建立了初、中、高三级职业技能等级划分。这本书是基础培训专用教材，旨在帮助学习者建立运动营养意识、掌握运动营养基础知识并具备初步的运动营养咨询与指导技能。

2020年1月22日，教育部职业技术教育中心研究所确认落实“运动营养咨询与指导职业技能等级证书”项目，该证书对应课程培训学习成果可经职业教育国家学分银行（http：//www.ncb.edu.cn）认定。这一项目明确了“运动营养师”的技能为“咨询与指导”，并为中高职院校、应用型本科院校学生以及有志于运动营养事业的社会人士提供了官方学习渠道及职业技能证明。

《运动营养师培训教程　基础知识与技能》是职业技能认定的基础教材，共分四篇。第一篇重点概述目前运动营养学领域的研究进展及运动营养师职业发展通路，并结合我国国情阐述我国运动营养师发展规划；第二篇阐述运动营养基础知识，共分七章，包括运动与能量、运动与七大营养素，每章末节均为理论与实践相结合的应用部分，可供初学者实践使用；第三篇重点阐述运动营养食品的基本知识，结合国际最新研究，明确我国运动营养食品的定义与分类，并了解其在运动营养解决方案制订中的重要作用及科学选用方法；第四篇阐述运动营养师的基本技能，以运动营养咨询与指导为目标，围绕崇尚健康生活的人群及运动人群，掌握运动健康风险评估、运动营养测试与评估、运动营养方案制订三大领域的九大技能，并建立硬性技能与软性技能逐步进阶的职业技能等级体系与标准。结合本书的基础知识与技能，本系列将根据技能等级水平的差别，设立与增肌增重、减肥减脂、竞技体育、耐力运动项目、青少年、中老年等相关的运动营养问题分册教材，以体现技能的实践案例应用。

本书在编写内容上力求科学性、前沿性、启发性、可读性和实践性，尽量吸收国内外本学科的最新研究成果和理论，力求做到图文并茂，并在书中多处设置了前后文内容衔接，确保学习者阅读期间“温故知新”。本书涵盖了当前运动营养领域的基本内容和发展趋势，适用于热爱体育运动的普通人群和体育类中、高职院校及应用型本科院校专业学生，也可作为体育科研人员、教练员、运动员、体能教练、健身教练在科学训练中的参考书籍。

本系列教程的编写工作是在康比特运动健康营养研究院的直接指导下完成的，由杨则宜教授任主编，焦颖教授负责审订，汤春雪执笔和统编。在本书编写过程中，参考了大量运动科学、营养科学、医学以及运动营养学专著，在此真诚感谢各类书籍及文献的原作者及译者！正是有了这些科学依据，编写工作才能如“站在巨人肩膀”上，涵盖更先进的理论，并更好地与实践相结合。

本书在编写过程中曾多次讨论和试用，并经数次审核，但限于时间仓促，书中错误和不足之处在所难免，敬请各位读者批评指正。

康比特运动健康营养研究院

2020年3月26日

目 录

第一篇 运动营养概论

第二篇　运动营养基础

第三篇 运动营养食品基本知识

第四篇 运动营养师基本技能

第一篇

运动营养概论

第一章 运动营养学与运动营养师

现代竞技体育对运动员体力、体能的要求越来越高，成功与失败之间只有百分之几秒或零点几厘米之差。为了在竞赛中取胜，运动员的训练必须适应现代体育科学的发展，没有科学营养干预的“干练”已无法实现更高水平的竞技表现。

随着我国经济发展和人民生活水平提高，越来越多的人为了健康和娱乐参加体育活动。特别是2003年“非典”以及2020年“新冠肺炎事件”发生后，人们更深刻地认识到健康对于生命和生活质量的重要性，群众性健身运动更是风起云涌。无论是竞技体育还是全民健身，运动营养对提高竞技水平和保持健康状况起着重要的作用。随着不同人群对运动营养需求的不断增强，运动营养学逐渐发展成一门独立的学科，并成为运动科学中的研究热点。本章将就运动营养学与运动营养师的发展状况及国际研究进展作一个概要性的介绍。

第一节 运动营养学概述

按照我们几十年来的工作实践及体验，将运动营养学定义为：“运动营养学是综合营养学、训练学和生理生化学等手段，研究和评估运动人体的代谢和体能状况，并提供合理营养补充、恢复手段及运动指导的科学”。这一学科在竞技体育和全民健身运动中发挥增强体能和保障健康的积极作用。

一、运动营养学的学科来源与界定

运动营养学是一个交叉应用学科，它跨越了体育学、营养学、食品学与医学等多学科，所以它在不同的国家有不同的定位。

在欧美国家，运动营养学属于运动生理学的一个分支。运动营养学的科研和人才培养都在大学的体育专业完成，并无国家级别的运动营养学研究机构。与此同时，膳食学作为营养学分支也是一个独立的学科，在医学院校设有膳食学专业，从事公共膳食营养方面的研究和教学工作。在膳食（营养）学会中，设有运动营养师分会，其会员也从事运动营养方面的工作。

目前，运动营养学在国内还不属于院校内特有的专业目录，但属于运动人体科学专业的研究方向之一。运动营养学的研究和人才培养工作主要放在体育专业院校的人体运动科学系。医学院的公共卫生系也设有营养专业，主要从事营养学的研究和人才培养工作，其中也包括运动营养学。

二、我国运动营养学的发展历史

我国运动营养学科始建于1958年，至今已有近60多年历史。我国的第一个运动营养研究室是以陈吉棣教授为领军人物的北京大学运动医学研究所运动营养研究室（原名：北京医学院运动医学研究所运动营养研究室），从1991年开始进行运动营养食品研制和功能评价。近30年是我国运动营养学快速发展的阶段，目前我国从事运动营养研究的专业机构主要有三个，即国家体育总局运动医学研究所运动营养研究中心、北京大学第三医院运动医学研究所营养研究室、北京康比特运动健康营养研究院，并有多家高校和研究机构参与，共同合作将运动营养学科造福于竞技和全民健身实践。2004年中国食品科学技术学会运动营养食品分会成立后，运动营养学得到了快速提升，并形成科研成果向实践转化的高效机制，在进行多项运动营养食品研制和评估的同时，也逐步形成了一套比较完整的学术和产业体系。未来，运动营养学将会先行在职业院校及应用型本科教育平台实现技能化转变，培养更多具有实战技能的运动营养复合型人才。

第二节 运动营养师的责任与国际发展动态

随着竞技体育和全民健身运动的不断发展，运动营养师工作受到社会广泛重视。伴随现代运动人体科学技术进步和信息高速传递，运动营养学研究和应用将进入一个高速发展的新时期，运动营养师也将在竞技体育和全民健身运动中发挥不可估量的作用。不同国家的运动营养师职业发展通路有所不同。

一、国际运动营养师发展动态

（一）美国运动营养师

1917年，美国营养与膳食学会（Academy of Nutrition and Dietetics，AND）成立于俄亥俄州，旗下的美国运动、心血管和健康营养学会（Sports Cardiovascular Academy Nutrition，SCAN）属于膳食实践团体，由其注册的运动营养师主要在提升竞技表现、体力活动、心血管健康及膳食紊乱与失调等工作领域，运用膳食营养手段提供运动营养咨询与指导。美国运动营养师的工作责任包括以下九项：

（1）提供个性化（一对一）营养咨询。

（2）举办讲习班和小组演讲。

（3）撰写科普及专业刊物的文章。

（4）开设课程并教授大学课程。

（5）设计和进行科学研究。

（6）在专业会议及公众场合发表专家演讲。

（7）在企业、学院、医院、食品公司和健身俱乐部作咨询，规划、指导、开发和实施方案、服务指导。

（8）为线上、印刷、广播、电视媒体提供信息资源。

（9）作营利或非营利组织的发言人。

（二）澳洲运动营养师

澳大利亚运动营养师学会（Sports Dietitians Australia，SDA）成立于1996年，是澳洲唯一的注册运动营养师培训及认证的权威机构，2008年建立了完整的认证体系。它主要服务于竞技运动员、健身人群、青少年及儿童，与美国的工作方式接近，主要运用膳食营养手段提供运动营养咨询与指导。2019年底，全国注册运动营养师约560人。

澳洲注册运动营养师的任务是，通过膳食营养策略、手段和指导方针指导运动实践，同时对食品和液体补充时间等至关重要的问题向运动员和工作人员提供支持，从而最大程度地提高体能及竞技表现。其在营养补充的最佳时间上，都有明确的策略、科学依据、解决方案。此外，注册运动营养师还在身体成分的管理中发挥积极作用，帮助运动员实现个性化目标，提高运动成绩，并尽量减少运动损伤风险。

澳洲注册运动营养师团队从事多方面工作，其责任包括以下六项：

（1）人体成分测试与体重管理。

（2）根据研究依据，制订补充计划、保持体能、防止运动伤害的营养方案。

（3）向运动员和工作人员提供最新研究、运动营养“热门话题”和问题等方面的信息。

（4）在与工作人员咨询过程中，为运动人群提供个性化、关注体能的营养计划。

（5）旅行和比赛日营养计划。

（6）其他与运动营养相关的工作。

澳大利亚运动营养师学会作为一个运动营养师平台，为体育运动队、健身俱乐部和其他组织开发运动营养人才资源，帮助它们招聘到优秀的运动营养工作者，包括这些人员工作的职位说明、在体育组织中的责任和预期作用，以及服务对象（体育及健身组织）对注册运动营养师提出的服务期望、参与活动和服务结果。澳大利亚运动营养师学会支持俱乐部建立一个多学科交叉的营养补充小组或委员会，以此推动营养策略和建议的落地。注册运动营养师不仅能在小组的决策中发挥重要作用，而且保证俱乐部内部工作的透明度，防止个人凌驾于俱乐部整体补充策略之上的行为。

澳大利亚运动营养师学会与澳大利亚运动医学会（Sports Medicine Australia，SMA）和澳大利亚体育科学会（Exercise & Sports Science Australia，ESSA）合作，倡导注册运动营养师应成为专业俱乐部中科普运动补充剂使用“走向大众”的角色。

目前，澳大利亚建立了一个全国性的注册运动营养师网络，可以在澳大利亚运动营养师学会网站上查询。过去认为很神秘的运动营养知识与方案可为各种运动人群共同分享。通过该网站，使得澳大利亚的运动营养师工作站在了国际运动营养实践的最前沿。

二、中国运动营养师发展状况

我国最早的运动营养师出现在运动队，他们以科研教练身份为竞技体育运动服务，属于体育工作人员（职业代码：2-11-01-99）分支。我国运动营养师是一批理论与实践相结合，重在解决实际问题的专业技术人员，他们掌握运动营养学基础知识，了解运动训练规律，运用生理、生化和营养学等手段测试并评估机能和体能状态，帮助教练及运动员完成训练计划，合理安排膳食及运动营养品补充，加速恢复，提高竞技水平和比赛成绩。

随着全民健身事业的发展，我国运动营养师逐步从竞技体育走向健身领域。结合国民体质健康、增肌运动、减脂运动、马拉松等大众体育运动（自行车、游泳、户外、篮球、排球、足球、网球、羽毛球、乒乓球等）、青少年体育特长生（体育爱好者）、军事及警务训练、演艺训练（各种舞蹈）、健身及健康运动（健步走、广场舞、龙舟赛等）的需求，运动营养师需要研究并建立技术体系，普及科学健身知识，建立各种便捷的检测方法与评估手段，防控运动风险，并在国民体质监测站、健身房、健身场馆、赛事现场、部队及警务系统、歌舞团、学校、健康管理机构、中老年长寿俱乐部等场所，为所有运动人群提供科学化、专业化、个性化的运动营养综合解决方案，为增强国民体质贡献知识和力量。

中国运动营养师体系的建设自2004年7月起步，伴随康比特运动健康营养研究院在竞技体育与全民健身领域的实践工作，历时16年。经过不断学习和研究、实践和拓展，研究院在借鉴国外运动营养师管理体系的基础上，结合我国国情及运动人群的广泛需求，整合形成了现阶段的运动营养师职业技能发展体系。根据运动营养师工作领域宽覆盖，运动、食品、营养、医学等多学科知识交叉融合，就业者的学历、专业知识与实践技能参差不齐等特点，将我国运动营养师定义如下：

运动营养师（sports nutritionists）是运动健康营养的管理工作者，以改善运动人群体能、体质和健康为目标，采用营养学、训练学、生理生化学及体质测评学、医学等不同手段，为运动人群科学运动、平衡膳食、运动营养食品合理使用提供解决方案。

我国运动营养师与其他国家运动营养师相比具有以下差别：

（1）服务于更广泛的人群。覆盖竞技运动、健身健美运动、青少年竞技及健身运动、大众健身和健康运动、部队及警务训练、演艺运动、中老年及慢病运动等；而目前查询到的资料显示，美国、澳大利亚等国家仅限于竞技运动、健身健美运动、青少年运动、心血管疾病。

（2）多学科综合的技术手段。我国运动营养工作者主要分布在竞技运动集训队、健身房、俱乐部、健康管理部门，他们通常运用营养学、训练学、生理生化学、体质测评学、医学等多学科知识和技能，不同程度地满足各类运动人群需求。国际运动营养师是隶属于膳食营养领域中的一个专业分支，多倾向于用医学或膳食营养学手段解决运动营养问题，通常叫“sports dietitians”，偏医学营养领域；而我国将运动营养师称为“sports nutritionists”，更适合我国特点。

（3）更加多元化的工作内容。不同于美国、澳大利亚运动营养师的工作内容，中国运动营养师由于面对更广泛的产业需求，还需要参与更多的工作内容。

根据康比特研究院进行的统计，目前，我国运动营养师的工作内容包含以下项目：

①提供各种运动营养的最新信息和资讯；

②在备战奥运会、全运会的国家及省市专业运动队的下队服务，包括膳食调查与干预、机能监控、体能训练与指导、训练计划建议、运动营养品补充、特殊运动项目及特殊环境（高原、高湿、高温）训练医学问题的解决等。

③通过一对一服务，为国家健身健美运动员提供综合化专业服务及备赛指导；采用培训、讲课、视频、网络、微信、电话、小程序等手段为健身健美爱好者提供个性化指导和解决方案，同时，通过各种训练营参与他们训练和营养方面的具体咨询与指导工作。

④在青少年竞技体育（参加各种青少年赛事人群）以及体考人群中，通过讲课、培训、实地服务进行一对一的指导；对青少年体育爱好者，通过培训、讲课、视频、网络、微信、电话、小程序等手段，提供运动营养科普知识、咨询和指导服务，并提供个性化解决方案。

⑤针对具有体质（fitness）健康促进需求的人群，采用测试、评估、运动、营养等综合技术解决问题，实现增肌、减脂、体质健康促进效果。

⑥针对中老年骨质、关节、肌少症等问题，通过讲课、培训、体质测试等技术手段，提供专业化、个性化、科学化的运动营养解决方案，实现改善效果。

⑦设计并展开运动营养食品和技术的实验室研究、效果观察、大样本的体验研究。

⑧运动营养食品研发。

⑨运动营养食品生产制造。

⑩运动营养食品标准的制定与修订。

（4）多元化的工作背景。我国健身业的运动营养师教育背景、专业程度、实战经验等与国际差距较大，有待提高。由于“运动营养学”作为一项“交叉学科”，涉及体育、营养、食品、医学等领域，故其工作背景也更加多元化。国际运动营养师大多数毕业于医学专业、体育专业，或两个专业共有，在我国目前无法实现，因此，我国运动营养师发展亟待进一步推动，逐步发展并同国际接轨。

三、我国运动营养师的责任

纵观各国运动营养师管理体系及工作责任，结合我国目前运动营养师人才市场的迫切需求及从业者的知识背景、工作能力、实践经验、职业发展规划等，要成为一名合格的运动营养师，应该努力学习钻研运动营养专业及其相关学科知识，加强对运动规律、运动风险、运动营养问题的认识和把握，不断实践，努力探索，提升职业技能。目前，我国运动营养师所具备的职业技能（运动营养咨询与指导）主要是面向健身服务机构和企业（如国民体质监测站、健身房、健身工作室、健身俱乐部、健身场馆、健康管理企业、运动营养食品企业、餐饮企业等）、专业竞技运动队、高级业余运动项目俱乐部（如健身健美俱乐部）、军事训练、演艺部门、医院、体检中心、特殊人群健康管理相关机构（如中老年人健康管理机构、慢病管理机构、孕产及母婴护理机构、青少年健康管理机构）等服务及专业技术岗位。运动营养师主要采用营养科学、运动科学、预防医学基础及体质测评等手段，为运动人群及部分特殊人群提供运动健康风险评估、运动营养测试与评估、运动营养方案制订、运动营养培训与研究等咨询和指导工作。

综上所述，我国运动营养师在走上工作岗位的时候，能够承担以下三大领域、九大咨询与指导技能的工作责任：

（一）运动健康风险评估

1. 健康与亚健康主观风险测评

运动营养师需要为崇尚健康生活的人群及亚健康或慢性疲劳综合征人群提供主观风险测评机会，帮助他们了解自身健康状况，并了解他们对自身的健康期待，以协助制定符合需求的改善目标。

2. 运动前健康筛查与风险因素客观评估

运动营养师需要对有运动需求的人群进行运动前健康筛查，并了解各项与运动、营养方案制订有关的风险因素（如疾病损伤、药物使用史等），以确保计划制订的安全性；在涉及较为复杂的医学风险时，及时转介绍至专业医学机构或专业医务人员，以寻求更安全可靠的综合解决方案。

（二）运动营养测试与评估

1. 体质测试与评估

该项测评包含身体形态测评、身体机能测评、身体素质或运动能力测评，如体成分测试、运动员的机能监控、体能测试等。运动营养师的责任是：为健身运动人群和健身者设计一套体质或体能评价方法，综合主观意愿与客观测试结果制定最终干预目标，以保证训练指导和健身方案的有的放矢及训练和健身效果的可考核性。

2. 膳食营养调查与评估

该项测评包含膳食习惯调查与膳食摄入量调查，如常规膳食习惯调查、营养素缺乏体征调查与评估、食物过敏与食物不耐受调查、实时记录法调查膳食摄入量等。运动营养师的责任是：在制订营养方案前，了解干预人群的膳食习惯、日常膳食摄入量，以确保营养方案制订的可行性、精准性，并在此过程中为干预人群提供营养学知识的宣传和膳食咨询，通过膳食调查找出膳食中存在的问题，并进行方案制订。

（三）运动营养方案制订

1. 运动方案制订

运动营养师在制订运动方案方面的责任是：为健身运动人群和健身者提供新的、有创造性的运动理念，使他们树立一个正确的运动观和健身观，从而保证运动和健身持续下去；为健身运动人群和健身者设定一个合理的目标，提供一个有时间效应的运动健身方式和合适的训练技术，既保证运动和健身者不厌倦，有运动和健身的热情和激情，又保证达到其预想目标；对于那些已经达到一定体能水平的人，要帮助他们有所突破，建立一个新的训练平台，达到一个新的高度。

2. 膳食营养配餐指导

运动营养师在“膳食营养配餐指导”方面的责任是：了解干预人群运动方案的前提下，为崇尚健康生活的人群、运动人群提供膳食指导、体重管理膳食计划等，包括提供个性化膳食调查与合理配餐咨询，向健身者进行合理营养知识宣传和教育、个人膳食调查、营养评估与咨询、优化饮食结构，根据膳食中存在的问题，制定一个合理的健身营养配餐；为各种不同运动项目进行膳食营养指导与配餐；为不同体质健康人群提供个性化咨询与指导，如青少年（小胖墩、小豆芽）、中老年（运动人群、慢病人群）等，依据其个人体质及体能特点，制订营养方案。

3. 运动期间最佳营养补充方案指导

运动营养师需要紧跟国际最新实践研究，为运动人群提供合理的营养补充时间安排及策略，围绕运动期不同时间段，进行合理高效的营养方案搭配，以协助营养素吸收，最高效率地达成体质或体能目标，帮助运动人群或健身人群突破平台期。

4. 运动营养食品选用指导

根据健身运动人群和健身者的体质和体能状态及运动所要达到的目标，提供运动营养食品与保健品的选用方案。例如，运动中最佳液体补充方案——运动中补液是多数参加运动的人容易忽略的问题，运动营养师有责任为健身者提供补液种类、数量、最佳时间及其需要注意的问题，以保证运动效果和体能状况。

5. 其他辅助手段配合

在进行个性化的运动营养综合解决方案实施过程中，运动营养师需要结合干预人群的心理、行为特点，制订相关心理干预方案或行为干预方案，以协助、鼓励干预人群在积极的心态下达成目标。

本章小结

目前，运动营养学在欧美国家属于运动生理学的分支，在我国则属于体育学中运动人体科学专业的一个研究方向。60多年来，随着体育产业的兴起，运动营养学在国内得到了飞速发展，形成了一套比较完整的学术和产业体系。随着国际运动营养学研究热点的持续更替，我国运动营养学知识普及及实践应用工作还需进一步完善。运动营养师是具备“运动营养咨询与指导”职业技能的人群，在全民健身与竞技体育领域中均发挥着重要作用。由于国情、国民体质以及体育产业环境的不同，我国运动营养师的职业发展道路与其他国家运动营养师具有多方面差别，因此，本章在参照国际成熟运动营养师职业发展通路经验的前提下，综合我国国情，规范了运动营养师“三大领域九大技能”的责任，致力于培养更多具有实战技能的运动营养复合型人才，为我国“奥运争光计划”与“健康中国计划”提供高质量服务。

（焦颖）

第二章　运动营养在竞技体育中的应用实践

我国最早应用运动营养学的是竞技体育，60多年来，特别是近20年来运动营养应用的快速发展，已经形成一个完整的“运动营养生化监控恢复系统”。它是我国科学家独创的一个理论和应用系统，在竞技体育中已经越来越多地发挥不可或缺的积极作用。

运动营养生化监控恢复系统由营养生化监控、营养干预和机能状态调整三部分构成一个有机的整体（图1-2-1）。营养生化监控准确地对训练疲劳作出性质和程度的判断，从而利于对训练计划和恢复措施进行及时的调整，并使训练效能最大化。营养干预从膳食和营养强化两方面入手，在保证合理营养素供给的基础上，进一步强化训练效能和加速恢复。机能状态调整是超极限强度训练的保障和实现最佳竞技状态的前提。

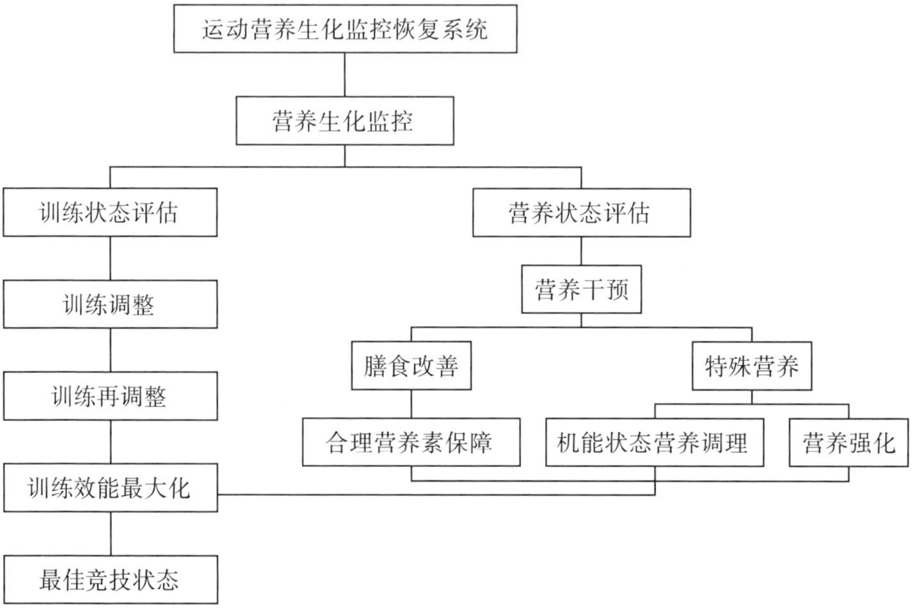

图1-2-1　运动营养生化监控恢复系统构成图

第一节 运动营养生化监控

运动营养生化监控主要通过体成分、体能、血样和尿样检测，了解机体的物质代谢和机能状况。一般将检测分为以下几类。

一、身体成分测试

生物阻抗法（BIA）测试体成分标准在正常健康人群和临床使用中已得到很好的确立。在对运动员的运动营养生化监控中，通常采用这一方法了解运动员的体重、去脂体重和脂肪量及其分布，以帮助运动员进行合理的体重安排。对于需要生物力学和美学优势的项目，如体操、跳水等运动员；按体重级别比赛的项目，如举重、摔跤、柔道、拳击等运动员，体成分的测试要求每周一次，甚至每天一次。

研究表明，耐力、速度/力量和集体项目运动员的体成分矢量分布与一般健康人群不同，而且他们之间的体成分也不同。不同的项目和不同人种体成分有很大的差异，为此，体成分评估的个性化是值得注意的问题。

二、运动员体能状态和能力的评定指标

定量运动负荷后不同恢复时间的血乳酸值测定或不同时间定量逐级递增负荷时的乳酸变化曲线，都是判断运动员训练后有氧和无氧能力增长水平的最为准确的方法。通过这一数值的改变，教练可以科学地安排和调整运动员的训练计划。

三、氧转运系统及运动性贫血的评定指标

血红蛋白（HB）、红细胞压积（HCT）、红细胞（RBC）、铁蛋白等多项反映红细胞代谢状况和铁储备的指标，用以判断运动员血液的携氧能力和蛋白质及铁的营养状况等。对运动员的血红蛋白、铁蛋白等指标的要求与一般人是不一样的。我国推荐运动员血红蛋白的理想值为男运动员高于150g/L，女运动员高于130g/L。血清铁蛋白是反映体内铁储备最敏感的指标之一，当血清铁蛋白<60ng/ml时，表示体内可能缺铁；<40ng/ml时，表示铁储备缺乏；<20ng/ml

时，表示缺铁，并伴随骨髓铁不足。

四、反映肌肉状态及蛋白质代谢的相关指标

运动训练的一个最主要的目的就是要促进肌肉的增大和力量的增长，要达到这一目标就必须给运动员安排一个足以造成肌肉微结构改变的运动强度和运动量，与此同时，又要保证肌肉的这一变化在训练后得到及时的恢复。间接反映肌肉状况的生化指标包括血尿素（BU）、肌酸激酶（CK）、乳酸脱氢酶（LDH）、尿蛋白、尿潜血、尿胆原、尿3-甲基组氨酸（3-MH）等。它们在一定程度上，从不同的角度反映肌肉蛋白质的分解和合成代谢状况，以及大强度训练后肌肉细胞的损伤和恢复状况。这些测试结果是训练计划和营养补充方案准确调整的科学依据。

一般人的正常血清肌酸激酶（CK）水平为38～174U/L。我国运动员安静状态下的CK推荐值为男性不高于300U/L，女性不高于200U/L。根据不同的运动强度，运动后则可能是几千单位甚至更高。有研究报道，阻力训练后血清CK水平低者<500U/L，最高者可以超过10000U/L，这与训练水平、训练所涉及的肌肉群和性别等因素有关。马查多（Machado）等的研究显示，无论是CK高敏感的人还是低敏感的人阻力运动后的48和72小时，血清CK均上升到峰值水平，168分钟才得以恢复。运动强度越大，CK升高得越多。

一般人的正常血尿素值为3.6～5.9mmol/L。我国运动员安静状态下的血尿素推荐值为男性不高于7mmol/L，女性不高于6mmol/L。

五、内分泌学指标

人体多种激素与机体的合成和分解代谢相关。在运动员生化监控中，更多与运动训练和机能状态相关，并受到关注的是睾酮（T）和皮质醇（cortisol）。周丽丽等的研究认为，中国男、女运动员的血清总睾酮值的最低值推荐为558和37ng/dl。冯连世等认为，如果血清睾酮下降幅度达25%以上，并持续不回升，说明训练负荷安排不合理，应及时进行调整。

当运动达到或超过个人最大摄氧量（$\dot{V}O_2max$）的60%时，可能导致机体应激的皮质醇分泌增加。皮质醇通过促进运动期间糖异生和血糖水平的维持保证能量供应，并通过作用于骨骼肌和脂肪组织来增加氨基酸和脂类的动员，这有利于机体动员。但是，运动后恢复期皮质醇持续较高，则表示机体的机能状态

下降。一般认为，皮质醇在276mmol/L或10mg/dl以下，运动员的机能状态良好。

六、免疫学指标

大运动量和大强度训练或比赛可导致运动员免疫功能低下，即所谓“开窗期”，其结果造成对感染的易感性增加，尤其是上呼吸道感染。为此，了解运动员训练期的免疫机能状况是很重要的。研究认为，最简单、测试的难度较小、费用低的测试方法是血液白细胞（特别是淋巴细胞）计数和唾液IgA的检测。淋巴细胞亚群CD4/CD8和NK细胞能从细胞免疫的角度粗略地反映免疫状况，是反映运动性免疫机能低下的最早期出现的灵敏指标。近几年来研究者发现，大运动量训练的后期会出现血浆谷氨酰胺浓度的明显下降，所以他们认为，血浆谷氨酰胺浓度可以反映机体的免疫状态。在安静状态下，运动员血浆谷氨酰胺浓度低于500mmol/L时，可能提示出现了过度训练。

七、自由基生成及抗过氧化能力的评定指标

自由基是人体内自然产生的活性化合物，它们可以发挥积极作用（如在氧化还原稳态下，协助维持心血管系统与免疫系统功能，并参与能量代谢）或产生负面影响（如过量存在时，造成线粒体损伤或细胞凋亡）。为了限制那些有害影响，机体需要一个复杂的防御-抗氧化系统。体育运动增加的氧化应激产生积极或消极的影响，取决于训练负荷、训练特异性和训练的基础水平。此外，氧化应激似乎参与肌肉疲劳，并可能导致过度训练。

是否调整训练方案和使用抗氧化剂，取决于运动员的氧化应激状态。运动员氧化应激状态评估方法包括：（1）检测自由基对脂质、蛋白质或DNA分子的损伤，蛋白质羰基（PC）和丙二醛（MDA）分别是蛋白质氧化和脂质过氧化的标志；（2）抗氧化剂测试，即抗氧化酶（过氧化氢酶、谷胱甘肽过氧化物酶、超氧化物歧化酶）、非酶类抗氧化剂（维生素A、C、E，尿酸，还原型谷胱甘肽/氧化型谷胱甘肽GSH/GSSG）和总抗氧化能力（TAC）。

第二节 营养干预在训练和比赛中的应用

运动员的营养干预包括两大部分，即膳食合理化和营养强化剂的使用。膳

食营养是运动员营养的基本保障，营养强化剂则是膳食营养不足部分的补充及满足运动员训练和比赛中的特殊营养需求。

一、运动员膳食营养常见问题

合理膳食是运动员成功的一半。运动员在训练和比赛之前、期间和之后应采取具体的膳食营养策略，以最大限度地提高精神和身体表现。这一目标只有在合格的运动营养师指导下才能实现。膳食营养工作包括运动员营养状态的评价，用于训练、比赛和恢复及保护运动员免于受伤风险的营养策略和配餐制定等。

运动员膳食的不平衡现象普遍存在，严重影响训练的效果和训练后的恢复。国内外膳食营养调查发现，常见的运动员的膳食失衡主要涉及以下6个方面。

（一）碳水化合物（糖）摄入严重不足

按照合理的膳食要求，一天的食物中碳水化合物（CHO）所提供的能量应占总能量摄入的50%~65%，耐力运动员则要求达到65%或更高。2010年，国际奥委会提出的关于碳水化合物作为训练和恢复膳食能源推荐摄入量的建议是运动员合理摄入的准确指导（表1-2-1）。

表1-2-1　2010年国际奥委会推荐碳水化合物作为训练和恢复的膳食能源摄入量指导

运动强度	每天碳水化合物的总需要量（g/kg体重）
低强度或技巧为主的运动	3~5
中等强度运动（每天1小时）	5~7
耐力运动（每天1~3小时中等-高强度运动）	6~10
极度运动（每天长于4~5小时中等-高强度运动）	8~12

周丽丽等对18个项目共182名运动员的膳食的调查和分析结果显示，我国运动员所摄入的碳水化合物只占总能量的40%左右。许敏对国家队游泳运动员膳食状况调查显示，碳水化合物占总能量的47%。戎爱群调查的高水平田赛运动员碳水化合物摄入也是占总能量的47%。荷兰553名运动员的调查显示，大多数运动员碳水化合物摄入量也很低，为每日3~5g/kg体重。卡巴萨卡利斯

（Kabasakalis）等调查的希腊国家游泳队，其奖牌运动员的每日膳食碳水化合物摄入量平均为男子4.0g/kg体重，女子为4.4g/kg体重，分别占摄入总能量的39%和46%。

显然，运动员碳水化合物摄入的不足是一个普遍性的问题，需要通过增加主食摄入和运动前、中、后补充含碳水化合物的运动饮料来解决。为此，国际奥委会也给出了碳水化合物的补充指南（表1–2–2）。

表1–2–2 2010年国际奥委会关于支持关键训练季特定时间摄入的指南

训练的不同时期	总碳水化合物摄入量和时间安排
运动前	运动前1 ~ 4小时，摄入1 ~ 4g/kg体重
持续45 ~ 75分钟的运动中	少量提供（包括“口腔冲洗”）
持续1 ~ 2.5小时的运动中	30 ~ 60g/h
持续2.5 ~ 3小时的运动中	最多90 g/h
运动后（特别是当两个燃料需求期之间的恢复时间少于8小时）	每小时1 ~ 1.2g/kg体重

（引自：POTGIETER S. J Clin Nutr，2013）

（二）脂肪和蛋白质摄入过多

合理膳食中脂肪和蛋白质的供能比例应分别为总热能的25%和12% ~ 15%。我国运动员膳食中脂肪的热能比为30% ~ 55%，蛋白质最高可达25%。西方运动员也存在类似的问题。卡巴萨卡利斯等调查的游泳运动员膳食脂肪摄入也超标，男子占总能量的42%，女子占36%。施特夫（Steffl）等综述的两组足球运动员蛋白质摄入量高于普通人群推荐量（低级组每日1.8 ~ 2.0g/kg，高级组每日1.6 ~ 2.0g/kg）。

（三）维生素摄入普遍不足

周丽丽等对运动员的膳食调查表明，运动员普遍存在维生素A摄入不足；维生素B_1均未达到每日5mg的推荐值；垒球和跳水女运动员维生素B_2未达到推荐值要求；维生素C和烟酸也存在摄入不足的现象。戎爱群对高水平田径运动员的调查也显示，维生素A、维生素B_1、维生素B_2和维生素C的摄入量都低于推荐值。

近年来，维生素D的营养成为研究的热点。希尔格（Hilger）等的综述涵盖了44个国家的195项研究，受检人数超过168000人，结果发现，88.1%的人维生素D不足［25（OH）D值低于75nmol/L］，37.3%的人维生素D缺乏［25（OH）D值低于50nmol/L］，6.7%的人维生素D严重缺乏［25（OH）D值低于25nmol/L］。法罗赫亚尔（Farrokhyar）等调查的2313名运动员中，维生素D不足的比例高达56%。但是，国内的运动员这方面的研究尚未见到。

运动员存在的维生素不足问题需要通过食物的调配和运动员特殊维生素制剂的补充来解决。

（四）用餐次数及摄食量分配不合理

一日三个主餐的热能分配对运动员的训练有重要的作用。目前大多数运动员不重视早餐，甚至有人不进食早餐。我国运动员早餐的热能仅占全天的19%（合理比例为28%），午餐的热能比也只有23%，低于合理的39%。戎爱群对高水平田径运动员的调查也显示，早餐的热能仅占全天的24.74%。佩利（Pelly）等调查了参加2018年英联邦运动会，来自58个国家的24个体育项目的81名运动员（女性42名，男性39名）的用餐和加餐情况，早、午、晚餐的热能占全天的热能比分别为17.3%、43.2%和39.5%，同样存在早餐过少的问题。

为了保证训练的质量，训练中的加餐也是非常重要的。佩利等调查结果显示，69.1%的运动员有比赛前的加餐，而运动后补充的人相对较少，仅为30.9%。

（五）钙摄入不足

运动员的膳食调查结果显示，部分运动员存在钙、铁、锌摄入不足，其中钙摄入不足的运动员人数高达25%。戎爱群对高水平田径运动员的调查也显示有部分运动员钙摄入不足。钙摄入不足的原因主要是运动员忽视奶和豆制品的摄入，或者这类食品的质量较差。钙在骨生长、肌肉收缩和神经兴奋性方面都有重要作用，所以，必须要求运动员摄入足够量和高质量的奶制品和豆制品。

（六）运动中忽视了水和无机盐的及时补充

机体所能够允许的水合变化范围大约为体重的2%，超过此范围的两端（脱水或超水合）都会损害健康和器官功能，从而使运动能力下降。在运动员中，脱水持续超过体重的5%会造成体能受损、极度口渴、头痛和其他有关症状。这样的液体丢失，即使延长恢复时间也难以恢复。过量的饮水会导致威胁生命和与运动相关的低钠血症（EAH），其细胞外水进入细胞并导致器官和组织肿胀。有10%～20%的长跑运动员在运动后会出现这种现象。

运动饮料的设计和运动员训练前、中、后的补充指导也是不可缺少的。美国运动医学学会关于体力活动中液体和电解质的补充指南简单明了、操作性强（表1-2-3），可为借鉴。

表1-2-3　美国运动医学学会关于体力活动中液体和电解质的补充指南

补充时间	补充指南
运动前	应在运动前几小时开始预水合，以确保液体吸收和正常的尿液排出 饮料及含钠和盐的零食可以增加口渴的感觉，并保留体内的液体
运动中	液体补充方案应根据运动前后的体重测量为个性化定制 运动员应致力于防止运动过程中的体重下降超过2% 液体应含有碳水化合物和电解质，以维持液体平衡和运动能力
运动后	正常的膳食和饮料会提供体液补充 如果需要更快的恢复，运动期间体重每减轻1kg应该摄入液体1.5L 饮料和零食应含有钠，以帮助快速恢复，刺激口渴和液体滞留

（引自：POTGIETER S.J Clin Nutr，2013）

二、运动员膳食改善途径

解决运动员膳食不合理问题的唯一途径就是有针对性地开展运动员营养学知识的教育，同时对他们的饮食习惯进行干预。具体的干预程序为：运动员个性化膳食调查、营养状况评价、合理营养配餐和营养学知识宣教。我国从备战1984年洛杉矶奥运会开始就在运动员食堂建立了运动员金牌灶，对在大型运动会上有可能获取奖牌的运动员进行个性化的膳食干预。戎爱群采用这样的方法对高水平田径运动员进行了膳食干预，一方面调整餐厅菜谱，提高供餐食物结构的合理性，另一方面通过对运动员膳食调查发现问题，进行营养学教育，提出个性化的咨询建议，让运动员主动落实到用餐中。经过半年的膳食干预，运动员膳食的合理性明显改善。每日热能摄入从3164kcal增加到3663kcal；碳水化合物摄入的热能比从47%增加到58%；早餐的热能比由原来的24.74%提高到31.26%；维生素B_1和维生素C的摄入量有了明显增加。

中国运动员的膳食调查工作始于20世纪70年代。40年前，用算盘计算，完成一个人摄入食物成分的计算工作大约需要半天；30年前用上计算器需要2小时；25年前有了计算机，用时为半小时；20年前周丽丽等开发的“运动员及大众膳食分析与管理系统软件”可以使营养调查的工作量和复杂性降低，只要几分钟就可以完成计算工作。2019年，北京康比特体育科技股份有限公司开发了“运动员合理膳食管理系统（运动员智慧餐厅）”，该系统从餐厅营养管理入手，对餐厅每餐、每日、阶段日期菜品供应及被选进行多维度分析，促进营养供应结构的优化。运动营养师按照运动员个性化营养需求目标（包括训练项目、训练强度、训练时长、训练内容、训练环境、运动员体重管理等）进行系统智能配餐，最后实现对每餐、每日膳食营养摄入的多维度监控和纵向监控。与此同时，国家体育总局运动医学研究所运动营养研究中心研制了“运动员及大众膳食营养分析与管理系统”，其主要功能为根据膳食记录计算营养成分并输出报告，用于建立运动员及其他人群的运动营养档案，并可提供个性化的智能配餐建议。

三、运动员强力营养素补充

膳食营养对于每个人来说都是第一重要的，对于在营养上有一些较高和较特殊要求的运动员来说，往往难以达到全面的满足。一些营养素补充剂（如蛋白质、氨基酸、维生素和无机盐等）或其在机体内代谢的中间体的使用不仅可以弥补膳食营养的不足，还可以直接参与机体代谢，并具有调节机体新陈代谢和生理机能的作用。国际奥委会的共识认为，对于高水平的运动员，营养补充剂可以有针对性地解决不同的问题，包括：（1）微量营养素缺乏症的补充；（2）以便捷的方式提供能源和宏量营养素；（3）直接提供提高体能的益处；（4）间接的益处，如支持大强度训练计划等。通过这些物质的补充，可以提高训练的效能，并有助于消除疲劳，从而改善和提高运动能力。

运动员使用强力营养素的现象十分普遍。乔万诺夫（Jovanov）等对来自4个国家18个项目中达到国际水平的348名运动员（15～18岁）进行调查显示，运动补充剂使用率为82.2%，其中由教练提供信息的占41.4%；自主为增强运动能力的占35.4%；补剂类型中，蛋白质补充剂最多，占比54.5%。弗拉切克（Fraczek）等调查了600名职业运动员，其中近一半的运动员（48.2%）承认服用补充剂（36.7%偶尔服用，11.5%持续服用）；承认服用补充剂的人员中，大多数（75.4%）声称饮用等渗饮料，这是最常见的营养选择，用以提高体能，且较大比例是连续补充（41.2%）；使用频率最低的是肌酸，只有三分之一的人选择肌酸（34.5%）。此外，研究发现，男性比女性更经常使用强力补充剂（50.5%比44.1%），各种补充剂使用的男女差别是：蛋白质51.8%比32.0%、碳水化合物60.7%比46.8%、蛋白质碳水化合物复合物45.6%比32.9%、肌酸39.8%比25.0%。

根据强力营养素的作用目标，我国通常将它们分成4类：（1）增加肌肉合成代谢和肌力的强力营养素；（2）促进能量代谢的强力营养素；（3）促进疲劳消除和体能恢复的强力营养素；（4）减轻和控制体重的膳食安排和特殊营养素补充。

（一）增加肌肉体积和收缩力的营养强力剂

肌肉的增大和肌力的增长需要两个条件，即蛋白合成的原料和最佳蛋白合成的环境。营养强力剂能提高肌肉的收缩能力，达到增长肌力的目的。

1. 蛋白质和氨基酸

在强度训练或比赛后恢复期，靠蛋白质来满足机体的适应和蛋白质合成需要是极为重要的，这能够促使机体在生长过程中或在阻力训练阶段通过训练刺激反应性地增加瘦体重。高生物活性的优质蛋白质和氨基酸是蛋白合成的最佳原料，同时还能起到促肌肉合成的作用。它们包括乳清蛋白、酪蛋白、卵白蛋白、大豆蛋白及这些蛋白的分离制剂和水解产物（含寡肽和游离氨基酸）、谷氨酰胺、鸟氨酸和α–酮戊二酸合剂（OKG）、支链氨基酸、β–羟基–β–甲基丁酸盐（HMβ）、牛磺酸等。传统的补充方式多用蛋白粉，随着工艺水平的提高，各种蛋白的分离制剂和水解产物，包括寡肽（OP）、小肽（small peptide，SP）和游离氨基酸（FAA）越来越多地问世，肽受到高度的关注。运动后及时、快速补充氮源，对减少肌肉蛋白质降解，促进肌肉快速修复、增长和运动疲劳的消除将产生良好作用。

2. 促肌肉合成代谢的环境

肌肉蛋白的合成除了需要充足和优良的蛋白质原料以外，另一个重要的因素就是机体的合成代谢环境。自身垂体性腺轴的功能和睾酮、生长激素、胰岛素等相关合成激素水平的保持和提升，可以为肌肉合成创造最佳的激素环境。然而与此矛盾的是，运动员大强度的训练往往会导致垂体性腺轴功能的抑制和合成激素水平的下降。哈克尼（Hackney）等对15名从事大强度耐力训练的跑步运动员进行了为期18周的睾酮监控。在第3周和第5～18周，睾酮水平均低于初始值（$P<0.01$）。如何通过营养手段保持理想的睾酮水平，将在后面的章节详细介绍。

（二）加速运动后疲劳消除的营养强化剂

对于竞技运动员来说，没有疲劳的训练是无效的训练，疲劳没有消除的训练是有害的训练。运动后及时的营养强化补充成为疲劳消除的最佳手段。运动后通常被认为是时相营养的最关键部分，常被称为“代谢窗口”或“合成窗口”期。高强度训练会导致大量储存的燃料（包括糖原和氨基酸）的消耗，以及对肌肉纤维的损伤。从理论上讲，在这段时间内补充适当的营养将启动受损组织的重建和能量储备的恢复，而且以一种超补偿的方式既改善了体成分，又提高了体能。这也就是研究人员提到的一个“有利的合成窗口”，即训练后存在有限的时间来优化与训练相关的肌肉适应。

1. 运动后肌糖原及时恢复

运动中肌糖原消耗，甚至耗竭，运动后肌糖原的再合成就成为恢复的关键，同时也是后续的训练的必要条件。运动后营养素的及时补充则是糖原再合成的关键。长时间运动后到第一次补碳水化合物的时间间隔将明显影响肌糖原再合成的速率。运动后即刻给予碳水化合物补充，糖原再合成速率高达每小时7～8μmol/g 湿肌，这速率只能维持大约2小时，其后会降低约50%，6小时后会降到每小时1～2μmol/g 湿肌。

除了补碳水化合物的时间对肌糖原的再合成有影响以外，在补碳水化合物的同时补充蛋白质对肌糖原的储量会有更大的好处。国际奥委会（IOC）声称，运动后（30分钟内）在高剂量碳水化合物（每日8～10g/kg CHO）可刺激肌糖原再合成，而在碳水化合物中加入蛋白质（每日0.2～0.5g/kg PRO），且CHO：PRO比例为3～4：1，可进一步促进糖原再合成。艾维（Ivy）等比较了运动后服用大约是3：1的碳水化合物（80g）加蛋白质（28g）与相等能量的碳水化合物和相等碳水化合物重量的饮料，发现补充后即刻和运动后2小时，碳水化合物加蛋白质对糖原恢复的优势一直保持。近几年，以多肽替代蛋白质也取得了良好的效果。

2. 运动后肌肉微结构损伤的修复

一次有成效的训练必须要有足够的强度来造成肌肉微结构的损伤，而运动后肌肉的修复是肌肉增大（超代偿）的必要条件。运动后促进肌肉蛋白质合成的关键在于补充蛋白质的量和类型。运动后补充20g乳清蛋白可最大限度地促进肌肉蛋白质的合成，补充增加到40g时肌肉合成并不会进一步增加。补充蛋白质的类型方面，动物蛋白优于植物蛋白；分离蛋白（如分离乳清蛋白）更易消化；较大剂量的慢吸收蛋白（如酪蛋白）可以产生中等促合成作用，但是作用的时间更长。运动后碳水化合物与蛋白质同时补充与单纯补充蛋白质相比并不能更多地促进肌肉蛋白质的合成。

3. 运动后其他促恢复剂的使用

在采用以上肌糖原和肌肉恢复措施的同时，使用能消除氧自由基和保护细胞膜的抗氧化及增强免疫能力的谷氨酰胺、维生素E、维生素C、胡萝卜素、番茄红素、硒和中药保健品等都能有效地促进疲劳消除和体能恢复。

（三）减轻和控制体重特殊营养安排

竞技体育中的一些按照不同体重级别比赛（如摔跤、举重等）或需要生物力学优势（如体操、跳水等）的项目对体重有特别的要求。运动员减体重不同于一般人的减肥，需要一个完整的营养与训练配合减重方案。运动员减体重的方式大致分为两种：在一周内体重减少大于2kg为快速减体重；一周内减重小于2kg则为慢速减体重。两种减重方式都以能量负平衡为基础，都需控制饮食。与此同时，还要使用一些对应的营养品，以避免减体重给机体健康和运动能力造成的不良影响。

1. 按照体重级别比赛运动员的减重方案

按照体重级别比赛的运动员的减重方案一般根据训练体重与比赛体重的差数，先安排1 ~ 2个月的慢速减体重，以保证在较高的体重和较好的体能状态下训练，提高训练效果。降低膳食能量摄入是慢速减体重最主要的技术手段，每日摄入的能量为18 ~ 32kcal/kg体重。低于每日24kcal/kg体重的膳食能量摄入可使体重每周减重1kg以上，而中等能量限制（每日25 ~ 32kcal/kg体重）则使每周的减重量在0.5～1kg。为使减少的体重成分中体脂达到最高水平，每周减重量不可超过1.5～2.0kg。

在比赛的前一周内，用快速减重的方法将高于比赛体重的部分减掉。快速减体重期，许多运动员采用极低热量膳食，每日热能摄入量在800kcal以下，通常只摄取些液体饮品，至多进食一次固体性食物。采用低热量饮食时，常发生体蛋白丢失和脱水。为此，快速减体重膳食中蛋白质的供给量要达到每日1.8～2.0g/kg体重。碳水化合物的含量是影响减重后运动能力的关键，只有当碳水化合物占总热能70%时才能维持减重后的运动耐力。为了保证快速减重期的营养需要，运动员多采用特别设计的代餐粉，同时用复合无机盐片来满足机体对电解质的需求。称重以后的营养补充是比赛能力的重要一环，多日控食的消化道不能承受大量的食物摄入，而专业设计的快速恢复冲剂是最佳营养物质的补充来源。

2. 需要生物力学优势项目运动员的减控体重方案

与快速减体重不同，慢速减体重只通过能量负平衡实现，丢失的主要成分是脂肪。慢速减体重期的膳食原则应是中等能量限制的高碳水化合物（60%～70%）、高蛋白质（18%±2%）、低脂肪（15%～25%）、维生素和矿物质充足的平衡膳食。为使减少的体重成分中体脂达到最高水平，每周减体重量不可超过1.5～2.0公斤。

慢速减体重过程中有几个注意点：（1）关于减体重的安全性问题，通常采用体脂百分比法进行监督，即男运动员体脂的最低水平为5%～7%，女运动员为6%～10%，低于此水平时不宜再减体重；（2）过度限制饮食和训练量会使机体适应低能量代谢，使代谢效能降低，体重、体脂反而可能升高；（3）饥饿带来的心理压力妨碍正常训练，并可能造成摄食紊乱，可使用代餐食品减轻饥饿感；（4）不要过度限制饮水，脱水会对训练和健康带来危害。

3. 减体重或控制体重期强化食品的应用

减体重或控制体重期间，既要限制食物的摄入量，又要保证合理的营养及维持运动能力，有时还需解决伴随出现的一些医学问题，所以采用重量体积小、热能低、营养素密度高的强化食品进行补充是必要的。这些强化食品包括：

（1）代餐食品：代餐食品以纤维素为减体重活性物质，同时强化了一定数量的蛋白质、糖、维生素和无机盐。运动员使用后可达到减体重目的，其饱腹感可减轻饥饿感造成的压抑、焦虑、急躁等心理改变，以较强自信心度过减体重期并投入比赛。

（2）电解质补充剂：适合于运动员减体重期需要的钠、钾、镁、钙、氯等无机盐的补充将防止机体的无机盐缺失。

（3）复合能量制剂：由低聚糖、果糖、柠檬酸、苹果酸、无机盐、牛磺酸、维生素、肌酸等成分组成的复合能量制剂，以快速、大量为肌肉提供能源为主，同时可以帮助肌肉细胞水合，防止肌肉僵硬或痉挛，防止胃痉挛，保持体内的酸碱平衡，改善运动中神经冲动的传导，从而保证运动员以最佳竞技状态进入比赛。这一营养品可供运动员称重后、比赛前和比赛中分次连续使用。

第三节 运动员机能状态调整

训练的目的是提高运动能力，这就要求运动员在超生理极限的强度下训练。超负荷的运动量和强度将带来疲劳，并打破运动员机体内环境原有的平衡。当运动员通过综合的恢复手段从疲劳中恢复时，就会形成机能的超代偿。如果疲劳得不到消除并发生积累，就可能带来一些与代谢失衡伴随发生的机体的不适应。这可能涉及以下的几个方面：（1）中枢神经系统疲劳；（2）内分泌功能抑制；（3）免疫机能下降；（4）造血系统功能抑制；（5）机体氧化还原失衡等。

运动员对训练不适应所出现的问题是一个逐步加重的过程，最初并无明显的身体表象，一旦出现，就难以维持正常的训练状态。因此，运动员训练期中定期的生化监控就显得非常重要。在目前可采用的各种检测技术中，生化指标最能灵敏地反映运动员的各方面代谢和机能状态，只要某生化指标发生了改变，就能以此初步判定运动员机体的哪一个系统出现了问题。根据这一判断，我们即可“对症下药”，给运动员开出有针对性的运动营养品和保健品处方，帮助运动员的机体尽快回到正常的状态，从而保证训练计划的顺利实施和训练效果的提高。

一、中枢神经系统疲劳的预防

从理论上讲，人体的中枢疲劳可能有两方面原因。其一是运动中作为能源的碳水化合物的供给不足；其二是涉及多种神经递质代谢紊乱。

如果运动员在运动训练过程中注意了碳水化合物的补充，就可能有助于消除第一原因造成的中枢疲劳。首先，运动中碳水化合物的补充保持长时间运动中的血糖水平，为大脑提供充足的能源。另一个原因是，碳水化合物（6%或12%的碳水化合物溶液，以剂量依赖的方式补充）的摄入减少了在长时间运动中通过血脑屏障的作为5-羟色胺（5-HT）前体的色氨酸的量。

现有的实验方法提供了足够的证据表明，中枢神经系统突触5-羟色胺、去甲肾上腺素、多巴胺、乙酰胆碱和氨的变化是中枢神经系统疲劳的重要驱动因素。中枢神经系统中突触多巴胺浓度的增加具有很好的强力作用（提高运动能力）。中枢神经系统中突触5-羟色胺或去甲肾上腺素浓度的增加会损害运动性能，尤其是5-羟色胺。充分的证据表明，在长时间运动中，大脑5-HT活动的增加和减少分别加速和推迟疲劳，营养补充旨在长时间运动中减少大脑5-HT的合成，改善耐力能力。

补充支链氨基酸（BCAAs）或摄入一些富含BCAAs的食品，如乳清蛋白（富含亮氨酸）可能防止中枢疲劳的发生。但有限的证据并不能证明单独补充BCAAs是一种有效减少中枢疲劳的方法。然而，从应用的角度来看，在主观用力感觉（RPE）评级中观察到的改进（虽然没有伴随能力的改善），在某些运动环境中可能是有益的，并且可以与其他方法结合起来使用。BCAAs补充对酪氨酸过度的抑制可能影响多巴胺系统，这也是将来要研究的特定领域。

二、内分泌代谢的压抑和激活手段

大运动量训练期出现的低血清总睾酮是较为头痛的问题，它会伴随运动员的竞争意识下降、兴奋性差、训练后体力恢复慢等。其发生机理是，训练刺激对下丘脑-垂体-性腺轴的抑制，导致低睾酮，从而带来运动中和运动后恢复期的肌肉蛋白质降解增强，而合成能力降低。经过大量的测试，我国男、女运动员的血清总睾酮的最低值推荐为558和37ng/dl，接近或低于此值，可以单独或联合使用长白景仙灵（红景天制剂）等中药补剂来提高血睾酮水平。

三、免疫功能下降的预防和提升

运动员的免疫状态与营养密切相关。营养摄入不足，会导致机体免疫功能失调、抗病能力下降，会使胸腺、淋巴细胞数、淋巴细胞增殖、白细胞介素2（IL-2）和γ干扰素（IFN-γ）的生成下降，并使NK细胞的活性降低。

研究表明，运动中和运动后补糖，可以抵御运动引起的淋巴细胞增殖抑制，是在运动恢复过程中最有效地减少免疫紊乱的方法。

谷氨酰胺是很好的免疫增强剂，因为它是多种免疫细胞复制的原料，同时又是淋巴细胞增殖的必需营养素。

为了保持强大的免疫力，运动员需要摄入平衡的饮食，满足他们对能量、碳水化合物、蛋白质和微量营养素的需求。除此以外，维生素D、益生菌、植物多酚、牛初乳、锌和Kaloba天竺葵感冒片等补充都有利于增强免疫能力。

四、运动员低血红蛋白和贫血的预防与治疗

运动训练过程中确实存在着与运动训练有关的血红蛋白下降问题，它是影响运动员运动能力和运动成绩的一个重要因素。当运动员的血红蛋白值不达标或出现铁储存下降时，需要采用综合的营养学措施。这些措施包括：（1）促进红细胞生成的生血中药，如长白景仙灵等；（2）补铁制剂；（3）减少氧化应激造成的红细胞老化，维持红细胞寿命的抗氧化剂和红细胞保护剂，如番茄红素和1，6-二磷酸果糖等的使用。

五、抗过氧化

激烈的体力活动时，氧耗增加达休息时的10～20倍。这一氧耗的增加可引起自由基产生的增加高达2～3倍，从而引起氧化应激、炎症和自由基介导的肌肉损伤。与此同时，还会使局部酸中毒和缺氧并加剧溶血及铁从转铁蛋白中的释放。

抗氧化系统在维持氧化还原平衡中起着重要作用。内源性抗氧化剂包括酶类，如超氧化物歧化酶（SOD）、过氧化氢酶（CAT）、谷胱甘肽过氧化物酶（GPX）和非酶类，如谷胱甘肽、硫辛酸、胆红素、铁蛋白。外源性抗氧化剂来源于饮食，如维生素E、维生素C、类胡萝卜素、一些矿物质（Zn、Mn、Cu、Se）和多酚（黄酮类、酚酸、二苯乙烯、木质素）等。

抗氧化剂的使用是一种有益的干预措施，以降低运动员氧化应激引起的肌肉损伤的速度，它们已经是业余和职业运动员最常用的补充剂。常用的抗氧化物质种类很多，包括维生素C、维生素E、绿茶提取物（GTE）、多酚、N-乙酰半胱氨酸（NAC）、番茄红素、虾青素、绞股蓝皂甙、灵芝多糖等。

随着竞技体育的不断发展，运动营养生物化学监控工作受到运动队广泛的重视。运动营养监控恢复系统在备战历届奥运会中取得的良好效果，证明了它

的科学性和实用性。随着现代科学技术的深入和信息的高速传递，运动营养生化的研究和应用将进入一个高速发展的新时期。

本章小结

运动营养学最早应用于我国竞技体育领域。依托于国际运动营养的前沿理论和实践应用体系，我国体育科研工作者结合中国竞技体育管理体制的实际情况，开发了一套完整的“运动营养生化监控恢复系统”，分别从营养生化监控、营养干预和机能状态调整三部分服务于运动员的训练与营养，使运动员的训练更有效、营养补充更精准，并最大程度地预防运动损伤。本章围绕该系统中的三部分进行阐述，包含七大类运动营养生化监控指标、六大类常见运动员膳食问题的营养干预（膳食与强力营养素补充干预方案）以及五大类运动员机能状态调整方案，旨在指导运动营养师与随队科研人员、队医、教练通力合作，全方位保障运动员科学训练，并在该系统基础上根据实际情况不断继承创新，服务于现代化的竞技体育工作。

（杨则宜）

第三章　运动营养在全民健身中的应用实践

近年来，随着我国经济发展和人民生活水平的提高，“健康”成为一项上至国家、下至个人都极为关注的重要话题。随着自媒体信息的广泛传播，越来越多的普通人开始关注“吃动平衡”理念带来的健康效益，可见运动营养并不仅仅服务于我国竞技体育的“奥运争光计划”，同样对推动我国“全民健身”科学开展、落实“健康中国”计划意义重大。

第一节　全民健身概述

全民健身是指全国人民，不分男女老少，全体人民增强力量、改善柔韧性、增加耐力，提高协调、控制身体各部分的能力，从而使人民身体强健，旨在全面提高国民体质和健康水平，预防疾病的发生。

一、全民健身发展历程

新中国成立之后，政府高度重视和关心人民群众的身体健康，积极调动和组织广大民众参加体育活动。1987年“全民健身”概念首次使用以后，全民健身迎来了快速发展时期，作为体育工作的重要组成部分，其地位不断提升，直至2014年国务院明确“将全民健身上升为国家战略”。

1995年是我国全民健身发展历史上的关键拐点，国务院印发了《全民健身计划纲要》，这是我国第一次专门针对全民健身颁布的纲要和规划，具有划时代和里程牌的意义。同年，全国人大常委会通过的《中华人民共和国体育法》（以下简称《体育法》）中，分别做出“体育工作坚持以开展全民健身活动为基础”和“国家推行全民健身计划”的规定，使“全民健身”获得了明确的法律地位。

2002年，党的十六大将形成比较完善的“全民健身体系”，与形成比较完善的现代国民教育体系、科技和文化创新体系、医疗卫生体系一起，作为全面建设小康社会的奋斗目标之一。2008 年北京奥运会的成功举办，极大激发了国人参加全民健身的主动性和积极性。2009年，国务院颁布行政法规《全民健身条例》。2011年，国务院制定《全民健身计划（2011—2015年）》，成为我国首部全民健身五年发展规划和纲要，具备了操作性和可行性。在《全民健身计划（2011—2015年）》实施期间，2014年10月印发的《国务院关于加快发展体育产业促进体育消费的若干意见》把全民健身上升为国家战略，为全民健身提供了强有力的制度和法律法规保障，也为我国全民健身的发展提供了重要机遇，迎来了成熟发展的时期。

二、全民健身与增强体质和健康促进

2016年6月，国务院印发《全民健身计划（2016—2020年）》指出，“全民健身在国家发展战略的地位和功能日益突出，并将全民健身与实现中华民族伟大复兴紧密联系在一起”。

随后，2016年8月，中共中央、国务院印发了《“健康中国2030”规划纲要》，要求推动形成体医结合的疾病管理与健康服务模式，发挥全民科学健身在健康促进、慢性病预防和康复等方面的积极作用。而后，全国卫生与健康大会在北京举行，会议提出“要把人民健康放在优先发展的战略地位”，“将健康融入所有政策”，“推动全民健身和全民健康深度融合”。这一系列政策上的支持，也契合了“把以治病为中心转变为以人民健康为中心”的新主旨，体育也成为实现“健康中国”的重要途径之一。至此，全民健身开始和全民健康紧密融合，由“增强体质”进入“健康促进”阶段。全民健身已成为健康中国新标签。

第二节　不同年龄人群体质健康存在的问题

全民健身贯穿全生命周期。重视不同年龄人群存在的体质健康问题，才能够有针对性地应用运动营养方案，从而保障健康与预防疾病。

一、儿童青少年体质健康问题

伴随中国经济社会的快速发展，中国青少年体质健康问题受到广泛关注。教育部等部委从1979年开始组织实施“中国学生体质与健康调研”。其后，1985年到2005年五次组织全国范围的学生体质健康调查，对学生体质健康状况进行了持续、系统的调研、监测，建立了完善的中国学生体质健康调研制度。最新的全国范围内的学生体质调研是2014年。根据教育部发布的《2014年全国学生体质与健康调研》结果显示，学生体质与健康状况总体有所改善，主要体现在5个方面：身高、体重、胸围等形态发育水平继续提高；肺活量继2010年出现上升拐点之后，继续呈上升趋势；营养状况持续改善；乡村小学生蛔虫感染率持续降低；中小学生身体素质继续呈现稳中向好趋势。但是在学生体质健康状况总体有所改善的同时，也存在一些问题，主要有：大学生身体素质继续呈现下降趋势；视力不良检出率居高不下，继续呈现低龄化倾向；肥胖检出率持续上升。

二、成年人体质健康问题

成年人主要指年龄在20～59岁的人群，这部分人群的体质测试属于国民体质监测的工作内容。2014年国民体质监测结果显示，成年人的身高、体重、胸围、皮褶厚度等身体形态指标平均数比2010年均有所增长，体重、皮褶厚度等指标增长幅度大于身高。成年人的超重率为32.7%，比2010年增长0.6个百分点，成年人肥胖率为10.5%，比2010年增长0.6个百分点。超重与肥胖问题已经成为影响我国成年人体质的突出问题。数据还显示，20～59岁各年龄组人群握力、背力呈现下降趋势。这表明，成年人群的最大力量下降，尤为突出的是成年男性的握力、背力等指标下降明显。结合2000年以来的数据分析表明，我国成年人的力量呈持续下滑趋势。

20～59岁年龄段人群基本属于在职人群，由于工作种类的不同，还存在一些职业相关的体质健康问题。根据首都职工体质促进中心2015—2018年关于北京市总工会会员的体质测评数据，以测试人数最多的2017年为例，肥胖、脊柱异常和骨质流失是北京市各产业工会职工中排名前三位的体质健康问题。

三、老年人体质健康问题

老年人主要指年龄在60岁以上的人群，其中60～79岁人群的体质测试属于国民体质监测的工作内容。根据我国颁布的BMI（体质指数）各等级划分标准评估，2014年国民体质监测的数据表明，2014年老年人的超重率为41.6%，比2010年增长1.8个百分点；老年人的肥胖率为13.9%，比2010年增长0.9个百分点。超重与肥胖问题也是影响我国老年人群体质的突出问题。

老年人由于年龄的增长，身体出现一些增龄性的变化，当积累到一定程度时将导致疾病的发生，比如骨质流失导致的骨质疏松、肌肉衰退导致的肌少症、骨关节长期磨损导致的关节疾病等，这也是除心脑血管疾病、糖尿病、高血压等高发的慢性疾病之外，老年人应该格外注意的健康隐患。

第三节　国民体质健康促进的科学途径

针对非运动人群而言，适当的体力活动与合理的膳食营养能够保障其健康状况，在不同年龄阶段或外部环境下，运动营养方案均有所不同。

一、体质的概念

体质是指人体的质量，它是遗传性和获得性基础上表现出来的人体形态结构、生理机能和心理因素的综合的、相对稳定的特征。体质主要表现在以下几个方面：

（1）身体形态发育水平，包括人的体格、体型、营养状况及身体成分等方面的发育水平。

（2）人体生理功能，即机体新陈代谢水平及各器官、系统的效能等。

（3）身体素质和运动能力发展水平，即速度、力量、耐久力、灵敏性、协调性、柔韧性等素质，以及跑、跳、投、攀爬等运动能力。

（4）心理发育水平，表现在个性、意志及感知能力等方面。

（5）对疾病的抵抗能力和对环境的适应能力。

二、健康的概念

健康是指一个人在身体、精神和社会等方面都处于良好的状态。健康包括两个方面的内容，一是主要脏器无疾病，身体形态发育良好，体形均匀，人体各系统具有良好的生理功能，有较强的身体活动能力和劳动能力，这是对健康最基本的要求；二是对疾病的抵抗能力较强，能够适应环境变化、各种生理刺激以及致病因素对身体的作用。世界卫生组织提出，“健康不仅是躯体没有疾病，还要具备心理健康、社会适应良好和有道德”。因此，现代人的健康内容包括躯体健康、心理健康、心灵健康、社会健康、智力健康、道德健康、环境健康等。健康是人的基本权利。

三、实现良好的体质和健康状况的途径

（一）体质和健康状况的测试与评估

20世纪90年代，国家体育总局就致力于国民体质监测系统的构建。以2000年的国民体质监测为起点，国家体育总局提出，以后每5年为一个周期，制度性地开展国民体质监测工作，定期向社会公布监测结果，为国家制定社会发展规划和科学指导国民进行健身活动提供依据。教育部从1985年开始推进中国学生体质健康监测。

为满足对健康状况的了解，在国民体质监测和学生体质健康监测，包括身体形态、身体机能和身体素质三大类测试以外，我们还增加了一项疾病倾向的预估，共四类测试。

（1）身体形态指标：身高、体重、围度、体脂率、骨密度、脊柱形态。

（2）身体机能指标：安静脉搏、血压、肺活量、功率车二级负荷试验（20～59岁）、2分钟原地高抬腿（60～79岁）。

（3）身体素质指标：纵跳（20～59岁）、俯卧撑（男）/跪卧撑（女）（20～59岁）、一分钟仰卧起坐（20～59岁）、背力（20～59岁）、30秒坐站（60～79岁）、闭眼单脚站立、选择反应时、坐位体前屈、握力。

（4）疾病倾向的预估：动脉硬化测试。

通过对体质监测结果的分析并结合测试者关于自身疾病的主诉，可评估出可能存在的6个方面的体质和健康问题，即体重体脂超标、脊柱形态异常、心肺功能差、肌肉衰退、动脉硬化高风险和骨质差等，并可以对体质健康状况作出总体的评价。

（二）运动营养干预

体质健康中存在问题的唯一的改善途径就是科学运动和合理营养。根据体质健康存在的问题，可以作出个性化的有针对性的科学运动处方和合理营养安排。在经过一段时间周期性的运动营养干预以后，再次进行体质健康监测，判定运动营养干预的效果，并拟出修改的运动营养方案。

体质健康评估与运动营养干预已经形成完整的“体健之星”软件系统，并在各级体育科研院所、国民体质监测中心、健康管理中心及健身俱乐部广泛应用数年，取得了良好的效果。

本章小结

运动营养学不仅仅服务于竞技体育，在全民健身领域同样发挥着保障健康的重要作用。作为运动营养师，在全民健身领域开展“咨询与指导”服务时，同样需要针对不同人群特点进行健康风险评估，然后围绕“测、评、练、吃”进行综合系统的干预。

（王樯）

第二篇

运动营养基础

第一章　运动与能量代谢

“能”（energy）在自然界有多种形式，如太阳能、机械能、化学能、电能等，它们之间可以不同方式相互转换。在营养学中提到的能量即为热能，是人体利用来自食物中的碳水化合物、脂肪和蛋白质经生物氧化过程释放的能量（也是一种化学能），是维持人体生命和从事一切活动的基础。

人体能量摄入量与能量消耗量构成的能量平衡，既受到外环境因素如摄食行为、温度变化、体力活动等因素影响，也受到内环境因素如受体、激素以及神经-体液系统等因素影响。任何原因导致的能量失衡，对于普通人而言会引起一系列的健康问题，对于健身或运动员而言，还会严重影响运动表现，甚至造成运动损伤。因此，了解日常及运动期的能量代谢问题至关重要。

第一节　能量常识

一、能量概述

人体器官每时每刻的正常活动都需要充足的能量供应，生命活动过程是一个消耗能量的过程。因此，人体不断地从周围环境摄取营养物质如碳水化合物、脂类和蛋白质，并将它们在胃肠道内通过消化酶分解成多种小分子物质，这些小分子物质经肠道直接吸收进入体内后加以转变、吸收和利用，一方面，参与机体基本结构物质的合成代谢和部分组织的衰老更新，使体内各种结构能够生长、发育、修补和繁殖；另一方面，经过分解代谢释放出所蕴藏的化学能，这些化学能经过转化后，以ATP（三磷酸腺苷）的形式为生命活动的每一个过程提供最直接的能量供应，包括执行肌肉活动、分泌、排泄等功能，同时将产生的CO_2（二氧化碳）、H_2O（水）和其他不能再利用的物质排出体外，这便是生物体的物质代谢，是生命现象和实现各种生理功能的化学基础。而人体内物质代谢过程所伴随发生的能量吸收、储存、释放、转移和利用，就构成了整个能量代谢过程，这是生命活动的最基本特征之一。

体育运动时，人体的能量代谢具有强度大、消耗率高的特点，可以达到安静时能量消耗水平的两三倍甚至百倍以上，尤其是骨骼肌内能量消耗增加最为明显。对于健身运动人群来说，了解能量以及自己对能量的需求水平是很有必要的。

二、人体能量来源

生命体进行生长、发育和繁殖等活动所需要的能量不是直接来自于我们吃下去的食物，而是来自于这些食物经过一系列降解代谢反应，在线粒体最后形成的三磷酸腺苷即ATP分子。它是细胞中最直接和最迅速的能源，被称为“能量货币”。人体肌肉活动的直接能量来源是 ATP，间接能量来源是食物中的供能营养素。

（一）肌肉活动能量的直接来源——ATP

1. ATP分子结构

ATP是由一个腺嘌呤、一个核糖和三个磷酸基团组成的核苷酸，也可以说ATP是由一个大分子的腺苷和三个磷酸根组成，故称三磷酸腺苷。在ATP分子结构中的三个磷酸根之间的结合键中蕴藏着大量的化学能，称为高能磷酸键，用符号“～”表示。

因此，ATP的分子结构简式为“A–P～P～P”（图2-1-1）。

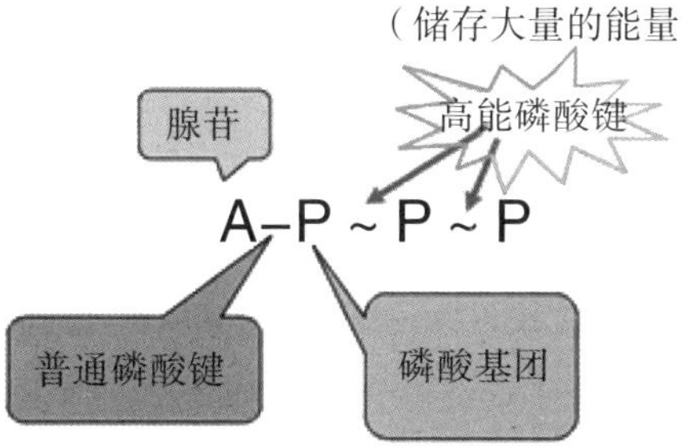

图2-1-1 ATP分子结构简式

2. ATP的转化与再合成

ATP是高能分子，ATP水解末端的高能磷酸键释放自由能为机体各项生理活动提供能量，通常情况下，ATP在ATP酶的作用下水解最外侧的高能磷酸键，生成ADP（二磷酸腺苷）和磷酸，并释放大量的能量，供细胞各项活动利用（图2-1-2，不同生理活动具备不同的ATP酶，如肌球蛋白ATP酶、钙ATP酶以及钠-钾ATP酶等，因此ATP可供不同生理活动使用）。在某些情况下，ATP末端的两个磷酸基团一起去除，生成AMP和焦磷酸（PPi），无机焦磷酸可以进一步水解形成两分子无机磷。ATP、ADP、AMP在适当的条件下，可以相互转变。

$$ATP+H_2O \xleftrightarrow{\text{ATP酶}} ADP+Pi+H^{+}+\text{能量}$$

图2-1-2 ATP水解反应方程式

ATP在生物体系中的作用，是能量的直接供体，是代谢反应中能量转移的重要载体，但不是能量的贮藏形式。一般情况下，人体内ATP总量为80～100g，在任何时刻总量都不超过100g，而肌肉中ATP储量不超过5mmol/kg湿肌，仅能够维持全力爆发性运动1～2秒。肌细胞也不能直接吸收血液或邻近细胞的ATP，即使是长期的运动训练也不能明显增加肌肉中ATP的储量，因此，运动时骨骼肌消耗的ATP必须随时得到补足，才能维持肌肉的持续运动。ATP的再生能力和再生速度体现了运动人群的运动能力，不同强度运动时ATP的消耗速率不同，需要与其相匹配的再合成途径。

在哺乳动物肌肉细胞中，存有三大供能系统用于再合成ATP，分别为磷酸原供能系统（ATP-CP供能系统）、糖酵解供能系统、有氧氧化供能系统。

（1）磷酸原供能系统。合成ATP最简单快捷的途径是，磷酸肌酸（CP）将自身的高能磷酸键转移给ADP合成ATP。磷酸肌酸（CP或PCr）是肌酸（creatine）磷酸化的产物，它是高能磷酸基团的储存库。肌肉中CP的含量为20～30mmol/kg湿肌，而ATP含量为4.7～7.8mmol/kg湿肌。

ATP、CP分子内均含有高能磷酸键，在代谢中均能通过转移磷酸基团的过程释放能量，所以将ATP、CP合称磷酸原，由ATP、CP分解反应组成的供能系统称为磷酸原供能系统，或ATP-CP供能系统，该系统供能速度快、功率大，为短时间高强度活动提供ATP，同时也是任何运动开始时（无论强度如何）的能量所需。这一供能系统主要依赖ATP的水解过程（参见图2-1-2）与分解磷酸肌酸（CP或PCr）的过程。肌酸激酶（creatine kinase，CK）是促进CP与ADP反应，进而合成ATP的作用酶，其化学反应如图2-1-3所示。

$$\text{ADP+CP} \xleftrightarrow{\text{creatine kinase}} \text{ATP+creatine}$$

图2-1-3　ATP再合成化学反应方程式1

另一个能快速再合成ATP反应的重要作用酶为腺苷酸激酶（adenylate kinase），也称为肌激酶反应（图2-1-4），经由该反应产生的AMP，其浓度上升会加速启动糖酵解供能系统。

$$\text{2ADP} \xleftrightarrow{\text{adenylate kinase}} \text{ATP+AMP}$$

图2-1-4　ATP再合成化学反应方程式2

磷酸原供能反应（参见图2-1-2～图2-1-4）在一定程度上均为可逆反应，其反应方向主要受到反应底物或产物浓度的调控。以图2-1-3为例，当机体氧化释放能量生成的ATP供大于求时，在CK的催化下，ATP分子内的高能磷酸键转移给肌酸，合成磷酸肌酸（CP），作为暂时的贮存能量形式；当机体需要大量消耗ATP时，CP在CK的作用下将贮存的能量再转移到ADP分子上，生成ATP供能。这一过程组成肌酸-磷酸肌酸能量穿梭系统，使ATP水解后可就地重新合成，有效保证了ATP水解与再合成的紧密耦联。

（2）糖酵解供能系统。传统国内运动科学教材将糖酵解供能系统等同于无氧糖酵解供能系统，而国际研究及部分教学资料显示，糖酵解供能系统分为无氧糖酵解（快速糖酵解）过程和有氧糖酵解（慢速糖酵解）过程（表2-1-1）。后者作为无氧供能系统到有氧供能系统的过渡阶段，亦可视为糖有氧氧化的第一阶段。

表2-1-1　能量代谢系统

供能系统	供能特点	持续时长
磷酸原供能系统（ATP-CP供能系统）	储存的CP以无氧方式生成ATP	用于最大强度的活动

（续表）

供能系统	供能特点	持续时长
无氧糖酵解（乳酸能供能系统）	通过糖原和葡萄糖分解，以无氧方式生成ATP；该系统副产物是乳酸	用于极高强度的活动，即那些超过运动员能力范围而使他们无法摄入足够氧气的极高强度活动；通过该系统持续生成ATP的时间不超过2分钟
有氧糖酵解	通过糖原和葡萄糖分解，以有氧方式生成大量ATP	用于高强度的活动，即那些需要大量ATP，但是运动员尚可摄入足够氧气的高强度活动
有氧氧化供能系统	通过碳水、蛋白、脂肪的分解，以有氧方式生成ATP	用于持续时间较长的低强度活动，即那些能够生成大量ATP，但不会产生抑制有氧代谢系统的副产物的低强度活动

资料来源：Dan Benardot. Advanced Sports Nutrition（2nd Edition）. 2019。

糖酵解供能系统为一个过程，即糖原或葡萄糖通过一系列的转化，期间牵涉许多分解酶反应（图2-1-5），因此使其ATP再合成速率比ATP-CP供能系统慢，但由于糖酵解供能系统具备糖原与葡萄糖作为能量来源，其相比于ATP-CP供能系统具有更好的ATP生成能力。糖酵解供能系统的终产物是丙酮酸，这一过程与ATP-CP供能系统都发生在肌浆中。

当在某些活动中（运动强度较高、持续时间在1分钟左右时），活动强度超过有氧代谢系统引入足够的氧气来满足能量需求时，丙酮酸被转化成乳酸，即无氧糖酵解成为产生ATP的主要途径。由于糖无氧代谢供能产生乳酸，我们也称该系统为乳酸能供能系统。骨骼肌内乳酸水平及H^+若迅速增高，会造成细胞pH值显著下降，从而抑制ATP再合成酶的活性，使供能能力下降，不能维持预定的运动能力，因此供能时间较短，极高强度的运动只能持续1.5～2分钟。根据国际运动科学领域研究进展显示（ACSM，2019），乳酸代谢成为研究热点。对于在无氧糖酵解过程中产生的乳酸，对它最好的理解是“一种暂时的能量储存形式”，它在静候足够的氧气以备重新进入代谢系统，当运动强度降低，并且运动员体内有足够的氧气来进行有氧代谢时，乳酸将重新转化成丙酮酸，然后通过有氧方式生成ATP，亦可通过“乳酸循环（cori cycle）”重新利用。

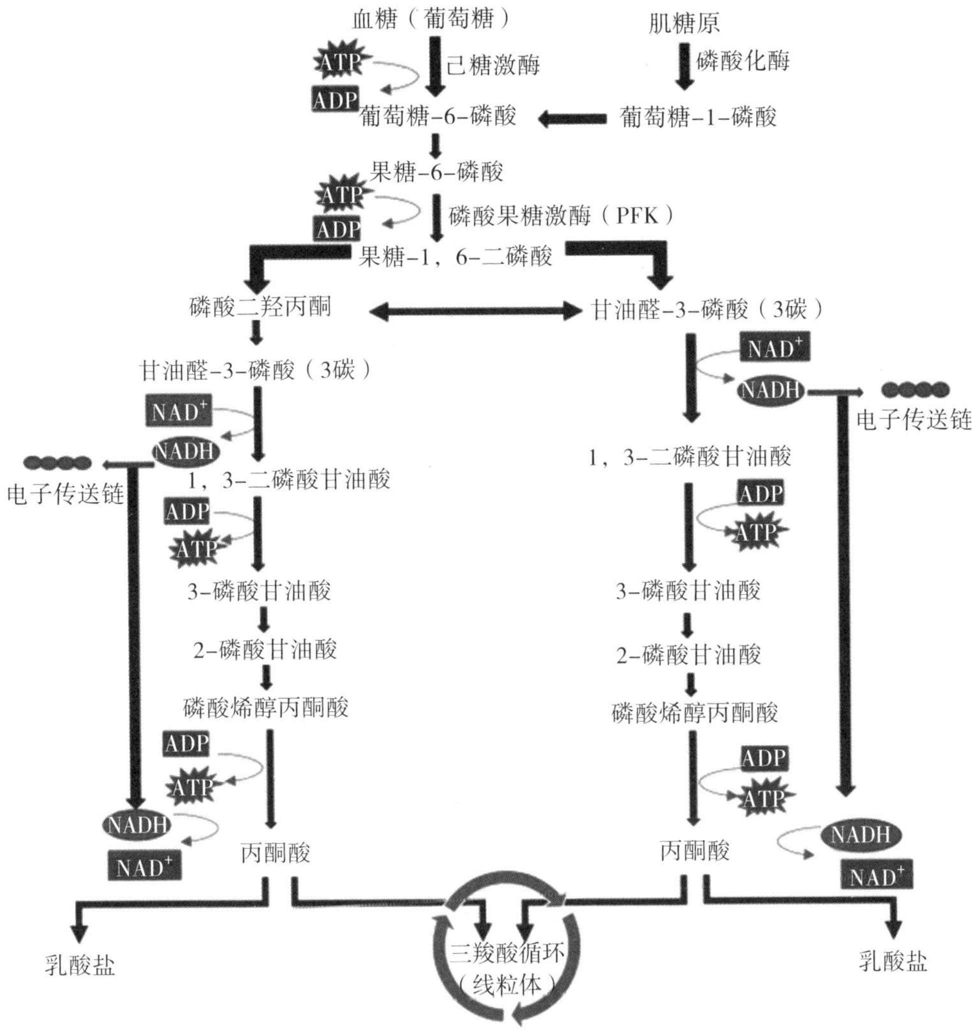

图2-1-5 糖酵解作用过程

资料来源：National Strength and Conditioning Association. Essentials of Strength Training and Conditioning，Fourth Edition. 2016。

肌力与体能训练（第4版）. 林贵福，等译，2017。

有氧糖酵解能够产生比无氧糖酵解更多的ATP，而且在产生ATP的同时不产生乳酸。丙酮酸目标代谢路径主要受到细胞中的能量需求所决定，如同力量训练，在能量需求高且必须快速转换的情况下，丙酮酸主要被转换成乳酸盐，以支持进一步的无氧糖酵解作用；如果在能量需求不高，细胞中氧气浓度充足的情况下，丙酮酸则能在线粒体中进一步被氧化（参见图2-1-5）。

（3）有氧氧化供能系统。糖类、脂肪、蛋白质在有氧条件下生成乙酰辅酶A，进入三羧酸循环彻底氧化生成二氧化碳和水，并释放大量能量的反应过程，称为有氧氧化，也称为有氧代谢。运动过程中，骨骼肌通过三大能源物质有氧代谢释放能量合成ATP，构成骨骼肌内有氧代谢供能系统。

在氧存在的条件下，糖原、葡萄糖、脂肪酸、氨基酸经过氧化分解生成数目不等的ATP，其中脂肪酸单位分子氧化生成的ATP 数量最多，所以脂肪酸是长时间运动的基本燃料。有氧代谢反应过程必须有充足的氧气供应，将代谢物氧化为CO_2、水和释放能量，通过呼吸和排汗维持运动，因此，有氧代谢的供能项目运动强度不大，但维持运动的时间较长。有氧代谢供能系统是数分钟以上耐力性运动项目的基本供能系统，也被称为长时间供能系统。

综上所述，用于ATP再合成的三大供能系统特点总结见表2-1-2。

表2-1-2　人体肌肉活动三大供能系统特点

	磷酸原供能系统（ATP-CP供能系统）	糖酵解供能系统		有氧氧化供能系统
		无氧糖酵解（乳酸能供能系统）	有氧糖酵解（糖有氧氧化）	
供能物质	ATP、CP	血糖、肌糖原	血糖、肌糖原	糖、脂肪、蛋白质
供能条件	最高强度	高强度	低强度	最低强度
供能时间	1 ~ 10秒	30 ~ 120秒	>2分钟	>2分钟
代谢产物	无	乳酸	丙酮酸或二氧化碳、水	二氧化碳和水
典型代表项目	100m冲刺	400 ~ 800m比赛	5km跑	马拉松
ATP生成速率	最高	高	低	最低
ATP生成总量	最低	低	高	最高

资料来源：运动生物化学编写组. 运动生物化学. 北京体育大学出版社，2013。

（二）肌肉活动能量的间接来源——供能营养素

人体生命活动所需的营养素可分为七大类：碳水化合物、脂类、蛋白质、维生素、矿物质、水和膳食纤维。其中，碳水化合物、脂类和蛋白质可经体内代谢释放生命活动所需的能量，故三者统称为三大供能营养素。三大供能营养素通过相应的分解代谢，将储存在分子内的化学能逐渐释放出来，并转移、储存至ATP分子内。随着生命活动需要不断消耗掉ATP，机体会不断分解自身储存的这些能源物质来保证ATP供应的持续性。综合以上信息，人体生命活动的各个生理过程（包含肌肉活动）均需要ATP作为直接能量来源，而ATP的再合成是通过不同供能系统完成的，且各个供能系统均具有相应的供能物质（包含供能营养素），这些供能物质即为能量的间接来源（图2-1-6）。具体运动与能量及物质代谢的相关关系参见本篇第三章及第四章。

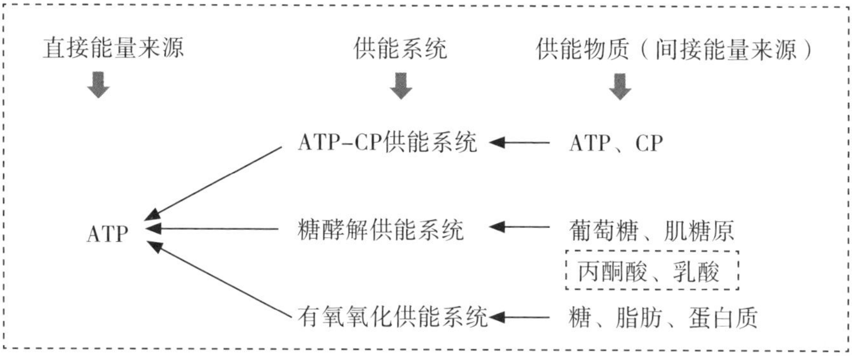

图2-1-6　人体能量来源总结图

三、能量单位

日常生活中，关于能量的单位统一较为重要，能量单位的使用也更具有实践价值。

国际上制定统一的能量单位为焦耳（joule，J）或卡（calorie）。1 焦耳是指用 1 牛顿（N）力把1 千克（kg）物体移动 1 米（m）所消耗的能量。焦耳的1000倍，称千焦耳，焦耳的10^6倍称兆焦耳，即：1000J 等于1“千焦耳”（kilo joule，kJ）；1000千焦等于 1 “兆焦耳”（mega joule，MJ）。1卡能量是指在1标准大气压下，将 1 克纯水的温度由 15℃上升到 16℃所需要的能量。

根据国务院1984年3月3日公布的法令，能量以焦耳为单位，为了实用，常以千焦耳（kJ）或兆焦耳（MJ）计。传统上以及生活中常用能量单位为千卡（kcal）。为应用方便，本书均按kcal进行表述。

两种能量单位的换算如下：

1 千卡（kcal）= 4.184千焦耳（kJ）　　1千焦耳（kJ）=0.239千卡（kcal）

1000 千卡（kcal）= 4.184兆焦耳（MJ）　1兆焦耳（MJ）=239 千卡（kcal）

能量单位应用举例如下：

如一包净含量为50g的能量棒，其外包装上的营养成分表中显示，每100g该产品为1672kJ，则：

100g该产品能量值为1672 kJ ÷ 4.184kJ/kcal = 400kcal；

该包能量棒（净含量为50g）的能量值为200kcal。

第二节 能量平衡

在自然界中，能量既不增加也不减少，仅仅是从一种形式转化为另一种形式，这被称为能量守恒定律，机体的能量代谢也遵循这一普遍规律。即在整个能量转化过程中，机体所利用的蕴藏于食物中的化学能与最终转化成的能量，和其所做的外功，按能量折算是完全相等的。也就是说，将人体作为一个能量评价系统，它的能量需要与消耗是一致的。在理想的平衡状态下，个体的能量需要量等于其消耗量，此时的个体就不会出现体重的波动，即为能量平衡（energy balance）。

能量平衡的调节主要包含两个部分，即能量摄入和能量消耗，两个方面相互作用的结果决定了体内能量的储备情况。根据能量守恒定律，每日摄入的能量除粪便排出外，由身体吸收；吸收的能量小部分作为蛋白质代谢产物从尿中排出，其余的进入代谢或储存于组织，成为人体中的蛋白质、脂肪或糖原；吸收的能量在体内用于多种生理过程，如用不完，则储存起来。举例如下：

能量平衡：
每日能量摄入：2510 kcal
粪便丢失能量（4%）：100 kcal
吸收的能量：2410 kcal
尿中丢失能量（5%）：125 kcal
可用于代谢或储存的能量：2285 kcal

正常人储存的能量相当于每日能量摄入的60倍，一般情况下，身体储存能量情况如下所示，储存能量值以脂肪最多，1kg脂肪大约可满足饥饿3～4天时的能量消耗。当能量摄入大于消耗时，多余部分储存；当能量摄入小于消耗时，则从储存能量中取用。

身体可储存能量约为：
糖原：1820 kcal
可动用蛋白质：19600 kcal
甘油三酯（脂肪）：112330 kcal

一、能量摄入

能量摄入以满足人体能量消耗为目的，以维持能量平衡最为理想。

日常生活中，人体摄入能量的方式包括所有含能量的食物、饮品等，包括正餐以及零食等。这些食物、饮品中具备能量的物质即为我们上述提到的三大产能营养素。除此之外，人们在膳食中饮用含酒精（乙醇）的饮料时，酒精（乙醇）虽不属于营养素，但其具备能量，1g乙醇可产生29.0kJ（7.0kcal）的能量，也属于能量摄入中的一部分；同时部分膳食纤维在肠内发酵，因种类而异，也会产生少量能量，有人提出为8.5kJ/g（约2kcal/g），但该部分能量仅为人体肠内微生物利用，人体无法利用。

（一）三大供能营养素（碳水化合物、脂肪、蛋白质）

物质燃烧时所释放出的热，称为燃烧热。食物可在动物体内氧化，也可在动物体外燃烧。产能营养素在体外燃烧和体内氧化的化学本质是一致的，但过程不尽相同。体外燃烧是在氧作用下完成的，化学反应激烈，伴随着光和热；体内氧化是在酶的作用下缓慢进行的，比较温和；特别是最终产物不完全相同，所以产生的热量（即能量）也不完全相同。每克产能营养素在体外燃烧时所产生的能量值称为“物理卡价”，在体内氧化所产生的能量值称为“食物的热价”或“食物的能量卡价”，亦称“能量系数”或“阿特沃特系数”。

利用体外“弹式热量计”测定，碳水化合物彻底氧化成水和二氧化碳时产生的能量为17.22kJ/g（4.1kcal/g），与此同时，碳水化合物在消化道内并非100%吸收，其在一般混合膳食中吸收率为98%，因此在生理研究中，碳水化合物供给能量在校正后为：17.22kJ × 98%=16.88kJ/g（4.0kcal/g）。脂肪在体外“弹式热量计”中充分燃烧时产生能量为39.5kJ/g（9.45kcal/g），而脂肪的消化吸收率为95%，其供给能量在校正后为：39.5kJ × 95%=37.5kJ/g（9.0kcal/g）。蛋白质在“弹式热量计”中充分燃烧产生的能量为23.65kJ/g（5.65kcal/g），由于蛋白质代谢产物如尿素、尿酸、肌酐随尿排出，每克还可产生5.44kJ（1.3kcal）的能量，且蛋白质的消化吸收率为92%，故其供给能量在校正后为：（23.65 kJ-5.44kJ）×92%=16.75kJ/g（4.0kcal/g）。具体如表2-1-3所示。

表2-1-3 “弹式热量计”推算产能营养素体内氧化产生的能量

产能营养素	碳水化合物	脂肪	蛋白质
体外燃烧所产热量（“弹式热量计”测定）	4.1kcal/g	9.45 kcal/g	5.65 kcal/g
体外燃烧产物	二氧化碳和水	二氧化碳和水	二氧化碳、水、氨气等
体内氧化产物	二氧化碳和水	二氧化碳和水	二氧化碳、水、尿素、肌酐、含氮有机物
由体外燃烧推算体内氧化产生的能量	4.1kcal/g	9.45 kcal/g	4.35 kcal/g
吸收率	98%	95%	92%
校正后的热价（产热系数）	4 kcal/g	9 kcal/g	4 kcal/g

因此，在描述产能系数时，碳水化合物为4kcal/g、脂肪为9kcal/g、蛋白质为4kcal/g的数据已最大程度考虑了相应营养素的消化吸收率，可作为日常计算使用。但需要注意的是，由于人体营养学的特异性，每个个体的消化吸收水平不同，同种营养素的不同种类（如植物蛋白、动物蛋白等）消化吸收水平具有差异，体外计算依旧无法做到完全精准，但了解该产能系数可以为后续能量计算提供参考。

（二）酒精

酒精（乙醇）的能量值约为29kJ/g（7kcal/g），若日常饮食中含酒精，则其对每日总能量摄入有显著贡献，因此，饮酒的人必须减少其他膳食能量的摄入，以保持能量平衡。酒精虽然具有能量，但它同产能营养素具有显著差别。酒精不会直接转化为甘油三酯储存于脂肪组织中，也不会形成肌肉蛋白或糖原物质，因此它无法成为人体储存的能量。当人体摄入酒精后，酒精氧化迅速增加，乙醇作为优先能源，优于其他能量底物，可首先抑制脂肪氧化，其次抑制蛋白质、碳水化合物氧化，因此乙醇可通过为身体提供替代的和优选的能源间接地将膳食脂肪保存下来，转移到人体脂肪库中储存起来。与此同时，酒精代谢产物如乙酸等还可少量形成脂肪储存。可见，酒精的热量不仅抑制了脂肪的分解，还增加了脂肪的储存，因此，将酒精描述为“具有能量而无营养的物质”较为客观。

二、能量消耗

普通成年人的能量消耗主要用于维持基础代谢或静息代谢、身体活动与食物热效应三方面。对于婴幼儿、儿童和青少年，能量消耗还应该包括生长发育所需要的能量；对于孕妇与乳母而言，能量消耗还用于胎儿生长发育、母体子宫胎盘以及乳房等组织增长、合成分泌乳汁和体脂储备等；对于需要增长肌肉的运动人群以及创伤康复的病人也需要增加能量供应。现将人体能量消耗分为以下四方面。

（一）基础代谢和静息代谢

基础代谢（basal metabolism，BM）是指维持生命的最低能量消耗。WHO/FAO对基础代谢的定义是人体经10～12小时空腹禁食和良好的睡眠、清醒仰卧、恒温条件下（一般为22～26℃），无任何身体活动和紧张的思维活动，全身肌肉放松时的能量消耗。此时能量消耗仅用于维持体温、呼吸、心脏搏动、血液循环及其他组织器官和细胞的基本生理功能需要。基础代谢的水平用基础代谢率（basal metabolic rate，BMR）来表示，是指人体处于基础代谢状态下，单位时间、单位体重或单位体表面积的能量消耗。

静息代谢（resting metabolism，RM）是一种与基础代谢很接近的代谢状态，是在测定中省略摄入食物的这个条件，在温度适宜和安静休息状态下的能量消耗，并非在基础状态下，禁食仅3～4小时，故可能包括了前餐残余产热效应在内，此时机体仍在进行着若干正常的消化活动，这种状态比较接近于人们正常生活中处于休息的状态，在这种条件下测出的代谢率，称为静息代谢率（resting metabolism rate，RMR），也称为静息代谢能量消耗（resting energy expenditure，REE），其测得的能量消耗比基础代谢消耗稍高。美国第10版推荐的膳食中营养素供给量（recommended dietary allowances，RDA）提出，在实际工作中，RMR（或REE）与 BMR 二者之值相差小于10%，因此这两个概念可以通用。

需要注意的是，BMR与RMR虽然在一定程度上可以互换使用，但二者在事实上测量标准不同。日常经常测量及使用的是RMR术语，为统一描述，本节内容也将使用RMR术语，除非研究报告中特别报道测量的是BMR。

RMR一般占总能量消耗的60%～75%。在大多数久坐少动的健康成年人中，RMR占日常能量消耗总量的60%～80%，但在活跃个体中，这个百分比会有较大差异，优秀运动员在运动中能量消耗较高，RMR可能只占每日总能量消耗的40%～50%，而在某些重复激烈比赛的日子里，如超级马拉松，RMR占总能量消耗可能不到20%。

1. RMR的计算公式

RMR受种族、遗传、环境、饮食等影响，很难统一制定公式。在此通过以下几种经典公式进行推算。

（1）WHO推荐采纳斯科菲尔德（Schofield）从体重推算RMR的简化公式（1985年）。RMR通常可根据经典公式进行计算，美国第10版RDA中所采用的RMR值均根据WHO发表的公式（1985年）计算而得，具体见表2-1-4。这些计算值并非十分精确，但可供膳食计划指导使用，其均考虑了年龄、性别与体重等变量因素的影响，但未把身高因素考虑在内，因身高对计算精确性影响不大。

亚洲人的RMR可能比欧美人低，为此建议将此结果减5%作为中国成年人群的RMR值（顾景范，现代临床营养学（第二版），2009）。

表2-1-4　根据体重推算RMR公式

年龄（岁）	推算公式（kcal/d）	年龄（岁）	推算公式（kcal/d）
男性		女性	
0～3	60.9*W*−54	0～3	61.0*W*−51
3～10	22.7*W*+495	3～10	22.5*W*+499
10～18	17.5*W*+615	10～18	12.2*W*+746
18～30	15.3*W*+679	18～30	14.7*W*+496
30～60	11.6*W*+879	30～60	8.7*W*+829
>60	13.5*W*+487	>60	10.5*W*+596

资料来源：WHO及美国第10版RDA。

注：*W*——体重（kg）。

（2）哈里斯·本尼迪克特（Harris-Benedict）公式（1919年）。

男：BMR（kcal/d）=66.5＋13.8×体重（kg）+5.0×身高（cm）-6.8×年龄（岁）

女：BMR（kcal/d）=665.1＋9.6×体重（kg）+1.8×身高（cm）-4.7×年龄（岁）

（3）台湾刘氏（Liu）公式（1995年）。

BMR（kcal/d）=13.88×体重（kg）+4.16×身高（cm）-3.43×年龄（岁）-112.4×性别＋54.34（性别：男=0，女=1）

（4）通过测量体表面积进行计算。BMR与人体的体表面积呈正比例关系。20世纪30年代，史蒂文森（Stevenson）曾经得出中国人体表面积的计算公式。经历了50多年，中国人身材有较多变化，身高、体重都有显著增加，赵松山等人于1983年对中国人体表面积与身高、体重的关系进行了研究，得出了我国成年男性及女性的体表面积的计算公式：

男性：体表面积（m^2）=0.00607×身高（cm）+0.0127×体重（kg）-0.0698

女性：体表面积（m^2）=0.00586×身高（cm）+0.0126×体重（kg）-0.0461

我国正常人BMR以单位体表面积表示的数值见表2-1-5。

表2-1-5　我国正常人基础代谢率平均值［kJ/（m^2·h）］

性别	年龄（岁）						
	11～15	16～17	18～19	20～30	31～40	41～50	≥51
男	195.4（46.7）	193.3（46.2）	166.1（39.7）	158.6（37.9）	157.7（37.7）	154.0（36.8）	149.0（35.6）
女	172.4（41.2）	181.6（43.4）	154.0（36.8）	146.8（35.1）	146.4（35.0）	142.2（34.0）	138.6（33.1）

资料来源：姚泰. 生理学. 人民卫生出版社，2005。

注：括号内为kcal/（m^2·h）值，m^2为体表面积。

2. 影响RMR的因素

人体的RMR不仅存在个体差异，个体本身的RMR也会因为一些因素而常有变化。但BMR与RMR相比相对恒定，一个正常的成年人，其BMR在20年内不会偏离正常值的5%～10%，人与人之间的BMR差异较大，遗传因素是最重要影响原因之一。RMR的影响因素相对更多一些，根据以上RMR的预测公式显示，RMR受年龄、性别、体表面积和体型影响，除此之外，去脂体重、激素、季节环境、运动强度以及饮食方式等其他多种因素均会影响RMR。

（1）年龄。在人的一生中，婴幼儿阶段和女性怀孕阶段的RMR相对较高，青春期时也会出现一个较高代谢的阶段。成年以后，一般情况下，RMR随着年龄的增加而下降，30岁以后，每10年RMR平均降低2%，60岁以后下降更多，但如果加强锻炼，这种降低相对缓慢得多。2012年ACSM的一项研究表明，不接受力量训练的成人（尤其是久坐少动的成年人）会出现每10年损失5磅肌肉（2.3kg）的现象，这一现象导致RMR每10年下降3%~8%。

（2）性别。一般情况下，男性的RMR高于女性，实际测定表明，同一年龄、同一体表面积的情况下，男性RMR会高于女性5%~10%，因为男性具有更大的体型与去脂体重（瘦体重）。也有研究显示，即使控制了瘦体重、脂肪量和年龄差异，女性的RMR也低于男性约100kcal/d；相反，对于老年男性和女性（70~79岁），在控制瘦体重后，RMR无性别差异。男性RMR高于女性的原因不仅仅包含瘦体重因素，可能还同激素差异有关。

（3）体型与瘦体重。RMR的高低与体重并不成比例关系，而与体表面积基本上成正比，体表面积大者散发的热能也较多，所以同等体重时，瘦高者的基础代谢高于矮胖者。因此，以每平方米体表面积为标准来衡量能量代谢率是比较合适的。

人体瘦体重消耗的热量占RMR的70%~80%，这些组织具有很强的代谢活性，包括骨骼肌、心肌、脑、肝、肾等，因此瘦体重大者、肌肉发达者的RMR水平会更高，因此整体能量消耗也会更高。

（4）不同病理状况的影响。激素对细胞的代谢及调节都有较大影响。如甲状腺功能亢进者，RMR可比正常平均值增加40%~80%，甲状腺功能低下者，RMR可比正常平均值低40%~50%；患黏液水肿时，RMR低于正常；去甲肾上腺素可使RMR下降 25%；当感冒发热时，也会增加机体的热能消耗。

（5）环境条件。很多环境因素会使RMR增加，如炎热或寒冷（打寒战）、恐惧、压力（交感神经活动）以及某些药物如咖啡因、酒精、吸烟等，均会增加RMR，这些因素也被称为“适应性生热作用（adaptive thermogenesis，AT）”。AT代表产热的暂时增加，可能持续数小时甚至数天，取决于刺激持续时间和程度。对于运动员而言，严重的身体伤害、应激（比赛的心理压力）、更高的海拔、极端环境温度下的训练，都可能会使RMR增加。

（6）饮食方式。禁食、饥饿或少食时RMR水平会降低，这是由于机体的自我保护节能机制引起的，该原理解释了节食减肥后体重反弹至更高的现象。

（7）女性月经周期。目前一些研究报道RMR值在卵泡期时最低，在黄体期最高，这两个阶段的RMR差异为100～300kcal/d。

（8）运动可能间接或直接改变RMR。首先，运动可以通过增加个体的瘦体重间接增加RMR，这是决定RMR的一个重要因素；其次，较高强度的运动会导致肌肉组织微损伤，需要运动后进行组织修复，从而导致RMR增加；最后，一次剧烈运动后也会因运动后过量氧耗（excess post-exercise oxygen consumption，EPOC）使RMR增加一段时间（几分钟或几小时）。

2008年美国运动协会相关研究显示，未接受过训练的个体进行高强度力量训练后的3天，RMR平均增加9%；接受过训练的个体进行高强度力量训练后的3天，RMR平均增加8%。显然，在挑战力量训练课程后的至少72小时中，微损伤修复和肌肉重塑过程需要更多能量。且对于大多数健身人群，大约每三天进行一次抗阻训练，RMR升高是对定期力量训练的连续性生理反应。这一影响的累积效应将有效抵抗久坐少动以及衰老造成的RMR降低，并对健身人群达成或维持减脂效果具有较大效益。

（二）身体活动

人每天的工作和生活内容有很多活动，其中包括娱乐、家务劳动和体育活动，这些活动都是由肌肉做功来完成的，亦称体力活动；值得注意的是，脑的重量只占体重的2%，但脑组织的代谢水平是很高的。近些年的大脑能量代谢研究显示（Pierre J. Magistretti & Igor Allaman，2015），大脑对能量的需求很高，它们甚至占到身体能量消耗的20%，这部分能量消耗中一部分被包含在RMR中。如精神紧张地工作，可使大脑的活动加剧，能量代谢约增加 3%～4%。当然，与体力劳动比较，脑力劳动的消耗仍然相对较少，但不可忽视。

因此，本节内容将体力活动与脑力活动的能量消耗统称为身体活动。身体活动占总体能量消耗的15%～30%，除了RMR外，身体活动是人体能量消耗的主要因素。除脑力活动外，体力活动能量消耗现阶段可分为三类：（1）有计划的运动锻炼产生的能量消耗（如跑步、游泳、步行、骑车等活动）；（2）日常生活活动能量消耗（如穿衣、站立、购物等），这部分也被称为非运动性产热（non-exercise activity thermogenesis，NEAT），对于一些个体而言，NEAT中消耗的能量可在帮助维持能量平衡方面发挥重要作用；（3）自发性肌肉活动的能量消耗，如颤抖和烦躁等（spontaneous physical activity，SPA）。久坐少动人群的身体活动消耗可能只占总能量消耗的10%～15%，但活跃人群则可高达50%，具体见图2-1-7。

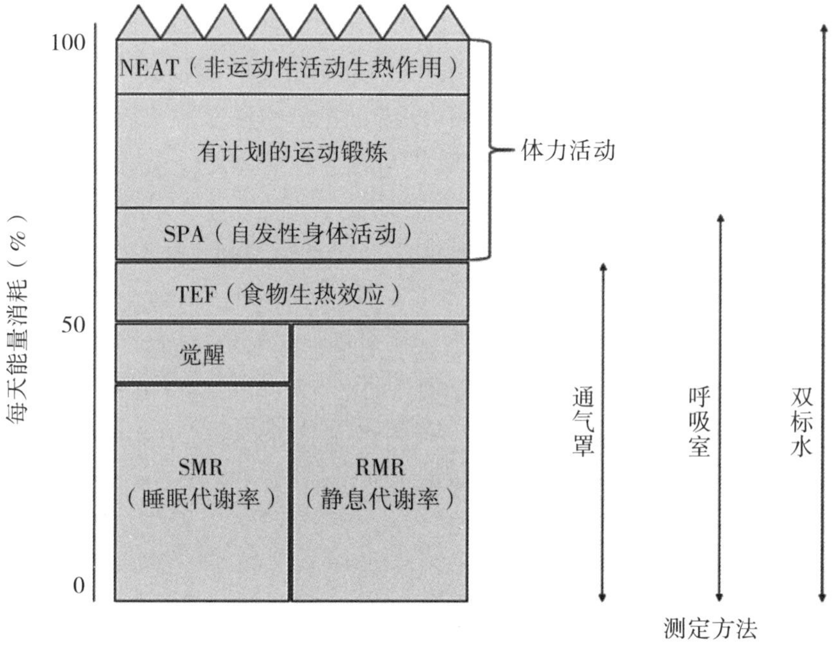

图2-1-7 人体每日能量消耗组成成分

（改编自：Ravussin et al，1993）

机体体力活动能量消耗的增加与肌肉活动的强度成正比关系。生理情况相近的人，RMR是相近的，但会因为体力活动情况的不同，造成RMR水平的明显差异。

影响体力活动能量消耗的因素如下：（1）肌肉越发达者，活动能量消耗越多；（2）体重越重者，能量消耗越多；（3）活动强度越大、持续时间越长，能量消耗越多；（4）与工作的熟练程度有关，工作越不熟练者，能量消耗越多。其中，活动强度和持续时间是主要影响因素，而活动强度主要涉及活动时牵动的肌肉多少和负荷的大小。

（三）食物热效应

食物热效应（thermic effect of food，TEF）即食物的特殊动力作用（specific dynamic action，SDA）。人体在摄入食物的过程中，由于要对食物中的营养素进行消化、吸收、代谢转化等，需要额外增加能量消耗，同时引起体温升高和热量散发。这种由于机体摄入食物而引起机体能量代谢的额外增高称为食物热效应。

进食碳水化合物可使能量消耗增加5%～6%，进食脂肪增加3%～5%，而进食蛋白质最多可使能量消耗增加20%～30%。一般混合膳食所引起的能量额外消耗为总能量的6%～10%。食物热效应在餐后1小时达到最高，大约4小时后消失。不同产能营养素食物热效应的差异主要是因为：（1）各营养素消化吸收后转变为 ATP 的储量不同，蛋白质为32%～34%，低于脂肪和碳水化合物的38%～40%，其余的转变为热量；（2）食物中脂肪被吸收后转变为人体脂肪所消耗的能量，要低于体内葡萄糖转变为糖原和脂肪过程中消耗的能量，而由肠道吸收入血的氨基酸在体内重新合成蛋白质消耗的能量则更多。因此，食物热效应与食物营养成分、进食量和进食频率有关。

食物热效应包含两部分，一部分是必需性的，如营养素消化、吸收、代谢、储存过程中的能量消耗；另一部分是调节性的，并非生理过程必需，由交感神经系统调节。食物热效应只能增加体热的外散，而不能增加可利用的能量，对人体而言是一种损耗而不是一种收益。为了保存体内的营养贮备，进食时必须考虑食物热效应额外消耗的能量，使摄入的能量与消耗的能量保持平衡；相反，为了增加机体的能量消耗，达到减脂的目的，除控制膳食中总的能量摄入外，可适当增加膳食中蛋白质的供能比例，以增加食物热效应所消耗的能量。

（四）特殊生理阶段的能量消耗

特殊生理阶段除了包括孕期、哺乳期和婴幼儿、儿童、青少年等阶段，同时也包括创伤病人康复与健身人群增肌阶段。

处在生长发育期的婴幼儿、儿童、青少年，其一天的能量消耗还应包括生长发育所需要的能量，所摄入的热能被机体用于生长发育的需要而保留在体内。如出生1～3月龄的婴儿，用于生长发育的能量需要量占总能量的35%；3～6个月的婴儿，占总能量的15%～23%；2岁时，约为总能量的3%；青少年期为总能量的1%～2%。

除儿童、青少年以外，孕妇也经历了子宫、乳房、胎盘、胎儿的生长及体脂储备阶段，乳母则需要合成乳汁，欲增长肌肉的运动人群也需要增加能量的供应，创伤病人康复期间也需要额外能量供应等，这些现象同样属于机体组织生长发育所引起的能量消耗。此外，机体能量消耗还受情绪和精神状态等因素影响。

三、能量平衡相关研究进展

能量平衡的概念简单易懂，也易于应用。当机体的能量摄入大于能量消耗时，处于能量正平衡状态，则体重增加；当机体的能量摄入小于能量消耗时，处于能量负平衡状态，则体重下降；当机体的能量摄入与能量消耗相等时，处于能量平衡状态，则体重保持不变。2016年中国居民膳食指南中建议的“吃动平衡，健康体重”，也表现了能量平衡概念与体重的相互作用（健康体重标准参见本书第四篇第三章）。可见，能量平衡概念同增加体重和降低体重的实践应用密切相关。然而在实践应用中，体重的变化并不像能量平衡公式所表述的如此直接。

此外，对于大多数运动员及健身人群而言，“增加体重”的理想状态是“增加肌肉”，“减少体重”的理想状态是“减少脂肪”，这一差别在于体重与体成分之间的差别，而这一理想状态是否仅通过“能量平衡”公式即可达到，答案显然是否定的。因此，能量平衡的相关研究主要围绕体重与体成分实践应用进行。

（一）能量平衡与体重

已知能量平衡与体重密切相关，因此，影响体重的因素既包含能量摄入因素，也包含能量消耗因素。根据这一原理，在进行减控体重干预或增肌增重干预的方法中，理论上包含三种方法或原则：仅干预能量摄入，或仅干预能量消耗，或两项同时干预。然而实践中这三种方法并非孤立存在，但可以某种方法主导的方式进行。

以减控体重为例，若以干预能量摄入方法为主，理论上减少25%的总能量摄入应可使体重下降25%，然而，降低的那部分体重不再消耗能量，因此随着体重的减少，能量消耗也减少了，这意味着进食越少，为了保持体重而只能吃得更少，这主要与RMR的降低有关。

从能量摄入角度考虑其对体重影响时，不仅需要考虑总能量摄入水平（与食物的能量密度有关），还需要考虑总能量的构成比例，即三大产能营养素占总能量摄入的比例（膳食比例）对体重的增加和减少也有重要影响。当碳水化合物、蛋白质以及脂肪分别以4kcal/g、4kcal/g以及9kcal/g的能量值被摄入时，经常被忽视的是，消化、吸收、运输和存储它们的过程会以“食物生热效应”进行能量消耗。根据本节“食物热效应”的内容描述，脂肪的生热效应较低，蛋白质的生热效应最高，碳水化合物居中，因此，即使标示总能量一致的两餐，也会由于产能营养素比例不同而产生不同的食物热效应，最终导致净能量摄入的不同（同餐前标示热量相比），从而对体重产生不同的影响。因此，一些研究人员考虑修改目前的食物标签来反映减去食物生热效应后的净能量摄入，若能改变目前的能量计算方式，那么能量平衡方式可能会更精确。

这一原理可以在实践中使用。如增加膳食中的蛋白质比例将对减控体重的健身人群有益，首先，蛋白质有助于保留瘦体重，减少RMR的降低；其次，蛋白质的消化吸收率相对较低、食物生热效应最高，因此相比而言，蛋白质比例较高的一餐的净能量摄入将更少，更有利于达到降体重的效果。

因此，真正影响体重的不是表观计算的能量平衡，而应当是净能量平衡。能量平衡不是简单的体外数字加减，而要考虑食物的消化吸收率以及食物生热效应，这在目前暂时无法精准计算，因此在考虑调控体重时，除了关注总能量以外，膳食比例及食物选择同样至关重要。

（二）能量平衡与体成分

能量正平衡与能量负平衡可引起增重与减重，增加或减少的体重是以肌肉组织为主还是以脂肪组织为主，决定了最终体成分测试结果。无论是对提高运动表现的需求，还是对外型美观的需求，大部分运动员及健身人群都希望更好地达到体成分要求。因此，对体重的进一步要求是具备相应均衡的体成分水平。而在实践中发现，增肌与减脂的效果不仅仅是单纯依靠能量平衡公式即可达到的，这需要更多因素的配合。也就是说，如果能量消耗基本维持不变，通过营养的手段控制能量摄入，使其高于或低于能量消耗，基本可以实现增重或减重的目的；但更大程度达到增肌和减脂的效果，除了通过营养手段调控能量摄入，还需要通过精细的运动训练计划辅助达成，因为这一效果不仅与总能量摄入有关，还与能量配比、食物选择以及自身激素水平调控等多种因素息息相关。

常规情况下，通常评估一天结束时的能量平衡状态。丹·贝纳多特（Dan Benardot）教授提出，即使保持每日能量平衡，但能量在一日内的分配时间与分配量同样会对体成分有所影响。这一影响的原理在于人体存在的一种自我保护的平衡机制，也被称为“物种存活”机制，即当能量摄入不足时，为了保证生存，机体将分解肌肉以降低对能量的需求；当能量过剩期间，人体会以脂肪的形式更加高效地储备能量。这是一个完全合理的适应过程，因此，能量过剩或能量缺乏均会激活体内的这种平衡机制，若想获得理想的体重和身体成分，要尽可能地避免改变能量平衡。运动是获得理想身体成分（即增加瘦体重、减少脂肪重量，同时体重轻度下降）的重要途径。Dan Benardot教授提出，一天中能量平衡的急剧变化将影响身体成分，他以三种不同膳食模式说明了该问题（图2-1-8）。

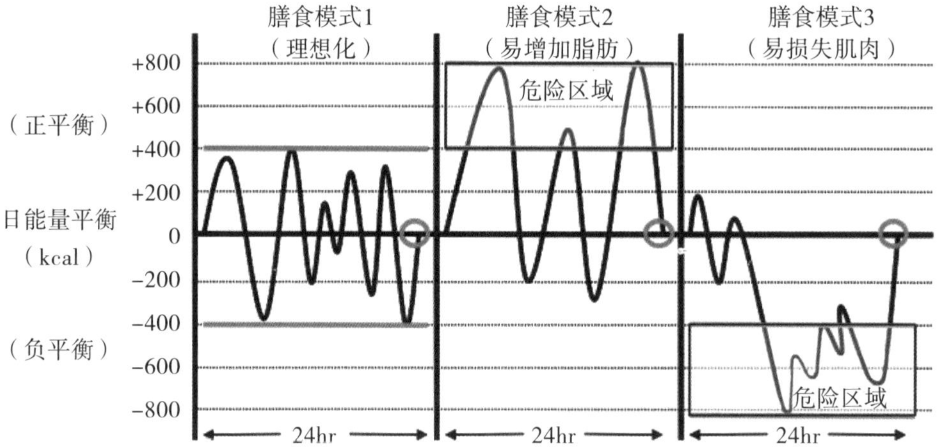

图2-1-8　个体膳食模式是影响身体成分的重要因素

（引自：Dan Benardot，2018）

如图2-1-8所示，以最佳能量平衡为基线（0 kcal），通过曲线的上下浮动变化来表示能量过剩和能量缺乏。当曲线位于基线以上时，能量摄入大于能量消耗；当曲线位于基线以下时，能量消耗大于能量摄入。在“膳食模式1”中，运动员采取少量多餐方式，能量过剩或能量不足的范围保持在400kcal以内；在“膳食模式2”中，运动员进食次数较少，但每次进食能量摄入较高，超过了能量过剩的上限；在“膳食模式3”中，运动员长时间摄入的能量不能满足其需求，这将导致能量不足时使肌肉组织分解供能，而在一天结束时，一顿丰盛的晚餐可使运动员达到能量平衡状态，但其中绝大部分能量将以脂肪的形式储存起来。

因此，对于能量消耗较大的运动员或健身人群而言，一日三餐的标准膳食模式可能会迫使单餐进食能量过剩，而多餐制将更好地达到理想能量平衡状态，即少食多餐、保持能量水平的平稳波动是获得理想体成分的重要策略。

综上所述，能量平衡是一个动态过程。体重是能量摄入是否充足的最佳指标，而体成分则可验证能量摄入量以及间隔时间是否恰当。维持理想体重及理想体成分的策略中，不仅要考虑总能量摄入，还需要考虑合理的膳食比例、食物选择以及进餐频率或膳食模式。

第三节　能量计算

人体能量代谢的最佳状态是达到理想体重与理想体成分，并通过能量消耗与能量摄入的平衡来维持这种理想状态。这种能量平衡能使机体保持健康并能胜任必要的社会生活。能量代谢失衡，即能量缺乏或过剩都对身体健康不利。要做到能量平衡，就要保证能量的消耗与摄入的平衡，因此确定了能量消耗，即可确定能量摄入或能量需要量。

一、能量消耗的测量与计算

每日总能量消耗或其组分可以在实验室中测量或使用预测方程式进行估算。

（一）每日总能量消耗的测量

前述RMR的测量与此类似，一般通过相关仪器以直接或间接测热法进行测定。测定前夜，受检者应吃清淡易消化的食物，并知晓测验前休息的重要性，减少精神负担，晚上安睡8小时以上，测验前禁用交感神经或中枢神经兴奋剂或抑制剂及影响甲状腺功能的药物或新陈代谢药物。测验清晨尽量不做各类身心活动，不洗漱、不吃早饭、平卧于检查床上，半小时后开始测定，测定时室温在20～26℃为宜。

1. 直接测热法

直接测热法（direct calorimetry）是测定能量消耗较精确的方法，它是通过特殊的封闭隔热装置，直接收集并测量人体一定时间内向环境散发的所有热量，直接获得总能量消耗的方法。具体做法是：将受试者居于特殊隔热的小室中，保持安静状态，通过测定一定时间内流经隔热室的水的温度变化和流量，即可计算出受试者单位时间内释放的总能量。由于这种测热装置设计制造较复杂，造价昂贵，实际应用受到限制，目前主要用于肥胖和内分泌系统功能障碍等科学研究工作。

2. 间接测热法

人体能量消耗通常使用间接测热法进行评估。间接测热法是测量休息时或运动时氧气消耗量（L/min）与二氧化碳产生量（L/min）的比率，可以计算二氧化碳产生量（VCO_2）和氧消耗量（VO_2）之间的比值（VCO_2/VO_2）。当在细胞水平考虑时，该比值被称为非蛋白质呼吸商（respiratory quotient，RQ），表示碳水化合物和脂质两者之间的氧化比。知道了每种能源物质的氧化量、氧气消耗量及二氧化碳的产生量，就可以使用各种公布的公式估算总能量消耗。通常如果是蛋白质、脂肪和碳水化合物的混合物氧化，消耗1L氧气可以产生约5kcal的能量。由于RQ不能直接在人体的细胞水平上确定，可通过测量口腔中的气体交换来进行间接测量。通过这种方法测得的VCO_2/VO_2被称为呼吸交换率（respiratory exchange ratio，RER）。在稳态条件下，RER被认为可以准确反映RQ。这种方法需要通过使用面罩、头罩或吸嘴收集和分析特定时间内的气体来测量能量消耗，既包含RMR的测量，也包含身体活动能量消耗的测量。

RER取决于氧化使用的底物，范围从0.7（仅氧化脂肪）到1.0（仅氧化碳水化合物）。大多数个体消耗的都是蛋白质、脂肪和碳水化合物的混合膳食，因此休息时的RER为0.82～0.87。然而，在高强度运动时，RER会增加至接近1.0，而在空腹或低能量摄入时，RER会下降并接近0.7。因此，RER取决于摄入食物的组分、身体对能量的需求及是否维持体重。间接法测试需要相应的仪器设备，是实际中应用较普遍的方法。目前国内外已有多项采用先进仪器研究运动能量代谢的报告。

3. 双标记水法（double labelled water，DLW）

以上直接测热法及间接测热法在一定程度上限制了受试者的日常活动，而双标水技术可在无损伤性和不受限制日常活动条件下测量人体总能量消耗，其基本方法是：给实验对象喝少量双标记水（婴儿剂量0.3g/kg），然后每1～2天收集一次尿样，用同位素质谱仪测定尿样^2H和^{18}O的代谢率，将^{18}O的代谢率减去^2H代谢率，则得到CO_2的生成率，最后用公式计算出平均每天总能量消耗。

由于该方法所用的双标水及仪器费用较昂贵，故该方法目前尚未普及使用。

4. 心率监测法

心率与人体能量代谢及机能活动状态密切相关，因心率和间接测热法测量的CO_2生成量之间存在线性关系，推算出心率—能量消耗多元回归方程式，以后则可用心率间接推算能量消耗量。大多数学者认为，运动中的心率与运动强度关联更好，并且有更大的线性趋势，而安静时的数据不宜包含进来。莎丽丝（Saris）等（1982）证实，在5小时不同运动强度的运动中，运动强度的改变影响以心率推算能量消耗的准确度，特别是在中等强度负荷以后的轻量运动，能量消耗的估测值偏高。目前，已有几种简便仪器用于监测个体活动的心率，见表2-1-6。

表2-1-6 不同心率水平与能量消耗的关系

分级	心率（次/分）	每分钟能量消耗（千卡）
很轻	<80	<2.5
轻	80 ~ 100	2.5 ~ 5
中等	100 ~ 120	5 ~ 7.5
重	120 ~ 140	7.5 ~ 10
很重	140 ~ 160	10 ~ 12.5
过重	160 ~ 180	12.5 ~ 15

（引自：Buskirk，1960）

5. 心率监测联合运动感应器结合法

运动感应器最常见的是计步器和加速度计，其原理是通过佩戴运动感应器，获得相应的肢体运动或加速度信息，进而计算总能量消耗。以运动感应器测量的结果来验证心率改变反映能量代谢及身体活动强度的改变，则可提高估算总能量消耗的准确性，可应用于预测自由活动人群和个体的能量消耗，应用该方法时，同心率监测法一样，应注意控制心理和环境因素在内的干扰作用。

6. 行为记录法

对受试者进行24小时跟踪观察，详细记录受试者生活和工作中各种身体活动及持续时间，一般连续记录3天或7天，然后，通过查阅身体活动的MET表，再结合受试者身体活动持续时间和体重改变情况，计算出受试者的总能量消耗。该方法存在回忆偏差导致的记录误差、影响身体活动因素导致的估算误差等问题。

（二）每日总能量消耗的计算

当无法用实验室设施评估总能量消耗时，可以通过应用预测方程来进行计算。

根据本章第二节中的描述，总能量消耗包含基础或静息代谢消耗（BMR或RMR）、身体活动消耗、食物生热效应以及特殊生理阶段的额外消耗四方面。由于RMR占总能量消耗的 60%～75%，所以它是估算成年人能量消耗的重要基础。以下几种方法均为能量消耗的计算方法。

1. 要因加算法（RMR×PAL法）

本书推荐了RMR的四种计算公式，参见本章第二节的描述。应注意的是，大多数预测公式都是根据静坐少动个体研发的，而四种计算公式中，Harris-Benedict（哈里斯·本尼迪克特，1919）公式对于预测活跃的男性和女性的RMR值最佳。

体力活动水平（physical activity level，PAL）表示24小时活动的总能量消耗是RMR的多少倍。PAL通常适用于人群或总人口，而不用于个体。我国2000年制订膳食营养素参考摄入量（dietary reference intakes，DRIs）时，其PAL值以三级划分，2013年更新版的DRIs同样以轻、中、重三种体力活动划分级别更新了PAL值，具体见表2-1-7。

表2-1-7　不同劳动或体力活动时的PAL值

性别	中国DRIs（3版，2000）			中国DRIs（2013版）（18～64岁成人）		
	轻	中	重	轻	中	重
男	1.55	1.78	2.10	1.50	1.75	2.0
女	1.56	1.64	1.82			

资料来源：中国营养学会.中国居民膳食营养素参考摄入量（2013版）。

为便于个体估计PAL的具体值，表2-1-8给出了根据双标水法（DLW）测定结果得出的各种生活方式或不同职业的PAL的数值。

表2-1-8　根据DLW测定结果估测的生活方式或职业的PAL

生活方式	从事的职业或人群	PAL
（1）休息，主要是坐位或卧位	不能自理的老年人或残疾人	1.2
（2）静态生活方式/坐位工作，很少或没有重体力的休闲活动	办公室职员或精密仪器机械师	1.4 ~ 1.5
（3）静态生活方式/坐位工作，有时需走动或站立，但很少有重体力的休闲活动	实验室助理、司机、学生、装配线工人	1.6 ~ 1.7
（4）主要是站着或走着工作	家庭主妇、销售人员、侍应生、机械师、交易员	1.8 ~ 1.9
（5）重体力职业工作或重体力休闲活动方式；体育运动量较大或重体力休闲活动次数多且持续时间较长	建筑工人、农民、林业工人、矿工、运动员	2.0 ~ 2.4
（6）有明显的体育运动量或重体力休闲活动（每周4 ~ 5次，每次30 ~ 60min）	—	+0.3（增加量）

资料来源：中国营养学会. 中国居民膳食营养素参考摄入量（2013版）。

数据来源：Australian govemment，2005.

综合表2-1-7与表2-1-8，得到表2-1-9的PAL分级表，可供使用时参考。

表2-1-9　中国营养学会建议的中国成年人身体活动水平分级

活动水平	PAL	生活方式	从事的职业或人群
轻度	1.5	静态生活方式/坐位工作，很少或没有重体力的休闲活动；静态生活方式/坐位工作，有时需走动或站立，但很少有重体力的休闲活动	办公室职员或精密仪器机械师；实验室助理、司机、学生、装配线工人
中度	1.75	主要是站着或走着工作	家庭主妇、销售人员、侍应生、机械师、交易员
重度	2.0（+0.3）	重体力职业工作或重体力休闲活动方式；体育运动量较大或重体力休闲活动次数多且持续时间较长	建筑工人、农民、林业工人、矿工、运动员

注：有明显的体育运动量或重体力休闲活动者（每周4 ~ 5次，每次30 ~ 60min），PAL增加0.3。

资料来源：中国营养学会. 中国居民膳食营养素参考摄入量（2013版）。

因此，通过要因加算法进行每日能量消耗计算的步骤如下。

第一步：根据对应公式计算RMR，单位为kcal/d。

第二步：根据身体活动水平选择PAL（可参考表2-1-8与表2-1-9）。

第三步：RMR与PAL相乘，即：每日总能量消耗=RMR×PAL。

此方法需注意，对儿童、孕妇、乳母等特殊生理情况尚需考虑其特殊需要。

2. 预估能量消耗方程（2005年）

路易斯·伯克（Louise Burke）教授在其专著中提出澳洲医学研究所食品和营养委员会于2005年公布了预估能量需要量（estimated energy requirements，EER）的方程，以预测每日总能量消耗（单位：kcal）。这些方程如下。

成年男性：EER=662-（9.53×年龄）+PA×（15.91×体重+539.6×身高）

成年女性：EER=354-（6.91×年龄）+PA×（9.36×体重+726×身高）

注：体重以kg为单位，身高以m为单位。

若PAL为1.0～1.39，则PA=1.0；若PAL为1.4～1.59，则PA=1.1；若PAL为1.6～1.89，则PA=1.25；若PAL为1.9～2.49，则PA为1.48。

3. 能量代谢当量

能量代谢当量（metabolic equivalent of energy，MET）亦称梅脱，是指运动时的代谢率与RMR的比值。1MET被定义为每公斤体重每分钟消耗3.5ml氧气时的运动强度，大概相当于一个人在静息状态下每分钟氧气的消耗量，MET是假定平均静息代谢率RMR［3.5ml/（kg·min）］的倍数，如MET=5时，代表以静息时5倍的强度在活动。MET是用于表示各种活动的相对能量代谢水平，也是除了心率和自觉运动强度以外的另一种表示运动强度的方法，运动的强度越高，其梅脱值就越大。

$$1MET=3.5mlO_2/（kg·min）$$

通常如果是蛋白质、脂肪和碳水化合物的混合物氧化，消耗1L氧气可以产生约5kcal的能量。因此，能量消耗量（kcal/min）=MET×0.0035L/（kg·min）×5kcal/L×体重（kg），或者可以理解为1MET相当于每千克体重每小时消耗1.05kcal的能量，即1.05kcal/（kg·h）。

根据ACSM运动测试指南，将低强度活动定义为<3MET的活动，中等强度活动为3～6MET，高强度活动为>6MET。

根据这一原理，计算运动期间的能量消耗就变得更加便捷。如一位体重为70kg的男性，运动25min，并保持在10MET的强度，那么整个运动期间，他的总热量消耗为：

$$10MET \times 1.05kcal/(kg \cdot h) \times 70kg \times 25min \div 60min/h=306kcal$$

通过MET计算每日总能量消耗时，可纳入“行为记录法”通过MET进行计算。

二、能量摄入计算

已知能量平衡是一个动态过程，因此简单的体外计算很难达到精准程度，但能量的体外量化有助于人群了解自身情况，并通过量化进行参考，从而产生量变到质变的效果。因此，了解粗略计算对日常干预同样意义重大。在排除其他因素，仅考虑定量计算时，以理想情况作为参考标准。

能量摄入是与膳食营养实践相关度较高的数值，因此，确定个体每日总能量摄入是十分必要的。根据能量平衡原则，确定了能量消耗，即可确定能量摄入或能量需要量。前面部分已经讲述了6种能量消耗测定方法与3种能量消耗计算方法，通过任何一种方式，只要可以确定每日总能量消耗，即可根据体重调控要求确认能量摄入或能量需要量。每日总能量摄入计算包含以下三种方法。

（一）每日总能量消耗±能量空缺法

当自身已达到理想目标体重，希望进一步维持理想体重并达成理想体成分时，需要维持能量平衡状态，即能量摄入等于能量消耗，因此通过测量或计算能量消耗值，可直接获得能量摄入数值。

当自身有减控体重的需求时，需要达成能量负平衡状态，即能量摄入小于能量消耗，因此当通过测量或计算获得能量消耗值后，需要在能量消耗值的基础上减去相应能量空缺，以获得能量摄入数值。在确定能量空缺值时，以减去体重的最理想状态为参考，即为减去的均为脂肪组织（理想状态，实际中很难达成）。1958年，美国研究人员马克斯·维什诺夫斯基（Max Wishnofsky）通过组分分析计算方法计算出1磅脂肪组织约有3500kcal热量（折算为1kg脂肪组织约为7700kcal热量，注：此处不同于纯脂肪能量），因此根据合理的减控体重速度，可通过这一数值确定能量空缺值。建议的减少的每日能量空缺值为300～750kcal，额外的能量空缺可通过能量消耗方式额外消耗。如某个体现阶段处于体重平台期，日常能量消耗为2500kcal，根据理想体重标准，他希望在10天内减少1磅体重，则每日能量空缺为350kcal，这350kcal的能量可全部通过能量摄入减少，也可通过能量摄入减少一部分，能量消耗额外增加一部分来达成。

同理，当自身有增加体重的需求时，需要达成能量正平衡状态，即能量摄入大于能量消耗，因此当通过测量或计算获得能量消耗值后，需要在能量消耗值的基础上增加相应能量空缺，以获得能量摄入数值。这一能量空缺的理想参考值为1磅肌肉组织约有2500kcal热量（折算为1kg肌肉组织约为5500kcal热量）。

（二）膳食调查推测法

膳食调查结果也可以用于能量摄入量的参考（膳食调查方法详见本书第四篇第三章）。健康人在食物供应充足、体重无明显变化时，其能量摄入可基本满足其能量消耗。通过进行3～5天以上的膳食调查，即在此期间严格记录摄入食物的种类和数量，计算出每日平均食物总的能量水平，即为现阶段能量摄入值。根据自身体重调控要求，在现阶段能量摄入值的基础上加减能量空缺（维持体重时，该值为0）即为目标能量摄入值。

（三）简单估算法

每个人因为年龄、性别、体力活动的强度、生理状态的不同，能量需求也不同。根据中国营养学会的推荐，从事极轻劳动的成年人的能量需求为37～40kcal/（kg·d）；从事轻劳动的成年人则需要41～43kcal/（kg·d）；较重的体力劳动者，此值要增加到50kcal/（kg·d）以上。对于有特殊健身目的的人群，有资料推荐增肌人群的能量需求为44～52kcal/（kg·d），减控体重人群可以控制在30kcal/（kg·d）。以一个70kg的健美爱好者为例，增肌期每公斤体重约需要50kcal的热量，则一天大约需要摄入3500kcal的热量。

三、运动人群膳食能量推荐摄入量及膳食比例

除了根据相关要求进行能量计算以外，还需了解普通人群及运动员或健身人群（此处为成年人群）有关每日膳食能量摄入的官方推荐数值，便于进行参考。

（一）膳食能量推荐摄入量

中国是一个拥有14亿人口的大国，保障全体居民充足的食物供应一直是历届政府关注的焦点。中国营养学会自2000年制定发布《中国居民膳食营养素参考摄入量》，2013年完成新版制修订，为中国普通民众的日常膳食能量摄入量及营养素摄入量提供了推荐建议。部分最新中国居民膳食营养素参考摄入量（DRIs 2013）见表2-1-10。

表2-1-10　我国成人能量推荐摄入量估算（2013版DRIs）

年龄（岁）	体力活动强度	RNI（kcal/d）		RNI［kcal/（kg·d）］	
		男	女	男	女
18～49	BMR	1500	1200	26	23
	轻	2250	1800	39	35
	中	2625	2100	45	40
	重	3000	2400	52	46
50～59	BMR	1400	1170	27	25
	轻	2100	1755	41	38
	中	2450	2048	48	45
	重	2800	2340	55	51

体育运动能量代谢具有强度大、消耗量高等特点，从事不同运动项目的健身运动人群膳食热能的需求与普通成人有所不同（表2-1-11）。相对正常标准来说，一些重竞技项目运动人群的体脂或体重属于正常范围，但对他们所从事的项目或比赛级别而言则属于超标范围。但降体重计划需要提供合适的能量以保证运动训练的正常进行。为了避免运动人群受伤、去脂体重（fat-freemass，FFM）丢失、运动能力降低、情绪低落和被淘汰的危险，不能过于限制运动人群的膳食能量摄入。

表2-1-11 健身运动人群膳食热能的推荐日供给量

运动项目	热能供给量		
	kcal/d	kcal/kg	kJ/kg
棋类（男、女）	2000 ~ 2800（2400）	45 ± 5	188 ± 21
跳水（男、女）、体操（女）、射击（女）、射箭（女）、跳高、跳远	2200 ~ 3200（2700）	50 ± 5	209 ± 21
体操（男）、武术、乒乓球（男、女）、短跑（女）、羽毛球（男、女）、网球、部分举重（体重 <75 千克）、花样游泳、击剑、垒球	2700 ~ 4200（3500）	55 ± 5	230 ± 21
长跑、花样滑冰、中跑（男、女）、短跑（男）、部分篮球、排球、竞走、登山、射箭（男）、足球（男、女）、冰球、水球、棒球、曲棍球、滑冰、高山滑雪、赛艇、皮划艇、自行车（场地）、摩托车、柔道、拳击、投掷（女）、部分游泳（男、女）、沙滩排球（女）、现代五项	3700 ~ 4700（4200）	60 ± 5	251 ± 21
部分游泳（长距离男、女）、举重（体重 >75 千克）、投掷（男）、部分足球和马拉松、摔跤、公路自行车、橄榄球、越野滑雪、沙滩排球（男）、铁人三项	>4700	>65	>272

资料来源：推荐的中国运动员膳食营养素和食物适宜摄入量. 中国运动医学杂志，2001。

运动人群每天的热量摄入，需达到推荐的日供给量方能满足运动训练的需要，评定成年运动人群能量及营养状况最简易的方法是监测体重变化。标准的能量平衡状态下，能量摄入和能量消耗相等则体重维持不变。在一定的时间段内，想要维持体重和体成分，要求能量摄入等于能量消耗，同时要求蛋白、碳水化合物、脂肪以及酒精的膳食摄入量和它们的氧化速度相同。短时间的能量正平衡后，额外的能量会导致体重增加（包括脂肪和瘦体重）。然而增加的体重会导致能量消耗增加，最终消耗额外的能量达到平衡。因此，体重增加是最初的能量正平衡的结果，也是一种最终恢复能量平衡的机制。

运动人群体重和体脂同时增加，表明运动量不足或摄入能量过多，体重增加尤其是体脂增加，不利于灵活、高难动作和耐力运动的完成，对健康也不利。体重增加而体脂百分比不变或减少时，表明运动人群瘦体重增加，运动能力也会提高。当体重和体脂均减少时，应在排除疾病情况下，分析是否由于运动量过大、食物能量的摄入量未能满足需要所致。运动人群能量摄入不足更为常见，这是由于大运动量训练后疲劳导致食欲下降、胃肠道应激受损所引起。长期的能量营养不良可引起消瘦、运动无力、免疫机能下降、多种营养素缺乏，从而损害运动能力和健康，应及时发现，找出原因并纠正。

（二）膳食比例

人体的能量来源是食物中的碳水化合物、脂类和蛋白质。这三类营养素普遍存在于各种食物中。粮谷类和薯类食物含碳水化合物较多，是人体最经济的能量来源；油料作物富含脂肪，动物性食物一般比植物性食物含有更多的脂肪和蛋白质，但大豆和坚果类例外，它们同样含有丰富的油脂和蛋白质，蔬菜和水果一般含能量较少。

三类产能营养素在体内都有其特殊的生理功能并且彼此相互影响，因此三者在总能量供给中应有一个恰当的比例，这一比例被描述为膳食比例。根据我国的饮食特点，2016年中国居民膳食指南中推荐，成人碳水化合物供给的能量以占总能量的50%～65%，脂肪占 20%～30%，蛋白质占 10%～15%为宜。年龄越小，蛋白质及脂肪供能占的比例相应增加。成人脂肪摄入量一般不宜超过总能量的 30%，其中必需脂肪酸摄入量约占总能量供应的3%。

根据《推荐的中国运动员膳食营养素和食物适宜摄入量》的建议，我国运动员三大供能营养素所占总热量的比例为：蛋白质 12%～15%（力量项目可增加到 15%～16%，其中优质蛋白至少占1/3）；脂肪 25%～30%（游泳和冰上项目可增加到 35%）；碳水化合物55%～65%（耐力项目可增加到70%，应注意增加谷类和薯类等食物）。

本章小结

运动与能量代谢的关系，是建立在正常生理状态下人体能量代谢与物质代谢基础上的。运动以及身体活动作为除基础代谢外的主要能量消耗方式，营养作为能量摄入的主要方式，可见运动营养是作为维持健康以及达成优秀运动表现的必要手段。本章围绕“能量平衡”的主体内容，分别从能量常识、能量平衡与能量计算三节内容展开描述。能量具备宏观概念与营养学概念，当了解了人体的直接能量来源与间接能量来源后，需要着重掌握日常生活中常见食物能量单位的使用。关于运动与能量代谢的主要实践部分的理论基础为能量平衡原则，针对这一原则的理解不仅需要达到知晓能量摄入与能量消耗的各个方面，还需了解现阶段国内外对此动态能量平衡的研究进展，了解能量平衡原则与体重、体成分之间的影响关系，从而更好地指导维持理想体成分、减控体重或增肌增重干预方法。本章最后需要落实的知识点在于能量计算部分，国家对于中国普通人群与运动人群均有官方推荐，与此同时，个体还需根据自身需求，了解自身能量摄入的基本水平。此外，需要着重强调的是，在能量平衡的理论原则下进行实践，总能量摄入是重要关注点，与此同时，膳食比例、食物选择以及进餐频率均为其影响要素，同样不容忽视。

（汤春雪）

第二章　运动与蛋白质

蛋白质（protein）是一类重要的生物大分子，是机体细胞、组织和器官的重要组成成分，是一切生命的物质基础。作为三大供能营养素之一，蛋白质虽可以供能，但其更侧重于作为一种功能物质存在，人体的生长、发育、运动、繁殖、遗传等一切生命活动过程都离不开蛋白质。人体的蛋白质约占体重的17%，同时人体内的蛋白质始终处于不断分解与合成的动态平衡中，从而达到组织蛋白更新和修复的目的。一般来说，成人体内每天约有3%的蛋白质被更新，肠道和骨髓内的蛋白质更新速度较快。

第一节　蛋白质的构成与分类

人体内蛋白质的种类多达10万种以上，分子量约从5000至数百万道尔顿（Dalton，分子量单位），有的甚至更高，但其组成的元素和分子组成的基本单位并不十分复杂。不同种类的蛋白质都有着类似的组成元素和基本的组成单位。

一、蛋白质的基本组成单位——氨基酸

蛋白质分子的组成元素中，除含有碳、氢、氧外，还含有氮和少量的硫，有些蛋白质还含有磷、铁、铜、碘、锌和钼等。蛋白质分子中元素组成的共同点是氮含量较为接近，虽然不同食物蛋白质的含氮量有所差别，但其平均含量约为16%，即每100g蛋白质含16g氮，或1g氮代表6.25g蛋白质。根据这个数值可以计算生物样品或食品中的蛋白质含量，即凯氏定氮法，至今仍被作为测定蛋白质含量的常规方法。

蛋白质分子虽然结构复杂，但其组成单位并不复杂。蛋白质的基本组成单位是氨基酸，分子量较小的蛋白质，每分子含50~100个氨基酸，大一些的含

300个左右氨基酸，更大的如肌球蛋白，每分子由1750个氨基酸组成。因此，可根据氨基酸结构了解蛋白质组成过程，并根据氨基酸分类对蛋白质进行分类。

（一）氨基酸与蛋白质的结构

1. 氨基酸的结构

作为组成蛋白质的基本单位，氨基酸的结构共同点是分子中同时具有氨基和羧基的官能团。氨基酸的通式（图2-2-1）中，一个氢原子、一个羧基（-COOH）、一个氨基（$-NH_2$）和一条侧链R都连接在中心碳原子上。由于羧基和氨基都在α-碳原子上，故称为α-氨基酸，天然氨基酸通常为α-氨基酸。侧链R不同，氨基酸的种类就不同。例如，最简单的R基团只有1个氢原子，这就是甘氨酸。除甘氨酸外，其他α-氨基酸的α-碳原子都是不对称碳原子，因此，氨基酸存在L型和D型两种异构体。人体蛋白质中的氨基酸都是L型。

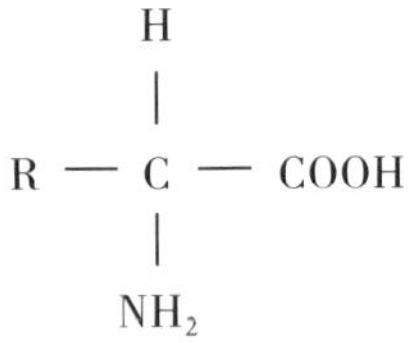

图2-2-1　L-α-氨基酸通式（R为侧链）

各种氨基酸按一定的排列顺序由肽键（peptide bond）联结成长链。肽键是由一个氨基酸残基的α-羧基和另一个氨基酸残基的α-氨基脱水缩合形成的键，如图2-2-2所示。

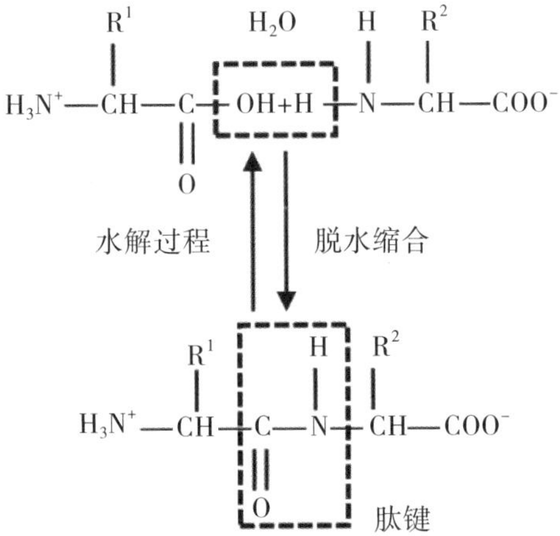

图2-2-2　氨基酸的肽键形成结构示意图

由两个及以上氨基酸以肽键相连接形成的化合物称为肽（peptide）。含2个或3个氨基酸残基的肽分别被称为二肽（dipeptide）和三肽（tripeptide），含10个及以下氨基酸残基的肽被称为寡肽（oligopeptide），含10个以上氨基酸残基的肽被称为多肽（polypeptide）。肽类可视作氨基酸组成蛋白质的过渡形式。

2. 蛋白质的四级结构

蛋白质是由氨基酸通过肽键连接起来的，共有一至四级结构。组成蛋白质的肽链中α-氨基酸的排列顺序、种类、数量共同决定了蛋白质的一级结构，如图2-2-3（a）所示。一条多肽链（一级结构）以螺旋或折叠的形式形成比较复杂的空间结构（二级结构），如图2-2-3（b）所示；在二级结构的基础上，由于氨基酸的侧链基团的作用，多肽链进一步扭曲形成更复杂的空间结构（三级结构），如图2-2-3（c）所示。蛋白质一般是由一条多肽链或多条具有三级结构的多肽链组成的。体内许多蛋白质分子含有两条或多条肽链才能全面执行其功能，其分子中的每一条多肽链称为亚基，它们没有生物学活性。各个亚基呈特定的三维空间排布，并以非共价键相连接，形成蛋白质的四级结构，如图2-2-3（d）所示。

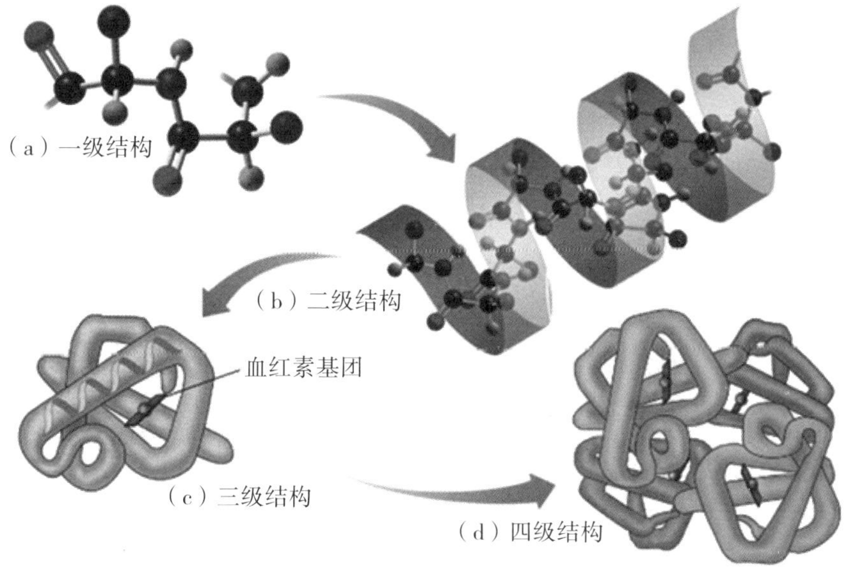

图2-2-3　蛋白质的四级结构模型（以血红蛋白为例）

根据氨基酸、肽类以及蛋白质的四级结构描述，可以了解氨基酸是如何通过肽键形成肽链，并进一步形成各类蛋白质大分子；与此同时，也可以预想蛋白质大分子是如何分解成氨基酸的过程，即消化吸收过程。

（二）氨基酸与蛋白质的分类

1. 氨基酸的分类

现已知存在于自然界中的氨基酸有300多种，但组成动植物和某些微生物蛋白质的氨基酸只有20种（不包含胱氨酸与羟脯氨酸），且都属于L-α-氨基酸。

（1）按营养功能分类。构成人体蛋白质的20种氨基酸中，有9种氨基酸（含组氨酸）是人体不能自行合成或合成速度不够快，必须从外界摄取以完成营养需要，如果食物中供给不足便会失去机体内的正常氮平衡，这类氨基酸被称为必需氨基酸（essential amino acid）；其余氨基酸可以在人体内自身合成，食物中摄入不足时，对人体健康也无明显影响，这类氨基酸被称为非必需氨基酸（nonessential amino acid）；另外，某些氨基酸在正常情况下能够在体内合成，为非必需氨基酸，但在某些特定代谢条件下，由于合成能力有限或需要量增加，不能满足机体需要，必须从食物中获得，变成必需氨基酸，这类氨基酸被称为条件必需氨基酸（conditionally essential amino acid）。例如，正常情况下，谷氨酰胺和精氨酸是非必需氨基酸，但在创伤或患病期间谷氨酰胺为必需氨基酸；肠道代谢功能异常或严重生理应激条件下，精氨酸也成为必需氨基酸。此外，半胱氨酸和酪氨酸在体内可分别由蛋氨酸和苯丙氨酸转变而成，如果膳食中蛋氨酸和苯丙氨酸供给不足，或由于某些原因机体不能转化（如苯丙酮尿症的患者），半胱氨酸和酪氨酸就成为必需氨基酸，必须来源于食物；相反，若膳食中能直接提供这两种条件必需氨基酸（半胱氨酸和酪氨酸），则人体对蛋氨酸和苯丙氨酸的需要量可分别相应减少30%和50%，因此，在计算食物必需氨基酸组成时，常将蛋氨酸和半胱氨酸、苯丙氨酸和酪氨酸合并计算。

在实际情况中，必需氨基酸与非必需氨基酸在人类的新陈代谢过程中同等重要，人体同样需要非必需氨基酸，只是体内可以合成，并非必须从外界摄取。必需氨基酸与非必需氨基酸的概况具体见表2-2-1。由于胱氨酸可由两个半胱氨酸脱氢后由二硫键结合形成，羟脯氨酸可由脯氨酸羟化形成，故胱氨酸与羟脯氨酸未列在此20种氨基酸中。

表2-2-1 构成人体蛋白质的氨基酸

必需氨基酸（机体不能合成，必须从食物中获得）		非必需氨基酸（可由机体自身合成）	
氨基酸	英文（缩写）	氨基酸	英文（缩写）
异亮氨酸[BC]	isoleucine（Ile）	丙氨酸	alanine（Ala）
亮氨酸[BC]	leucine（Leu）	精氨酸[CE]	arginine（Arg）
赖氨酸	lysine（Lye）	天门冬氨酸	Aspartic acid（Asp）
蛋氨酸（甲硫氨酸）	methionine（Met）	天门冬酰胺	asparagine（Asn）
苯丙氨酸	phenylalanine（Phe）	半胱氨酸[CE]	cysteine（cys）
苏氨酸	threonine（Thr）	谷氨酸	glutamic acid（glu）
色氨酸	tryptophan（Trp）	谷氨酰胺[CE]	glutamine（glu）
缬氨酸[BC]	valine（Val）	甘氨酸[CE]	glycine（gly）
组氨酸*	histidine（His）	脯氨酸[CE]	proline（Pro）
		丝氨酸	serine（Ser）
		酪氨酸[CE]	tyrosine（Tys）

资料来源：National Academy of Sciences. Dietary reference intakes for energy，carbohydrate，fiber，fat，fatty acids，cholesterol，protein，and amino acids（macronutrients）. Washington，DC：National Academies Press，2005：591，593。

注：*组氨酸为婴儿必需氨基酸，成人需要量相对较少。因此成人共有8种必需氨基酸。

CE条件必需氨基酸（在一定代谢条件下，这些氨基酸可能是必需氨基酸）。

BC支链氨基酸。

（2）按在体内的代谢途径分类。可分为生糖氨基酸和生酮氨基酸。生糖氨基酸在机体内可以转变为糖类供机体利用；生酮氨基酸则在机体内转变成酮体（脂肪不完全代谢的中间产物，具体可见本篇第四章）参与代谢。

生糖氨基酸：凡能在分解代谢的过程中生成丙酮酸或生成三羧酸循环的中间产物的氨基酸均为生糖氨基酸，包括丙氨酸、精氨酸、天门冬氨酸、天门冬酰胺、半胱氨酸、谷氨酸、谷氨酰胺、甘氨酸、脯（羟脯）氨酸、丝氨酸、蛋氨酸、缬氨酸、组氨酸。

生酮氨基酸：凡能在分解代谢的过程中生成乙酰辅酶A或乙酰乙酸的氨基酸为生酮氨基酸，包括亮氨酸与赖氨酸。

生糖兼生酮氨基酸：凡能在分解代谢的过程中，生成丙酮酸或三羧酸循环中间产物同时能生成乙酰辅酶A或乙酰乙酸者为生糖兼生酮氨基酸，包括异亮氨酸、苯丙氨酸、酪氨酸、色氨酸、苏氨酸。

（3）氨基酸模式和限制氨基酸。氨基酸模式是指某种蛋白质所含的各种必需氨基酸的构成比例。人体所需的蛋白质来源于日常摄入的多种食物，其中蛋白质氨基酸模式与人体的蛋白质氨基酸模式越接近的食物，其必需氨基酸在体内的利用率就越高。例如，动物蛋白质中的鱼、蛋、奶、肉以及大豆中的蛋白氨基酸模式与人体的十分接近，则其所含的必需氨基酸的利用率就比谷类、蔬菜、水果中的高，因此被称为优质蛋白。其中，鸡蛋蛋白与人体蛋白质氨基酸模式最接近，在试验中常以它作为参考蛋白，换言之，鸡蛋属于优质蛋白，并且被人体吸收利用率最高。

食物蛋白质中某一种或几种必需氨基酸含量较低，会导致其他含量丰富的必需氨基酸也不能在体内被充分利用，因此降低了蛋白质整体的营养价值，这些含量相对较低的氨基酸就被称为限制氨基酸（limiting amino acid）。植物来源的蛋白质中，蛋氨酸、赖氨酸、色氨酸和苏氨酸的含量相对较低，所以造成其蛋白质的营养价值相对较低。

2. 蛋白质的分类

蛋白质的分类可由组成其氨基酸的种类、数量及比例等因素决定。

（1）根据分子结构分类：可分为单纯蛋白质和结合蛋白质两类。许多蛋白质仅由氨基酸组成，不含有其他化学成分，这些蛋白质称为单纯蛋白质。单纯蛋白质又可按其溶解度、受热凝固性及盐析等物理性质的不同分为清蛋白、球蛋白、谷蛋白、醇溶蛋白、鱼精蛋白、组蛋白和硬蛋白等。许多其他的蛋白质含有除了氨基酸外的其他各种成分作为其结构的一部分，这样的蛋白质称为结合蛋白质，这些非蛋白部分称为辅基或者配体。结合蛋白质由单纯蛋白质与辅基（非蛋白质分子）结合而成，可分为核蛋白、糖蛋白、脂蛋白、磷蛋白和色蛋白等。有人认为，蛋白质的非蛋白部分是决定蛋白质功能的关键。

（2）根据营养价值分类：根据食物蛋白质中氨基酸组成可分为完全蛋白质、半完全蛋白质和不完全蛋白质三类。

完全蛋白质（优质蛋白）：能够维持机体生存及生长发育的蛋白质。其所含必需氨基酸种类齐全、数量充足、比例适当，不但能维持一般成年人的健康，而且能促进儿童青少年的生长发育，如肉类中的白蛋白、肌蛋白，乳类中的乳白蛋白、酪蛋白，蛋类中的卵白蛋白、卵黄磷蛋白，大豆中的大豆蛋白等。

半完全蛋白：能维持机体生存而不能维持生长发育的蛋白质。所含必需氨基酸种类齐全，但有的氨基酸数量不足，或比例不适当，可以维持生命但无法促进生长发育，如小麦、大麦中的麦胶蛋白等。

不完全蛋白：所含必需氨基酸种类不齐全，既不能维持生命，也不能促进生物体生长发育，如动物结缔组织和肉皮中的胶原蛋白、玉米中的玉米胶蛋白等。

（3）按人体内蛋白质功能分类：分为结构蛋白质与功能蛋白质。

结构蛋白是指人体内构成组织结构，帮助组织生长、维持和修复的蛋白质，如肌腱、肌肉、韧带、皮肤、骨骼和牙齿、毛发和指（趾）甲。

功能蛋白是指人体内构成各种重要的生理活性物质，具有调节生理功能的蛋白质，如酶、激素（生长激素与胰岛素等）、抗体以及转运蛋白等。

二、蛋白质的消化吸收与代谢

（一）蛋白质的消化与吸收

由于唾液中不含水解蛋白质的酶，因此，膳食蛋白质的消化从胃开始。胃中的胃酸（主要为盐酸）先使蛋白质变性，破坏其空间结构以利于酶的作用发挥，同时胃酸激活胃蛋白酶水解蛋白质，将蛋白质及大分子多肽水解成小分子多肽和游离氨基酸（free amino acid，FAA）。蛋白质在胃内的消化并不完全，其主要消化吸收场所是在小肠。在小肠中，蛋白质被胰蛋白酶和糜蛋白酶进一步分解为寡肽和少量氨基酸，再被小肠黏膜细胞吸收。在小肠黏膜细胞中，寡肽酶将寡肽最终水解为氨基酸，这些氨基酸通过黏膜细胞进入肝门静脉而被运送到肝脏和其他组织或器官被利用。

氨基酸通过小肠黏膜细胞的吸收过程是由三种主动运输系统（分别转运中性、酸性和碱性氨基酸）进行的。具有相似结构的氨基酸在共同使用同一种转运系统时，相互间具有竞争机制，这种竞争结果使含量高的氨基酸相应地被多吸收一些，从而保证肠道能按食物中氨基酸的含量比例进行吸收。如果在膳食中过多加入某一种氨基酸，这种竞争作用会造成同类型的其他氨基酸吸收减少。如亮氨酸、异亮氨酸和缬氨酸作为支链氨基酸，具有共同的转运系统，若过多地向食品中添加亮氨酸，异亮氨酸和缬氨酸的吸收就会减少，从而造成食物蛋白质营养价值下降。

此外，研究表明，2～3个氨基酸的小肽及某些多肽类物质易于被人体直接吸收。通常认为未被水解的大分子蛋白质的吸收是微量的，无任何营养学意义。蛋白质其实大多数以寡肽形式被吸收，以游离氨基酸形式吸收的比例很小，因为肽比氨基酸在肠道吸收时更有优势，首先，小肽与游离氨基酸在体内有不同的输送体系，小肽类转运系统速度快、耗能低、载体不易饱和，而氨基酸转运系统速度慢、耗能高、载体易饱和；其次，肽在机体肠道细胞中还存在许多独立的肽酶反应，再加上肽的渗透压力比氨基酸的小，这就使得一些寡肽能以完整的形式在小肠直接被机体吸收进入血液，并被组织利用。因此，肽类食品在肠道会具有更快更好的吸收效果。例如，大豆多肽与大豆蛋白相比，不仅具有与大豆蛋白相同的必需氨基酸，而且其消化吸收比大豆蛋白快，能迅速供能，还能通过激活交感神经而使褐色脂肪产热增加，提高人体热量消耗，有助于减少脂肪。

影响蛋白质消化吸收的因素有很多，包括胃肠道动力、黏膜吸收等，同时也发现，食物中蛋白质的消化速度和氨基酸的吸收速度与食物中的蛋白质类型相关，且影响到餐后蛋白质的合成、分解和沉积。根据蛋白质对餐后氨基酸、蛋白代谢快慢的不同，将它们分为快膳食蛋白或快蛋白（fast dietary protein）和慢膳食蛋白或慢蛋白（slow dietary protein）。如乳清蛋白的消化吸收速度快于酪蛋白，因此乳清蛋白即为快蛋白，酪蛋白为慢蛋白，或称为缓释蛋白。这一分类对运动训练中蛋白质的补充提供了指导。

（二）蛋白质与氨基酸代谢

1. 蛋白质代谢与氮平衡

蛋白质是唯一含氮元素的营养素，这一点使它既是必需物质，又具有特定代谢方式。肠道中被消化吸收的蛋白质不仅仅来源于食物，也有来自于肠道黏膜细胞的脱落和消化液等，每天约有70g，大部分可以被消化和重吸收，未被消化吸收的随粪便排出体外，这种蛋白质称为内源性氮或者粪代谢氮。此外，正常进食的人每日从尿中排出的氮约12g，随尿排出的氮含量随摄入的膳食蛋白质增多而增多，若摄入减少，则随尿排出的氮也减少。完全不摄入蛋白质或禁食一切食物时，每日仍随尿排出氮2～4g。研究证明，蛋白质不断在体内分解成为含氮废物，随尿排出体外（尿氮包括来自食物中的氮与内源性氮，占总排出氮的80%以上）。与此同时，进入人体氨基酸池的游离氨基酸主要被用来重新合成人体蛋白质，使机体蛋白质不断更新和修复，其中大约30%用于合成肌肉蛋白，50%用于体液、器官蛋白质合成，其余20%用于合成白蛋白、血红蛋白等其他机体蛋白质（图2-2-4）。

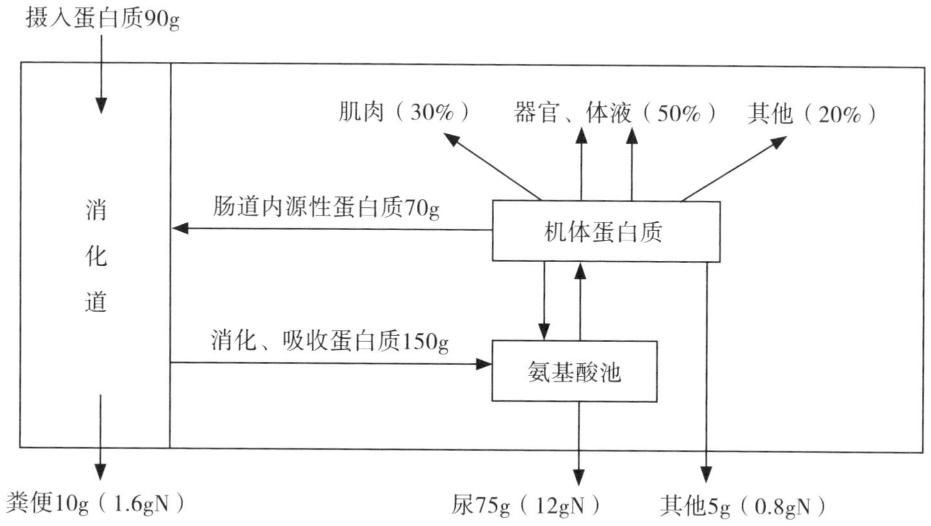

图2-2-4 蛋白质代谢及氮平衡

资料来源：孙长颢. 营养与食品卫生学（第8版）. 人民出版社，2017。

机体每天由于皮肤、毛发和黏膜的脱落，妇女月经期的失血及肠道菌体死亡排出等损失约20g以上的蛋白，这种氮排出是机体不可避免的氮消耗，称为必要的氮损失，因此，理论上只要从膳食中获得相当于必要的氮损失量的蛋白质，即可满足人体对蛋白质的需要。

人体蛋白质处在不断的分解与合成的动态平衡中。当摄入氮和排出氮相等时，称为零氮平衡（zero nitrogen balance），健康的成人应该维持在零氮平衡并富裕5%。当摄入氮多于排出氮则为正氮平衡（positive nitrogen balance），儿童处于生长发育阶段、妇女怀孕时、疾病恢复时以及运动需要增加肌肉时等，均应保证适当的正氮平衡，以满足机体对蛋白质额外的需要。当摄入氮少于排出氮时则为负氮平衡（negative nitrogen balance），人在饥饿、患有消耗性疾病或处于衰老状态时往往处于这一状况，应注意尽可能减轻或改变负氮平衡，以保持健康、促进疾病康复和延缓衰老。

2. 氨基酸代谢

食物蛋白质经消化吸收而来的氨基酸先储存于人体各组织、器官和体液中，这些在体内未组成蛋白质的氨基酸被称为游离氨基酸（free amino acid，

FAA）。人体内的游离氨基酸统称为氨基酸池（amino acid pool），氨基酸池内FAA的来源主要有三条：一是食物蛋白消化吸收后的氨基酸；二是人体组织蛋白分解时产生的氨基酸；三是由其他物质，主要由糖代谢中间产物转变生成的氨基酸。

在血液、肝脏和身体组织之间会发生氨基酸的持续交换，其中，肝脏是氨基酸代谢的一个重要中心。肝脏不断地通过转氨基和脱氨基反应合成氨基酸与蛋白质，以满足身体的不同蛋白质需求；转氨基反应中，氨基酸的氮被用来生成另一种氨基酸，脱氨基反应中，氨基从氨基酸中脱去，并转化成氨。同时，肝脏也会释放出氨基酸进入血液，并以游离氨基酸或者与血浆蛋白结合（即白蛋白和免疫球蛋白）的形式在血液中流通。

虽然蛋白质的消化过程大约可能持续几个小时，但是一旦氨基酸进入血液，它们就会在5～10分钟内被清除。身体的各种组织细胞会使用相应数量的氨基酸来满足它们对蛋白的需求，而那些未被利用的氨基酸，则需经脱氨基作用被分解代谢转变成氨与碳骨架。氨对身体有一定的毒性，但肝脏中的酶能够将氨转化成尿素，尿素会进入血液，最后被肾脏排到尿液中并排出体外，少部分氨在肾脏以铵盐的形式由尿排出；剩余的α-酮酸碳链（碳骨架）或重组为脂肪储存，或转化为糖类，或进一步氧化产生能量。具体代谢如图2-2-5所示。此外，氨基酸在特定条件下可通过脱羧基反应形成特定胺类物质，但这不是氨基酸的主要代谢方式。

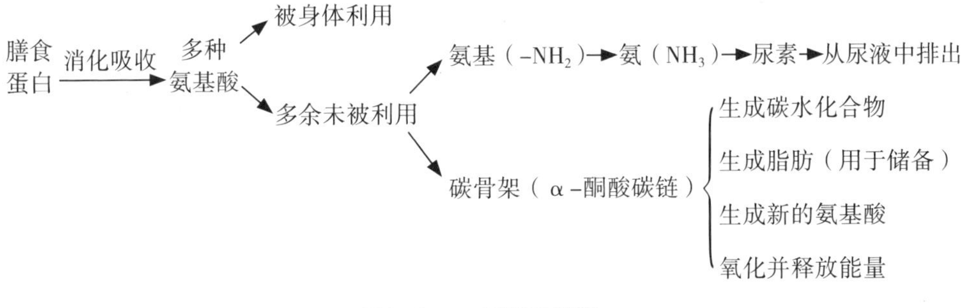

图2-2-5　氨基酸代谢

由此可见，无论摄入什么样的蛋白质，最终人体获得的是组成蛋白质的原料物质——氨基酸。若摄入的蛋白质过多，多余的氨基酸无法被身体利用，则需要通过肝脏将氨转变成尿素，再由肾脏排出体外，这一步骤多次进行，即增加了肝肾的代谢负担。与此同时，摄入的额外蛋白质越多，需要从机体中排出的含氮废物就越多，这一结果也会导致更多的水分以尿液的形式流失，进而增加脱水的风险，并增加人体水溶性维生素与矿物质的流失风险。

因此，在考虑蛋白质摄入时，应当着重考虑如何使摄入的氨基酸更多地被身体利用，而不被当作供能底物浪费。首要考虑的是蛋白质的摄入量，全天蛋白摄入量与单次蛋白摄入量均会影响体内氨基酸的利用率（详见本章第五节内容）；此外，运动训练尤其是抗阻训练会增加机体（如骨骼肌组织）对蛋白质的需求，这一干预也可以增加氨基酸被身体利用的概率。可见，想要最大程度发挥蛋白质功能、提高体内氨基酸利用率且不增加肝肾代谢负担，联合运动与营养的干预方式将会起到事半功倍的效果。

第二节　蛋白质的功能

根据蛋白质与氨基酸代谢情况可知，在人体内，氨基酸可形成结构蛋白构成细胞结构与机体组织，也可以形成各类功能蛋白调节和维持机体生理功能，在特定条件下，蛋白质在体内作为供能物质的作用也会明显加强。此外，蛋白质在人体内还具有一些其他功能。

一、构成和修复人体组织

蛋白质是细胞的主要组成成分，占细胞干重的80%以上，构成了细胞膜和细胞内物质。宏观上来看，蛋白质可构成人体肌肉组织、结缔组织、上皮组织以及神经组织，如肌肉、肌腱、韧带、骨骼、牙齿以及皮肤、毛发、指（趾）甲等，且蛋白质占神经组织固体物的38%～40%，其中包括多种球蛋白、核蛋白以及神经角蛋白等。

机体的组织细胞处于不断衰老更新的动态平衡中，蛋白质则是维持组织修复和新生的基本原材料。妇女怀孕期间胎儿、胎盘、子宫和乳房的增长，儿童和青少年的生长发育，运动训练期间肌肉增长、骨骼粗壮等，都需要合成额外的蛋白质。正常成年人身体蛋白质含量稳定，但也处在不断的分解、重建及修复的过程中，所需的氨基酸大部分是再利用身体蛋白质分解释放的氨基酸，但一部分氨基酸氧化分解而丢失，所以每天都要摄入一定量的蛋白质作为构成和修复组织的材料。

二、调节和维持机体生理功能

人体内绝大部分酶都是蛋白质，每种酶都有各自特定的底物，能催化人体内不同底物或不同类型的生化反应，从而保证代谢有条不紊、高效率地进行。

体内多种调节生理功能的激素是由氨基酸衍生或由多肽、蛋白质组成的。如甲状腺素、肾上腺素、去甲肾上腺素是氨基酸的衍生物；调节血糖水平的胰岛素与胰高血糖素、下丘脑激素、垂体激素是多肽；近些年研究较多的瘦素也是一种蛋白质类激素。此外，一些重要的神经递质，如γ-氨基丁酸（GABA）、多巴胺（DA）、5-羟色胺（5-HT）等也都是氨基酸衍生物，在人体内均起着重要的调节作用。

人体内抗体的主要成分也是蛋白质，具有免疫功能，对于维持健康至关重要。如果蛋白质摄入不足，免疫功能将会受损。例如，麻疹对于营养不良的儿童是致命的。

此外，蛋白质还是血液中重要的“搬运工”，能将物质准确运送到相应位置，如各种转运蛋白——运铁蛋白是运送铁的蛋白质，血红蛋白是运输氧的蛋白质。

人体内还有一些重要的氨基酸衍生物，同样具有重要的生理功能，如表2-2-2所示。

表2-2-2 氨基酸衍生的重要含氮化合物

氨基酸	衍生的化合物	生理功能
天门冬氨酸、谷氨酰胺、甘氨酸	嘌呤碱	含氮碱基、核酸成分
天门冬氨酸	嘧啶碱	含氮碱基、核酸成分
甘氨酸	卟啉化合物	血红素、细胞色素
甘氨酸、精氨酸、蛋氨酸	肌酸、磷酸肌酸	能量储存
色氨酸	5-羟色胺、烟酸	神经递质、维生素
苯丙氨酸、酪氨酸	儿茶酚胺、甲状腺素	神经递质、激素
酪氨酸	黑色素	皮肤色素
谷氨酸	γ-氨基丁酸	神经递质
蛋氨酸、鸟氨酸	精胺、亚精胺	细胞增殖促进剂
半胱氨酸	牛磺酸	结合胆汁酸成分

资料来源：贾弘禔. 生物化学. 人民卫生出版社，2005。

三、参与供能

大多数细胞以糖类和脂肪作为主要能量来源，身体蛋白质分解所产生的氨基酸有一部分可通过糖异生作用（gluconeogenesis，指非糖物质转化成糖类的过程，详见第三章）转变为糖类，从而提供能量。在运动中，蛋白质供能所占比例相对较小，提供运动中5%～10%的能量。而在长时间大强度运动中，体内存在的游离氨基酸作为能源物质参与供能的比例增大。能量代谢并不是蛋白质的主要功能，只有当机体摄入的糖类与脂类储存不足以支持代谢时，机体才会通过较大比例地分解蛋白质产生氨基酸获得能量。利用膳食摄入的蛋白质作为能量来源是不经济的，一方面蛋白质含量高的食物价格相对较高，另一方面过多地摄入蛋白质也会增加肝肾的代谢负担（参见图2-2-5）。

四、维持体液渗透压平衡

血液中的白蛋白、球蛋白等大分子物质不易从毛细血管中移出进入组织，故血液中的蛋白浓度形成了相应的胶体渗透压，这种渗透压可使血液中的水分得以保留。如果蛋白质摄入不足，最终导致血液中蛋白质含量下降，胶体渗透压降低，从而驱使血液中的水分渗出到组织间隙中，或组织液中的水分无法顺利流向血液而潴留，造成临床上的水肿。

五、维持血液酸碱平衡

血液中的氢离子决定血液的pH值。体内有碳酸氢盐、磷酸氢盐、血浆蛋白、血红蛋白四对缓冲系统，能借助于接受或供给氢离子而调节氢离子的量，使血液pH维持恒定在弱碱性（pH7.35～7.45）。血浆蛋白和血红蛋白的缓冲作用分别相当于全血缓冲体系能力的6%和29%，就是最大的碳酸氢盐缓冲对（占全部缓冲力64%）的作用也和血红蛋白的气体运输功能密切相关。

第三节 蛋白质与运动的关系

运动时人体的新陈代谢加强，蛋白质的代谢也会有所变化。不同于糖类和脂肪，蛋白质并不是运动过程中的主要能源物质，了解运动期间蛋白质代谢情况的主要目的，是掌握与运动有关的肌肉蛋白周转率的影响因素，从而依靠合理的膳食蛋白摄入，进一步促进骨骼肌的高效重塑、恢复和适应。本节为本章第五节运动人群蛋白质摄入的内容提供理论依据。

一、运动时蛋白质代谢

运动时蛋白质分解代谢加强被认为是运动对蛋白质影响的最先反应，这可能与运动过程中血清胰岛素和睾酮浓度下降，儿茶酚胺、皮质醇和胰高血糖素等激素浓度上升有关。

短时间剧烈运动时，蛋白质基本不参与供能；长时间高强度耐力运动时，肌糖原被大量消耗，脂肪动员和利用加速，为了补充骨骼肌和大脑正常活动对糖类的需求，蛋白质中的生糖氨基酸脱氨基后氧化供能，或参与糖异生维持运动中的血糖水平。

（一）运动时氨基酸供能

运动时，人体可利用的氨基酸来源于三方面：组织蛋白降解时产生的氨基酸；组织和血浆内的游离氨基酸；非氨基酸类物质，主要是糖分解代谢过程的中间产物可转变为氨基酸。而游离氨基酸池在运动中的作用不大，运动利用的主要部分来源于组织蛋白质分解释放或生成的氨基酸，其中骨骼肌占80%，肝脏占10%，肾脏占4%左右，血浆仅占0.2%～0.6%。可见骨骼肌和肝脏是蛋白质、氨基酸代谢旺盛的部位。在运动期间，组织分解释放的绝大多数氨基酸不会堆积，这表明此类氨基酸可以随血液转移到机体其他部位进一步代谢利用。

运动时，人体对氨基酸的利用增强，主要表现在：直接氧化供能、补充三羧酸循环（有氧氧化过程）的中间代谢产物以及参与糖异生维持血糖水平。

1. 运动时氨基酸氧化供能

长时间大强度运动时，氨基酸的氧化作用增强。参与氧化供能的氨基酸主要是丙氨酸、谷氨酸、天门冬氨酸和支链氨基酸等。

肌肉和肝脏内含有丰富的氨基酸代谢催化酶——转氨酶，丙氨酸、天门冬氨酸、谷氨酸通过相应的转氨酶催化后，转变成丙氨酸、草酰乙酸和α－酮戊二酸被机体利用。如耐力训练能提高运动肌肉的谷丙转氨酶活性，使脱氨基与转氨基作用加快，从而导致谷氨酸含量下降。

支链氨基酸（branched-chain amino acids，BCAAs）包括亮氨酸、异亮氨酸和缬氨酸三种必需氨基酸，是长时间持续运动时参与供能的重要氨基酸。在体内，支链氨基酸经转氨、氧化脱羧、脱氢三步反应，最终参与生酮、生糖反应，进入三羧酸循环进行氧化反应。肌肉内支链氨基酸分解代谢非常活跃，与其他多数氨基酸相比，支链氨基酸能够以相当快的速率转氨基和完全氧化（氧化产生ATP的效率高），并为丙氨酸和谷氨酰胺提供氨基。安静时，人体骨骼肌总能量消耗的14%都由支链氨基酸氧化提供。

在支链氨基酸中，最重要的是亮氨酸。亮氨酸是合成谷氨酰胺的底物，其代谢产物β-羟基-β-甲基丁酸（HMβ）是蛋白质合成的调节信号，即HMβ能降低肌肉损伤程度并减少蛋白分解，从而引起血肌酐的下降，利于机体正氮平衡。

2. 运动时氨基酸糖异生过程——葡萄糖-丙氨酸循环过程

在耐力运动早期（<1小时），肝糖原是血糖的基本来源，但是在更长时间的运动中，糖异生代谢逐渐起更重要的作用，其中氨基酸的糖异生作用也加强，最主要的丙氨酸占糖异生生成葡萄糖的20%～35%。这一过程由费利格和华勒（Felig & Wahler，1969）提出，即肌肉和肝脏之间存在葡萄糖-丙氨酸循环，见图2-2-6。

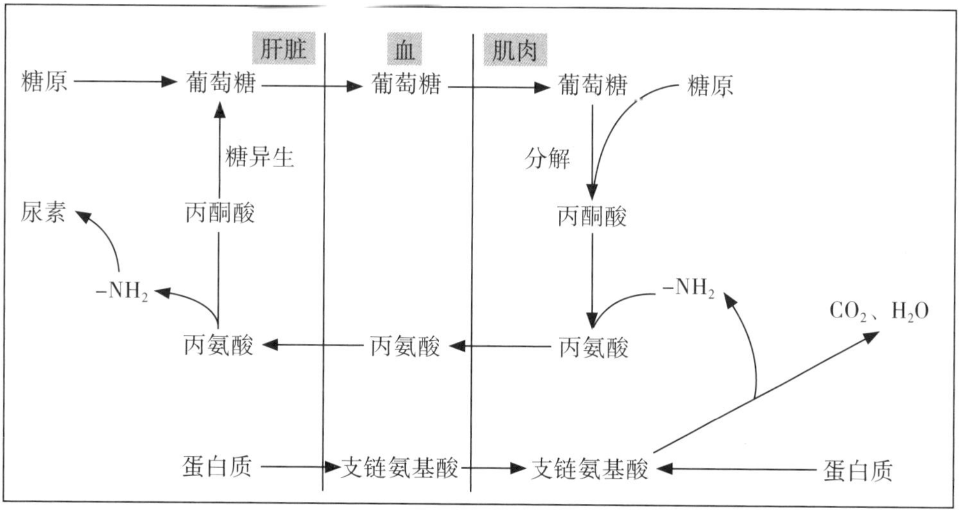

图2-2-6　葡萄糖-丙氨酸循环

（引自：冯炜权，1995）

这一过程有利于将运动肌肉中糖类分解产物丙酮酸转变为丙氨酸，从而减少乳酸生成，促进氨基酸氧化代谢；同时，丙氨酸可以合理利用和转运氨基，避免血氨过高。此外，糖异生过程有利于维持血糖浓度，满足中枢神经系统和运动肌肉对糖的吸收利用，对于维持运动能力、抗疲劳有重要意义。

需要注意的是，很多有经验的健身人群或运动员，崇尚力量训练后（大约60分钟）紧跟中高强度有氧训练，以期获得更好增肌效果的同时达到适宜的减脂效果。这一措施可能会进一步造成肌肉蛋白的分解，原因是，由于高强度且高专注度的力量训练消耗大量肌糖原和血糖，当继续进行中高强度有氧运动时，糖类作为主要供能物质不足以支持训练，使肌肉蛋白质进行糖异生供能比例增加。为了避免肌肉蛋白的分解，可以将中、高强度有氧改成低强度有氧，或者在力量训练后、有氧训练前注意糖类或支链氨基酸等高效供能物质的补充，从而避免自身机体蛋白质的糖异生作用。

（二）运动时氨的代谢

氨基酸经脱氨基作用后生成氨（NH_3），氨是小分子物质，在细胞内产生后可以经过细胞膜弥散进入血液，再进入其他器官；也可以透过血脑屏障进入中枢神经系统，与运动性疲劳的发生有重要内在联系。安静时血氨浓度为20～25μmol/L，运动时血氨浓度可高达130～250μmol/L，若血氨在体内大量积存将产生毒性作用，造成细胞功能异常，加速运动性疲劳的提早出现。因此，人体必须及时将氨转变成无毒性物质，并尽快排出体外。氨可通过以下途径被消除：

（1）在肝脏合成尿素，这是氨的主要去路，正常人体内80%～90%的氨以尿素形式排出；

（2）在脑、肝脏和骨骼肌等组织合成谷氨酰胺；

（3）合成氨基酸或一些含氮化合物。

血液中的尿素由肾脏排出体外。安静状态下，血尿素的生成和排泄处于平衡状态，安静正常值为3.2～7.0mmol/L。当进行运动时，体内能量平衡遭到破坏，蛋白质及氨基酸的分解代谢加强，尿素生成增多。对于健身运动人群而言，如果运动后36小时测得的血尿素值仍大于7.0mmol/L，则表明身体处于疲劳状态，没有完全恢复，需要加强营养和休息，尤其要注意糖的补充。

血尿素水平的高低与肝脏尿素合成速率、肾脏排泄功能、膳食蛋白含量等有关，当肾脏排泄功能降低、蛋白分解加强、膳食蛋白含量增多均可引起血尿素升高。因此，通常用血尿素指标评价运动员身体机能状况，运动员安静时血尿素通常处于正常范围的偏高水平，大强度耐力训练会使血尿素升高。

（三）氨基酸与中枢疲劳

中枢疲劳与大脑单胺类物质的代谢，特别是某些特殊氨基酸的变化有关。研究证明，大脑5-羟色胺（5-hydroxy tryptamine，5-HT）浓度的改变与中枢疲劳直接有关，5-HT是一种神经递质，能够使人们感到放松，但在产生的5-HT达到一定量时，人就会感到困倦和嗜睡；对于健身人群或运动员而言，这种中枢疲劳也会导致肌肉疲劳。5-HT的前体为色氨酸，因此，色氨酸也被作为一种促进放松和促进睡眠的制剂使用，但高剂量的单品氨基酸危险较大，除非在药剂师的严格监督下，否则尽量不要向人们推荐，最好的方法是通过膳食来获取尽可能丰富的色氨酸来源。

运动性中枢疲劳时常发生，这与运动使大脑中5-HT合成增加有关。大脑中5-HT的合成受到血液游离色氨酸与支链氨基酸浓度的影响，因为支链氨基酸可与游离色氨酸竞争通过血脑屏障。此外，由于白蛋白是血液中脂肪酸与色氨酸的转运蛋白，因此，当运动训练（如中、低强度有氧训练）使脂肪供能比例增加时，血液中游离脂肪酸浓度增加，它会与色氨酸竞争白蛋白的结合位点，从而使游离的色氨酸浓度增加，并且由于运动时骨骼肌吸收血液中的支链氨基酸以氧化供能，而使血液中支链氨基酸浓度减少，因此，游离色氨酸/支链氨基酸比值升高，进入脑组织的色氨酸增多，从而使5-HT合成增加，导致中枢疲劳。

综上所述，导致中枢疲劳的原因可能包括血糖浓度降低、血氨升高、血液支链氨基酸浓度降低、血液游离色氨酸含量增加、血液脂肪酸浓度增加等。

因此，可以通过膳食摄入富含色氨酸（如小米、牛奶等）的食物或有氧运动来获得更好的睡眠效果（造成“中枢疲劳”）。而运动过程中并不希望中枢疲劳的产生，根据以上描述，运动前或运动中除可以合理补充糖外，还可补充支链氨基酸（BCAAs），使其与色氨酸竞争通过血脑屏障，从而抑制色氨酸进入大脑形成5-HT，进而达到抗中枢疲劳、保障中枢神经兴奋性的效果，提高运动表现。

二、运动后蛋白质代谢

运动过程中，蛋白质分解代谢加强，而在运动后蛋白质合成代谢明显增强。应用亮氨酸示踪技术进行研究发现，运动后人体肌肉蛋白质合成速率增加，且持续增加至少24小时，甚至持续至运动后36～48小时。与此同时，运动结束后肌肉蛋白质的降解速率逐渐下降，蛋白质合成速率不断增加，此时采取相应营养手段，可以高效达成蛋白质净合成的效果。如尽快补充适量的蛋白质和糖类，可以明显促进肌肉的合成与肌糖原的填充；若在4小时之内，间断地补充二者，更可保证机体处于较高的持续合成状态。

运动后蛋白质合成速率的增加主要通过肌肉内部的局部机制进行调节，虽然机体在经过一系列大肌肉群、高强度以及短间歇的力量训练后，生长激素、睾酮激素等合成激素均有短暂性上升，但其生理浓度对肌肉的快速重塑或长期的肌肉生长作用不大，与这些激素的药用剂量引起的合成作用相比，可以忽略不计（Bhasin，et al，1996）。此外，运动后不同时间，机体代谢敏感性不同，约翰·艾维（John Ivy）在其“营养择时系统（the nutrient timing system，NTS）”中将运动后分为合成期与生长期，其中合成期为训练后45分钟，生长期分别为快速生长期（运动后的前4小时）与维持生长期（运动后第4个小时后的16～18小时），运动后不同时间的代谢敏感性有所变化，根据其变化调整营养补充可以使营养素利用率更高。

因此，把握运动后蛋白质的补充来源、补充量、补充时间，对最大程度达成肌肉重塑具有重要意义（蛋白质补充详见本章第五节）。

三、骨骼肌蛋白质代谢对运动训练的适应

一次运动训练会引起肌肉重塑，反复的运动训练会将肌肉重塑过程重复进行。因此，长期系统的运动训练可引起蛋白质代谢发生适应性变化，力量训练和耐力训练对蛋白质代谢的适应性变化有着不同的影响。

力量训练使肌肉中的肌纤维体积增大、增粗，力量增强，并使瘦体重增加，其主要原因是肌原纤维中肌球蛋白、原肌球蛋白、肌钙蛋白、肌动蛋白等收缩蛋白数量增多；此外，肌腱、韧带组织和肌纤维周围的结缔组织的数量也都有所增长。力量训练或其他种类的快速爆发力训练，会使快缩肌纤维（收缩速度较快、收缩力量较大的肌纤维）增粗比慢缩肌纤维显得突出，这是由于这种大强度训练主要募集快缩肌纤维进行收缩，结果使快缩肌纤维选择性增粗。

耐力训练主要使骨骼肌中线粒体蛋白质周转率增加，并使线粒体数目增多、体积增大，线粒体嵴中多种呼吸代谢酶活性提高，从而提高人体的氧化供

能能力以及耐力运动表现。长期耐力性运动训练可使快缩肌纤维呈现慢缩肌纤维特点，如出现快缩肌纤维中线粒体生物合成、蛋白质氧化供能能力增加等适应性变化。因此，对于以力量素质表现为主的项目运动员或健身人群，对耐力训练的安排要合理，不要过量。

第四节 蛋白质缺乏与过量的危害和表现

一、蛋白质缺乏的危害和表现

蛋白质具有构成和修复机体组织、调节生理机能、维持体液渗透压平衡与酸碱平衡以及参与供能等多种重要功能。因此，若膳食蛋白摄入缺乏时，身体摄入氮少于排出氮（负氮平衡状态），组织蛋白分解大于合成，会导致机体生理状态改变，出现蛋白缺乏的临床表现，严重时危害身体健康。

当膳食蛋白缺乏且同时缺乏运动时，将导致肌肉蛋白合成原料不足，且蛋白利用率不高，因此逐渐出现肌肉萎缩现象，如中老年人群容易出现的肌少症（sarcopenia）便与此有关，这一原因也可解释为由于骨胶原蛋白流失引起的骨质疏松现象；此外，当机体蛋白合成原料不足的情况下，胶原蛋白合成也会发生障碍，使伤口不易愈合，胶原蛋白持续流失将导致皮肤出现皱纹、毛发脱落变细，同时酪氨酸与黑色素形成有关，一些蛋白缺乏的人群也会出现发黄无光泽的现象；膳食蛋白摄入不足的前提下，机体抗体合成减少，导致机体免疫力下降，对疾病的抵抗力下降，这一现象会大量出现在使用错误减肥方法的人群中，他们往往在达到减肥目的的同时损害了自身免疫功能，损害了自身健康；在能量不足且营养严重缺乏的环境中，膳食蛋白的缺乏还会引起营养不良性水肿，多见于婴幼儿、儿童或处于特殊生理阶段如孕妇等人群。

二、蛋白质过量的危害和表现

总体而言，任何营养素（包括蛋白质）摄入过多，均意味着同等重要的其他营养素的摄入量减少，且一次性过多摄入某种营养素不能使其利用率达到最佳水平。蛋白质是运动人群十分关注的营养素，很难找到拒绝补充蛋白质的运动人群。多数运动员摄入的蛋白质可能多于他们所需，这样做可能会减少对其取得运动成功至关重要的其他必需营养素的摄入量。一些运动员抱着“蛋白补充越多越好”的心态进行补充，同样存有健康风险。

如本章第一节图2-2-5所示，正常情况下，进入血液的氨基酸会在5～10分钟内被清除，即人体并不能储存氨基酸或蛋白质，与此同时机体使用相应数量的氨基酸进行组织利用，其余的氨基酸则需要经过代谢进行供能或转变成糖类、脂肪和新的氨基酸。这一过程所出现的代谢产物氨基（$-NH_2$），需要在肝脏生成尿素经由肾脏排出。若摄入蛋白过多且利用率不高，则这一过程较为频繁，从而加重了肝肾的代谢负担。有一种普遍流行的观点认为，高蛋白饮食对肾功能有害，这种观点源于肾功能受损的临床人群，可从低蛋白饮食中获益。然而，对于肾功能正常的健康人（包括大部分运动员），没有证据表明蛋白质摄入与肾损伤之间存在联系（Martin，et al，2005），此观点已得到国际专家共识。因此，更为准确的描述应为：过量蛋白质的摄入会增加肝肾的代谢负担，但不会直接导致肝肾功能损伤；此外，肝肾功能受损人群对蛋白质摄入量需谨慎。

除此之外，摄入的额外蛋白质越多，需要从机体中排出的含氮废物就越多，这一结果会导致更多的水分以尿液的形式流失，进而增加脱水的风险，并增加人体水溶性维生素与矿物质的流失风险，如一些人会在摄入高蛋白饮食期间出现B族维生素缺乏症状，这种情况下除了需补充相应维生素矿物质以外，还需要适当减少单次摄入蛋白质的量，同时考虑通过运动训练的方式增加体内膳食蛋白利用率。有证据显示，过多动物蛋白摄入，会增加含硫氨基酸（蛋氨酸、胱氨酸与半胱氨酸）的摄入，这种饮食增加了钙元素在尿液中的排泄量，即加速了骨骼中钙质的丢失，这对由于其他因素（如雌激素水平降低、活动少、维生素D缺乏或钙含量不足等）而已经面临骨骼疾病风险的人来说存在明显的健康风险。且最近的研究表明，同型半胱氨酸可能是心脏疾病的危险因素，摄入较多同型半胱氨酸的男性，发生心脏疾患的风险是对照组的3倍。

另一个潜在问题是，高蛋白饮食中的脂肪含量也会很高，会导致体内脂肪储存增加，一方面会增加运动人群罹患心血管疾病的风险，另一方面还会对身体产生更大的酸性代谢负担，使疲劳提早发生，降低运动能力。对身体产生酸性代谢负担的不利影响可以通过增加摄入富含钾盐的食物来改善，尤其是蔬菜与水果类食物，如樱桃（车厘子）可增加尿酸排泄的原理可能与此有关。

总而言之，若膳食蛋白摄入过少，会导致机体蛋白合成原料不足，从而影响组织修复与机体多项生理功能的正常发挥；而膳食蛋白摄入过多，又存在机体蛋白质利用率不高而导致肝肾代谢负担增加等风险。为了避免这类风险的出现，需要了解普通人以及运动人群合理的蛋白质摄入量。

第五节 蛋白质的需要量与食物来源

在定义蛋白质的合理摄入量时，针对普通人群而言，膳食指导的目的是避免蛋白质缺乏；而针对运动人群或运动员进行膳食指导时，其目的应当是满足最佳运动表现与最佳运动适应，即理想蛋白质摄入量可能要比普通成人蛋白推荐摄入量高。美国医学研究所曾宣称，定期训练的健康成年人并不需要额外的蛋白质，因为训练促进了蛋白质的存留，但即使常规推荐摄入量可以使运动人群达到氮平衡，由于运动训练存在长期适应性，这种蛋白质摄入水平也有可能会导致氨基酸代谢反应的下调，损害训练目标。

针对普通人群而言，避免蛋白质缺乏的主要措施是保证优质的蛋白质食物来源（“质”）与合理的蛋白质摄入量（“量”），若希望增加机体对蛋白质的利用率，还可以注意每餐蛋白质的摄入量，并可以尝试开始进行运动干预（相关运动干预方法详见本书第四篇第四章）。

针对健身人群或运动员而言，要促进骨骼肌的高效重塑并使运动训练的适应性和恢复性达到最佳状态，则需要更多手段来优化蛋白质摄入并进行严格的贯彻执行。这些手段不仅包括选择优质的蛋白质来源（“质”）、合理的蛋白质摄入量（“量”），还包括配合训练周期的蛋白质摄入时间与日间摄入模式（“时”）。

一、蛋白质的食物来源——“质”

（一）优质蛋白至少占总蛋白的三分之一

人体所需的蛋白质来源于日常摄入的多种食物，主要来自膳食摄入，一些运动人群或运动员还会根据自身需求选购相应的蛋白类运动营养补剂（相关内容详见第三篇）。

蛋白质食物来源分为动物性和植物性两大类。动物性食物如肉类、鱼类、蛋类、奶类含有必需氨基酸，因此被认为是完全蛋白质的良好来源。植物性食物如谷类、豆类、蔬菜类、坚果类的蛋白质由于缺失一些必需氨基酸，属于半完全或不完全蛋白质，但其也是膳食中蛋白质的主要来源，其中，大豆蛋白虽然是植物蛋白，但也属于优质蛋白质。

优质蛋白是指那些含有人体八种必需氨基酸种类齐全、数量充足、比例适当的蛋白质。当食物蛋白质氨基酸模式与人体蛋白质氨基酸模式越接近时，其在人体内利用率就越高。如鸡蛋中的蛋白与人体蛋白质氨基酸模式最接近，因此，鸡蛋属于优质蛋白，并被人体吸收利用率最高。世界卫生组织（WHO）推荐的必需氨基酸及其模式见表2-2-3，即营养价值高的蛋白质不仅仅需要满足必需氨基酸的种类，其数量及比例同样重要。如若某种动物蛋白中蛋氨酸+胱氨酸含量过高，那么这种动物蛋白质过量摄入，可能会导致同型半胱氨酸摄入较多，从而增加心脏疾病风险（参见本章第四节所述）。

表2-2-3　WHO 推荐的必需氨基酸构成比例

氨基酸	mg/g蛋白质
异亮氨酸	40
亮氨酸	70
赖氨酸	55
蛋氨酸 + 胱氨酸	35
苏氨酸	40
色氨酸	10
缬氨酸	50
苯丙氨酸 + 酪氨酸	60

根据以上原则，通常通过两种方式确定蛋白质的营养价值（是否属于优质蛋白）：计算身体潴留氮比例法——食物在身体内潴留氮比例越高，蛋白质利用率就越高，因此蛋白质营养价值越高；与鸡蛋氨基酸模式对比法——食物蛋白质与鸡蛋蛋白相似程度越高，蛋白质营养价值越高。根据这两种方法，将常见的几种食物的营养价值进行罗列，见表2-2-4，蛋白质营养价值均从高到低排列。

表2-2-4　食物蛋白质营养价值对比

潴留氮比例法（百分比）	与全蛋氨基酸模式对比法
乳清蛋白：96%	乳清蛋白浓缩物：104
全大豆：96%	全蛋：100
鸡蛋：94%	牛奶：91

（续表）

储留氮比例法（百分比）	与全蛋氨基酸模式对比法
豆浆：91%	牛肉：80
牛奶：90%	酪蛋白：77
奶酪：84%	大豆：74
米饭：83%	小麦面筋：64
鱼肉：76%	
牛肉：74.3%	
大豆凝乳（豆腐）：64%	
全麦面粉：64%	
白面粉：41%	

（引自：Dan Benardot，2018）

因此，在日常生活中，“优质蛋白”即包含动物性蛋白与大豆蛋白。以上提到的是各种食物中蛋白质的营养价值，日常选择蛋白类食物时还需考虑传统食物中蛋白质的含量，相应食物蛋白含量的大致范围为：乳类1.5%～3.8%，肉类、鱼类10%～30%，蛋类11%～14%，坚果类15%～26%，谷类6%～10%，干豆类20%～49.8%。常用食品中蛋白质含量见表2-2-5。

表2-2-5 常用食品蛋白质含量（g/100g）

食物名称	蛋白质含量	食物名称	蛋白质含量
猪肉	13.8～18.5	稻米	8.5
牛肉	15.8～21.7	小米	9.7
羊肉	14.3～18.7	面粉	11
鸡	21.5	大豆	39.2
鲤鱼	18.1	红薯	1.3
鸡蛋	13.4	大白菜	1.1
牛奶	3.3	花生	25.8

日常膳食中不可能只摄入优质蛋白，因此，为改善膳食蛋白质质量，在膳食中应保证有一定数量的优质蛋白。动物蛋白营养价值会优于植物蛋白，是人体蛋白质的重要来源。一般要求动物性蛋白质和大豆蛋白质占膳食蛋白质总量的30%～50%，即优质蛋白至少占总蛋白的1/3。

（二）蛋白质的互补作用

除保证优质蛋白占总蛋白1/3以上的原则以外，想要更大程度提高膳食蛋白的质量，还可利用两种或两种以上不同种类的食物蛋白质混合来提高其营养价值，例如，将谷类和豆类混合，豆类可弥补谷类中赖氨酸的不足，而谷类的含硫氨基酸又是豆类所缺少的，两者所含的氨基酸之间取长补短、相互补充，即为蛋白质的互补作用。

为了提高人体对食物蛋白质的利用程度，建议将动物性食物和植物性食物或豆类食品和谷类蛋白质混合使用。充分发挥食物蛋白质互补作用的三个膳食原则包括：（1）食物的生物学种属越远越好；（2）搭配的种类越多越好，品种越多，氨基酸种类就越多；（3）食用时间越近越好，同时食用最好。

因此，对于一些遵循素食饮食原则的人群，除了通过大豆蛋白获取优质蛋白来源以外，同样可以通过蛋白质互补原则提高自身的膳食蛋白质量。

二、蛋白质的需要量——“量”

（一）全天蛋白质的摄入量

对于不同人群而言，蛋白质的理想摄入量应当根据其具体情况而有所不同。

对于普通人群而言，避免蛋白质缺乏是合理摄入蛋白质的主要目的，各个国家均有不同的膳食蛋白推荐参考标准。理论上，成人每日摄入30g蛋白质即可满足零氮平衡，但从安全性和消化吸收等其他因素考虑，且国际上已有成熟研究证明了关于成年非运动人群维持氮平衡所需的蛋白量，确定蛋白摄入量标准是每日0.8g/kg，因此我国成人按照0.8g/（kg·d）摄入蛋白质为宜；此外，由于我国以植物性食物为主，所以成人膳食蛋白质总推荐量为1.16g/（kg·d）。因此，中国营养学会推荐的成人蛋白质的推荐摄入量（recommended nutrient intake，RNI）为0.8～1.2g/（kg·d），占全天总能量的10%～15%，男性约为65g/d，女性约为55g/d。

对于健身人群或运动员而言，蛋白质摄入量一直是运动营养领域的研究热点，运动是否需要增加蛋白质的摄入量这一研究结论尚未完全一致，但氮平衡试验显示健身运动人群的蛋白质需要量会比一般人高。无论是耐力训练还是力量训练，均会增加机体对蛋白的需求，同时为保证机体内氨基酸代谢的敏感性，进一步达到训练适应性，我国对健身运动人群蛋白质供给量的理想推荐值为1.2～2.0g/（kg·d），占全天总能量的12%～15%。针对不同运动项目与运动目的，蛋白摄入比例会有所不同，表2-2-6所示为耐力型与力量型运动员代表需要量，而健美运动员蛋白需要量可能高达2～3g/（kg·d）。

表2-2-6　运动员蛋白质需要量举例

运动员类型	总能量（kcal/d）	蛋白质		
		单位体重每日需要量（g/kg）	每日需要量（g）	占每日总热量的百分比（%）
耐力型[a, b]	3800	1.2～1.4	84～98	9～10
力量型[a, c]	3200	1.6～1.7	112～119	14～15

资料来源：Gibala M J. Dietary protein，amino acid supplements，and recovery from exercise. 2011。

注：a RMR为每日40kcal/kg，体重均为70kg。

b 以16km/h的速度每日跑1h的男性长跑运动员。

c 阻力训练中每日每千克体重额外消耗6kcal的热量。

研究发现，蛋白质的最高非能量利用率一般约为1.5g/（kg·d），如果超过这个数值，机体组织就会将多余的蛋白质转化为脂肪储存起来，或用于供能。但很大程度上，蛋白质被利用供能是总能量摄入不足的结果。针对运动人群的调查显示，很多运动人群甚至运动员总能量摄入低于其运动、生长和维持组织功能所需的能量，且由于蛋白质供能产生较多代谢废物，提供碳水化合物作为更加清洁的燃料是满足能量需求的最佳方法，而非蛋白质；但这在减控体重人群的干预上可视运动干预比例进行调整。因此，无论是关于运动人群还是非运动人群，其蛋白质的推荐量都是建立在总热量摄入满足能量需求的基础上的。

因此，针对具有增肌增重或减控体重目标的人群，由于其总热量摄入设置的差别，其蛋白摄入比例也会有所调整。如健美增肌训练时，为满足肌肉的生长，蛋白质的摄取量需达到1.6～2g/（kg·d）；而减控体重人群则可能会因为总能量摄入减少而适当提高蛋白质的总体摄入比例。

上述所提到的1.5g/（kg·d）作为蛋白质在体内最高非能量利用率，若饮食中高、低营养价值的蛋白质均有，那么蛋白摄入量则可能需要增加25%～30%，即上限约为2g/（kg·d），这与我国对健身人群的理想蛋白摄入推荐量1.2～2.0g/（kg·d）并不冲突。

因此，若蛋白质摄入低于普通人群蛋白质推荐量下限值0.8g/（kg·d）即为蛋白摄入不足；由于总能量摄入存在差异，对过量蛋白质摄入的标准并不仅仅是大于上限值2g/（kg·d），综合相关研究资料，定义蛋白质摄入长期（如大于1个月）大于3～5g/（kg·d），视为蛋白质摄入过量。

（二）单次蛋白质的摄入量

在总能量摄入充足的前提下，以1.2g/（kg·d）的标准摄入蛋白质，即60kg的人全天需要摄入72g蛋白质。通常，无论是运动人群还是非运动人群，全天的蛋白质总量将会按日常餐次分配进行摄入，而非一次性摄入。值得注意的是，即使按照日常餐次分配，对于一些全天蛋白质摄入量较高的人群，其单餐摄入的蛋白质量也可能较高，而单次摄入过多的蛋白质，同样存在利用度不高，需要频繁经过肝肾代谢进行处理的情况。因此，是否存在单次“最佳”蛋白摄入量，可最大程度刺激肌肉蛋白质合成且最小程度增加氨基酸氧化，从而进一步细化指导蛋白质的摄入量？

摩尔（Moore）与威塔德（Witard）等人发现，在平均体重约为80kg的年轻男性中，20g优质蛋白（如鸡蛋或乳清蛋白）足以最大限度地刺激抗阻运动后的肌肉蛋白质合成；而且，将蛋白质摄入量加倍至40g时对肌肉蛋白质的合成没有进一步影响，反而导致饮食中的氨基酸被用来氧化分解代谢和生成尿素增多。因此，单次“最佳”蛋白质摄入量，对于平均体重的运动员一般为20～25g优质蛋白（或相当于约0.25g/kg体重）。根据目前可用的数据，有氧运动后或抗阻运动后增强肌肉重塑和促进恢复的短期蛋白质需要量是相同的，且研究发现，这个量与安静时骨骼肌的需要量没有太大差别。因此，无论是抗阻训练人群，还是有氧训练人群，包括非运动人群，均可参照这一推荐值进行单次蛋白质摄入量的优化。

虽然许多人正确地指出人类有能力消化吸收更多的蛋白质，但阿瑟顿（Atherton）等人证明氨基酸在肌肉中的使用率和容量显然有一个上限，即为蛋白质摄入后的“肌肉吃饱”现象，这表明肌肉或其他组织并不能同化超过某一剂量的氨基酸。重要的问题是，每餐蛋白质的摄入剂量应该以体重为基础进行调整，以适应不同体重运动人群的需求。根据2005—2014年期间的数据积累进行估算，每餐膳食蛋白质的摄入量为0.25～0.30g/kg可以最有效地刺激蛋白合成，且应该来自优质蛋白质来源，若一餐中低生物价蛋白质食物来源占主导地位，则应该上调该餐蛋白质目标摄入量，达到该范围的上限，即0.30g/kg。

根据单餐蛋白质摄入的理想参考指南（0.25～0.30g/kg），便可指导运动人群与非运动人群的最优蛋白质分餐策略。这与本篇第一章提到的能量平衡中能量摄入的进餐频率设置理论相互统一。

三、蛋白质的摄入时间与日间摄入模式——“时”

（一）蛋白质的摄入时间

对于运动人群而言，蛋白质的摄入时间可能与一天中蛋白质摄入总量一样重要，有时甚至比蛋白质食物来源更为重要。约翰·艾维在其营养择时系统（NTS）理论研究中发现，在训练后45分钟内摄入低营养价值的蛋白质如谷物类，能实际上引起比2小时后摄入优质蛋白如乳清蛋白更强的蛋白合成作用，而且这个差异还不小，2小时后摄入的优质蛋白比训练后即刻摄入谷物蛋白的肌肉蛋白合成效应低85%，这可能与肌肉的“代谢敏感性”有关，即肌肉能根据需要和各种刺激的变化在任何特定时刻调整自身代谢的活性。

摄入食物以支持运动人群的训练和恢复时机，通常被认为发生在与运动相关的三个时间段：运动前、运动中与运动后，运动后是摄入食物的最佳时间。由于单次运动后蛋白质周转率（尤其是肌肉内）的提高可以持续24～48小时，因此，对于连续几天重复训练的运动人群而言，在训练以外的营养摄入均可算作“运动后”，只是“运动前”与“运动后”之间的界限会在每天多次的训练中变得模糊。

1. 运动前与运动中

运动前补充蛋白质，其主要目的是提供氨基酸来源，若持续训练时间较短（如≤60分钟），这一来源可视为提前“填充”氨基酸池，以便有底物能够参与运动诱导刺激肌肉蛋白质的合成；若持续时间较长，则这一氨基酸来源主要用来氧化供能。运动中补充蛋白质的原理与此相同，但运动中摄入蛋白是否可以改善肌肉蛋白质平衡和肌肉蛋白重塑，依旧是目前争论的焦点，有些研究认为并无作用，有些研究认为运动中摄入蛋白质引起的内源性蛋白质节约效应可能潜在地改善运动人群营养状况，使运动后摄入的蛋白质可以更容易地用于促进肌肉蛋白质合成。

但需要注意的是，高蛋白食物在胃里的排空时间较长，在运动前或运动过程中饮用的运动饮料中添加蛋白质会增加发生胃肠道不适的风险，并可能延缓或减少运动员在运动中真正需要的物质（如液体、糖类与电解质）吸收或运输。因此，在训练前或训练过程中不推荐摄入蛋白类食物。若希望达成上述提前“填充”氨基酸池的目的，可以选择考虑在运动前或运动中补充支链氨基酸等氨基酸类食物。虽然运动过程中摄入蛋白质的生理作用还不确定，但已经明确的是，肌肉蛋白质重塑主要发生在训练课后几小时到几天内，而不是在训练课中休息的几分钟里。

2. 运动后

运动后摄入蛋白质，应该被视为所有运动人群及运动员营养恢复的核心与关键组成部分。运动后肌肉的代谢敏感性可持续24～48小时，但高速合成期为训练后45分钟，因此运动人群应当在运动后尽早摄入消化吸收较快的优质蛋白质（如乳清蛋白等），以便快速启动肌肉重塑过程；同时，NTS（营养择时系统）中将运动后的前4小时定义为肌肉的快速生长期，运动后第4个小时后的16～18小时定义为肌肉的维持生长期，因此训练后的整一段时间内都属于不同程度的合成阶段。

研究表明，对于具备训练经验的人群，训练后摄入膳食蛋白质，其运动后肌肉蛋白质合成的效应在训练后恢复期的前4个小时最明显，但不会持续到28小时；而没有训练经验的人群，其效应会持续更久。这表明，有训练经验的人群更应该注意训练后立即优先摄取蛋白质，充分利用这段合成代谢增强的敏感期。值得注意的是，这种运动后机体对膳食蛋白质的敏感性增高并不会影响上述提到的单次“最佳”蛋白质摄入量（20～25g），因为其研究对象包含了训练个体。此外，有些旨在通过抗阻训练来增强肌肉生长和力量的运动员，在没有紧急备赛任务的前提下，可能会选择避开“合成代谢增强的敏感期”，选择在运动训练前、后约2小时内摄入蛋白质，使获益相对减少，以此增强训练的适应性，并在长达12～24小时的恢复期内锻炼骨骼肌重塑的耐受力。

对于一些训练后暂无食欲的运动人群，可通过更好吸收的方式如奶昔等液体方式补充蛋白，同时可以增加一些碳水化合物，一方面增加口感，另一方面也可以在促进蛋白合成的前提下增加肌糖原的合成与恢复。此外，某些氨基酸能有效地促进胰岛素分泌，当运动后蛋白质与糖类一起使用时，对糖负荷引起的血液胰岛素反应具有协同作用，促进糖原的再合成。在组成蛋白质的20种氨基酸中，最有效的胰岛素分泌刺激剂为精氨酸。研究结果发现，糖与蛋白质混合补充可协同促进胰岛素分泌，较单独补糖引起的胰岛素反应更强，能加速葡萄糖由血液进入肌肉，促进肌糖原的合成，使肌糖原恢复的速度显著提高。

总而言之，运动前、中不建议摄入高蛋白类食物，可选择氨基酸类补充剂达成提前“填充”氨基酸池的目的；运动人群应当重视运动后合成代谢增强的敏感期，除了保证运动后45分钟以内的优质蛋白摄入以外，运动后的其余时间内也需要注意蛋白质摄入，且摄入量满足单餐蛋白质摄入推荐。对于运动后其他时间蛋白质摄入的补充，存在蛋白质摄入模式的推荐。

（二）蛋白质的日间摄入模式

蛋白质的摄入模式会影响在长达12小时恢复期内肌肉蛋白质重塑的有效性。例如，在针对年轻男性一次性抗阻训练后12小时的恢复期中，分别每4小时摄入20g（约0.25g/kg）蛋白质，或者每2小时摄入10g（约0.12g/kg）蛋白质，或者每8小时摄入40g（约0.48g/kg）蛋白质，各组摄入总量相同，均为60g蛋白质。结果显示，与后两组相比，第一组在运动后恢复期间显示出最大的肌肉蛋白合成刺激作用，并且全身净蛋白质平衡出现增加。这一结果既表明每餐约0.25g/kg蛋白质可能是最理想有效的（同上文结论一致），同时也证明在相对较长的恢复期内刺激肌肉蛋白质合成上也是这样的。

值得注意的是，这一类的研究仅代表机体对分餐摄入蛋白质的短期反应，而对其他营养素和能量平衡的影响暂时是未知的。此外，由于日常混合膳食中至少有30%左右可能来源于不完全蛋白，因此单餐蛋白摄入需要达到0.30g/kg的上限。这一结论表明，全天蛋白质的日间摄入模式可以尽量分布均匀，从而可以达成在恢复期也获得最佳蛋白合成效应。因此，运动人群应该注意如何在三餐的基础上分配每日蛋白摄入的重要性，对于那些由于时间安排或有偏好的运动员与运动人群，还可以考虑将睡前蛋白补充作为增加整晚恢复期间肌肉蛋白质合成速率的方法，睡前餐蛋白含量可翻倍达到0.5g/kg体重。

除此之外，有人建议增加更多的进餐次数，即增加进餐频率，可能会使结果更理想，但事实是，若蛋白摄入的餐间时间过短、摄入过于频繁，这种摄入模式可能会导致相对延长的日间高氨基酸血症，导致休息时肌肉蛋白合成的钝性反应和运动后蛋白质合成的亚理想状态。

因此，考虑到运动人群的需求，对于那些旨在最大化肌肉重塑速度的运动人群或运动员，应该在运动后立即摄入目标蛋白质，之后每隔3～4小时再次摄入，按照每次0.25～0.30g/kg的标准摄入，这样做将会获益匪浅。此外，丹·贝纳多特提到，在考虑到日间蛋白摄入量波动较大（如运动人群补剂或蛋白奶昔等食物摄入），总量相同的情况下，平均分配的供给方式比定时的方式，对运动人群帮助更大。由于运动训练会影响蛋白质代谢长达48小时甚至更长，因此，应鼓励运动人群遵循膳食计划，保证不仅是训练日，而且一整周内都保证蛋白质的摄入均匀。

综合以上所有蛋白质摄入原则，以表2-2-7的一份膳食计划进行本节内容总结，以掌握蛋白质食物来源、蛋白质全天总摄入量、单次摄入量以及摄入分布等因素进行配合的整体蛋白质摄入优化方案。

表2-2-7显示了一名体重为90kg的男性运动员的两份整体膳食计划，两份膳食计划总能量均约为3430kcal，蛋白质约为190g、碳水化合物约为420g、脂肪约为110g，整体食物营养价值相似，差别在于蛋白质摄入模式。膳食计划2是针对该运动员更为优化的蛋白质摄入方案，具体分析如下：

表2-2-7　1名体重为90kg的运动员的两种膳食计划对比

膳食计划1：充足的蛋白质但分布不均		膳食计划2：充足的蛋白质且分布理想	
餐次	蛋白质（g）	餐次	蛋白质（g）
早餐 2杯麦片+低脂牛奶 2片吐司面包+果酱和人造黄油	28（10）	早餐 3个水煮荷包蛋 4片吐司面包，其中2片+果酱和人造黄油	37（21）
上午茶 1根谷物棒	1（0）	上午茶 200g低脂希腊酸奶 1个水果	21（20）
午餐 2份火腿（90g）+奶酪30（g）和沙拉卷 橙汁（300ml）	37（24）	午餐 2份火腿（60g）+奶酪（40g）和沙拉卷 橙汁（300ml）	34（21）
下午茶 2片水果面包	5（0）	下午茶 2片水果面包	5（0）
训练时间 水、运动饮料（600ml）	0	训练时间 水、运动饮料（600ml）	0
训练后	0	训练后 分离乳清蛋白（25g） 2个水果	23（23）

（续表）

膳食计划1：充足的蛋白质但分布不均		膳食计划2：充足的蛋白质且分布理想	
餐次	蛋白质（g）	餐次	蛋白质（g）
晚餐 400g瘦牛排（熟） 2杯蒸米饭 1杯蔬菜	116（108）	晚餐 100g瘦牛排（熟） 2杯蒸米饭 1杯蔬菜	36（27）
睡前餐	0	睡前餐 200g低脂希腊酸奶 20g分离乳清蛋白	38（38）

资料来源：Louise Burke，Vicki Deakin. Clinical sports nutrition（5th）. 2018。

注：括号中的值表示在进食时优质蛋白（g）的量。

- **蛋白质摄入“量”的分析**

（1）全天总蛋白质摄入量约为2.1g/kg体重，约占总能量的22%。由于该运动员自身项目与训练因素，总蛋白摄入量足够，且小于3g/kg，未超量，因此符合要求。

（2）单餐蛋白质摄入量建议为0.25～0.3g/kg，该运动员体重为90kg，即单餐蛋白质摄入应为22.5～27g，且应来自于优质蛋白；该运动员设置有睡前餐，根据推荐，睡前餐蛋白质最高可达0.5g/kg，即45g优质蛋白。膳食计划2中的各分餐均满足此项要求。

- **蛋白质摄入“质”的分析**

（1）全天总蛋白摄入为190g，因此全天优质蛋白含量至少为63g。膳食计划2中优质蛋白含量达到150g，占总蛋白的70%；同时单餐摄入的蛋白质中优质蛋白的比例也远在1/3以上，因此符合要求。

（2）膳食计划2中的蛋白来源有多种，基本达到蛋白质互补原则，且该餐优质蛋白比例较高，已具有较高蛋白营养价值。

- **蛋白质摄入“时”的分析**

（1）该运动员全天有一场训练，训练后有23g优质蛋白摄入，且选择的是消化吸收最快的分离乳清蛋白，可以最高达到蛋白合成效应；同时训练前与训练中均无蛋白质食物的摄入，减少胃肠不适的风险。若想进一步优化，可在保证总能量的前提下，考虑运动员自身需求与其他营养素情况，建议运动前、中补充相应氨基酸类食品，如支链氨基酸等。

（2）该运动员在膳食计划2中进行了合理的蛋白质摄入模式分配，即平均分配，餐间距离为3～4小时，符合要求。

本章小结

本章的重点内容是蛋白质的摄入量与食物来源，因为这与日常实践息息相关。了解蛋白质的构成，是为了掌握蛋白质在体内的消化吸收、合成与分解代谢过程，从而了解运动期间蛋白质代谢的适应性改变，由此为运动人群合理补充蛋白质提供依据；了解蛋白质的分类是为了明确相关蛋白质食物来源是否满足人体需要；根据蛋白质的构成与分类，可以了解人体蛋白质的重要功能——这一功能会受蛋白质摄入过少或过量的影响，最终确定如何合理摄入蛋白质。针对运动人群的蛋白质优化摄入包括“质”“量”“时”三大原则。

（汤春雪）

第三章 运动与碳水化合物

碳水化合物（carbohydrates）是由碳、氢、氧三种元素组成的有机化合物，因分子式中氢和氧的比例恰好与水相同为2：1而得名。这类化合物分子式中某些是碳和水的倍数（CH_2O）$_n$，这对单糖来说是正确的，但双糖以上，碳和水分子的数目并不相同。与此同时，并非通式为（CH_2O）$_n$的就一定是碳水化合物。由于碳水化合物的分类中，单糖、双糖都有甜味，日常生活中的糖属于这一类，因此又称为糖类。1927年国际化学名词委员会曾建议用“糖（glucide）”一词来代替碳水化合物，但由于习惯和接受率，“碳水化合物”至今仍被广泛使用。

第一节 碳水化合物的构成与分类

一、食物碳水化合物的构成与分类

一般情况下，碳水化合物又被称为糖类，其确切定义为多羟基的醛或酮以及它们的衍生物。根据这个定义，分子中要有两个或两个以上的羟基、一个醛基或酮基，最少要有三个碳原子，即碳原子数量最少的单糖为三碳糖。

为了在实际使用中进行区别，本书将碳水化合物作为大分类，按照人体对碳水化合物的消化吸收特性，将可以被人体消化吸收的碳水化合物称为糖类，主要包括单糖、双糖、部分具有生糖作用的糖醇以及淀粉（抗性淀粉除外）等；其他不可消化的碳水化合物包括膳食纤维及其单体成分、部分不被消化的糖醇，这些碳水化合物不能直接在小肠消化吸收入血，但有可能在大肠内发酵产生能量，因此还派生出了“益生元”的概念，它是指不能被人体消化吸收，但能够选择性地促进宿主肠道内原有的一种或几种有益细菌（益生菌）生长繁殖的物质，通过有益菌的繁殖增多，抑制有害细菌生长，从而达到调整肠道菌群，促进机体健康的目的，这类碳水化合物最具代表性的有乳果糖

（lactulose）、异麦芽低聚糖（isomalto-oligosaccharides）等。因此可知，碳水化合物包括了糖类、膳食纤维以及一些“益生元”等。本章的第二节至第五节将主要描述有关糖类的内容，关于膳食纤维的内容将在本篇第七章描述。

根据FAO/WHO的研究报告，专家组综合化学、生理和营养学的考虑，将碳水化合物根据其聚合度（degree of polymerization，DP）分为糖、寡糖和多糖三类（表2-3-1）。

表2-3-1 碳水化合物的分类

分类（糖分子数）	亚组	组成
糖（1～2）	单糖	葡萄糖、半乳糖、果糖
	双糖	蔗糖、乳糖、麦芽糖、海藻糖
	糖醇	山梨醇、甘露糖醇
寡糖（3～9）	麦芽低聚寡糖	麦芽糊精
	其他杂寡糖	棉子糖、水苏糖、低聚果糖
多糖（≥10）	淀粉	直链淀粉、支链淀粉、变性淀粉
	非淀粉多糖	纤维素、半纤维素、果胶、亲水胶质物（hydrocolloids）

资料来源：FAO/WHO. Expert consultation carbohydrates in human nutrition. 1998。
注：括号内是单糖分子数。

（一）糖（单糖、双糖与糖醇）

单糖（monosaccharide）是最简单的糖，通常条件下不能再被直接水解为分子更小的糖。单糖有3～7个碳原子，按碳原子数目的多少依次称为丙、丁、戊、己、庚糖。自然界中存在最多的单糖是戊糖（如核糖）和己糖，己糖包括葡萄糖、半乳糖、果糖，它们都有重要的生理和营养作用。葡萄糖不仅是最常见的糖，也是世界上最丰富的有机物，在血液、脑脊液、淋巴液、水果、蜂蜜以及多种植物液中都以游离形式存在，是构成多种寡糖和多糖的基本单位；果糖是水果里产生的甜度很高的糖，通常与蔗糖并存于水果汁及蜂蜜中；半乳糖与二者的原子数量和种类是一样的，但它的结构不同，在自然界半乳糖不以游离形式出现，而只存在于奶里的乳糖中。

双糖（disaccharide）是由两个相同或不相同的单糖分子上的羟基脱水生成的糖苷，包括蔗糖、乳糖、麦芽糖、海藻糖。蔗糖（sucrose）俗称白糖、砂糖或红糖，是人们最为熟悉的，它由一分子葡萄糖与一分子果糖相连而成，几乎普遍存在于植物界的叶、花、根、茎、种子及果实中，而且味道很甜，食用糖通过精炼甜菜或者甘蔗汁液得到；乳糖（lactose）由一分子葡萄糖与一分子半乳糖相连而成，只存在于各种哺乳动物的乳汁中，其浓度约为5%，人体消化液中的乳糖酶可将乳糖水解为相应的单糖（葡萄糖与半乳糖）；麦芽糖（maltose）由二分子葡萄糖相连而成，大量存在于发芽的谷粒，特别是麦芽中。麦芽糖是淀粉和糖原的结构成分。

糖醇是单糖的重要衍生物，是一类多羟基醇，常见有木糖醇、麦芽糖醇、山梨醇、甘露醇等，口腔细菌代谢它们时要比其他糖类慢，不会引发龋齿。木糖醇存在于多种水果、蔬菜中，其甜度与蔗糖相等，但因其代谢不需要胰岛素调节，常作为低热量甜味剂用于糖尿病患者的专用食品及许多药品中，但大量食用会引起腹泻。

单糖可以直接吸收入血，而双糖需要先在小肠里酶解为单糖后入血，最终在肝脏中转化为葡萄糖被身体利用。人们通常认为吃糕点、喝可乐获得的糖分与吃甜味水果是一样的，这是错误的。水果蔬菜里面的糖分进入人体时，被大量的水分稀释，还被包裹在一些膳食纤维里面，同时还会摄入多种维生素和矿物质；而精制地添加到面点和饮料中的糖分，会以高浓度进入人体，同时含有较少的营养元素。

（二）寡糖

寡糖又称低聚糖，一般由3～9个单糖分子聚合而成。寡糖又分两类，一类是水解产生的所有糖分子都是葡萄糖，被称为麦芽寡糖，由三个葡萄糖分子组成的称为麦芽三糖，四个葡萄糖分子组成的称为麦芽四糖等；另一类水解时产生不止一种单糖，被称为杂寡糖，如豆类中以半乳糖、葡萄糖、果糖组成的棉子糖和比它多一个半乳糖的水苏糖。人体内没有能够水解杂寡糖的酶，因此无法消化、吸收外源性的杂寡糖，但人体自己合成的杂寡糖有重要的生理作用。

目前已知的几种重要的杂寡糖有异麦芽低聚糖、低聚果糖、大豆低聚糖等，其甜度通常只有蔗糖的30%～60%。

低聚果糖（fructo-oligosaccharide）又称寡果糖，是由蔗糖分子的果糖残基上结合1～3 个果糖而组成。低聚果糖主要存在于日常食用的水果、蔬菜中，如洋葱、大蒜、香蕉等。低聚果糖难以被人体消化吸收，被认为是一种水溶性膳食纤维，可在结肠发酵，促使益生菌如双歧杆菌、乳酸菌等增殖，抑制有害菌的生长，属于益生元类（prebiotics）。

大豆低聚糖（soybean oligosaccharide）是存在于大豆中的可溶性糖的总称，主要成分是水苏糖、棉子糖和蔗糖。大豆低聚糖也是肠道双歧杆菌的增殖因子，可作为功能性食品的基料，能部分代替蔗糖应用于清凉饮料、酸奶、乳酸菌饮料、冰淇淋、面包、糕点、糖果和巧克力等食品中。

（三）多糖

多糖是由 10 或者 10 个以上的单糖分子脱水缩合并借糖苷键彼此连接而成的高分子聚合物，一般不溶于水，无甜味，不形成结晶，无还原性。

多糖从化学上分类有同多糖和杂多糖。同多糖只含一种重复出现的单糖单位，如糖原是由葡萄糖一种单糖形成的聚合物。杂多糖含有两种或多种重复出现的单糖单位，如透明质酸是葡萄糖醛酸和N–乙酰基葡萄糖交替出现的聚合物。

1998年FAO/WHO将多糖分为淀粉和非淀粉多糖两类，后者作为膳食纤维的主要成分，详见本篇第七章描述。

此外，多糖从功能上分类有储存多糖和结构多糖。

植物细胞的储存多糖主要是淀粉（starch），它是人类的主要食物，由葡萄糖聚合而成，因聚合方式不同分为直链淀粉和支链淀粉。直链淀粉由葡萄糖单位连接而成的长链组成，无分支，容易形成难消化的抗性淀粉；支链淀粉由高度分支的长短不等的葡萄糖链组成，易使食物糊化，提高消化率。动物细胞的储存多糖主要是糖原（glycogen），其结构与支链淀粉相似，分支比较多，支链比较短，每个支链平均长度相当于12～18个葡萄糖分子，糖原的分子很大，一般由几千至几万个葡萄糖残基组成。另外，葡聚糖（daxtran）是酵母和细菌的储存多糖，也是葡萄糖构成的分支多糖，与淀粉和糖原不同的是有多种糖苷键。例如，果聚糖是果糖单位组成的同多糖，甘露聚糖是甘露糖单位组成的同多糖等。

结构多糖是细胞壁或细胞膜、细胞间隙和结缔组织的结构成分。80%～90%的非淀粉多糖（non starch polysaccharides，NSP）由植物细胞壁成分组成，包括纤维素、半纤维素、果胶等，即膳食纤维。其他是非细胞壁物质如植物胶质、海藻胶类等。人体缺乏能水解纤维素的酶，故纤维素不能被人体消化吸收，但它可刺激和促进胃肠道的蠕动，有利用于其他食物的消化吸收及粪便的排泄。香菇多糖、茶多糖等多种类型的多糖可以调节生理功能的活性。

二、人体糖储备的分类

人体内糖储备主要以血糖、肝糖原、肌糖原为主。其中，正常人在禁食状况下，血糖浓度大约是5mmol/L（100mg/dl），以每天0.1g/100ml血液进行计算，全身共5～6g血糖储备；肝脏与肌肉会将多余的葡萄糖作为糖原储存起来，储存在肝脏中的糖原称为肝糖原，储存在肌肉中的糖原称为肌糖原，但只能达到糖原储备的饱和限度，如肝糖原最大储备量为75～100g，肌糖原储备量约为250g，是糖储备的最大部分，肌肉体积越大，潜在的糖原储备量和潜在的需要量也越大。总而言之，人体内的糖储备总量为300～400g，运动员体内糖储备可能高于普通人，大约为500g。

此外，更多的糖原储备量与更多的液体储备量相关，其比例一般是储存1g糖原连同储存约2.7g的水。在有些运动中，这种与糖原相关的液体储存比例被认为是有利的，如在马拉松比赛中需要更多的身体水分来维持出汗速率，糖原的储水作用就有利于运动员的身体水合效果，预防过度脱水；但在另外一些需要控制体重并强调相对力量的运动中，这种糖原储水作用就需要注意适当避免了。

（一）血糖与肝糖原

血糖是指血液内的葡萄糖。在正常情况下，一定时间内进入和移出血液的葡萄糖处于平衡状态，所以血糖水平是相当恒定的，为3.9～6.1mmol/L（70～110mg/dl）。这一恒定是由身体代谢调节与激素调节共同达成的。

血糖的主要来源是食物中的淀粉经消化吸收后的葡萄糖，禁食情况下，血糖主要来源于肝糖原分解和糖异生作用。

血糖的去路包括：（1）在组织中氧化分解供能，如作为中枢神经系统（大脑）、红细胞的能量来源；（2）合成糖原储存，如储存在肝脏中形成肝糖原，储存在肌肉中形成肌糖原；（3）转变为甘油三酯（脂肪）进行储存；（4）转变为其他糖类物质或氨基酸等；（5）高血糖时可能通过尿液排泄（通常血糖浓度>8.88mmol/L）。

调节血糖浓度的激素可分为两大类：升高血糖水平的激素主要有儿茶酚胺、胰高血糖素、糖皮质激素（主要是皮质醇）等；降低血糖水平的激素只有胰岛素。胰岛素的分泌受血糖调节，当血糖升高时，胰岛素分泌增多，从而增加以上（1）（2）（3）（4）等血糖去路，降低血糖的同时可发挥促糖原合成、促脂肪合成以及促蛋白合成的作用。

葡萄糖进入肝细胞后与磷酸反应生成葡萄糖-6-磷酸，这样细胞内的葡萄糖浓度可维持在低水平，使葡萄糖不断进入肝细胞，储存在肝细胞中的糖类被称为肝糖原，占全身糖储备1/3，在血糖供应不足时紧急调用来补充血糖，维持血糖水平的相对稳定。如当机体血糖浓度过低时，会出现眩晕和虚弱，肝糖原降解补充；反之，当机体饱餐后，消化吸收的葡萄糖大量进入血液循环，血糖趋于升高，胰岛素释放，这时身体将过多的部分在肝脏中转化为肝糖原，或进入肌肉转变为肌糖原，或转变为脂肪进行储存等。

（二）肌糖原

储存在肌细胞中的糖类被称为肌糖原，约占人体糖储备70%，是骨骼肌中随时可动用的贮备能源，用来满足骨骼肌工作的及时需要。由于肌肉中缺乏葡萄糖-6-磷酸酶，故肌糖原不能直接分解成葡萄糖，但可以通过酵解作用生成乳酸，再由血液流入肝脏，通过糖异生作用间接变为葡萄糖，用于供给能量。

人体在休息状态下，基本不利用肌糖原分解来获得能量，只有在运动时，肌糖原才开始动用提供能量。肌糖原的利用速率与运动强度、持续时间、肌纤维类型、运动方式、饮食和环境等有关（详见第三节描述）。

总之，血糖主要作为中枢神经系统以及红细胞等机体组织的能量来源，肝糖原在此过程中补充血糖消耗，以维持血糖水平，而肌糖原负责通过无氧和有氧的代谢方式为中、高等强度运动时的肌肉提供能量来源。当糖原储备均饱和时，额外的葡萄糖将以脂肪形式储存在肌肉细胞和脂肪细胞内。

三、碳水化合物的消化吸收与代谢

了解食物碳水化合物的分类以及人体糖储备组成后，需要进一步了解人体如何将摄入的碳水化合物消化吸收成为自身糖储备，并使之发挥作用。这就涉及碳水化合物消化吸收与代谢的相关过程。

（一）碳水化合物的消化与吸收

碳水化合物的消化吸收因其分类分为两个主要形式：小肠消化和结肠发

酵。碳水化合物的消化从口腔开始，但其消化吸收主要在小肠中完成。单糖直接在小肠消化吸收，双糖经酶水解后再吸收，一部分寡糖和多糖水解成葡萄糖后吸收；在小肠不能消化的部分，到结肠经细菌发酵后再吸收。

婴儿食物以奶为主，奶中的糖类绝大部分是乳糖，小肠壁微绒毛膜上的乳糖酶将乳糖消化成葡萄糖和半乳糖；成人摄入的糖类主要是淀粉、蔗糖和果糖等。当咀嚼米饭或者馒头时，会慢慢有了甜味，这是唾液淀粉酶作用产生了麦芽糖。但食物在口腔停留时间短暂，会被唾液所含的黏蛋白黏合成团后被吞咽入胃，胃液不含任何能水解碳水化合物的酶，故碳水化合物在胃中几乎没有什么消化。碳水化合物的消化主要是在小肠中进行，小肠中来自胰腺的胰淀粉酶（amylopsin）可将淀粉彻底水解为单糖或者小分子多糖，均可被小肠黏膜上皮细胞吸收。极少部分非淀粉多糖在结肠内通过发酵消化，产生氢气、甲烷气、二氧化碳和短链脂肪酸等，所产生的气体经体循环转运经呼气和直肠排出体外，其他产物如短链脂肪酸被肠壁吸收并被机体代谢，同时促进了肠道一些特定菌群的生长繁殖，如双歧杆菌、乳酸杆菌等。

需要注意的是，除乳糖酶以外，其他消化酶不随年龄的增长而减少，因此，老年人对糖类的消化不会衰退。此外，一些成年人由于自身乳糖酶合成不足或由于年龄增长乳糖酶合成减少，无法将奶制品中的乳糖分解成它的组分单糖（葡萄糖和半乳糖），导致乳糖进入肠道时无法被充分消化，这种情况被称为乳糖不耐受。乳糖不耐受会导致腹胀、腹痛、腹泻和脱水等症状，在日常饮食中需要注意选择经去乳糖处理的奶制品，如可选用酸奶或使用其他方式避免或减缓乳糖不耐受症状。

碳水化合物经过消化变成单糖后才能被细胞吸收，其吸收的主要部位是在小肠的空肠。单糖首先进入肠黏膜上皮细胞，再进入小肠壁的毛细血管，并汇合于门静脉而进入肝脏，最后进入体循环，运送到全身各个器官。在吸收过程中，也可能有少量单糖经淋巴系统进入体循环。单糖的吸收过程不单是被动扩散吸收，而是一种耗能的主动吸收。目前普遍认为，在肠黏膜上皮细胞刷状缘上有一特异的运糖载体蛋白，不同的载体蛋白对各种单糖的结合能力不同，有的单糖甚至完全不能与之结合，故各种单糖的相对吸收速率也就各异。人体细胞的基本代谢单位是葡萄糖，其他单糖具有使其本身转化为葡萄糖的生物化学途径。

葡萄糖有主动吸收、被动吸收以及通过细胞间隙直接吸收三种吸收机制，其中依靠运糖载体蛋白（如SGLT转运蛋白族和GLUT转运蛋白族）进行主动吸收是其主要吸收途径。在葡萄糖转运蛋白族中，GLUT4是胰岛素敏感组织、棕色和白色脂肪组织、骨骼肌和心肌的主要葡萄糖转运蛋白。它主要存在于这些组织的细胞内小泡中，胰岛素刺激后，这些小泡移向细胞膜，并与之融合，释放出葡萄糖转运蛋白，大量葡萄糖转运蛋白促进了葡萄糖从周围细胞外液进入细胞内。因此，GLUT4是调节体内葡萄糖稳态的重要组成，其在糖尿病中的作用已有很多研究。

体内各种系统都能够将摄入的食物分解、代谢，并持续稳定地为细胞制造可以直接利用的葡萄糖。葡萄糖降解是运动时骨骼肌细胞获得能量的主要方式，运动时参与分解代谢供能的糖类有葡萄糖和肌糖原。

（二）葡萄糖代谢

作为人体细胞碳水化合物的基本代谢单位，葡萄糖参与各种合成代谢与分解代谢。肝脏与肌肉将葡萄糖分别以肝糖原和肌糖原的形式储存起来，此过程称为糖原的合成作用；肝糖原可以分解为葡萄糖，此过程称为糖原的分解作用。糖原的合成作用与肝糖原的分解作用对维持血糖的相对恒定具有重要作用。除了糖原的合成与分解，葡萄糖本身的合成与分解代谢也值得重视，这与运动过程中的能量代谢关系密切。吸收的葡萄糖中，60%以上在肝内代谢，其余进入体循环。具体葡萄糖代谢途径如图2-3-1所示。

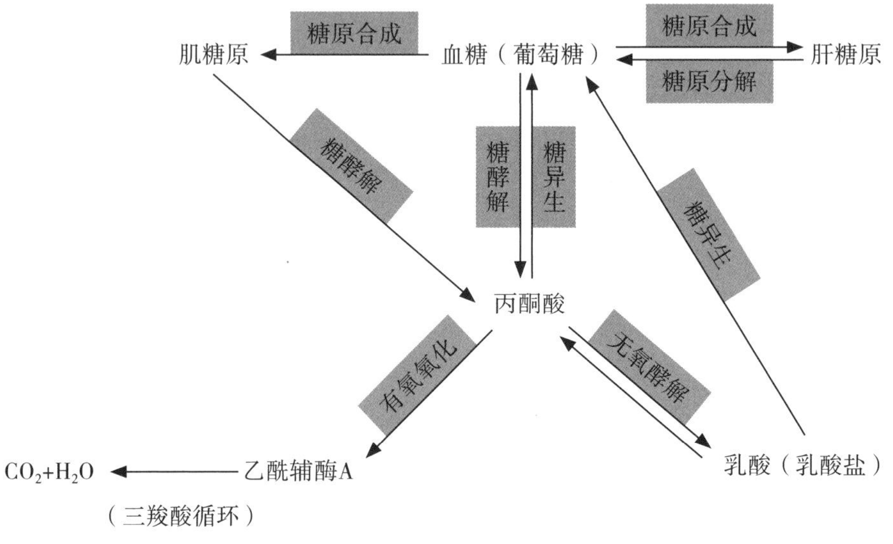

图2-3-1　糖代谢简图

改编自：杨则宜. 运动营养师培训教程，2007。

1. 葡萄糖的合成代谢——糖异生作用

葡萄糖的生物合成包括已糖互变与糖异生作用（gluconeogenesis）两种方式。

已糖互变是指半乳糖和果糖等六碳糖可通过磷酸化、异构化和其他反应在肝脏中转化为葡萄糖。

糖异生作用（gluconeogenesis）是指由非碳水化合物转变为葡萄糖或糖原的过程，非碳水化合物主要是乳酸、丙酮酸、甘油、丙酸盐及生糖氨基酸。这些非糖物质可逆行糖氧化途径并绕过某些不可逆反应而合成葡萄糖，由于肌肉中缺乏葡萄糖磷酸酶，只能将其运送到肝脏后才能完成糖原的异生过程，因此糖异生的主要场所是肝脏。

● 糖异生的三个主要系统

（1）甘油三酯是人体脂肪的主要储存形式，通过3个脂肪酸连接到甘油分子上形成。甘油三酯分解会形成游离甘油（三碳物质），2分子甘油可以在肝中产生1个葡萄糖分子（六碳物质）。甘油最终可以像碳水化合物一样被代谢。

（2）肌肉蛋白分解形成的游离氨基酸中，生糖氨基酸可以通过肝脏转化为葡萄糖，尤其是丙氨酸的生糖作用。

（3）肌肉无氧糖酵解产生的乳酸，不仅可以转化成丙酮酸生糖，2个乳酸分子在肝脏中结合也可以生成葡萄糖。将乳酸转化为葡萄糖的过程称为Cori循环，即乳酸循环：肌肉排出乳酸，乳酸在肝脏生成葡萄糖重新返回肌肉的过程。因此，乳酸或乳酸盐同样有助于维持细胞功能，并且可用作能量。

● 糖异生的重要生理意义

（1）保持饥饿时血糖相对稳定。饥饿时，血糖趋于下降，此时除了肝糖原大量分解外，糖异生作用开始加强。当肝糖原耗尽时，机体组织蛋白质分解而来的大量氨基酸以及由体脂分解而来的甘油等非糖物质加速转变成葡萄糖使血糖保持相对稳定，这对于主要依赖葡萄糖供能的组织（如人体大脑、肾髓质、血细胞、视网膜等）维持其生理功能十分重要。

（2）运动时糖异生的作用。如果运动人群或运动员在体育运动期间任由血糖水平下降，那么将很快出现由于糖异生而导致的肌肉分解情况。

此外，当人体剧烈运动时，肌肉经糖酵解作用生成大量乳酸，通过骨骼肌细胞扩散至血液，并被运送到肝脏。通过肝脏强大的糖异生能力，乳酸转变为葡萄糖，又返回肌肉供肌肉糖酵解产生能量。如果糖异生途径障碍，则乳酸利用受限，会使人体运动能力明显下降。

（3）有利于肾脏排H^+保Na^+。在长期禁食或糖尿病晚期可出现代谢性酸中毒，使血液 pH 降低，促使肾小管细胞中磷酸烯醇式丙酮酸羧激酶的合成加速，从而促进了糖异生作用，由此可引起谷氨酰胺脱氨。脱下的氨由肾小管细胞分泌进入管腔的肾小球滤液中，与H^+结合形成NH_4^+，随尿排出，从而降低了肾小球滤液中H^+浓度，同时替回了Na^+，如此则有助于缓解酸中毒。

2. 葡萄糖与肌糖原的分解代谢

葡萄糖与肌糖原的分解代谢途径主要有三条：

第一，在无氧的条件下，葡萄糖或肌糖原经糖酵解过程生成乳酸，这一过程与酵母菌内葡萄糖“发酵”生成乙酸的过程相似，因而也称为“糖酵解”。

第二，在有氧条件下，葡萄糖或肌糖原经三羧酸循环，最终被彻底氧化成二氧化碳及水，这个过程称为糖的有氧氧化。

第三，葡萄糖经磷酸戊糖途径（pentose phosphate pathway）代谢生成NADPH（即还原型辅酶Ⅱ，它是合成脂肪酸、胆固醇等所需的能量供给者）和CO_2。这一途径在细胞质中进行，其过程可分为2个阶段：第一阶段是氧化反应，葡萄糖-6-磷酸生成磷酸戊糖、NADPH及CO_2；第二阶段是非氧化反应，包括一系列基团转移，重新生成六碳糖。此途径代谢的主要意义是产生磷酸核糖和NADPH，而不是生成ATP，因此该途径不用于机体活动，而用于生物合成。

以下着重介绍葡萄糖与肌糖原的糖酵解途径与有氧氧化途径，图示可参考本篇第一章的图2-1-5。

（1）糖酵解。由于葡萄糖降解到丙酮酸阶段的反应过程对于有氧氧化和糖酵解是共同的，因此把葡萄糖降解成丙酮酸阶段的具体反应过程单独地称为糖酵解途径。整个过程可分为两个阶段，第一阶段由1分子葡萄糖转变为2分子磷酸丙糖，第二阶段由磷酸丙糖生成丙酮酸（参见图2-1-5）。第一阶段反应是一个耗能过程，消耗2分子ATP；第二阶段反应是产能过程，1分子葡萄糖可生成4分子的ATP，整个过程净生成2分子ATP。由于肌糖原在参与糖酵解过程的第一阶段时，可直接通过磷酸化酶生成葡萄糖-1-磷酸，并转化成葡萄糖-6-磷酸，因此相对于葡萄糖酵解节省了1分子ATP，即肌糖原酵解可净生成3分子ATP。

糖酵解可以在有氧（有氧糖酵解）或无氧（无氧糖酵解）条件下发生，

使糖原成为高度灵活的能量物质。当在有氧情况下，由于还存在氧化磷酸化产生ATP的过程（即有2个NADH电子传递链，每个电子传递链生成3个ATP分子），故有氧糖酵解能够产生比无氧糖酵解更多的ATP，是无氧糖酵解的4倍。

人体不在运动状态时，糖酵解过程不是主要供能途径。但是当人体以最大强度开始运动时，如运动人群或健身者全力跑400米或进行100米游泳时，人体就处于缺氧状态，虽然运动时呼吸和循环速率都增加，但仍不能满足机体对氧的需求，因此，肌肉工作就必须在无氧情况下进行，靠无氧糖酵解来提供能量。在以最大强度运动开始6～8秒时，CP成为主要的供能物质，同时糖无氧酵解过程被激活，肌糖原迅速分解生成乳酸，参与运动时能量供应，成为维持极量运动的重要能量系统。在最大强度运动持续30～60秒时，糖无氧酵解达到最大速率。随着时间的延长，糖酵解速率逐渐下降，最多维持2～3分钟。糖酵解速率在运动中下降的原因不是肌糖原耗竭，而是细胞内乳酸与H^+等酸性代谢产物大量生成和堆积，造成内环境酸化并抑制糖酵解酶活性所致（现有的国内运动科学教材资料均显示，乳酸是糖无氧酵解的产物。但近年来，针对乳酸的研究结论有所差别，目前看来，有关人体运动过程中是否产生乳酸，以及乳酸对人体pH和疲劳的影响仍然存在一些争议）。所以，在进行10秒以上最大强度运动时，肌肉所需要的能量主要是通过糖无氧酵解方式来获取。

糖酵解产生的可利用能量虽然有限，但在某些特殊情况下具有重要的生理意义。除了磷酸原（ATP-CP）供能系统，糖酵解合成ATP是机体在短时间剧烈运动时另一个重要的供能途径，肌糖原是激烈运动时糖酵解供能的基本燃料。肌糖原贮存在细胞内，不能转移到邻近细胞或经血液转运到其他组织，因此，参与收缩的骨骼肌细胞只能依靠自身贮存的肌糖原进行酵解。

（2）糖的有氧氧化。在氧供应充足的情况下运动时，肌糖原和葡萄糖经三羧酸循环被彻底氧化成二氧化碳和水，并释放能量合成ATP，这一代谢过程称为糖的有氧氧化或糖有氧代谢。糖的有氧代谢主要在细胞的线粒体内进行，可归纳为三个阶段：第一阶段是葡萄糖降解为丙酮酸，此阶段的化学反应与糖酵解途径完全相同；第二阶段是丙酮酸转变成乙酰辅酶A（乙酰CoA）；第三阶段是乙酰辅酶A进入三羧酸循环（tricarboxylic acid cycle，TCA cycle）被彻底氧化成CO_2和H_2O，并释放出能量。

三羧酸循环又称Krebs循环或柠檬酸循环，它是由一连串的反应组成，这些反应从有4个碳原子的草酰乙酸与2个碳原子的乙酰CoA的乙酰基缩合成6个碳原子的柠檬酸开始，反复脱氢氧化。通过三羧酸循环，葡萄糖被完全分解（图2-3-2）。

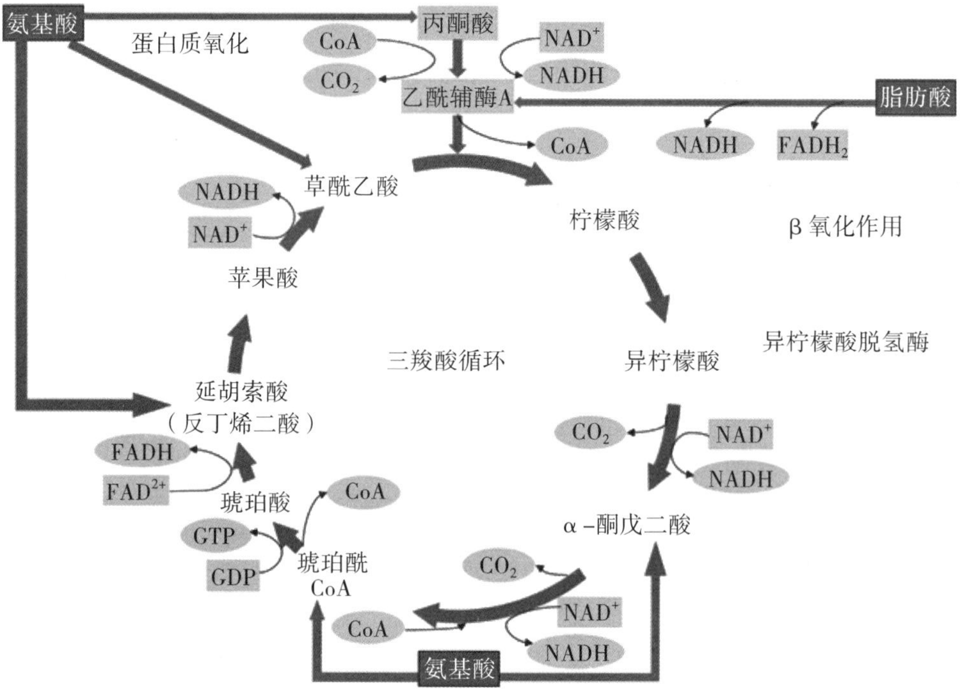

图2-3-2 三羧酸循环（又称Krebs循环或柠檬酸循环）

资料来源：National Strength and Conditioning Association. Essentials of Strength Training and Conditioning，Fourth Edition. 2016。

肌力与体能训练（第四版）. 林贵福，译. 2017。

糖有氧代谢是机体获取能量的主要方式，是长时间、大或中等强度运动时的重要能量代谢。1 分子葡萄糖彻底氧化可净生成36～38分子ATP，1分子肌糖原彻底氧化可净生成37～39分子的ATP，是无氧糖酵解生成量的18～19倍。有氧氧化不但释放能量的效率高，而且逐步释放的能量储存于ATP 分子中，能量的利用率也很高，因此，从能量产生和利用的效率来看，糖有氧代谢无疑是长时间、较大强度运动的重要能量来源。如在健身时进行的跳操等有氧运动，糖有氧代谢供能参与了大部分的供能。

糖氧化过程中生成的 CO_2 并非都是代谢废物，有相当一部分被固定于体内某些物质上，进行许多重要物质的合成代谢。例如，丙酮酸分子可以固定CO_2生成草酰乙酸。其他一些重要物质，如嘌呤、嘧啶、脂肪酸、尿素等化合物的合成，均需以CO_2作为必不可少的原料之一。

有氧氧化过程中的多种中间产物可以使糖、脂类、蛋白质及其他许多物质发生广泛的代谢联系和互变（图2-3-3）。例如，有氧氧化第一阶段生成的磷酸丙糖可转变成α-磷酸甘油；第二阶段生成的乙酰CoA可以合成脂肪酸，这两者可进一步合成脂肪。有氧氧化反应过程中生成的丙酮酸、脂酰 CoA、α-酮戊二酸、草酰乙酸，通过氨基酸的转氨基作用或联合脱氨基的逆行，可分别生成丙氨酸、谷氨酸及天门冬氨酸，这些氨基酸又可转变成为其他多种非必需氨基酸，合成各种蛋白质。

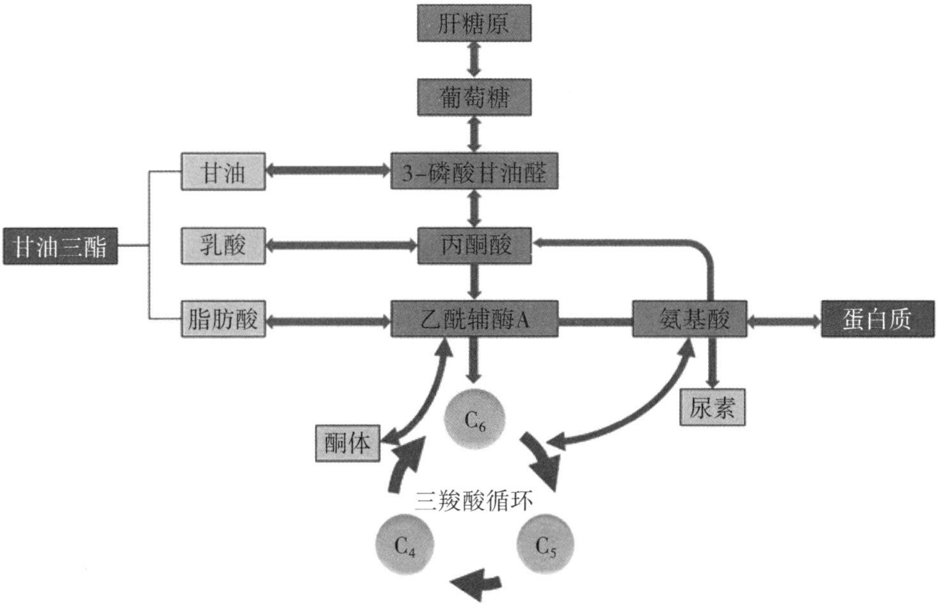

图2-3-3 糖类、脂类与蛋白质类之间的代谢联系

资料来源：National Strength and Conditioning Association. Essentials of Strength Training and Conditioning，Fourth Edition. 2016。

肌力与体能训练（第四版）. 林贵福，译. 2017。

四、碳水化合物与食物的GI值和GL值

在了解食物碳水化合物的消化吸收过程后，引入食物的血糖生成指数（glycemic index，GI）与血糖负荷（glycemic load，GL）进行实践指导。GI值可以表明所摄入的碳水化合物转化为血糖的速度，描述的是食物中碳水化合物的特性，但未考虑含糖量，因此引入GL值，二者联合使用可精准指导特定人群及运动人群碳水化合物的食物来源与摄入量。

（一）食物的血糖生成指数

血糖生成指数又称升糖指数或生糖指数，其中“糖”即指血糖（葡萄

糖）。GI值是衡量食物中碳水化合物引起餐后血糖反应程度的生理参数，是由加拿大医生詹金斯（Jenkins）于1981年率先提出的。它是通过人体试验而得到的结果，表示某一对象在空腹状态下，进食含50g有价值碳水化合物的试验食物2小时后，血糖反应曲线下增加面积占同一对象进食50g葡萄糖或等量糖类标准食物后血糖反应曲线下增加面积的百分数。用公式表示如下：

$$GI=\frac{\text{含有50g碳水化合物的食物的餐后血糖应答}}{\text{服等量葡萄糖餐后血糖应答}}\times 100$$

GI值是食物经过消化吸收引起血液葡萄糖变化的真实反映，GI值越高，则这种食物升高血糖的效应越强。2019年6月，中国国家卫生健康委员会发布的WS/T 652—2019中规定，GI>70的食物被认为是高GI食物；GI值在56～70的食物被认为是中等GI食物，而GI≤55的食物被认为是低GI食物（表2-3-2）。

表2-3-2　食物GI值举例

分类	食物	血糖指数	食物	血糖指数
高血糖指数（GI>70）	葡萄糖	100	土豆泥	73
	烤土豆	85	玉米片	79
	胶质软糖	80	馒头	88
	蜂蜜	73	西瓜	72
中等血糖指数（GI 56～70）	全麦面包	69	什锦食品	68
	软饮料	68	燕麦制品	66
	葛粉饼干	66	蔗糖	65
	冰淇淋	61	菠萝	66
	橘汁	57	葡萄（淡黄，小，无核）	56
低血糖指数（GI≤55）	熟香蕉	52	水与牛奶煮成的麦片	49
	混合谷类面包	45	牛奶	27.6
	巧克力	49	橘子	43
	烤豆	40	苹果	36
	加味酸奶	33	香蕉（生）	30

资料来源：卫生部1998基金课题（98-1-063）。

高GI食物进入胃肠后消化快，吸收率高，迅速吸收进入血液，血糖峰值高，但下降速度也快；低GI食物在胃肠中停留时间长，吸收率低，吸收进入血液后峰值低，下降速度较慢，引起餐后血糖反应较小。一般来说，豆类、乳类是低或较低GI的食物；蔬菜，特别是叶和茎类蔬菜是低GI食物，因为碳水化合物的含量不超过6%，而且富含膳食纤维，所以对血糖影响小。而谷类、薯类、水果常因品种和加工方式不同而引起血糖指数的变化。

值得注意的是，GI值是一个测试值，它会受测试方法、测试人群等多因素影响，因此，同一种食物的GI值可能会由于通过不同研究机构测得而有所差异。

除去研究方法与测试人员因素，单考虑食物因素也可以适当预估相应食物的GI值分类。不同的食物形态、保存条件或处理方法，都可能影响食物的GI值。碳水化合物的性质（如葡萄糖、半乳糖、果糖、支链淀粉和直链淀粉含量及比例）、食物的形式、成熟度、加工及烹调过程、脂肪与蛋白质的含量、膳食纤维类型与含量、抗营养素（如植物凝血素、植酸、皂角苷和酶抑制剂等）的含量等，都是影响食物GI值的因素。表2-3-3罗列了一些影响GI值的因素，掌握这些影响因素，可以帮助人们在日常生活中将食物进行GI值的大致分类。

如表2-3-2所示，虽然蔗糖比玉米片甜，但是蔗糖的GI值为65，而玉米片的GI值为79。这是由于玉米片谷物中谷粒主要由麦芽糖组成，麦芽糖是由2分子葡萄糖形成的；而蔗糖是由1分子葡萄糖和1分子果糖形成的，果糖必须通过肝脏转化为葡萄糖，这种额外转化步骤降低了蔗糖转化为血糖的速率。

表2-3-3 食物因素影响GI值

影响因素	作用机制
淀粉的糊化程度	糊化程度越低，消化率越低，GI值越低
食物的物理形式	谷类和豆类的纤维包衣和完整的细胞壁会作为物理屏障，降低消化酶进入淀粉内部的机会，使GI值降低
食物颗粒的大小	颗粒越细小，越容易消化吸收，GI值越高
支链淀粉与直链淀粉的比例	直链淀粉含量越高，消化率越低，GI值越低
膳食纤维含量	膳食纤维含量越高，GI值越低
脂肪和蛋白质	脂肪和蛋白质比例越高，GI值越低

资料来源：运动膳食与营养编写组. 运动膳食与营养.北京体育大学出版社，2016。

考虑到葡萄糖进入血液的速度会影响胰岛素的生成量，因此，人们普遍希望食用中等GI或低GI的食物，如糖尿病人和高血糖者应该尽可能选择低GI的食物。但有时，如运动期间或运动后，高GI食物对运动人群而言可能会更有益。

（二）食物的血糖负荷

GI值代表的是某种食物中碳水化合物是否容易升高血糖的特性，但并没有考虑含糖量。GI值高的食物，如果碳水化合物含量很少，尽管其容易转化成血糖，但对血糖总体水平的影响并不大。因此，1997年哈佛大学萨默隆（J. Salmerón）等在GI值的基础上提出了“血糖生成负荷”的新概念，即血糖负荷，用来评价某种食物摄入量对人体血糖影响的幅度。

血糖负荷是指特定食物所含可利用碳水化合物的质量（g）与其血糖生成指数值（GI）的乘积，再除以100，即：

$$GL = GI \times 碳水化合物含量（g）/100$$

血糖负荷的提出综合体现了食物中碳水化合物的种类与数量对血糖的影响。WS/T 652—2019中规定，GL<10为低GL食物，表示对血糖的影响很小；10～20为中GL食物，表示对血糖影响不大；GL>20为高GL食物，表示对血糖影响很大。因此，食用不同量的食物对血糖的影响是明显不同的。通常情况下，糖尿病人和高血糖者应保持低GL饮食（GL<10），这意味着他们也可以吃高GI食物，但需要注意量的选择。

由此可知，GI值是测试得来的，它描述的是食物中碳水化合物是否容易生成血糖的特性；GL值是通过计算得到的，它可以评价食物对血糖波动的影响。因此，联合GI值与GL值使用，可以指导不同情况下糖类的食物选择与摄入量。

（三）GI与GL的应用

1. 适当控制体重

研究表明，低GI食物或低GL饮食可以较长时间地维持饱腹感，减少饥饿感，使血糖持续而缓慢地释放，稳定胰岛素，并改善肠道运动，促进粪便和肠道毒素排出，对控制肥胖、降低血脂、减少便秘都有令人满意的作用。

2. 糖尿病患者食物选择

对于糖尿病患者，根据食物的GI值与GL值来选择食物，有助于糖代谢的改善，稳定血糖水平，更有利于疾病的治疗，是一种简便、有效、安全的辅助治疗手段。食物GI值因食物种类不同而有所差异。如蔬菜、豆类、肉类、奶类的 GI 值较低，而精制糖类、粮谷类、少数水果 GI 值较高。食物 GL 值则能够确定不引起血糖剧烈波动可摄入的具体碳水化合物食物重量，进一步指导糖尿病患者的日常膳食。

有糖尿病危险的人，在症状出现前也最好采用如下饮食习惯：

（1）有充足营养素（缺乏微量元素，特别是铬，会导致糖尿病发作）。

（2）提供合乎需求量的膳食纤维（纤维有助于调节血糖浓度）。

（3）富含复合糖（有助于调节血糖）。

（4）含饱和脂肪少（饱和脂肪被认为会加剧胰岛素反应和心血管疾病）。

（5）不含过高的蛋白质（保护肾脏）。

此外，有规律的体育活动不仅有利于保持适当的体重，还能使机体组织对胰岛素的反应加强。

3. 控制慢性病发病率

目前，心脑血管病等慢性病发病率逐年增高。通过长期合理地选择食物，控制 GI 值、GL值和血液胆固醇、低密度脂蛋白水平，可以减少心脑血管病等慢性病的发生。

4. 指导健身运动人群饮食

根据运动营养时间学知识以及GI与GL值，可为运动人群在不同时段选择不同种类、不同数量的碳水化合物进行指导，详见本章第五节。

第二节 碳水化合物的功能

糖类是人体内主要的能源物质，是机体生存的主要燃料，对于某些重要的生命器官如脑组织则是更主要的能源物质。糖类的生理功能与其摄入食物的碳水化合物种类和在机体内的形式有关。

一、储存和提供能量

每克葡萄糖在体内完全氧化可提供4 kcal的能量。在维持人体健康所需的能量中，50%～65%需来自碳水化合物。碳水化合物在体内释放能量较快，供能也快，是肌肉活动、神经系统和心肌的主要能源。

不同组织对糖的依存性有所不同，大脑存在血脑屏障，且缺乏贮存的能源物质，糖的贮量仅有2g左右，所以大脑主要依靠血糖在脑中氧化获得能量，以维持其正常生理功能。因而，当血糖浓度降低时，首先影响中枢神经系统的机能，产生疲劳或头晕等现象，导致运动能力的降低。

二、构成机体组织及重要生命物质

细胞含糖类为2%～10%，主要以糖脂及糖蛋白的形式，分布于细胞膜、细胞器膜、细胞质及细胞间基质中。核糖是构成核苷酸和核酸的必要成分，构成人体重要生命物质DNA及RNA。

脑和神经组织含大量糖脂，主要分布在髓鞘上；蛋白聚糖存在于所有组织的细胞外空间，结缔组织如软骨、皮肤、血管壁、巩膜、角膜、椎间盘和肌腱中特别多；消化道、呼吸道分泌的黏液中含有糖蛋白，激素中的甲状腺素、促甲状腺素、促卵泡成熟激素、黄体生成激素、绒毛膜促性腺激素、促红细胞生成素等都是糖蛋白。

三、节约蛋白质

正常生理条件下，蛋白质主要起着维持和修复组织以及满足机体生长的需要，参与供能的比例很少。当糖类供应不足时，机体为满足自身对葡萄糖的需要，会通过糖异生作用将蛋白质转化为葡萄糖供给能量。因此，如需最大限度地把氨基酸用于蛋白质合成，足够的糖类供应是必需的。另外，糖类充足时，可产生足够的ATP，有利于氨基酸的主动转运。因此，对于运动人群而言，摄入合适的糖、保持充足的糖储备，有助于组织蛋白质数量的保持和机能的发挥。

酶和消化液中的糖蛋白一般不被蛋白酶消化，这是由于分子中的糖链在保护它们。一旦糖链破坏，如颌下腺分泌的糖蛋白去掉糖链末端的唾液酸后，即被蛋白酶消化。

四、抗生酮作用（anti-ketogenesis）

酮体是脂肪酸在肝内不完全氧化的产物，包含乙酰乙酸（占30%）、β-羟丁酸（占70%）和丙酮（微量）三种，其产生机制如下：脂肪酸分解代谢的中间产物乙酰辅酶A必须与草酰乙酸结合，才能进入三羧酸循环而彻底氧化（参见图2-3-2），而生成草酰乙酸的原始底物是糖类，如糖类供应不足，草酰乙酸产生相应减少，脂肪酸分解所产生的乙酰基无法与草酰乙酸结合而进入三羧酸循环彻底氧化，乙酰基堆积并经过催化反应导致酮体生成增多。肝脏具有较强的合成酮体的酶系，但却缺乏利用酮体的酶系，因此酮体在肝内产生，在肝外组织，如心肌、骨骼肌、肾脏和神经系统等进行氧化利用。

酮体的生成和利用是正常的生理现象，酮体不断在肝脏生成，又不断被肝外组织氧化，正常情况下，人体血液酮体含量很低，维持在0.2～5mg/dl，通常小于1mg/dl。但在饥饿、病理状态或长时间运动时，糖储备下降或糖利用受阻，脂肪被大量动员，肝内生成酮体超过肝外组织氧化利用的限度，血中酮体堆积，而导致机体内环境酸性增加，引起疲劳并影响运动能力，严重时产生酮血症和酮尿症，统称酮中毒或代谢性酸中毒。

糖类和脂肪是体内最重要的能源物质，脂肪储量比糖多很多，在缺乏糖类的情况下，脂肪氧化供能将受到限制。因此，糖类可以协助脂肪的充分氧化，防止体内酮体生成过多，这一作用称为糖类的抗生酮作用。所以，在长时间健身过程中提倡合理补充含糖的运动饮料。

五、解毒

肝脏中的葡萄糖醛酸是体内一种重要的结合解毒剂，在肝脏中能与许多有害物质如细菌毒素、酒精、砷等结合，以消除或减轻此类物质的毒性或生物活性，从而起到解毒作用。不能消化的糖类，在肠道菌的作用下发酵产生的短链脂肪酸有广泛的解毒和保健作用。

第三节　碳水化合物与运动的关系

三大供能营养素中，蛋白质作为功能物质，而糖类与脂肪作为主要的供能物质。在运动供能过程中，糖类与脂肪相比具有其独特之处。

第一，糖类能以无氧酵解或有氧氧化的方式合成ATP，而脂肪只能在有氧情况下分解供能；第二，运动时以糖类作为能量代谢底物时，无论以无氧代谢还是以有氧代谢方式，其合成ATP的速率均显著高于脂肪；第三，糖类对氧气的利用率高于脂肪，如消耗1L氧气可以通过糖类产生约5kcal的能量，但只能通过脂肪产生4.7kcal的能量，此外，有氧糖酵解可以比脂肪氧化更快、更及时地满足肌肉能量需要；第四，长时间运动时，蛋白质氧化产生的氨、脂肪不完全氧化产生的酮体会对身体产生副作用，而糖的有氧氧化终产物为二氧化碳和水，对内环境影响较小，即使是无氧糖酵解产生的乳酸，也可以通过体内的乳酸循环（cori cycle）进行利用；第五，人体内糖储备比脂肪要少得多，因此，运动中糖类的耗竭程度是引起运动性疲劳的重要因素之一。

由此可见，糖类是人体运动时的重要能源物质。运动中可利用的糖贮备有肌糖原、血糖和肝糖原。在运动时，骨骼肌内糖类被动用时的流向是：首先肌糖原分解，随着肌糖原含量下降，肌肉从血液摄取葡萄糖增加，血糖浓度的细微波动调节肝糖原分解成葡萄糖释放入血液维持血糖相对稳定。由于肌肉中缺乏葡萄糖-6-磷酸酯酶（图2-3-4），所以一般情况下，肌肉内的糖原或肌肉摄取的血液葡萄糖只能氧化代谢，而不能以葡萄糖的形式释放进入血液维持血糖稳定，即维持血糖稳定的是肝糖原，而不是肌糖原。即使肌糖原储备充足，肝糖原储备量低也会影响运动表现。

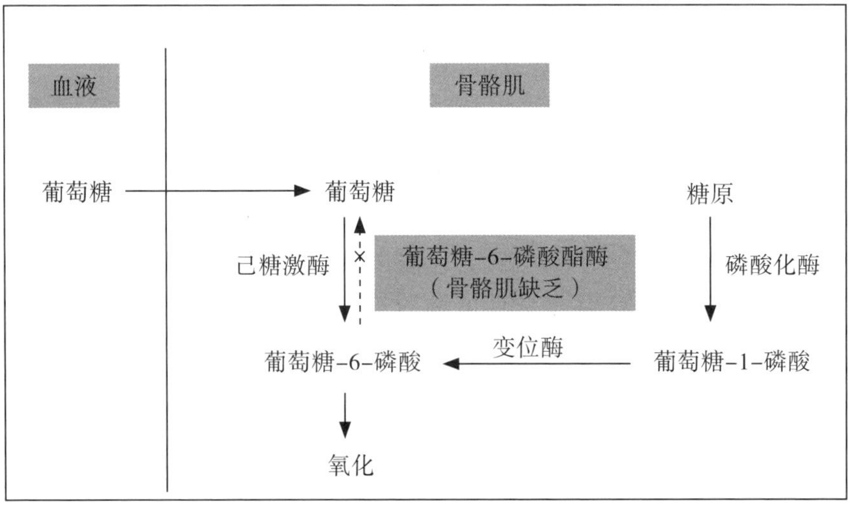

图2-3-4　骨骼肌内糖分解示意图

资料来源：张爱芳. 实用运动生物化学. 北京体育大学出版社，2005。

简而言之，那些放任血糖水平低于正常水平的运动人群，即使他们的肌肉充满能量（肌糖原充足），他们的运动表现也依旧会下降，因为他们的中枢神经系统功能受低血糖影响，造成中枢疲劳，而中枢疲劳进一步会导致肌肉疲劳。同时，低血糖现象会伴随烦躁不安、注意力下降等症状，同样会影响运动表现，甚至造成运动损伤。

因此，对于运动人群而言，要想建立一个与运动训练动态关联的糖类补充计划，合理优化运动期间的糖原储备并了解运动与糖代谢的关系十分必要。

一、运动时糖代谢

运动强度越高，运动人群就越依赖糖类作为能量底物；即使是主要由脂肪供能的低强度运动（主要是有氧运动），机体仍然需要一定的糖类代谢水平来帮助实现脂肪的完全燃烧（参见本章第二节）并维持血糖水平。因此，在传统模式下，所有身体活动模式都在一定程度上依赖糖类。

此外，人们存在一种误解，认为只有低强度运动才是最有效的减脂手段，认为低强度运动时脂肪供能比例较高（参见第四章第三节），因此，低强度有氧运动是减脂最有效的方式。这种认识对于中老年人、特殊慢病人群以及心肺耐力较差人群而言是合理的，但需要注意的是，不应将脂肪供能比例与脂肪供能总量相混淆。如图2-3-5所示，相同时间内，当在25%最大摄氧量（$\dot{V}O_2max$，

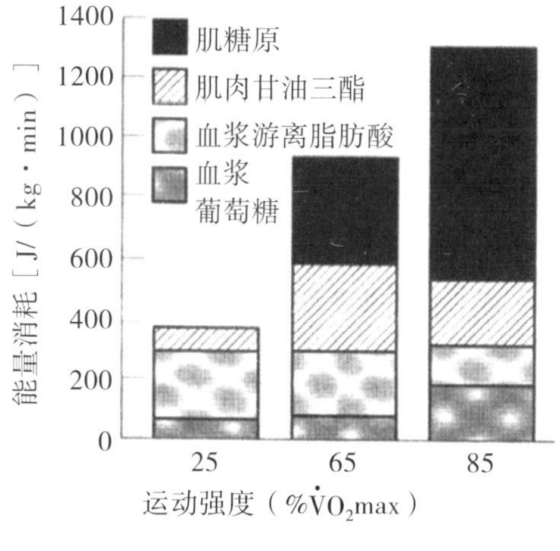

图2-3-5　不同运动强度下人体对能量物质的需求

资料来源：Romijn JA，Coyle EF，Sideossis LS，et al. Regulation of endogenous fat and carbohydrate in relation to exercise intensity and duration. Am J Physio，1993，265（3）：E380-391.经美国生理学会授权使用。

表示最大有氧强度）强度下，即低强度运动期间，脂肪是主要的供能物质，供能比例可达到80%以上，但是其脂肪“燃烧”总量却明显低于较高强度运动中的脂肪燃烧量；在较高的运动强度下（65%和85%$\dot{V}O_2max$），虽然脂肪的供能比例较低，但其供能的总量却大于25%$\dot{V}O_2max$强度下脂肪燃烧的总量。因此，对于希望利用低强度运动进行减脂的人群，还需要延长运动时间，以保证总体脂肪燃烧总量。从图2-3-5中还可看出，在较高运动强度下，人体依赖肌糖原供应的比例升高。

（一）运动时肌糖原利用

肌糖原储存必须以水合状态存在，每克肌糖原储存时要结合约3克水，脂肪储存不需要结合水，所以糖的储存效率比脂肪低，但是在长时间大强度运动时，肌糖原可接近排空，这时肌糖原利用过程释放的结合水最高可达1000～1600ml，这对维持运动中水平衡，防止脱水引起的疲劳具有积极意义。

各种体育项目运动时，直接参与运动的肌群不同，运动时肌糖原利用速率也不相同，如2小时的长跑，腓肠肌和比目鱼肌的糖原消耗比股外侧肌多。另外，由于糖原在细胞内分隔存在，肌糖原分子不能透过细胞膜转移到邻近的组织或细胞，而骨骼肌缺乏葡萄糖-6-磷酸酯酶，肌糖原通常不能分解产生葡萄糖释放进入血液，因此，当运动肌内糖原耗尽时，非运动肌虽仍储存一定量的糖原，但不能被运动肌利用。这说明，不同的运动方式可以引起特定肌群内糖原动用，相伴出现局部肌糖原消耗和肌肉疲劳。

影响运动时肌糖原利用的因素包括运动强度、运动持续时间、肌纤维类型、训练水平、饮食、气温、氧分压（氧浓度）等。

1. 运动强度

低强度运动期间，能量需求速率低，脂肪酸是主要能量来源，肌糖原供能作用相对较小；当运动强度增大时，脂肪酸氧化供能的输出功率不能满足体内能量消耗，糖有氧氧化或糖酵解或二者混合供能方式占主要地位，肌糖原消耗速率加快，即运动强度越大，肌糖原供能比例越高，肌糖原动员速率越快。

2. 运动持续时间

在进行中等恒定强度（60%～85%$\dot{V}O_2max$）的长时间运动时，肌糖原利用速率随运动时间的持续而下降。最初阶段，由于肾上腺素分泌增多和肌肉局部缺氧，肌糖原酵解迅速，因此肌糖原的利用速度最快，可以认为任何运动开始、加速时，都需要由糖代谢提供能量；随着运动时间的持续，呼吸、循环系统对运动负荷适应，有氧代谢酶活性提高，脂肪氧化增加，肌糖原利用率减慢；最后阶段，随着糖贮存量减少，利用率最低。

3. 运动强度和持续时间的综合影响

不同强度运动至力竭时，持续的时间不一样，肌糖原的消耗也不同。如图2-3-6所示，随着运动强度增大，肌糖原动用速率相应增大。当以20%～30% $\dot{V}O_2max$强度步行时，肌糖原很少被分解；当在接近100%$\dot{V}O_2max$强度或以极量120%$\dot{V}O_2max$强度运动时，肌糖原分解速率很快，但消耗量相对较少；以75% $\dot{V}O_2max$强度进行力竭运动时（约持续90分钟），肌糖原消耗最大，即速度耐力相结合的训练方式可最大限度消耗体内糖储备。根据运动时体内糖被利用时的流向可知（参见图2-3-4），机体不存在肌糖原全部排空后才摄取肌外血糖的机制，而是随肌糖原消耗肌肉逐渐从血液摄取葡萄糖增多，肝糖原分解释放葡萄糖入血液维持血糖稳定，因此，肌糖原耗竭时预示着全身糖缺乏。

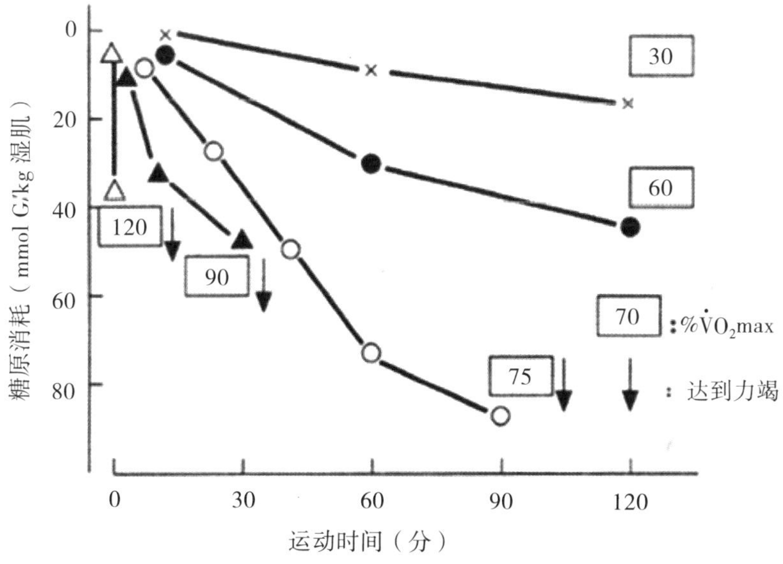

图2-3-6 不同强度运动至力竭时腿肌糖原的消耗

（引自：冯美云，1999）

值得注意的是，1～2小时长时间运动时，运动多在70%～90%$\dot{V}O_2max$强度范围内，这意味着运动前肌糖原储量将是决定运动耐力表现的关键要素之一。如在运动前30分钟或运动间歇适量摄入糖类（如运动饮料等，摄入方法详见第五节），可促进运动肌吸收和利用血糖，降低内源性糖贮备的消耗，缓解疲劳的产生，让健身效果更好。

4. 肌纤维类型

运动时，各类肌纤维内糖原利用比例与运动强度以及肌纤维募集程度有关。短时间大强度无氧运动时，优先募集快缩肌纤维（Ⅱb型肌纤维），使其中的糖原排空，慢缩肌纤维（Ⅰ型肌纤维）中的糖原消耗较少；长时间中等强度运动时，Ⅰ型肌纤维内的糖原优先排空，但在运动末期时Ⅱ型肌纤维中的糖原也排空，且Ⅱa型肌纤维（混合型肌纤维）中的糖原排空又早于Ⅱb型肌纤维。

5. 训练水平

耐力训练会使骨骼肌内蛋白质发生适应性改变，从而提高人体的氧化供能能力。因此，耐力训练水平高的人，在进行长时间中等强度运动时能较多利用脂肪酸氧化供能，从而对糖类利用发挥节省化作用。此外，在进行强度较大的亚极量（90%$\dot{V}O_2max$强度）长时间运动中，训练水平更高的人，肌糖原分解速率更快，从而保证运动时产生较大的输出功率，完成较大强度的运动，使有限的糖储量最大限度发挥作用，以提高运动能力。

6. 饮食

运动中，外源性合理补充糖类，对节省肌糖原和防止机体糖储备过快耗尽有重要作用。

7. 气温与氧分压（氧浓度）

外界环境的变化会影响人体内的代谢速率，从而影响代谢底物的选择。热环境下运动会使肌糖原分解供能增多，这可能与外界气温升高时，有较多血液流向皮肤起散热作用，内脏与肌肉供血量相对减少，氧运输下降，运动时糖酵解加速、肌糖原消耗增多有关。同理，在氧浓度低的环境下训练，由于缺氧糖酵解供能比例增加，肌糖原消耗加快。

总而言之，当以 90%～95%$\dot{V}O_2max$以上强度运动时（无氧运动），糖供能占95%左右；而长时间中等强度（70%～90%$\dot{V}O_2max$强度）运动时，首先利用糖氧化供给能量，可利用的糖耗竭时，动用脂肪或蛋白质供能的比例增加，因此，糖类是中等强度运动的主要燃料；与此同时，糖类还是低强度运动时协助脂肪酸完全氧化的引物。

（二）运动时血糖利用与浓度变化规律

在长时间的有氧运动中，仅靠肌糖原的供能是不够的，肌肉必须吸收和利用肌外燃料——血糖、肝糖原和血浆游离脂肪酸。

血糖是中枢神经系统的基本燃料，也是长时间运动时运动肌的重要肌外燃料。运动时，骨骼肌吸收和利用血糖数量多少与运动强度、持续时间和运动前肌糖原的贮量有关。在运动初期，骨骼肌不吸收血糖，随着时间延长，运动肌摄取利用血糖的量逐渐增加，肝脏将肝糖原分解释放入血，以维持血糖浓度的恒定，运动中肌肉摄取的糖量可为安静时的20倍或更多，运动后期运动肌吸收血糖下降，这是肝糖原接近耗尽、血糖水平下降的结果。

运动过程中，保持血糖正常水平对维持良好的运动状态具有重要意义。但运动时，血糖浓度往往随运动强度和运动持续时间发生变化。了解运动时血糖浓度的变化，对于指导高血糖或糖尿病患者的运动意义重大。

在进行短时间剧烈运动（1～2分钟全力运动）过程中，血糖浓度不仅不下降，反而会略有升高。其原因是：在运动开始阶段，神经内分泌调节增加了肝糖原分解释放葡萄糖的量，血糖浓度有所上升；但此时，骨骼肌主要依靠肌糖原酵解供能，基本不摄取血糖，同时，骨骼肌还有可能释放少量游离葡萄糖进入血液中（根据图2-3-4所示，一般情况下，肌糖原很难分解成游离葡萄糖，但肌肉中的磷酸化酶在分解到肌糖原的分支点后，只留下一个α-1，6-糖苷键联结的葡萄糖残基时，磷酸化酶失去作用，此时会由脱支酶水解生成游离葡萄糖）。因此，通常在肌细胞内的游离葡萄糖，无论是肌细胞内的还是从血液摄取的，都被己糖激酶催化迅速转变成葡萄糖-6-磷酸，但在进行大强度运动过程中，由于肌糖原大量分解生成的葡萄糖-6-磷酸迅速增加，后者抑制己糖激酶活性，使游离葡萄糖磷酸化下降，便直接释放到血液中，引起血糖上升。

在进行4～10分钟的全力运动时，运动肌主要依靠糖原酵解和有氧氧化供能，摄取利用血糖的速率逐渐上升，此时由于神经内分泌调节作用，肝糖原分解速率大于骨骼肌摄取血糖的速率，因此血糖浓度显著升高。这一期间血糖可能高达10～11.1mmol/L，超过了肾糖阈（8.8mmol/L），可能出现运动性尿糖。

当进行5～30分钟全力运动时，运动肌中糖以有氧代谢为主要代谢方式，随着肌肉摄取血糖速率的增加，血糖呈现先上升后回落的现象，但此时血糖仍明显高于正常水平，为7.2～7.7mmol/L。

当进行1～2小时的全力运动时，如图2-3-6所示，肌糖原消耗量最大，甚至接近耗尽，因此血糖明显下降，会处于正常值的低限范围。

当进行2～3小时的全力运动时，全身糖达到最大消耗，肌糖原、肝糖原最大排空，主要靠糖异生产生和输出葡萄糖，血糖浓度进行性降低，很难满足运动肌需要，如果没有外源性糖补充，可能出现低血糖。例如，全力运动3小时以上者，血糖可低至2.5mmol/L，严重时还会引起低血糖休克。因此，运动中如注意外源性葡萄糖补充，对延缓运动性疲劳与改善运动能力有积极作用。

此外，合理的运动训练（如长期规律耐力训练或力量训练）可使骨骼肌GLUT4含量增加，增加肌细胞对血糖的利用能力，从而改善胰岛素敏感性。

（三）运动时肝脏释放葡萄糖

肝脏释放的葡萄糖除消化吸收进入肝脏的葡萄糖直接释放入血液以外，还包括肝糖原分解和肝糖异生作用。运动时肝脏释放葡萄糖较静息状态增加。

短时间大强度运动时，肝脏释放的葡萄糖以肝糖原分解为主，约占葡萄糖释放总量的90%，糖异生合成的葡萄糖仅占10%左右。

长时间持续运动时，在前 40 分钟内，肝糖原分解（占90%）和糖异生（占10%）释放的葡萄糖比例变化不大；随着运动时间的延长，肝糖原逐渐消耗而糖异生的原料逐渐增多，糖异生供糖的比例可上升到40%～45%，绝对代谢速率提高2～3倍；当肝糖原趋于耗竭时，血糖的来源几乎全部由糖异生过程提供。

与此同时，长时间运动中，糖异生底物的成分和相对作用不断变化：（1）40分钟以内的运动，动用的底物主要是乳酸，且运动强度愈大，乳酸的底物作用愈大；（2）运动40分钟左右，生糖氨基酸的糖异生作用可达最大值，其中以丙氨酸最为重要，葡萄糖-丙氨酸循环成为肌肉—肝脏糖代谢的重要桥梁（参见本篇第二章的图2-2-6）；（3）长时间运动后期，甘油糖异生作用的重要性随脂肪供能的增强而加大，利用量可以增大10倍。

二、运动后糖原恢复

肌糖原和肝糖原储量，对长时间运动过程中工作肌摄取和利用血糖的速度和数量会产生重要影响。当肌糖原储量充足时，工作肌中有较多的糖原氧化供能而对血糖的依赖性较低，使肌肉较晚、较少摄取和利用血糖，这有利于维持血糖正常水平和延缓运动时血糖水平下降，对推迟运动性疲劳的发生有积极作用；而在低糖原的肌肉内，糖原分解供能相对较少，对肌外燃料的依赖性增加，血糖供能比例增高，造成低血糖而产生疲劳。如果肝糖原储量高，可较长时间释放葡萄糖维持血糖稳定，保持运动能力，相反，当肝糖原储量低时，肝糖原较早排空，血糖下降，工作肌不能从血液中摄取到适量的葡萄糖，引起疲劳。可见，肌糖原与肝糖原储备对维持运动表现意义重大，对于运动人群而言，关注运动后糖原恢复情况可以有效指导运动后补糖策略。

（一）运动后肌糖原恢复

伯格斯特伦（Bergstrom）于1966年通过一项经典研究证明了运动后肌糖原存在超量恢复现象：让两名受试者各站在功率自行车一侧，进行75%$\dot{V}O_2max$强度（一名用左腿，另一名用右腿）运动直至力竭的长时间耐力运动，运动腿股外肌的肌糖原几乎下降到零。两名受试者各自的另一条腿为安静对照。在运动后持续3天高糖膳食，结果运动腿股外肌的肌糖原是安静腿的2倍，而安静腿肌糖原水平只是稍有变动。这一研究证明了运动后肌糖原存在超量恢复现象，也揭示了肌糖原储备增加的可能性，同时也证明单纯高糖膳食对肌糖原储备影响较小，高糖膳食与运动相结合可引起肌糖原水平明显增高。

对于具有正常肌糖原含量的肌肉而言，其肌糖原储量对膳食糖类的敏感性较低。例如，完全饥饿4天或低糖膳食（糖类热量占总热量的10%左右）一周，肌糖原仅分别下降40%和30%；如在不运动的前提下，高糖膳食（糖类热量占总热量的60%～70%）后肌糖原储量不增加，过量的糖类在体内转变成脂肪储存，从而引起肥胖。但是，采用训练与高糖膳食相结合的方法，可有效提高肌糖原储量。

运动后糖原恢复程度与运动时肌糖原排空量有关。如75%$\dot{V}O_2max$强度运动至力竭时的肌糖原消耗多于短时间高强度间歇运动，因此，前者运动后达到基本恢复的时间以及超量恢复时间较长，此外，两种力竭运动后恢复初期肌糖原恢复速度均较快，这是由于运动中大量脂肪分解产生的甘油和蛋白质分解产生的生糖氨基酸经糖异生作用合成糖的结果，且运动后初期肌糖原恢复与膳食关系不大，在随后长时间的恢复中才慢慢受膳食影响。研究证明，补充葡萄糖比蔗糖或果糖更有利于肌糖原合成（Bowtell，2000），果糖的胰岛素反应低，但它主要在肝脏进行能量代谢或形成乳酸间接用于糖原合成（Zierath，1995）。

（二）运动后肝糖原恢复

静息状态下，肝糖原储量受饮食中糖含量的影响比肌糖原明显。一天膳食的不同就会让肝糖原储量发生明显变化。运动后恢复期摄取高糖膳食能促进肝糖原合成，摄取果糖比葡萄糖合成肝糖原的效果好，因为肝脏中果糖激酶比葡萄糖激酶的活性高。补充等量果糖，肝糖原合成率比葡萄糖快3～4倍。所以，运动后摄取葡萄糖的同时也摄取果糖，有利于全身糖原的恢复。

此外，运动后糖原恢复具有组织差异性，运动后即刻肝脏、骨骼肌内糖原均显著减少，在运动后恢复期给予正常膳食，肌糖原恢复速度快于肝糖原，不同类肌纤维中快缩肌纤维糖原的恢复速度快于慢缩肌纤维。

第四节　碳水化合物缺乏与过量的危害和表现

由于机体存在糖异生机制，因此，糖类是三种供能营养素中相对非必需的营养素。一些历史证据表明，人类祖先只食用了非常少的糖类并幸存下来。但根据本章第二节内容所述，糖类对于机体具有重要作用，尤其是运动人群，考虑到大量研究证明糖类是限制运动员表现的物质时，有一点需要强调，即人类的生存和人类的运动表现往往是不同的。且近期的国际大型流行病学队列研究表明，普通人膳食碳水化合物摄入过多或过少均有增加全因死亡率的风险。因此，无论是针对普通人维系生活质量，还是针对运动员提升运动表现，糖类的合理摄入至关重要。

当糖类摄入过少时，可造成低血糖、运动性疲劳提前发生（含中枢疲劳），以及膳食蛋白质的浪费和组织中蛋白质的分解加速，同时还会影响脂肪代谢，导致酮体积聚，对身体不利。低血糖会引起全身无力、疲乏、头晕心悸、焦虑、情绪不稳、脑功能障碍等现象，严重者还会导致低血糖昏迷。

当糖类摄入过多时，势必引起蛋白质和脂肪等其他营养素的摄入相应减少，也会对机体造成不良后果。其中需要格外注意的是，过量精制糖类的摄入（即高GI食物或高GL饮食）会导致血糖升高过快，从而刺激胰岛素大量分泌，而胰岛素在降血糖的同时也具有促脂肪合成、抑制脂肪分解的作用，因此，高GI食物更容易促进血糖转化成脂肪储存在体内使人逐步肥胖，而肥胖又会诱发各类疾病如高血脂、2型糖尿病等。

在日常实践中，针对膳食糖类的摄入量引出了多种不同的饮食方案，人们对糖类的了解往往处于过多或过少的极端化认知中。在相关研究未健全的前提下，针对普通人群及运动人群，建议参照已有的完善研究，根据自身需求合理选择糖类摄入量与食物来源。

第五节　碳水化合物的需要量与食物来源

与蛋白质或脂肪不同，人体对糖类的储备能力是有限的，而糖类是产生肌肉能量的高效能源，在膳食习惯上，我国又是一个以谷类膳食为主的国家。在考虑糖类摄入时，针对普通人群而言，应当以避免糖类缺乏或糖类过多的风险为主，因此参照我国膳食推荐量的同时（“量”），可以考虑如何使糖类发挥更大效益而不作为额外热量储存，这需要考虑糖类的食物来源（“质”），尤其是GI值与GL值的日常应用，并推荐尝试开始进行运动干预，相关运动干预方法详见本书第四篇第四章；针对运动人群或运动员而言，如何以适应的特定运动方式来优化身体糖原储备，是运动营养实践的重点。

一、普通人群糖类需要量与食物来源

由于机体存在糖异生机制，加上糖类与能量和其他营养素的复杂关系，目前尚无国家利用研究数据来推算的糖类RNI（推荐摄入量）。因此通常从实际出发，在充分考虑蛋白质（接近或者超过推荐量）和脂类（推荐量范围内）的摄入量后，由总能量减去蛋白质和脂类提供的能量差来确定，由此计算出糖类的适宜摄入量（AI）。为满足脑部以及葡萄糖依赖组织的需要量，避免体内蛋白质分解，预防慢性病，并考虑人体内源性的产生和能量消耗，2013年中国营养学会DRIs（参考摄入量）修订专家组对碳水化合物的DRIs进行了修订，确定我国成人糖类的平均需要量（EAR）为120g/d，可接受范围（AMDR）为总能量的50%～65%；膳食纤维的适宜摄入量为25～30g/d。对添加糖（常指单糖和双糖，食物来源主要是蔗糖、糖果、精制糕点、甜味水果、含糖饮料和

蜂蜜等）摄入量进行限制，每日不超过50g，最好限制在25g，不超过总能量的10%。

针对糖类的食物来源选择原则，最重要的一点即为合理应用GI值与GL值。人体内升高血糖的激素有多种，而降血糖激素只有胰岛素。胰岛素分泌过多会导致低血糖，它是通过影响肌肉和脂肪细胞的细胞膜，使过量葡萄糖进入相应细胞内，从而降低血糖水平，因此，这一作用不仅有利于促进糖原合成，同时也会促进脂肪合成增加；胰岛素分泌过少或无效，即胰岛素敏感性下降，则导致高血糖和糖尿病。胰岛素分泌的刺激源是高血糖（葡萄糖浓度越高，胰岛素反应就越强烈），但即使血糖在正常范围内，胰腺也会不断分泌少量胰岛素，这样葡萄糖就可以稳定地流向大脑和肌肉细胞。因此，对于普通健康人群而言，维持体内胰岛素水平稳定以及保持胰岛素敏感性是日常选择糖类食物的首要原则。

GI值越高的食物，食物升高血糖的效应越高，综合考虑含糖量，则为GL值越高的食物，对血糖升高影响越大。因此，可以理解为，GI值高的食物，糖类消化吸收较快；GL值高的食物，对血糖升高影响较大，即过量刺激胰岛素的风险越高。

理想情况下，对于普通人糖类食物的选择建议是，优先选择低GI食物，如非淀粉多糖、抗性淀粉、低聚糖等碳水化合物，这样可以最大程度降低GL值，但这从生活实践、生活质量以及能量补充角度都是不太容易实现的，因为生活中有大量高GI食物，如精白米饭（GI值为83）、小麦面条（GI值为82）等。综上所述，GI值可以代表食物糖类消化吸收的快慢，GL值是最终影响血糖是否过度升高的指标。因此，对于普通人而言，日常生活中保证低GL饮食是首要原则，即使摄入了高GI食物，也可以通过相应方法，将饮食低GI化或低GL化。

日常生活中将饮食低GI化的方法如下：

（1）选择主食类食物时，可以选择“粗加工”食物。就食物加工而言，谷类加工越精细，则GI值越高。如小麦面条的GI值为82，荞麦面条GI值为59，而面条（全麦粉，细）GI值则为37；相对于精白米饭GI值为83，加工程度较低的全谷物GI值相对较低，如发芽糙米GI值为54，玉米糁粥GI值为52，燕麦麸GI值为55，均属于低GI食物。

（2）选择主食类食物时，还可以考虑选择富含膳食纤维的薯类作为食物替换，如红薯、马铃薯及紫薯等。

（3）同一种食物不同的烹调方法也会影响GI值。如蒸煮较烂的米饭，在餐后0.5～1.0小时内血糖水平明显高于干米饭；煮粥时间较长或加碱，在增加黏稠度的同时也增加了GI值。因此为防止血糖快速升高，通常不建议糖尿病患者喝熬煮时间较长的精白米粥。若希望降低食物的GI值，可以考虑的烹煮方式是急火煮，少加水。

（4）食物混合是将饮食低GI化最容易操作的方法。即若希望摄入高GI食物，则可考虑混合其他低GI食物，从而降低整餐GI值。有研究以碳水化合物为基础，分别加入富含蛋白质、脂肪、膳食纤维的食物做成9种混合饭菜，结果发现，蛋白质和膳食纤维类食物与碳水化合物食物的混合餐，均可降低GI值，而脂肪类食物与碳水化合物食物的混合餐，对降低GI值作用不明显。因此，可以考虑增加主食中的蛋白质，如蒸煮米饭时增加杂豆类食物，烹制杂粮米饭或杂豆米饭，这种做法不仅可以降低精制米饭的GI值，还保证了蛋白质互补效应，进一步增加了营养价值。

中国营养学会于2016年发布的《中国居民膳食指南》中推荐，中国人群应在食物多样的基础上，坚持以谷类为主，每天摄入谷薯类食物250～400g，其中全谷物和杂豆类50～150g，薯类50～100g。此外还建议，主食摄入时考虑“粗细搭配”。这与上述饮食低GI化原则一致，且全谷物与杂豆类一方面GI值低，另一方面还比精制米面提供更多的B族维生素、矿物质等，对人体有益。另外，粮谷类一般含糖类60%～80%，薯类中含量为15%～29%，豆类中含量为40%～60%。

当日常饮食中避免不了高GI食物摄入的情况下（如对于一些消化吸收较差的人），可以将饮食低GL化，其主要方式是注意单次摄入量，同时可以考虑少量多餐制。如西瓜属于高GI食物，GI值为72，100g西瓜中糖类含量为5.5g，当一次摄入200g西瓜时，$GL=72\times5.5g\times2\div100=7.92<10$，因此，一次摄入200g西瓜对血糖影响不大；但若一次摄入500g西瓜时，对血糖影响就较大了。

综上所述，对于普通人群而言，糖类摄入的推荐量为占总能量的50%～65%，其中，添加精制糖（纯能量类的糖类）摄入需低于总能量10%；糖类选择的原则为饮食低GI化及低GL化。需要注意的是，GI与GL并不作为评价食物好坏的原则，仅表示食物中碳水化合物的性质。

二、运动人群糖类需要量与食物来源

对于运动人群而言，糖类较普通人在体内的利用率更高，需求量更大，此外，为保持健康，运动人群同样需要维持体内胰岛素水平稳定以及保持胰岛素敏感性，但不同的是，运动人群或运动员除保持健康的前提下，还需要进一步实现健身目标或提高运动表现。因此，在糖类食物选择上，应当以最适合其相应运动的方式，合理安排糖类食物摄入量（“量”），以及围绕运动期科学应用GI值与GL值进行糖原储备优化（“时”与“质”）。

（一）运动人群日常糖类需要量——“量”

由于体育运动会较大程度提高能量消耗速率，因此，对于运动人群首先要明确一个概念，即首先要满足总能量的需求（详见本篇第一章第三节内容），其次再讨论能量底物的理想分配。然而在实际情况中，很多运动员均无法满足总能量需求，这种情况类似于：你计划开法拉利行驶200公里，并将适量的高辛烷值汽油加入油箱中，但是所加的汽油只够行驶150公里，尽管车的性能很好、燃料的质量很高，但是法拉利依旧无法抵达目的地。同理，总能量摄入不足的运动员也很难实现最佳竞技表现。因此，首先应确立足够的总能量摄入，其次考虑如何将能量合理地分配到相应能量底物中（即糖类、蛋白质和脂肪）。运动人群与运动员应当通过摄入足够的糖类来满足能量需求，同时注意运动期间优化糖原储备的策略。

在总能量摄入足够的前提下，通常推荐运动员的糖类摄入量占总能量的55%～65%，有些权威建议，进行中等强度运动时糖类摄入量占总能量的50%～60%，大强度耐力运动时为65%～70%。但精制糖（单、双糖）的摄入同样以不超过总能量的10%为宜。

此外，在实际应用中也可以借鉴运动人群计算糖类需要量的方法，根据体重和运动项目的类型（力量型还是耐力型）用“运动人群糖类推荐摄入量计算表”（表2-3-4）可以算出。

表2-3-4中方格里的数字代表某一相应体重运动人群每天每千克体重应摄入的糖类的克数，用这一数乘上体重就得出该运动人群一天应摄入的主食克数。例如，一名体重60kg的力量型运动健身爱好者一天应摄入的糖类克数为300g（5g/kg×60kg）到 480g（8g/kg×60kg），也就是300～480g糖类（折合400～650g大米或面粉，生重）；如果是同体重的耐力健身运动爱好者，则应该是540g～660g糖类（折合720～880g生大米或面粉）。可见，耐力项目运动人群糖类摄入比例要高于力量型，这与上一节中耐力项目运动人群蛋白质摄入比例低于力量型的数据相统一。

表2-3-4 运动人群糖类推荐摄入量计算表（g/kg体重）

体重（kg）														
40	5	6	8	9	10	11								
46		6	7	8	9	10	11							
50		5	6	7	8	9	10	11						
55			5	6	7	8	9	10	11					
60			5	6	7	8	8	9	10	11				
66			5	5	6	7	8	8	9	10	11	11		
68				5	6	7	7	8	9	10	10	11		
74				5	5	6	7	7	8	9	9	10	11	11
80					5	6	6	7	8	8	9	9	10	11
90						5	6	6	7	7	8	8	9	9
100						5	5	6	6	7	7	8	8	9

力量项目 耐力项目

资料来源：杨则宜. 运动营养师培训教程. 人民体育出版社，2007。

因此，针对运动人群推荐糖类摄入量时，要考虑运动强度和运动持续时间。研究证明，对于大部分运动项目而言，无论何种训练类型，足够的糖类摄入均会使其更好地达到训练目标，但是针对一些控体重或灵敏技巧类项目（如击剑、体操、跳高、跳水等），若过量补充糖类，会同时把大量水分带入肌肉，使肌肉感觉僵硬、身体笨重，从而影响运动成绩，因此，对于这类人群，可以鼓励其注意日常糖类的营养补充，但不必进行过度糖原恢复，运动期间的补糖也需要谨慎。

（二）运动人群糖类摄入时间与食物来源——“时”与“质”

关于运动人群或运动员的糖类摄入模式，比较理想的情况是，在日常非训练期间可以通过选择低GI或低GL食物来维持健康以及合理的体成分组成，但在训练期间（运动前、中、后）需要根据不同需求合理应用GI值与GL值。

1. 运动前

运动前补糖可增加体内肌糖原、肝糖原储备，保证运动中有充足的糖来提供能量，是预防疲劳的有力措施之一。

（1）摄入时间：研究表明，在运动前2小时左右吃一顿大约300kcal（75g糖类）能量的含复合糖类的食物，并多饮用一些水，这顿加餐能够平稳地提供葡萄糖而不必动用自身糖原，饮料将利于保持水分。或在运动前1～4小时补糖1～5g/kg体重（运动前1小时补糖时宜采用液态糖）。

（2）糖类来源：当在运动前30～90分钟需要补糖时，可以选择高GI糖类，同时保证中低GL，即注意摄入量。对于运动人群，为了最大程度减少肠胃负担，运动前应当摄入消化吸收较快的糖类，但同时又不能引起血糖过度升高导致的胰岛素反应，因此，运动前补糖的原则是高GI且低GL。如运动前想补充葡萄糖（高GI），则葡萄糖的补充量为10g时，GL值为10，属于低GL范围，因此，运动前30分钟补充10g葡萄糖是没有问题的。此外，通常建议运动前较短的时间内若有补糖需求，以运动饮料为宜。

2. 运动中

运动中补糖不仅可提高血糖水平、减少肌糖原耗损以延长耐力时间，还有利于稳定机体免疫力。赖特（Wright）等在其早期的研究中发现，在运动前和运动中联合补糖能够比单独在运动前或运动中补糖对运动能力产生一种更好的效应。

在通常的环境情况下，若小于两小时的活动，补充含有大量糖的饮料可能对有体重限制的健身运动者会适得其反；但对于在高温环境、几日持续大强度训练等特殊情况下，饮料中的糖将会补充运动者的糖原储备，使运动更持久。

（1）摄入时间：每隔 30～60分钟补充含糖饮料或容易吸收的含糖食物，补糖量一般不大于60g/h或1g/min，多数采用饮用含糖饮料的方法，少量多次饮用；长时间运动中，也可在运动中食用易消化的含糖食物（如面包、蛋糕）等。

（2）糖类来源：补糖的最佳原则同“运动前”，为高GI及中低GL。运动前与运动中糖类的摄入方式最好是液体糖，以液体补糖时应注意液体的渗透压、浓度和可转运糖的数目，渗透压浓度影响着小肠的吸收，浓度过高和过低都不利于机体对糖的需求，一般在6%～8%为宜，可转运糖的数目多可以增加糖和水的吸收，如将单糖、双糖和低聚麦芽糖混合补充的运动饮料，当然还应考虑溶液中钠离子的浓度等。

运动饮料含有合理的糖配比（详见第三篇），其中糖类种类包含葡萄糖、果糖以及低聚麦芽糖，葡萄糖吸收最快（高GI），果糖（低GI）引起的胰岛素反应较小，如前所述，二者联合使用还可以最大程度增加全身糖储备恢复；低聚麦芽糖是指由3～8个葡萄糖聚合的寡糖，其吸收速度明显快于淀粉，可以在运动中快速补充能量，但又慢于单、双糖，避免了一次大量吸收后血糖浓度急剧升高引起的胰岛素反应，研究证明，在其含糖浓度高达20%时还具有低渗透压和低甜度的特点，有利于健身运动人群在运动过程中补糖时的口感需求，并有利于糖在小肠壁的快速吸收。

3. 运动后

运动后补糖是为了加速肌糖原的恢复。国外资料报道，体内糖原水平明显影响耐力，运动后初期肌糖原恢复与膳食关系不大，但在随后长时间的恢复中明显受外源性或膳食碳水化合物补充量的影响。运动后24小时内增加糖类摄入可以改善受损肌肉的糖原恢复率，加快延迟性肌肉酸痛（DOMS）的恢复。

（1）摄入时间：开始补糖的时间越早越好，肌糖原储备的最高恢复速率发生在运动后的第一个小时内，这是因为糖原耗竭激活了糖原合成酶，同时运动诱导胰岛素敏感性增加。根据研究显示，单次最佳糖原储存目标是1～1.2 g/（kg·h）。因此，为尽早恢复肌糖原，最重要的事情是在剧烈运动后即刻和运动后最多4小时内，按照1～1.2 g/（kg·h）的标准，频繁摄入糖类。当两场比赛或两节训练课之间只有4～8小时的恢复时间时，这一措施最为有效；但如果恢复时间较长，比如12小时或更长，则效果会下降。

（2）糖类来源：补糖的最佳原则是在运动后即刻保证高GI及高GL。按照约翰·艾维的NTS理论，运动后身体处于“代谢敏感期”，身体需要大量合成能源物质与供能物质，对于有增肌增重需求的运动人群，此时需要胰岛素的促合成作用，而高GL饮食可以满足这一要求。

此外，选择包含糖类及其他各种营养素且有助于运动员恢复体力的食物也很重要。例如，在运动后最初4小时的恢复期内，当糖类摄入量低于最佳糖原储存目标时，即低于1g/（kg·h），联合摄入0.25～0.3g/kg蛋白质可以显著增加肌糖原储备；不过当糖类摄入充足时，蛋白质的联合摄入不再有此效果。那些运动间隔休息时间不足8小时的运动员，应该在第一次训练后即刻补充高碳水化合物、营养丰富的食物，从而对可用的进餐时间进行优化。如果两次运动之间有较长的休息时间，这时运动员的进餐模式就可以更加灵活。

综上所述，为最大程度优化体内糖储备，当运动人群在根据自己的需求计算出自己全天糖类总摄入后，需要通过考虑运动前、中、后糖类补充原则进行全天糖类摄入的分配，这些建议应根据运动员的个体情况进行调整，至少应在一定程度上考虑运动员的身体调节状态、运动持续时间及运动强度。需要注意的是，如果运动员的水合状况欠佳，那么糖原的恢复会更为困难。运动人群糖类补充原则总结如表2-3-5。

表2-3-5　运动人群对糖类的需要量

摄入时间	推荐摄入量	糖类食物来源
运动前1～4h	1～5g/kg	高GI及中低GL
运动中每隔30～60min	<60g/h或1g/min	高GI及中低GL
运动后即刻（0～4h）	1～1.2g/（kg·h），间断、频繁地摄入	高GL
完成中等时长、低强度训练后的日常恢复	5～7 g/（kg·d）	根据具体情况
完成中等到高强度耐力训练后的日常恢复	7～12 g/（kg·d）	根据具体情况
针对每天训练4h以上的极限运动计划后的日常恢复	10～12 g/（kg·d）或更多	根据具体情况

（改编自：Dan Benardot，2018）

（三）高效率提高肌糖原储备的方法——糖原负荷法

根据第三节内容所述，肌糖原含量直接影响运动强度在70%～90%$\dot{V}O_2max$范围内耐力性运动项目的运动能力。与此同时，社会上健身健美项目的兴起，对肌糖原储备所带来的肌肉维度增长也有重要需求，因此，如何通过高效提高肌糖原储备的方法来提升运动表现或肌肉维度是人们感兴趣的课题。

早在20世纪60年代就有研究报道，在长时间大强度运动使肌糖原尽可能排空后，再给予高糖膳食可以大大增加肌糖原储量，采用这种措施增加肌糖原储备的方法称为“高糖膳食训练法”或“糖原负荷法”，也称“糖原填充法”或“糖原填充技术”，包括经典法和改良法。

经典法要求运动员在赛前7天进行一次长时间大强度运动（75%～85%$\dot{V}O_2max$强度，运动90分钟左右），尽量排空肌糖原（肌糖原排空预示着全身糖缺乏）；紧接着3天中等强度运动并给予低糖膳食（高蛋白、高脂肪饮食），以便进一步耗尽体内糖原储备；在赛前最后3天减小训练负荷同时给予高糖膳食［每日500～600g糖类食物，约10g/（kg·d），占总能量的60%～70%］，肌糖原储量可增加20%～40%。但采用这种方法时的3天高蛋白、高脂肪饮食期间，可引起高血脂、高胆固醇血症，尿素、酮体增多，运动员常会出现恶心、呕吐甚至肾功能衰竭等症状，使经典法的实际效果不理想。为了避免或减少经典法带来的不良影响，有人对方法进行了改良。改良法将3天高蛋白、高脂肪饮食的安排去掉，在进行一次性大运动量耐力负荷后立即补充3天高糖膳食（逐渐高至占总能量的70%），即在赛前第4天进行耗糖训练，在赛前3天的时间内进行高糖膳食，肌糖原储备增加的幅度与经典法类似。

糖原负荷法的经典法与改良法对于耐力训练提高耐力表现十分有效，其原因之一是耐力训练本身会通过提高机体胰岛素敏感性及糖原合成酶活性等适应性改变而增加肌糖原储量，这一现象与膳食无关，但在随后的长时间恢复期中慢慢受膳食影响。研究显示，在力竭性运动后，高糖膳食组在恢复期的前10小时肌糖原恢复速度最快，达超量恢复需要46小时左右；如果饥饿或高脂肪和高蛋白质膳食，肌糖原恢复数量很少，甚至5天后仍不能恢复（图2-3-7）。

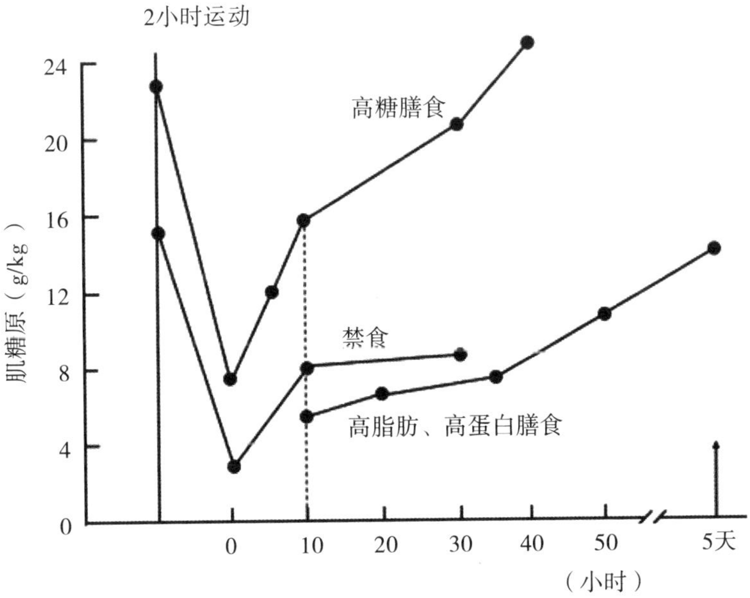

图2-3-7　长时间持续耐力性运动后膳食对肌糖原恢复的影响

（引自：Fox，1979）

现阶段，自然健身健美项目的高水平竞技选手，在赛前也会使用糖原负荷法，但其目的不是为了提高肌糖原应用能力，而是为了最大程度增加糖原储备的同时增加肌肉水合效果，从而使肌肉维度增大，看上去更饱满。需要注意的是，健身健美项目中多数项目有体重限制，这意味着过早进行糖原负荷“冲碳”（如赛前3天）可能并不现实，因此并不能完全按照经典与改良的“糖原负荷法”达到健身健美的比赛效果，还需要在赛前通过其他方法，如钠钾调控或其他利于水合的补剂类产品快速增加肌肉水合。

本章小结

运动与糖代谢是运动营养领域的研究热点，也是争议较多的部分，但本章给出了现阶段较为全面的解读。本章的重点内容是，了解食物中的碳水化合物分类以及人体内糖储备分类，并了解食物中的碳水化合物是如何经过消化吸收过程转化成人体内的糖储备，且在这些转化代谢过程中对机体的内分泌系统以及其他系统所产生的影响。根据以上基础，通过GI值与GL值的娴熟使用来指导普通人群如何在保证生活质量的前提下，健康科学地摄入碳水化合物类食物。针对运动人群，需要了解在运动过程中，糖类代谢与其他供能底物之间的协同关系，从而更好地指导运动人群适时、适量补充合理的糖类，以期达到最佳糖储备效果，利于运动及健身效果的达成。

（汤春雪）

第四章　运动与脂类

脂类（lipids）是人体三大基础物质之一，主要由碳、氢、氧、磷等元素组成。营养学上将脂类分为两大类，即脂肪（又叫作甘油三酯 triglycerides，TG）和类脂（lipoids）。通常我们所说的脂肪包括油和脂，常温情况下，呈液体状态的叫作“油”，呈固体状态的称为“脂”，日常食用的动、植物油，如猪油、芝麻油、菜籽油、豆油等均是脂肪；类脂的结构与脂肪相似，主要包括磷脂（phospholipids）和固醇类（sterols）。脂肪是一种能量密度极高的物质，类脂是细胞膜、机体组织器官，特别是神经系统的重要组成部分，因此，脂类对于人体能量储存和释放、生物活性物质合成以及物质转运等均起到十分重要的作用，是人体必不可少的营养素。

第一节　脂类的构成与分类

脂类包括脂肪（fat，oil）和类脂。食物中所含的脂类物质，约95%都是脂肪，5%是其他脂类，人体储存的脂类中脂肪的含量可达95%及以上。

一、脂肪的构成与分类

脂肪又被称为甘油三酯或三酰甘油，由1分子甘油（glycerol）和3分子脂肪酸（fatty acid，FA）结合而成，如图2-4-1所示，R_1、R_2、R_3分别代表3分子脂肪酸的碳链。

$$
\begin{array}{l}
CH_2-O-CO-R_1 \\
\;| \\
CH-O-CO-R_2 \\
\;| \\
CH_2-O-CO-R_3
\end{array}
$$

图2-4-1　甘油三酯的结构

组成天然脂肪的脂肪酸种类有很多，其主要作用是能量供应和组织生长。可以根据碳链长度、饱和程度以及人体需求对脂肪酸进行分类，也可以根据脂肪酸的分类对脂肪进行分类。由不同脂肪酸构成的脂肪，其作用也不同。

（一）脂肪酸的分类

1. 按碳链长度分类

脂肪酸的基本分子式为：$CH_3(CH_2)_nCOOH$，其中n的数目大部分为2～24，所以一般脂肪酸所含的碳原子数都是偶数。脂肪酸按其碳链长度可分为：长链脂肪酸，含14～24个碳原子；中链脂肪酸，含8～12个碳原子；短链脂肪酸，含6个碳原子及以下。另外还有一些极长链脂肪酸，主要分布在大脑和一些特殊的组织中，如视网膜和精子。日常膳食中主要以18碳长链脂肪酸为主，并且具有重要的营养学价值。人体血液和组织中的脂肪酸大多数是各种长链脂肪酸，短链脂肪酸和中链脂肪酸较少。

人体内的短链脂肪酸主要由肠道微生物发酵产生，发酵底物来源于食物中的膳食纤维、抗性淀粉、低聚糖和糖醇等，主要为乙酸、丙酸、丁酸等。短链脂肪酸的主要生理功能包括：（1）提供机体能量；（2）促进细胞膜脂类物质合成；（3）预防和治疗溃疡性结肠炎；（4）预防结肠肿瘤；（5）对内源性胆固醇的合成有抑制作用。目前，短链脂肪酸在临床上已有应用。

中链脂肪酸可以在没有催化剂的作用下直接与甘油酯化形成甘油三酯，且无须借助胆汁乳化即可直接被小肠吸收，进入肝脏后可在细胞内快速氧化供能，主要存在于椰子油（13.9%）、棕榈油（71%）、奶制品（4%～4.7%）中，人乳中含1.5%～2.9%。中链脂肪酸不可过量使用，因为它可很快在肝脏氧化产生较多酮体，对于酮体利用程度不高的人群而言，容易引起酮酸中毒现象。依据中链脂肪酸特有的营养学作用，它常常以运动营养品或其他特殊食品的形式出售。

2. 按饱和程度分类

脂肪酸按其饱和程度可分为饱和脂肪酸（saturated fatty acid，SFA）和不饱和脂肪酸（unsaturated fatty acid，USFA），不饱和脂肪酸又分为单不饱和脂肪酸（monounsaturated fatty acid，MUFA）和多不饱和脂肪酸（polyunsaturated fatty acid，PUFA）。脂肪酸的碳链越长、饱和程度越高，其构成的甘油三酯熔点越高，因此常温下通常呈固态。

“饱和程度”这个术语是指碳链中双键的数量。饱和脂肪酸的碳链中没有双键，即每个碳原子价数是满的，通常含有4～12碳，主要存在于动物性食物中，但是鱼脂肪除外。含有一个双键的脂肪酸称为单不饱和脂肪酸，具有两个及以上双键的称为多不饱和脂肪酸。根据不饱和脂肪酸上第一个双键（从甲基端，即CH_3-起）的部位可分为n-3、n-6、n-9系列的脂肪酸。脂肪酸的命名和表达可以用碳原子个数、不饱和双键数目以及位置来表示，例如，油酸含有18个碳原子，1个不饱和双键，且不饱和双键出现在从甲基端数起第九位和第十位的碳原子之间，表示为$C_{18:1}$，n-9。

不饱和脂肪酸主要存在于植物性食物中，但椰子油、可可油除外，在动物的心、肝、肾等内脏中也含有某些不饱和脂肪酸。常见的单不饱和脂肪酸是油酸，冷榨橄榄油和茶油中的油酸含量达80%以上。常见的多不饱和脂肪酸为亚油酸和α-亚麻酸，主要存在于植物油中。一般植物和鱼类的脂肪含多不饱和脂肪酸比畜、禽类脂肪含量高。

不饱和脂肪酸的双键易受到氧的攻击而遭到破坏。为了防止不饱和脂肪氧化，便于储存，可以通过化学氢化的方法改变脂肪酸的化学特性，氢化过的脂肪可以更加有效地抵抗腐败，形态也更加固定，并且它们的冒烟点更高，适用于煎炸食物。但是，油类一旦被氢化后，它们就失去了不饱和的性质，也就失去了对人体健康的益处。一些不饱和脂肪酸在氢化之后并没有成为饱和脂肪酸，而是改变了形态，被称为反式脂肪酸。反式脂肪酸自然生成的比率很小，是人体没有的异常产物。这些结构改变了的脂肪酸，可能对身体健康造成影响。反式脂肪酸主要存在于人造奶油、人造黄油、蛋糕、饼干、蛋黄酱、炸薯条、炸鸡、炸鱼等食品中。研究表明，反式脂肪酸摄入量多时可使血浆低密度脂蛋白（LDL）上升，高密度脂蛋白（HDL）下降，从而增加冠心病等心脑血管疾病的危险性与患病风险。

3. 按人体需求分类

人体不仅可以从外界获得脂肪酸，还能够自身合成。有些脂肪酸对人体具有重要的作用，而人体又不能通过自身合成，只能通过食物摄取，这些脂肪酸被称为必需脂肪酸（essential fatty acid，EFA），包含亚油酸（$C_{18:2}$，n-6）和α-亚麻酸（$C_{18:3}$，n-3），花生四烯酸（$C_{20:4}$，n-6）可以在体内由亚油酸衍生而来，但在合成数量不足时，也必须由食物供给，故花生四烯酸也曾被称为必需脂肪酸。

亚油酸是n-6系列多不饱和脂肪酸所必需的前体物质，这一系列的脂肪酸完全来源于植物，主要是植物油。亚油酸缺乏对维持膜的正常功能和氧化磷酸化的正常耦联均会产生一定影响。

α-亚麻酸是n-3系列多不饱和脂肪酸必需的前体物质，其衍生为二十碳五烯酸（EPA，$C_{20:5}$，n-3）和二十二碳六烯酸（DHA，$C_{22:6}$，n-3）。EPA具有降低胆固醇和甘油三酯的作用，降低血液黏度，预防动脉粥样硬化等心血管疾病，对心脑血管疾病的防治有较好的效果；DHA是视网膜光受体中含量最丰富的一种多不饱和脂肪酸，是维持视紫红质正常功能所必需的一种物质，同时DHA还具有促进胎儿大脑发育的作用。长期缺乏亚麻酸（n-3）时对调节注意力和认知过程有不良影响，这可能与大脑皮质额叶中的多巴胺和5-羟色胺发生改变有关。

花生四烯酸（AA，$C_{20:4}$，Ω-6）是合成前列腺素的主要成分，它在脑中的主要代谢产物是前列腺素D_2，与睡眠、热调节、疼痛反应以及皮肤感染、伤口愈合等密切相关。DHA和AA是大脑中含量最丰富的两种长链多不饱和脂肪酸，从妊娠第26周就开始在胎儿大脑中积累，在妊娠末期的3个月中持续增加，直至出生后至2岁期间。

需要注意的是，n-3系列和n-6系列的脂肪酸不能相互转换，哺乳动物体内n-3系列脂肪酸的水平低于n-6系列脂肪酸，且分布不同。食物中的EFA的缺乏将导致人体细胞更加敏感，甚至出现生殖衰竭、皮肤异常以及肾脏与肝脏紊乱等症状。一般的食物，尤其是含种子、果仁和鱼类的平衡膳食能够满足身体需要，可防止出现EFA的缺乏症状。推荐EFA的摄入量每天应不少于总能量的3%。阿拉斯加人膳食中富含能量、脂肪和胆固醇，但心血管系统疾病的患病率却很低，这可能与摄入富含EFA的海产品有关。

（二）脂肪的分类

1. 按脂肪酸种类分类

如果R_1、R_2、R_3三分子脂肪酸是相同的，构成的脂肪被称为单纯甘油酯，如三油酸甘油酯；如果是不同的，则称为混合甘油酯（参见图2-4-1）。人体的脂肪一般为混合甘油酯，所含的脂肪酸主要是棕榈酸和油酸。

此外，根据脂肪酸种类的分类，通常也对脂肪有所分类，如中链脂肪（或中链甘油三酯）指的是其脂肪酸链为中链脂肪酸；饱和脂肪是指其中所含饱和脂肪酸比例较高，不饱和脂肪是指其中所含不饱和脂肪酸比例较高。

2. 按食物来源分类

自然界动植物中所含有的各种脂肪酸多数以甘油三酯的形式存在，根据来源将脂肪分为动物性脂肪和植物性脂肪。

动物性脂肪又分成两大类，一类为水产动物脂肪，如鱼类、虾、海豹等，其中的脂肪酸大部分是不饱和脂肪酸，所以这一类脂肪的熔点低，并且也很容易消化；另一类是陆生动物脂肪，其中含有大量饱和脂肪酸和少量不饱和脂肪酸。奶类的脂肪中除含有一般的饱和与不饱和脂肪酸外，经常还有大量短链脂肪酸，这是婴儿发育所必需的。

植物性脂肪如棉籽油、花生油、菜籽油、豆油等，其脂肪主要含不饱和脂肪酸，而且亚油酸含量很高，占脂肪总量的40%～50%，但椰子油除外，它的脂肪酸主要是饱和脂肪酸。一般食用油因为加工工艺的问题，在制油过程中不饱和脂肪酸会被大量破坏，造成普通食用油中的亚麻酸、油酸含量很少。

3. 人体内脂肪分布

正常人体内脂类占体重的15%～30%，肥胖者可高达60%，其中95%均为脂肪。人体内多种组织（肌肉、肝脏、肠、大脑）含有脂肪，但大部分脂肪均以甘油三酯的形式储存在脂肪细胞内，形成脂肪组织。以下着重介绍人体内血液循环中的脂类、肌内甘油三酯以及脂肪组织中的甘油三酯。

（1）血脂：人们常说的血脂是血浆中的脂肪（甘油三酯）和类脂（磷脂、固醇类）的总称，主要成分是甘油三酯和胆固醇。它们并非单独存在，而是与载脂蛋白（apoprotein）结合形成脂蛋白，以脂蛋白的形式被转运，主要功能是运输脂类，参与脂类代谢。

根据血浆脂蛋白的比重或电泳速度可分为α-脂蛋白［高密度脂蛋白（HDL）］、β-脂蛋白［低密度脂蛋白（LDL）］、前β-脂蛋白［极低密度脂蛋白（VLDL）］和乳糜微粒（CM）四部分。具体见表2-4-1。

表2-4-1 血浆脂蛋白的分类、组成及功能

分类		乳糜微粒（CM）	极低密度脂蛋白（前β-脂蛋白）VLDL	低密度脂蛋白（β-脂蛋白）LDL	高密度脂蛋白（α-脂蛋白）HDL
组成（%）	蛋白质	0.5～2	5～10	20～25	50
	脂类	98～99	90～95	75～80	50
	甘油三酯	80～95	50～70	10	5
	磷脂	5～7	15	20	25
	胆固醇	1～4	15	45～50	20
来源		小肠	肝	由CM与VLDL降解产生	肝
功能		运输外源性甘油三酯及胆固醇	运输内源性甘油三酯及胆固醇	运输内源性胆固醇和胆固醇酯，调节周围组织胆固醇的合成	调节CM与VLDL的运输、降解和胆固醇酯代谢（逆向转运胆固醇）

资料来源：张爱芳. 实用运动生物化学. 北京体育大学出版社，2005。

LDL是由VLDL转化而来，二者是运输内源性胆固醇（肝内合成）的主要形式，CM主要运输外源性胆固醇，还可以经过一系列反应转化为HDL，HDL可以将周围组织的胆固醇转移至肝脏和小肠进行降解和代谢，防止胆固醇在血管壁沉积，并可转运已经沉积的胆固醇。

（2）肌内脂肪（肌内甘油三酯）：骨骼肌细胞中的甘油三酯以脂滴的形式储存，主要分布在线粒体周围。骨骼肌中甘油三酯总储量为100～600g，其含量受肌纤维类型、营养状况、耐力训练情况等多种因素影响。人体中I型肌纤维（慢肌纤维）中甘油三酯含量高于II型肌纤维（快肌纤维），IIb型肌纤维含量最低，这与各类肌纤维代谢特点有关。

（3）人体脂肪组织：脂肪细胞中甘油三酯以脂滴的形式储存，大量群集的脂肪细胞构成了脂肪组织。脂肪组织是人体内特殊的组织结构，不仅参与机体构建和能量储存，还是重要的内分泌器官。人体中的脂肪组织可以按照不同的分布位置和颜色进行分类。

根据位置分布差异，人体脂肪组织分为皮下脂肪组织和内脏脂肪组织。

皮下脂肪组织是储存量最为丰富的脂肪组织，约占总脂肪量的80%，含有更多的血管和平滑肌，因含不饱和脂肪酸较多，故熔点低而流动度大，有利于在较冷的体表温度下仍能保持液态，从而进行各种代谢；内脏脂肪组织中的脂肪约占总脂肪的15%，熔点较高，常处于半固体状态，有利于保护内脏器官，防止体温丧失，其中的动脉和神经分布更为密集，含有更多的淋巴细胞和白细胞，与炎症反应和代谢性疾病的关系更加密切。临床证据表明，内脏脂肪的分解供能要比皮下脂肪更明显，内脏脂肪分解释放大量的游离脂肪酸进入门静脉循环，运送到非脂肪组织，造成甘油三酯沉积代谢变化和胰岛素敏感性的降低，因此，内脏脂肪过多堆积容易导致胰岛素抵抗、血脂紊乱、糖尿病和心血管疾病。人类脂肪组织的分布呈明显的性别差异，皮下脂肪中雌激素和孕激素受体浓度较高，内脏脂肪中雄激素受体浓度较高，因此，雌激素可以促进皮下脂肪堆积，而雄激素可以促进内脏脂肪堆积。绝经后的女性雌激素含量减少，形成雄激素相对升高状态，因此，皮下脂肪含量直线下降，而内脏脂肪含量直线上升。

人体的脂肪组织按照颜色的不同，可以分为白色（黄色）脂肪组织、棕色脂肪组织和米色脂肪组织。三者的形态、分布及功能也不尽相同。白色脂肪组织通常呈黄色，在某些哺乳动物体内呈白色，构成它的脂肪细胞富含脂滴，并以此形式储存能量，脂滴所占体积可达细胞的90%以上，主要分布在皮下组织、网膜和肠系膜等处，是体内最大的能源库，具有机械保护、保持体温和参与脂肪代谢的特点。棕色脂肪组织，由于构成它的脂肪细胞中除含大量脂滴外，还含有大量线粒体，血液供应丰富，且由于线粒体中细胞色素多而使其呈棕色，主要分布在新生儿的肩胛间区、腋窝和颈后部，成人的棕色脂肪主要集中在锁骨上区、颈部、腋窝、纵膈、脊柱旁和上腹部等处，在消耗能量产热、调节体温及代谢性疾病方面有着重要意义。米色脂肪是一种特殊类型的脂肪，是存在于白色脂肪组织中却类似于棕色脂肪组织的一类脂肪。动物实验的结果表明，只有当啮齿类动物长期暴露在寒冷环境中，或者长期使用β-肾上腺素，其皮下白色脂肪组织中的米色脂肪才会发生形态学和生物学特征改变，变成棕色脂肪。

在人类出生前，棕色脂肪就开始发育，婴儿时期达到高峰并发挥主要的生理功能，由于婴儿体表面积与体脂比值较高，体温散失较快，棕色脂肪组织可以及时分解产热以维持体温，随着个体的发育，在体脂逐渐增加后，棕色脂肪逐渐减少，白色脂肪组织也随之增多，到了成年期体内仅有少量的棕色脂肪存在。白色脂肪在出生后才开始发育，随个体成长而逐渐生长发育，并终身存在。

研究发现，棕色脂肪组织的数量和质量与机体的胖瘦有直接的关系。消瘦人群、正常体重人群和肥胖人群三者相比，除了机体所含的白色脂肪组织明显依次递增，棕色脂肪组织也呈现明显的依次递减现象，同时，棕色脂肪组织中的线粒体所含的特有蛋白质“脱偶合因子”也明显减少而且活性下降。因此，肥胖者由于棕色脂肪组织数量较少或功能障碍，导致产热功能失调，在体内能量过多时，大部分就转化为白色脂肪储存起来，而不是以热能的形式被消耗。

二、类脂的构成与分类

类脂主要包括磷脂与固醇类。

（一）磷脂

含有磷酸的脂类称为磷脂，具有亲水性和亲脂性的双重特性。磷脂按其组成结构可以分为两类：一类是磷酸甘油酯，常见的有卵磷脂、脑磷脂等；另一类是神经鞘磷脂，与卵磷脂并存于细胞膜外侧，是膜结构的重要磷脂。

磷脂主要存在于大脑、神经、肝脏等组织中，且可以在机体的许多组织内合成、利用、分解等，其中在肝脏内的合成最为活跃，在小肠内被酶水解为甘油、脂肪酸、磷酸、胆碱，然后再被吸收。因此，磷脂不仅是构成生物细胞膜（包括线粒体膜）的重要组成成分，同时也可以通过水解产物进行供能（脂肪酸）、改善神经系统功能（胆碱）。此外，磷脂还可以使体液中的脂肪悬浮在体液中（乳化剂作用），有利于其吸收、转运和代谢，并有利于胆固醇的溶解和排泄，对预防心血管疾病具有一定作用。

人体除自身能合成磷脂外，每天从食物中也能得到一定量的磷脂。含磷脂丰富的食物有瘦肉、蛋黄和脑、肝、肾等动物内脏，其中蛋黄所含卵磷脂最多，可达9.4%。在植物性食物中，大豆所含的磷脂最丰富，含量可达1.5%～3%，因此，经常食用大豆制品，有益于保护细胞膜、延缓衰老、降血脂、防治脂肪肝等。另外，一些植物种子，如向日葵籽、亚麻籽、芝麻籽等也含有一定量的磷脂。

（二）固醇类

固醇类包括胆固醇、胆固醇酯与植物固醇。

胆固醇是人体中主要的固醇类化合物，肝脏是合成胆固醇的重要场所，并可将血浆脂蛋白分子中的胆固醇及卵磷脂分子中的脂肪酸结合成胆固醇酯。动物性食物所含的胆固醇，有些也是以胆固醇酯的形式存在的，所以，膳食中的总胆固醇是胆固醇和胆固醇酯的混合物。在动脉粥样硬化病灶中，堆积在动脉壁的脂类以胆固醇酯最多。

人体内90%的胆固醇存在于细胞内，它与磷脂组成的复合物构成细胞的各种膜性结构，此外，胆固醇也是人体内固醇类激素（如性激素、皮质醇等）、胆汁酸的合成原料，同时，它还可在体内转变成7-脱氢胆固醇，后者在皮肤中经紫外线照射可转变成维生素D_3。

人们从每天的膳食中可摄入300～500mg的外源性胆固醇，主要来自肉类、肝、内脏、脑、蛋黄和奶油等，膳食胆固醇的吸收率为30%。

除膳食以外，人体还可以合成内源性胆固醇，肝脏和肠壁细胞是体内合成胆固醇最旺盛的组织，大脑虽富含胆固醇，但合成能力低，主要由血液提供。机体在正常情况下具有调整胆固醇平衡的功能，一般正常人血浆胆固醇浓度为1500～2500mg/L，如果机体内分泌或者血脂代谢失调、长期过度紧张、活动量不足，或者患有高血压、肥胖症等病症，都可以引发体内的胆固醇调节功能紊乱，导致胆固醇的合成大于分解而失去平衡。人体的胆固醇合成代谢受能量及胆固醇摄入量、膳食脂肪摄入种类、甲状腺素水平、雌激素水平、胰岛素水平等影响和调节，如植物固醇、膳食纤维等营养素可以减少胆固醇的吸收而增加排泄；胆汁酸是促进胆固醇吸收的重要因素，食物中脂肪不足也会影响胆固醇的吸收；饱和脂肪酸过高可使血浆胆固醇升高，不饱和脂肪酸可使血浆胆固醇降低。

值得注意的是，近些年的研究证明，对健康人群胆固醇的摄入不可过于严格限制，且适量的胆固醇被认为是人体必需的，可以帮助修复受损的血管壁；但对膳食胆固醇敏感的人群和代谢障碍的人群（糖尿病、高血脂、动脉粥样硬化、冠心病等），必须强调严格控制膳食胆固醇和饱和脂肪的摄入。

植物中不含胆固醇，所含有的其他固醇类物质统称为植物固醇，又称为植物甾醇，其固醇的环状结构和胆固醇完全一样，只在侧链有所不同。由于它们结构上的类似，植物固醇在消化道内吸收时与胆固醇竞争，降低胆固醇的吸收，因而能降低血中胆固醇。

三、脂类的消化与吸收

日常饮食中的脂类主要是甘油三酯、少量磷脂，以及胆固醇。

（一）脂肪的消化与吸收

由于唾液中无消化脂肪的酶，胃液的酸性很强且含脂肪酶较少，所以脂肪在胃内几乎不被消化，脂肪的消化吸收主要是在小肠进行的。脂肪进入人体后，经过咀嚼和胃的蠕动作用后被磷脂乳化成细小油珠后排入小肠腔内，与肝脏分泌到小肠内的磷脂胆固醇复合体相结合，形成胆汁酸盐微团。继而，小肠蠕动又可使微团中的脂肪油珠转化成脂肪小滴，如此就可以增加酶与脂肪分子的接触，然后被胰脂肪酶水解为甘油和脂肪酸。胃肠内约70%的甘油三酯被水解为两分子脂肪酸和甘油单酯，其余约20%的甘油三酯被小肠黏膜细胞所分泌的肠脂肪酶进一步水解为脂肪酸及甘油，水解后的小分子，如甘油、短链和中链脂肪酸，被小肠吸收进入血液，还有少量未被消化的脂肪随胆汁酸盐由粪便排出身体。

食物中的油脂大部分都是由长链脂肪酸所构成的甘油三酯，主要是含16碳和18碳的脂肪酸。甘油单酯和长链脂肪酸被吸收后，必须在小肠黏膜细胞内重新再合成为甘油三酯后，通过VLDL（极低密度脂蛋白）作为载体以乳糜微粒（CM）的形式进入血液循环中。而由中链脂肪酸组成的甘油三酯则不经肠腔的胰脂肪酶消化，不需胆盐就能完整地被吸收入小肠黏膜细胞的绒毛上皮或细胞内，由酶催化分解产生的脂肪酸直接扩散进入门静脉，在血液中与血浆白蛋白呈物理性结合，经由门脉循环直接运送到肝脏参与机体组织代谢。

（二）类脂的消化与吸收

磷脂的消化吸收和甘油三酯相似，磷脂的消化产物为游离脂肪酸和溶血磷脂，它们一同渗入肠道内微胶粒中，通过与甘油三酯水解产物相同的过程被吸收。胆固醇则可直接被吸收，如果食物中的胆固醇和其他脂类呈结合状态，则先被酶水解成游离的胆固醇，再被吸收。胆固醇是合成胆汁酸的主要成分，胆汁酸在乳化脂肪后，一部分被小肠吸收，由血液到肝脏和胆囊，通过肠肝循环被重新利用；另一部分和食物中未被吸收的胆固醇一道，被膳食纤维（主要为可溶性纤维素）吸附由粪便排出体外。

一些因素会影响胆固醇的吸收，如膳食中的脂肪和饱和脂肪酸会增加胆固醇的吸收；植物固醇（如豆固醇、谷固醇等）在肠道的吸收率较低，会抑制胆固醇的吸收；膳食纤维由于其易和胆盐结合，阻碍微粒的形成，也会降低胆固醇的吸收；此外，肠道菌群还可以使胆固醇还原为类固醇来降低胆固醇的吸收；随着年龄的增长，胆固醇的吸收率逐渐增高，绝经后的女性尤为明显。

第二节　脂类的功能

一、储存和提供能量

脂肪常处于分解（供能）与合成（储能）的动态平衡中。当机体能量摄入大于能量的消耗时，多余的热量就会储存起来，转化成机体的脂肪；当机体能量摄入小于能量消耗时，就需要动用机体储存的脂肪产生能量。1g脂肪在体内完全氧化分解所产生的能量约9kcal，是三大供能营养素中能量密度最高的一种。大多数组织均能够氧化脂肪酸，但脑组织除外，因为脂肪酸不能通过血脑屏障，不能给大脑供能。一般合理膳食中总能量的20%～30%由脂肪提供为宜。

二、构成身体成分

正常人按体重计算含脂类为15%～30%，肥胖的人可高达60%左右。人体内的脂肪绝大部分是以甘油三酯形式储存于脂肪组织内，多分布于腹腔、皮下、肌纤维间，即储存脂肪（stored fat），可受营养状况和机体活动的影响而增减，故又称为可变脂，具有参与代谢、保护内脏、防止体温丧失等作用。人体中的类脂，特别是胆固醇和磷脂，是生物膜的重要组成成分，约占总脂的5%，这类脂类比较稳定，不太受营养和机体活动状况影响，故称为定脂。线粒体膜、核膜、神经髓鞘膜以及红细胞膜是机体主要的生物膜，其结构和功能与所含脂类成分有密切关系，许多酶蛋白均与膜上的脂类结合而存在并发挥作用。此外，胆固醇是人体内许多重要的生物活性物质的合成原料，如胆汁、性激素（如睾酮）、皮质醇、维生素D等。

三、供给必需脂肪酸，促进脂溶性维生素吸收

必需脂肪酸只能通过饮食摄取，与机体多项重要机能相关。食物脂肪中同时含有各类脂溶性维生素，如维生素A、D、E、K等，脂肪不仅是这类脂溶性维生素的食物来源，也可促进它们在肠道中的吸收。

四、内分泌功能

人体的脂肪组织除了储存能量外，还具有一定的内分泌功能，目前已经发现，脂肪组织可以分泌瘦素、白细胞介素-6、白细胞介素-8、雌激素、胰岛素样生长因子、脂联素等。

五、其他

食物磷脂可改善心血管和神经系统功能；且脂肪作为食品烹调加工原料，能够增强食物美味；此外，脂肪可以增加饱腹感，节约蛋白质，保护脏器和维持体温等；腹腔中的大量脂肪还可以润滑胃肠道蠕动，皮脂腺分泌的油脂也可以起到润肤保湿的功能。

第三节　脂肪与运动的关系

脂肪是人体能量的主要来源和最大储能库。作为能源物质，脂肪优于糖类的特点是：第一，能量密度相对较高（脂肪为9kcal/g，糖类为4kcal/g）；第二，在体内储量大，正常体重的成人体内糖原储备量为1000～2000kcal，而正常体脂含量为10%～30%的个体中，甘油三酯储备量一般为50000～100000kcal，理论上可以在无额外摄入能量的情况下步行或跑步800～1600km；第三，完全氧化时，每分子甘油三酯比葡萄糖能提供更多的ATP分子（147：38）；第四，脂肪以无水形式储存，而糖原以水合物的形式储存，因此，储能相同时脂肪重量较小。由此可见，脂肪不但是人体的最大能量库，还是最佳的能量储存形式，当机体能量摄入超过能量消耗时，更倾向于通过合成脂肪储存能量。

各种能源物质供能的比例主要取决于运动强度及运动持续时间。一般来讲，运动强度越小，持续时间越长，依靠脂肪氧化供能占人体总能量代谢的比例就越高。人体在运动过程中，脂肪组织（皮下、内脏）储存的甘油三酯、骨骼肌细胞内储存的甘油三酯和血浆中的甘油三酯，都可以被调动作为供能物质。运动时脂肪参与供能的形式主要有三种：第一，以脂肪酸的形式供给体内大多数组织如骨骼肌、心肌等氧化利用，是脂肪供能的主要形式；第二，以酮体（乙酰乙酸、β-羟丁酸和丙酮）形式，供给骨骼肌、中枢神经系统氧化利用；第三，以甘油的形式作为糖异生主要底物，在肝脏异生为糖，对维持血糖稳定起主要作用（详见本篇第三章）。

一、运动与脂肪酸代谢

（一）运动时脂肪组织甘油三酯的供能

人体中大部分脂肪均储存在脂肪组织中，其中白色脂肪组织由于线粒体数量较少，必须将甘油三酯从脂肪组织中动员出来并释放至血液中，然后通过血液运送到相关组织加以利用。运动时，脂肪主要在工作肌中氧化利用。

1. 脂肪组织内脂肪酸的动员

在脂肪细胞内，脂肪首先被甘油三酯脂肪酶水解成甘油二酯和脂肪酸，甘油二酯相继被甘油二酯脂肪酶和甘油一酯脂肪酶水解成甘油和脂肪酸。其中，甘油三酯脂肪酶是脂肪分解的限速酶，因对激素敏感，故称激素敏感脂肪酶。肾上腺素、胰高血糖素、肾上腺皮质激素是激素敏感脂肪酶的激活剂，加速脂肪分解作用，而胰岛素具有抑制脂肪分解的作用，具体见图2-4-2。运动时肾

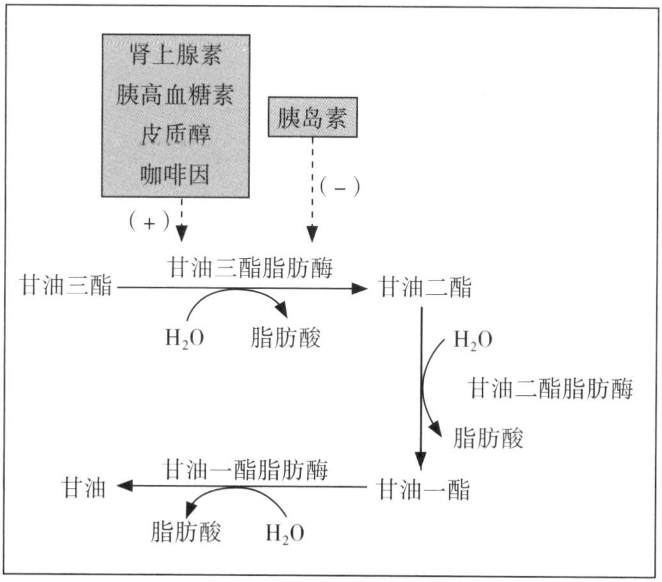

图2-4-2　脂肪酸动员过程及其调节

（引自：张爱芳，2005）

上腺素、胰高血糖素、皮质醇分泌增加，胰岛素分泌减少，加速了脂肪组织中甘油三酯的水解作用，脂肪细胞内的甘油和脂肪酸浓度明显增加。

静息状态下，人体脂肪组织中脂肪水解产生的脂肪酸大约30%进入血液循环，70%会在脂肪细胞内重新酯化合成脂肪，这一过程称为甘油三酯—脂肪酸循环，如图2-4-3所示。在进行30分钟强度为40%$\dot{V}O_2max$运动时，大约只有25%的脂肪酸再酯化，75%的脂肪酸将释放进入血液循环供运动肌摄取利用。可见，维持适当的运动有利于增加脂肪酸动员。

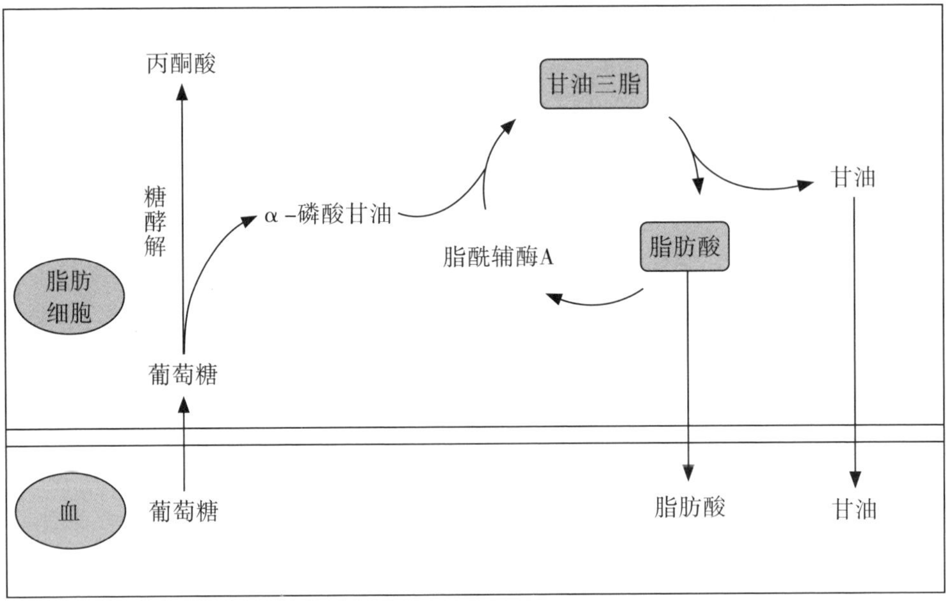

图2-4-3　脂肪组织内甘油三酯-脂肪酸循环

（引自：张爱芳，2005）

这一现象可以从两方面进行解释：第一，由于脂肪细胞中缺乏磷酸甘油激酶，不能直接利用脂肪水解所生成的甘油重新合成甘油三酯（参见图2-4-3），在脂肪组织中再合成甘油三酯所必需的α-磷酸甘油，是由脂肪细胞摄取血浆葡萄糖，再经葡萄糖的糖酵解过程间接形成的；当运动达到稳态时，血浆葡萄糖浓度处于低水平，脂肪组织内α-磷酸甘油缺乏，脂肪酸再酯化的速率降低，促使大量脂肪酸释放进入血液循环。第二，脂肪组织的血流量与脂肪酸动员作用关系密切，研究证明，长时间中等强度运动时脂肪组织的血流量约增大3倍左右，因此，运动时脂肪组织血流量增加，使脂肪水解生成的脂肪酸及时运出脂肪细胞，从而使脂肪酸动员作用加强。

此外，脂肪水解产生的甘油在脂肪细胞内既不能被氧化分解，也不能重复利用再合成甘油三酯，而是全部透过细胞膜，进入血液循环被其他组织（肝、肾）摄取利用，且骨骼肌中也缺乏磷酸甘油激酶，因此，甘油在骨骼肌中氧化供能的意义也不大。甘油是一种三碳物质，它可以在肝脏转化为葡萄糖以维持血糖的稳定，同时也能像碳水化合物一样氧化。此外，甘油也具有明显的保湿效果，这一作用可用于日常护肤以及促进机体水合应用等方面。

值得注意的是，机体内甘油除经脂肪分解生成外，不能经其他方式由机体生成，此外，无论脂肪组织还是骨骼肌中脂肪分解释放的所有甘油，均会出现在血液中，因此，血液中甘油浓度可作为判断脂肪分解程度的指标，由于甘油糖异生作用的存在，血液甘油浓度代表代谢动态平衡时的浓度。

2. 脂肪酸在血液中的运输

没有被酯化的脂肪酸称为游离脂肪酸（free fatty acid，FFA）。由脂肪分解的甘油与FFA透过脂肪细胞膜和毛细血管内皮细胞进入血液循环。甘油为水溶性物质，容易在血液中运输；FFA水溶性差，在血液中主要以血浆白蛋白为载体进行运输，因此，血浆白蛋白浓度、血浆白蛋白与FFA的结合能力，以及血流速度、血流量就成为脂肪酸在血液运输的重要限制因素。

血浆白蛋白浓度相对稳定，大约在0.6mmol/L，每分子白蛋白大约可结合10分子FFA。在正常静息状态，人的血浆FFA浓度较低，大约为0.1mmol/L，比血液中葡萄糖浓度低得多，但由于在白蛋白协助下，血浆FFA转运较快，因此脂肪，尤其是血浆FFA，仍是机体静息状态的基本燃料。

长时间中等强度运动中，当运动刚开始约10分钟内，由于流经脂肪组织的血流量下降约50%，此时脂肪的脂解速度和脂肪酸的释放相对滞后，骨骼肌大量摄取脂肪酸，导致血浆FFA浓度下降；运动到30分钟及以上时，根据上一点描述，工作肌摄取利用血浆FFA供能增多，通过神经和激素调节等作用以及血流量变化使脂肪组织中水解作用加强，血浆FFA浓度显著升高，3～4小时达到运动中的最高浓度，可比静息状态上升约20倍，由0.1mmol/L增加到接近于2mmol/L，因此，血中FFA与血浆白蛋白比值也由静息状态的0.2上升到3～4。值得注意的是，当血浆白蛋白已大量与脂肪酸结合后，继续进行脂肪水解作用必然使得血液中未与白蛋白结合的FFA增多，由于FFA水溶性差，可能在血液中形成微胶粒，对人体产生一定的危害，如微胶粒会损伤细胞膜；增加血小板的黏集而引起血栓形成；血管阻力增大，影响血液灌注及物质的运输；干扰心脏电传导，甚至引起心律失常。可见，这与运动性猝死的发生有重要相关性。

而运动时增加脂肪组织、骨骼肌的血流量和血流速度，可部分代偿因血浆白蛋白运载脂肪酸饱和而降低血液运输脂肪酸的能力。因此，日常规律性锻炼、运动前充分热身以及运动期间合理补液以确保血流量和血流速度，可以保证运动健身的安全性。

此外，纽斯赫姆（Newshome）等人于1982年对比了不同生理状态下人体血液FFA浓度，如表2-4-2所示，可以认为血浆FFA浓度上限为2mmol/L。因此，血液运输FFA的能力是有限的，在人体内存在着一系列防止脂肪酸过度动员的调节机制，这也是脂肪储量虽多，但在运动中骨骼肌不可能在单位时间内过多摄取利用脂肪供能的重要原因之一。

表2-4-2 不同生理状态人血浆游离脂肪酸（FFA）浓度（mmol/L）

生理状态	血浆游离脂肪酸
空腹	0.1
正常进食后	0.3～0.6
运动应激（赛艇）	1.72
饥饿（8天后）	1.88
长时间运动（4小时）	1.83

（引自：Newshome，1982）

3. 脂肪酸跨细胞膜转运

脂肪酸在血液中运输时需要与血浆白蛋白结合，在通过毛细血管内壁以及细胞膜时需要与白蛋白分离后才可以转运。运动时，随着血浆FFA浓度逐渐升高，骨骼肌对血浆FFA的摄取利用也相应增加。近期研究发现，细胞膜上存在脂肪酸运载蛋白，故脂肪酸最终通过相应转运蛋白或转运酶跨细胞膜进入肌细胞进行氧化。

4. 脂肪酸在肌细胞内的氧化

进入肌细胞浆后的脂肪酸可酯化为甘油三酯储存，或进入线粒体经β-氧化供能。当进行氧化供能时，脂肪酸活化生成脂酰辅酶A（脂酰CoA），此过程在胞浆中进行，但催化脂酰辅酶A进行β-氧化的酶系存在于线粒体基质内。因此，活化的脂酰辅酶A必须进入线粒体基质，才能最终参与三羧酸循环进行有氧分解代谢。中、短链脂酰辅酶A可直接穿过线粒体膜进入线粒体基质，而长链脂酰辅酶A进入线粒体需要肉碱的转运。因此，机体缺乏肉碱的情况下，脂肪酸供能能力下降，对于肉碱缺乏的运动人群而言，合理补充肉碱对改善运动能力有积极作用。

综上所述，运动时脂肪组织中甘油三酯的供能能力依赖于脂肪组织内脂肪水解程度、血液脂肪酸转运能力、肌肉摄取血浆脂肪酸的速度，以及肌内储存脂肪的分解和利用情况。低强度运动（25%～40%$\dot{V}O_2max$）时，血浆FFA可满足绝大部分脂肪供能；在短时间极量或高强度运动（大于80%$\dot{V}O_2max$）中，骨骼肌摄取血浆FFA的数量不多；但在长时间中等强度的运动中，如运动强度在60%～70%$\dot{V}O_2max$、超过20～30分钟的长时间运动中，血浆FFA持续而缓慢地升高，肌细胞摄取血浆FFA供能比例增大，如运动40、180分钟，脂肪酸供能分别占总能耗的37%、50%，当血浆FFA浓度接近2mmol/L时，骨骼肌氧化脂肪酸供能约占总能耗的62%。可见，骨骼肌对血浆FFA的摄取和利用，在耐力性运动能量供应中占重要地位。

从长时间运动时血浆FFA变化规律来看，运动刚开始时，血浆FFA浓度降低，10～15分钟后逐渐上升并超过基础值，在运动3～4小时后达到最高水平，接近2mmol/L。但血浆FFA峰值往往出现在运动结束后10～15分钟，再逐渐下降至安静水平（0.2～0.5mmol/L）。这是由于运动结束后，虽然骨骼肌摄取和利用脂肪酸的速率立即减弱，但由运动引起的脂肪组织高水平脂解速率还需要通过一系列调节才能逐渐恢复。

（二）运动时血浆脂蛋白中甘油三酯的供能

血浆脂蛋白中的甘油三酯主要存在于CM和VLDL。当血液流经骨骼肌、心肌及脂肪细胞的毛细血管时，存在于毛细血管内皮细胞表面的脂蛋白脂肪酶（LPL）催化血浆脂蛋白分子中的甘油三酯分解产生甘油和脂肪酸进入组织细胞被利用。禁食或运动时，心肌和骨骼肌的LPL活性增高，但脂肪组织的LPL活性下降，这有利于脂肪酸在心肌和骨骼肌中氧化供能，并抑制脂肪细胞摄取脂肪酸用于脂肪合成。在长时间耐力运动时，血浆VLDL和CM中甘油三酯氧化供能仅占脂肪氧化总量的10%以下。

研究报道，优秀健身运动人群的血脂指标中HDL含量高，且与最大摄氧量、相对体重相关。合理适度的运动，可通过增加脂质转换和处理，降低血浆甘油三酯及低密度脂蛋白胆固醇（LDL-C）水平，增加高密度脂蛋白胆固醇（HDL-C）水平，延缓动脉粥样硬化的进程。

（三）运动时骨骼肌内甘油三酯的供能

运动时，骨骼肌氧化的脂肪酸依靠肌内甘油三酯（肌内脂肪）水解和摄取血浆FFA。肌内脂肪供能的速率、比例以及数量，与运动强度、运动持续时间、肌纤维类型等因素有关。

当进行85%$\dot{V}O_2max$高强度运动时，虽然肌内脂肪氧化占总脂肪氧化量的40%～50%，但总脂肪氧化量仅占总能耗的10%～15%。当进行25%$\dot{V}O_2max$低强度运动时，肌内脂肪氧化占总脂肪氧化的比例小于10%，此时机体主要靠血浆FFA进行供能；当增加运动强度以65%$\dot{V}O_2max$运动60分钟时，肌内脂肪氧化占总脂肪氧化总量的50%，随着运动时间延长至120分钟时（65%$\dot{V}O_2max$），血浆FFA氧化供能再次占主要地位，肌内脂肪氧化占总脂肪氧化总量约30%。可见，在中、低强度范围内（25%～65%$\dot{V}O_2max$），随运动强度增大，肌内脂肪占脂肪氧化总量的比例相应增加，在65%$\dot{V}O_2max$强度运动时，随时间延长（60～120分钟），肌内脂肪占总脂肪氧化比例逐渐降低，而血浆FFA氧化比例相应增加。因此，中、低强度（65%$\dot{V}O_2max$）长时间运动有利于全身脂肪氧化供能，可作为运动减脂的理论依据。

运动时，肌内脂肪的利用也与肌纤维类型有关。Ⅰ型慢肌纤维中的线粒体含量更多、数目更大、酶活性更高，因此，氧化脂肪酸的能力更强。中等强度运动时，募集的Ⅰ型慢肌纤维较多，主要消耗Ⅰ型肌纤维内的脂肪；中到大强度剧烈运动时主要动员Ⅱ型快肌纤维，Ⅱ型肌纤维内的脂肪消耗占优势。

（四）影响运动时脂肪供能的因素

根据上述人体内各种储存脂肪的供能情况可知，增加各组织中脂肪分解供能的能力，一方面代表减脂效应的达成，如减肥与降血脂；另一方面也预示着耐力运动表现的提升。而运动时机体对各种供能物质的利用比例，主要取决于运动强度、运动持续时间、训练水平以及运动前饮食。

1. 运动强度和运动时间

人在静息状态或运动时混合利用糖类和脂肪供能。在静息状态下测试机体的呼吸商约为0.86，骨骼肌呼吸商接近0.7，说明安静时机体脂肪酸氧化供能占人体总能耗的50%左右（表2-4-3），而骨骼肌则以氧化脂肪供能为主。随着运动强度与持续时间的不同，糖类与脂肪供能比例也不同（参见图2-3-5）。一般来说，随着运动强度的减少，运动持续时间的延长，依靠脂肪氧化供能占人体总能耗的比例增加。表2-4-3展示了在50%$\dot{V}O_2max$强度持续4小时运动中脂肪供能比例的情况。

表2-4-3 人体静息状态和运动时（50%$\dot{V}O_2max$）糖类、脂肪供能比列（%）

状态 分类	静息状态	运动			
		1小时	2小时	3小时	4小时
糖类	54	27	20	17	13
脂肪	46	73	80	83	87

（引自：Bulow，1981）

如前所述，在短时间激烈运动时，肌肉选择输出功率较大的磷酸肌酸和糖酵解供能为主，脂肪酸几乎不被利用；当以大于60%～65%$\dot{V}O_2max$强度、持续时间短于60分钟运动时，机体以糖的有氧代谢和无氧代谢作为主要的供能方式；而在低于60%～65%$\dot{V}O_2max$强度的长时间运动中，尤其是在65%$\dot{V}O_2max$强度的超长时间运动中，脂肪成为运动肌的重要供能物质。因此，60%～65%$\dot{V}O_2max$强度时脂肪氧化效率最高，维持此强度进行长时间运动可作为有减脂需求人群的运动方式。

2. 耐力训练

经耐力训练后，在进行中高强度运动时，脂肪供能作用在总能量消耗中所占比例增加（图2-4-4），这对于运动中节省糖类利用，提高运动能力有重要意义。训练水平高的健身运动人群氧化利用脂肪酸的能力更强，这与系统运动训练使骨骼肌线粒体数量与体积、单位肌肉毛细血管密度、有氧代谢酶及脂肪分解酶或

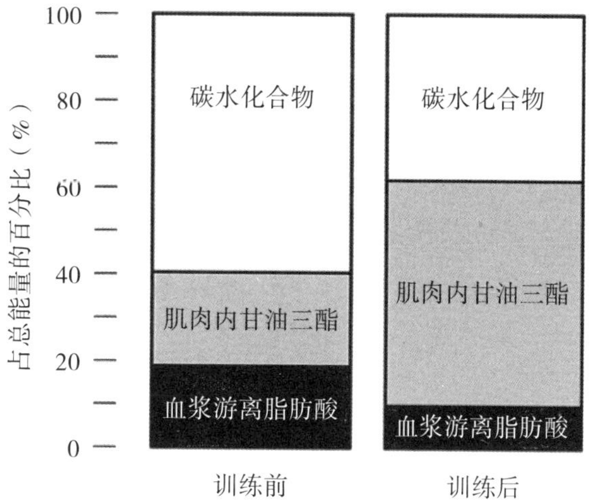

图2-4-4 耐力训练后脂肪依赖性的变化

改编自：Martin WH，Dalsky GP，Hurley BF，et al. Effect of endurance training on plasma free fatty acid turnover and oxidation during exercise. Am J Physiol，1993，265（5）：E708-714. 经美国生理学会授权使用。

脂蛋白酶活性增加有关，同时存在脂肪酸动员、运输、摄取等过程对运动训练的适应。研究报道，高水平马拉松运动人群在70%$\dot{V}O_2max$强度运动1小时，其75%的能量来自脂肪，脂肪分解供能能力加强后，可节约糖原消耗，从而提高耐力。

3. 营养补充

运动期适当的营养补充可以在一定程度上影响脂肪供能情况，详见本章第五节。

二、运动和酮体代谢

（一）酮体代谢的意义

脂肪酸在肌肉等组织细胞内能够完全氧化成二氧化碳和水，但在肝脏内，脂肪酸经β-氧化作用产生的乙酰辅酶A，除直接进入三羧酸循环彻底氧化外，又能两两缩合生成乙酰乙酰辅酶A，后者进一步代谢生成酮体。因此，酮体是脂肪酸在肝脏分解氧化时的正常中间代谢产物，包括乙酰乙酸、β-羟丁酸和丙酮。

如第三章所述，肝脏中产生酮体，但缺乏利用酮体的酶系，因此主要在肝外组织如心肌、骨骼肌、肾脏和神经系统利用，这些组织中富含利用酮体的酶系，可将酮体最终彻底氧化成二氧化碳和水，并释放能量（图2-4-5）。

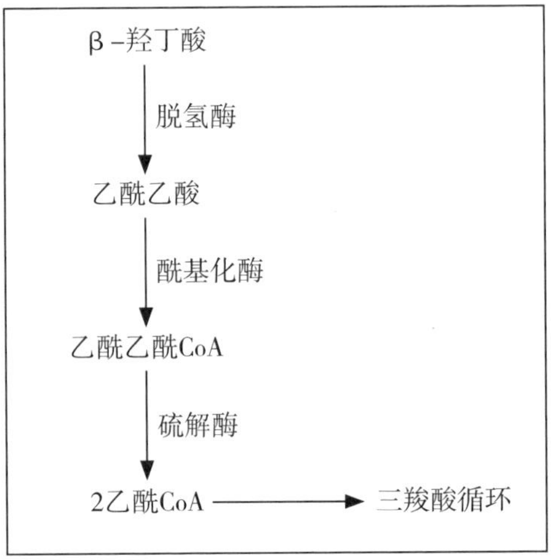

图2-4-5　酮体分解示意图

（引自：张爱芳，2005）

酮体可以通过血脑屏障和血管平滑肌的毛细血管，所以酮体可以作为大脑和肌组织的重要能源物质。与脂肪酸相比，酮体分子小、水溶性大，不必与血浆白蛋白结合，易在血液中运输，是肝脏快速输出能源的一种形式。长期有氧代谢训练使机体脂肪供能能力增强，酮体代谢旺盛，可抑制葡萄糖的摄取和利用，推迟糖原耗竭，从而提高机体的运动能力。酮体水平在一定程度上反映脂肪供能能力和机体利用酮体的能力。

（二）运动时酮体代谢调节

由于血浆白蛋白运载脂肪酸存在饱和情况，因此，人体内存在一系列防止脂肪酸过度动员的调节机制，酮体调节便是其中一种机制。如图2-4-6所示，当运动时血浆游离脂肪酸的浓度升高，酮体的生成作用也增强，正常情况下，血酮水平上升会刺激胰岛素的分泌，胰岛素的抗脂肪水解作用（参见图2-4-2）降低了脂肪酸的动员，从而维持血浆脂肪酸浓度的稳定；此外，酮体水平的升高也可以直接削弱脂肪组织的脂肪水解作用。所以，酮体通过直接作用和促进胰岛素分泌的间接作用降低脂肪水解速率，通过这种敏感的反馈调节，使血浆FFA浓度维持在一定水平。由此可见，酮体本身也是其生成的重要调节物。目前关于调控酮体利用速率的诸多因素仍知之甚少，许多问题仍处于进一步研究中。

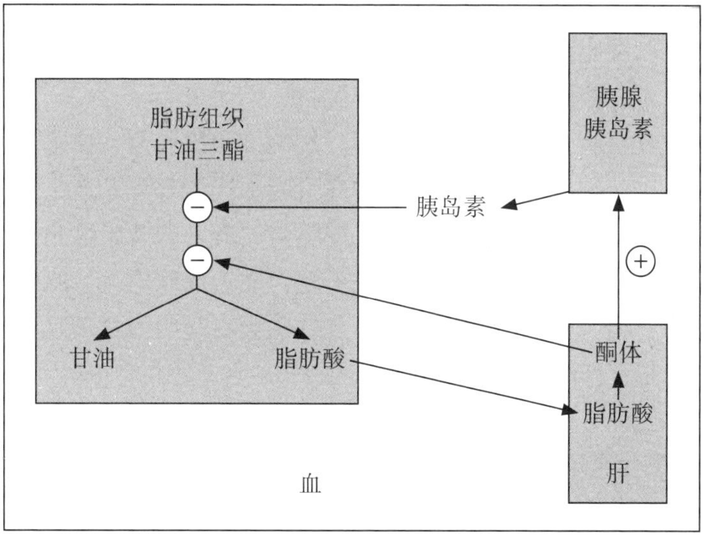

图2-4-6　酮体对脂肪组织脂解作用的反馈调节

（引自：冯美云，1999）

一般情况下，酮体生成量很少，但是在缺氧和糖类不足时，如剧烈运动、高原活动等，脂肪酸不完全氧化程度增加，酮体的生成大于酮体利用，使得体内酮体堆积，血中酮体堆积造成“酮血症”；随尿排出大量酮体即为“酮尿症”。大量研究证明，体内糖状况对肝脏酮体生成起关键调节作用，当体内糖类不足时，酮体生成显著增加。

高蛋白、高脂肪和低糖饮食的人群易出现运动后尿酮或血酮增多，其程度与总耗氧量呈正比，相同耗氧量而不同强度和持续时间运动后尿酮数量几乎相同，而长时间中等强度比短时间大强度运动更易发生运动后尿酮或血酮增多。当机体对酮体利用程度不高时，这种现象容易出现较为严重的酮酸中毒症状。

第四节　脂类缺乏与过量的危害和表现

一、脂类缺乏的危害和表现

脂肪摄入不足可能会导致必需脂肪酸的缺乏，必需脂肪酸缺乏会引起皮肤受损、生殖障碍、生长迟缓、外科创伤治愈慢，以及视觉、肝脏、肾脏和神经等多个器官异常。不同的脂肪酸缺乏的表现不同，n-3脂肪酸缺乏不影响生长，但学习能力下降、视力异常；而n-6脂肪酸缺乏引起生长停滞、皮肤疾病、生育受阻以及脂肪肝。此外，如果体内脂类不足或功能障碍，也会出现维生素A、D、E、K等脂溶性维生素缺乏的症状。

磷脂的缺乏会造成细胞膜结构受损，影响细胞膜修复，使毛细血管脆性和通透性增加，皮肤细胞对水的通透性增高引起水代谢紊乱，产生皮疹；如果摄入的磷脂不足，还可能会造成胆固醇代谢障碍；肝脏的磷脂酰胆碱含量很高，主要用于制造脂蛋白，如果磷脂酰胆碱不足，会造成肝内大量脂肪堆积，形成脂肪肝。此外，当机体长期脂类摄入不足，还会引起胆固醇不足，导致性激素等合成原料不足，影响正常生理过程。

二、脂类过量的危害和表现

脂肪细胞可以不断地储存脂肪，至今尚未发现其上限，所以人体会由于不断摄入过多能量而导致脂肪积累，从而诱发一系列问题。

长期过量摄入脂肪，导致脂肪代谢超过机体正常能力，血液中的甘油三酯含量增加，总胆固醇和LDL的水平异常升高，而HDL的含量下降。HDL又被称为“血管清道夫”，是一种抗动脉粥样硬化的血浆脂蛋白，是冠心病的保护因子。机体血液中的胆固醇浓度，被认为是心脏病发作和中风的先兆，与吸烟、高血压并列成为心血管病发作的最主要的三大危险因素。

此外，过量摄入脂类，会使机体患病风险增加。心脏的脂肪堆积会导致心脏肥大，罹患心脏病和猝死的概率大大增加；肺部和腹部的脂肪堆积会在人躺下时压迫肺部，造成呼吸急促、缺氧等情况；当脂肪进入消化系统时，还会扰乱新陈代谢，对肝脏等器官造成损害，引发脂肪肝、2型糖尿病和不孕等临床疾病。

第五节　脂类的需要量与食物来源

脂类是人体必需的营养素之一，它的缺乏或摄入过量都会对机体造成一定的危害。对于运动人群，似乎没有理由增加脂类的额外摄入，但是对于那些由于能量消耗巨大而难以维持体重的运动员（如越野滑雪者），或者必须维持较高体重的运动员（如橄榄球球员和相扑运动员等），适度增加膳食脂类是很有必要的，因为脂类的能量密度最大，有利于增加能量的摄入，还能够促进运动员的恢复，特别是细胞膜的修复。此外，增加脂肪的供能能力也对运动表现具有促进作用，因此，对于需要加强脂肪氧化供能能力的运动人群而言，在运动过程中还可以采取一些高效营养补充策略。

一、常规脂类需要量与食物来源

（一）脂类的膳食参考摄入量

根据《中国居民膳食营养素参考摄入量（2013版）》，中国营养学会推荐中国成人脂肪摄入量应占总能量的20%～30%，具体其他推荐值详见表2-4-4。有研究推荐，其中饱和脂肪酸、单不饱和脂肪酸、多不饱和脂肪酸的比例应为1：1：1，日本学者则建议3：4：3的比例更适宜，所以，三者之间的比例仍需要进一步的研究。

表2-4-4 中国居民膳食脂肪和脂肪酸参考摄入量

人群	总脂肪	饱和脂肪酸	n-6多不饱和脂肪酸（亚油酸）		n-3多不饱和脂肪酸			
	AMDR（%）	U-AMDR（%）	AI（%）	AMDR（%）	AI（%）	AMDR（%）	EPA+DHA	
							AI（mg/d）	AMDR（g/d）
0～	48（AI）	—	7.3	—	0.87	—	100（DHA）	—
0.5～	40（AI）	—	6.0	—	0.66	—	100（DHA）	—
1～	35（AI）	—	4.0	—	0.60	—	100（DHA）	—
4～	20～30	<8	4.0	—	0.60	—	—	—
7～	20～30	<8	4.0	—	0.60	—	—	—
18～	20～30	<10	4.0	2.5～9.0	0.60	0.5～2.0	—	0.25～2.0
60～	20～30	<10	4.0	2.5～9.0	0.60	0.5～2.0	—	0.25～2.0
孕妇乳母	20～30	<10	4.0	2.5～9.0	0.60	0.5～2.0	250（DHA 200）	—

资料来源：中国营养学会. 中国居民膳食营养素参考摄入量（2013版）. 2017。

注：AMDR-可接受范围；AI-适宜摄入量。

饱和脂肪酸多存在于动物脂肪和乳脂中，虽然可使血中LDL-C水平升高，与心血管疾病的发生有关，但因为其不易被氧化而产生有害的氧化物、过氧化物等，且一定量的饱和脂肪酸有助于HDL的形成，因此，人体不应完全限制饱和脂肪酸的摄入。此外，据多数研究报道，单不饱和脂肪酸在降低总胆固醇、LDL-C的同时，对HDL-C增加有益，这一作用对改善心血管功能具有较大意义。单不饱和脂肪酸的代表是油酸，茶油和橄榄油中油酸含量达80%左右，棕榈油中含量也很高，约40%。有研究发现，地中海地区的一些国家，每日脂肪摄入量占总能量的40%，但其冠心病发病率和血胆固醇水平均低于欧美国家，这可能与该地区居民的食用油为富含油酸的橄榄油有关。

关于膳食胆固醇摄入量的推荐暂未设定AMDR。国际系统综述（Trumbo and Shimakawa，2011）结果显示，即使胆固醇摄入量达到768mg/d，也未发现胆固醇摄入与心血管疾病发病和死亡有关。专家认为，目前仍缺乏胆固醇增加慢性病危险的阈值摄入量，而无法确定膳食胆固醇的摄入量上限。2000年版《中国居民膳食营养素参考摄入量》中对膳食胆固醇摄入量的推荐值是<300mg/d。

针对运动人群而言，可同样参照以上标准，也有专家推荐运动人群膳食中适宜的脂肪量为总热量的25%～30%，脂肪摄入量过高或过低均会降低运动能力，过多摄入脂肪会降低蛋白质和铁等营养素的吸收率，且脂肪代谢产物蓄积会降低耐力并引起疲劳，还可能引起高脂血症，因此，应适量限制健身运动人群膳食中过量使用脂肪；另外，若脂肪摄入不足，食物的质量和色香味受到影响，造成健身运动人群的食物摄取量减少，而该人群膳食要求量少质精，热量高，所以又不可过多减少脂肪的供给量。部分项目运动人群，如登山运动人群，因为经常处于缺氧状态，膳食中的脂肪量比其他健身运动人群应更少些；游泳及冬季运动项目中，由于机体散热量大，食物中脂肪量可以比其他项目高些。

（二）脂类的食物来源

必需脂肪酸是必须从饮食中摄入的，包括α-亚麻酸和亚油酸，它们是n-3和n-6这一类多不饱和脂肪酸必需的前体物质。根据表2-4-5可知，一般来说，只要注意摄入一定量的植物油，便不会造成必需脂肪酸的缺乏，尤其是亚油酸，基本日常常用的植物油中均含有足量的亚油酸。

表2-4-5 常用食物油脂中主要脂肪酸构成（占总脂肪酸的质量百分比）

食用油脂	饱和脂肪酸	不饱和脂肪酸		
		油酸（$C_{18:1}$，n-9）	亚油酸（$C_{18:2}$，n-6）	α-亚麻酸（$C_{18:3}$，n-3）
可可油	93	6	1	—
椰子油	92	0	6	2
橄榄油	10	83	7	—
菜籽油（青油）	13	20	16	8
花生油	19	41	38	0.4
茶油	10	79	10	1
葵花籽油	14	19	63	5
豆油	16	22	52	7
亚麻籽油	13	22	14	49
棉籽油	24	25	44	0.4
芝麻油（香油）	14	39	46	0.8
玉米油	15	27	56	0.6
棕榈油	43	44	12	—

（续表）

食用油脂	饱和脂肪酸	不饱和脂肪酸		
		油酸（$C_{18:1}$，n-9）	亚油酸（$C_{18:2}$，n-6）	α-亚麻酸（$C_{18:3}$，n-3）
辣椒油	38	35	37	—
混合油（菜+棕）	20	54	18	6
色拉油	14	39	34	6.9
猪油	43	44	9	—
牛油	62	29	2	1
羊油	57	33	3	2
黄油	56	32	4	1.3

资料来源：中国营养学会. 中国居民膳食营养素参考摄入量（2013版）. 2017。

然而需要注意的是，多不饱和脂肪酸对于人体的健康有着极多的益处，但却因其自身易于发生脂质过氧化反应，易于产生自由基和活性氧等物质，可造成细胞和组织受损。此外，n-3多不饱和脂肪酸还有抑制免疫功能的作用；而大量摄入亚油酸（n-6），在降低血胆固醇、甘油三酯以及LDL-C的同时，也会降低机体内对人体有益的HDL-C的含量。而单不饱和脂肪酸却不会出现以上问题，因此，在日常饮食中可用单不饱和脂肪酸取代部分膳食饱和脂肪。此外，由于n-6还具有降低HDL的作用，因此，改善n-3脂肪酸与n-6脂肪酸的比例（更重视n-3脂肪酸），可有助于降低疾病风险。日常膳食中，n-6：n-3在4～6：1是比较合适的比例，国外也存在3：1的推荐比例。

日常生活中，只要摄入一定量的植物油，就不必担心n-6系列脂肪酸的缺乏，但如上所述，n-6系列脂肪酸过量同样会降低HDL而对心血管造成健康风险，保证n-6：n-3的比例在4～6：1的实际操作又很难量化，因此，针对普通人群以及运动人群而言，本书推荐在考虑脂肪日常摄入时遵循以下两个原则：

（1）控制总脂肪摄入量占总能量的20%～30%作为前提；

（2）优先选择富含n-3族脂肪酸及单不饱和脂肪酸的食物。

日常生活中，除食用油脂中含有近100%的脂肪外，含脂肪丰富的食物是坚果类食物和动物性食物。动物性食物则以畜牧肉类的脂肪含量最高，且多为饱和脂肪酸，鱼虾类脂肪含量多数在 5%左右，且其脂肪主要是不饱脂肪酸。n-3族脂肪酸含量丰富的主要是亚麻籽油，其次是大豆油和菜籽油，此外还可以建议每周食用1次冷水鱼来保证n-3脂肪酸的摄入，另外，部分坚果类食物中（如核桃、松子、栗子等）也是n-3脂肪酸的来源之一，一些人也会根据需求购置鱼油等膳食补充剂进行补充。单不饱和脂肪酸的主要代表是油酸，橄榄油、茶油中均富含单不饱和脂肪酸，此外，全蛋的脂肪含量仅为10%左右，其组成以单不饱和脂肪酸为主。日常生活中部分食物的脂肪含量见表2-4-6。

表2-4-6 部分食物的脂肪含量

食物名称	脂肪含量（g/100g可食部）	食物名称	脂肪含量（g/100g可食部）
猪肉（脖子）	60.5	鸡腿	13.0
猪肉（肥）	90.4	鸭	19.7
猪肉（肥瘦）	37.0	鸭（北京填鸭）	41.3
猪肉（后臀尖）	30.8	鲅鱼	3.1
猪肉（后蹄膀）	28.0	鳊鱼	6.3
猪肉（里脊）	7.9	草鱼	5.2
猪肉（肋条肉）	59.0	带鱼	4.9
猪肉（奶脯）	35.3	大马哈鱼	8.6
猪肉（瘦）	6.2	大黄鱼	2.5
猪蹄爪尖	20.0	海鳗	5.0
猪肝	3.5	鲤鱼	4.1
猪大肠	18.7	鸡蛋	11.1
牛肉（瘦）	2.3	鸡蛋黄	28.2
牛肉（肥瘦）	13.4	鸭蛋	18.0
牛肝	3.9	核桃	58.8
羊肉（瘦）	3.9	花生（炒）	48.0
羊肉（肥瘦）	14.1	葵花籽（炒）	52.8
羊肉（冻、山羊）	24.5	南瓜子仁	48.1
鹌鹑	9.4	松子（炒）	58.5
鸡	2.3	西瓜子仁	45.9
鸡翅	11.8	黄油	98.0

资料来源：中国营养学会. 中国居民膳食营养素参考摄入量（2013版）. 2017。

二、运动过程中增加脂肪氧化的营养补充方案

针对高水平运动人群，增加脂肪氧化能力意味着耐力水平的显著增长。因此，目前存在一些促进脂肪酸氧化的运动营养食品和快速补充策略。详情可见本书第三篇。

（一）中链甘油三酯

中链甘油三酯（medium-chain triglyceride，MCT）由中链脂肪酸构成，链长8～12个碳原子。MCT不仅可以直接吸收并快速分解为脂肪酸和甘油，而且可以加快脂肪动员的过程，还可以提高能量代谢率。研究结果表明，在长时间耐力运动过程中补充糖加中链脂肪酸，可以明显增加脂肪氧化的总量，但是中链甘油三酯的能量贡献率仅有3%～7%。此外，MCT还可以在肝脏中快速氧化产生较多酮体，在运动中摄入MCT时，最好不要超过30g，否则也会由于对油状物不耐受而引起胃肠道不适。

（二）咖啡因

咖啡因主要存在于咖啡、茶叶、可可、巧克力和可乐中。许多运动员在运动前摄入咖啡因，以提高短时间高强度和长时间中等强度的运动表现。摄入咖啡因可能会通过增加血浆肾上腺素和激素敏感脂肪酶的活性来促进脂肪动员，增加血浆中脂肪酸的含量来促进肌肉摄入和利用，并节省糖。但是，咖啡因提高运动表现的效果具有明显的个体差异，而且摄入咖啡因节省糖原只是一种可变且短暂的反应，因此，不能完全依赖摄入咖啡因来增强脂肪的代谢。

（三）左旋肉碱

肉碱分为左旋肉碱和右旋肉碱，其中右旋肉碱无生物活性，而且会增加左旋肉碱的排泄，因此不宜使用。健康个体中的肉碱总量约为100mmol，其中约95%储存在骨骼肌和心肌中。肉碱日常需求量的50%以上来源于肉类、家禽、鱼类和一些乳制品，其余则由甲硫氨酸和赖氨酸在体内合成。

肌肉肉碱的作用，主要是促使长链脂酰辅酶A跨线粒体内膜转运，增强脂

肪酸氧化。越来越多的研究证明，肉碱还可以对运动时糖类利用及整体能量代谢起重要调节作用。与肉碱缺乏相关的遗传性和后天性疾病可导致骨骼肌中甘油三酯堆积、胰岛素抵抗、脂肪酸利用能力下降以及运动能力下降等，这些病理变化通常可以通过肉碱补充来逆转。因此推测，通过补充左旋肉碱增加其可获性，可能对耐力运动员和希望降低自身脂肪组织水平的人有明显益处。

单纯补充肉碱对于增加肌肉内肉碱的储备效果并不明显，因此，对肌肉内的脂肪氧化效果影响不大。最近的研究工作显示，生理范围的胰岛素可以刺激肌肉对肉碱的摄取。例如，在膳食中添加肉碱（3g/d）和碳水化合物（90g）饮料可达到肌肉内肉碱储备增加的效果，但由于膳食肉碱的可获性较差，因此该效果出现耗时较长，约100天才能增加10%的肉碱储备。目前的方案可能需要长期补充肉碱才能看到益处，而这种长期补充方案可能会由于碳水化合物的摄入而不适合于某些个体。因此，有必要进一步研究肉碱补充对身体成分管理和运动表现的潜在益处。

三、低碳水高脂肪饮食的研究进展

近年来，人们对低碳水高脂肪饮食（简称低碳高脂饮食或生酮饮食）产生了极大兴趣。这种饮食最初被使用于小儿难治性癫痫的病症治疗中，后由于部分研究以及一些不正式渠道流通的说法而引起大众人群及运动人群的关注。生酮饮食涉及使用脂肪作为每日摄入量的主要来源（>60%的总能量摄入），同时限制碳水化合物的摄入量（<20%的总能量摄入），维持中等蛋白摄入量（15%～25%的总能量摄入）。通过这种方式，肝脏被迫产生并释放酮体进入循环，这种现象称为营养性酮症。随着时间的推移，身体将适应使用酮体作为主要燃料，这称为酮适应，也是脂肪适应的一个要素。

对于普通人群而言，生酮饮食的益处主要在于对体循环中高浓度酮体的适应，酮体可以为除了肝脏之外的其他组织供能，这其中涉及饮食改变所产生的诱导适应性反应，由此会带来一个阶段的不适应，且个体差异性较大。因此，建议有特殊需求的人群在尝试此种饮食方式时寻求一定的医学帮助。

对于运动人群而言，尽管有大量证据证实了生酮饮食与减肥、提高肌肉的脂肪利用率和其他有益效果相关，但目前还没有明确的证据表明它是否能够带来运动表现方面的优势。理论上说，与葡萄糖相比，酮体的能量消耗更大，而以酮体为中心的新陈代谢有可能提供稳定、快速的能量供应，从而改善运动表现和能力。因此，支持运动人群进行生酮饮食的方案通常要求：生酮适应过程需要慢性适应碳水化合物限制饮食（<50g/d）联合高脂肪摄入（>80%的能量），保证15%能量的中等量蛋白质摄入［约1.5g/（kg·d）］，蛋白质摄入量不超过总能量的25%，否则会抑制生酮过程，同时摄入3～5g/d的钠和2～3g/d的钾。然而，实验结果均表明，对于高强度运动表现而言，脂肪利用率的增加不足以弥补肌糖原储备下降造成的损失。因此，这种饮食策略对主流体育项目，尤其是在整个运动期间或关键时段需要高强度运动能力的项目的竞技运动员来说，几乎没有什么帮助（Burke，et al，2006）。因此，为了客观起见，需要专业人员继续研究脂肪适应策略可能在哪些场合或条件下有益于运动能力，或针对不同项目的竞技目标考虑合适的饮食方式。

此外，一种脂肪适应与碳水化合物相结合的饮食周期化策略也引起了大家的关注，其旨在增强运动期间脂肪对氧化代谢的贡献，而不损害运动前糖类储备，目前这种方法实践案例多于理论研究，且个体差异性较大，故亟待进一步研究讨论。

本章小结

本章分别从食物脂类与人体脂类两个角度进行阐述，前者是为了帮助人们知晓日常食物中脂类来源与种类，方便在实践中进行有目的的挑选；后者主要集中在运动与人体脂类代谢的部分，这部分对普通人维持血脂健康、达成减脂效应以及提高运动人群耐力表现均有较大指导意义。

（汤春雪　乔旭）

第五章 运动与维生素及矿物质

在维持人体生命活动所需的七大营养素中，维生素与矿物质虽不能为人体提供能量，但它们对于能量底物代谢、组织构建、体液平衡、氧气与营养物质运输，以及运动组织中代谢废物的清除都是必不可少的。目前，营养学界对于维生素与矿物质摄入不足相关的健康问题研究较多，而针对维生素与矿物质缺乏所导致的功能性问题暂时研究不多，因此，无论对于普通人群还是运动人群，对于个体所需维生素与矿物质的量，以及保证机体正常水平的最佳供给量都缺乏充分理解。越来越多的证据表明："超量不如恰好足量"，过量摄入维生素与矿物质同样会导致人体系统紊乱。本章将介绍维生素与矿物质的功能及与运动的关系，并参考相关国内外标准数据，为普通人群及运动人群提供维生素与矿物质的补充指南。

为更好地理解各项维生素、矿物质的补充量规则，需要了解我国膳食营养素参考摄入量（Dietary Reference Intakes，DRIs）的概念，以确保补充数量满足需求的同时，避免过量或不足所产生的危害，如表2-5-1所示。运动人群或运动员的推荐摄入量以国内与国际专家推荐值为准。

表2-5-1 膳食参考摄入量（DRIs）定义

指标	定义
平均需要量（estimated average requirement，EAR）	群体中各个体营养素需要量的平均值。能满足某一特定性别、年龄及生理状况群体中半数（50%）个体需要量的摄入水平，不能满足另外50%个体对该营养素的需要
推荐摄入量（recommend nutrient intake，RNI）	可以满足某一特定性别、年龄及生理状况群体中绝大多数（97%~98%）个体需要量的营养素摄入水平
适宜摄入量（adequate intake，AI）	营养素的一个安全摄入水平。是通过观察或实验获得的健康人群某种营养素的摄入量

（续表）

指标	定义
可耐受最高摄入量（tolerable upper intakes level，UL）	平均每日可以摄入营养素的最高量。此量对一般人群中的几乎所有个体都不至于造成损害，但并不表示达到此摄入水平对健康有益

资料来源：中国卫生行业标准 WS/T 476—2015。

第一节 运动与维生素

维生素是一组维持人体正常生理功能和健康所必需的一类有机化合物，只需少量即能满足维持正常生理功能的需要，但不可缺乏，缺乏将引起生理功能障碍和维生素缺乏病。维生素的化学结构与性质虽然各异，在机体中起着不同的作用，但它们具有共同的特点。

第一，维生素一般以其本身或可被机体利用的前体化合物（维生素原）的形式存在于天然的食物之中。

第二，维生素不构成机体结构成分，不提供能量，但承担着特殊的代谢功能。

第三，维生素一般不能在体内合成，也不能大量储存于机体组织中，虽然需要量很小，但必须由食物提供；少部分的维生素，如烟酸（维生素B_3）和维生素D可由机体合成，维生素K和生物素（维生素B_7）可由肠道细菌合成，但合成量并不能完全满足机体需要，因而不能替代从食物中获得这些维生素。

目前所发现的维生素的化学结构不同，生理功能各异，根据维生素的溶解性质，可将维生素分为脂溶性维生素和水溶性维生素两大类。

一、脂溶性维生素

脂溶性维生素包括维生素A、维生素D、维生素E、维生素K。该类维生素的特点是：

（1）化学组成中仅含有碳、氢、氧元素。

（2）不溶于水而仅溶于脂肪及有机溶剂（如苯、乙醚及氯仿等），在食物中常与脂类共存，因此普通人群与运动人群均应摄入足量脂类（详见第四章）。

（3）其吸收与肠道中的脂类密切相关，在肠道随脂肪经淋巴系统吸收，大部分储存在脂肪组织，少量由胆汁排出。

（4）易储存于体内（主要在肝脏），而不易排出体外（维生素K除外）。

（5）短期缺乏时，使用一般血液指标查不出来。

脂溶性维生素摄取过多，易在体内蓄积而导致毒性作用，因此，必须遵循合理原则，不宜盲目加大剂量；若摄入过少，则会缓慢地出现缺乏症状，且不易察觉。

二、水溶性维生素

水溶性维生素是指可溶于水的维生素，包括B族维生素（维生素B_1、维生素B_2、烟酸、泛酸、维生素B_6、生物素、叶酸、维生素B_{12}等）和维生素C。该类维生素的特点是：

（1）不能在体内储存，若摄入过量，多余部分便通过尿液排出（维生素B_{12}除外）；若组织中水溶性维生素缺乏，则摄入的维生素将大量被组织摄取利用，故从尿中排出量减少，因此，可利用尿负荷试验对水溶性维生素的营养水平进行鉴定。

（2）大多数水溶性维生素以辅酶或辅基的形式参与机体的物质与能量代谢，因此具有重要生理功能。

（3）水溶性维生素一般无毒性，但过量摄入时也可能出现毒性，如维生素C、维生素B_6或烟酸摄入量达正常人体需要量的15～100倍时，可出现毒性作用；若摄入过少，可较快地出现缺乏症状。

值得注意的是，丹·贝纳多特在其2012年出版的专著中提出，在某种程度上，机体具有储存所有维生素的能力，如对维生素C而言，尽管细胞没有专门储存大量维生素的部位，但这些细胞往往可以储存多于其需要量的维生素C，即若两天前用餐时摄入富含维生素C的食物，即使在昨天没有维生素C的摄入，今天也不会出现维生素C的缺乏症状。此外，考虑到人体存在对摄入量适应的问题，即摄入量越大，最终获得相同生物学效应的需要量也会越大，对水溶性维生素的摄入同样需要考虑适量原则，而不是越多越好。此种情况也可从各种维生素的不同半衰期角度考虑。

水溶性维生素对热敏感，容易在食物加工和烹饪过程中流失，因此，从膳食中以最佳方式摄入维生素时，除了可以尽可能选择颜色与种类丰富的蔬果、尽可能吃新鲜尤其是应季的蔬果外，还可以根据蔬菜特性来选择适宜的加工处理和烹调方式以更好地保留维生素，如对于大多数叶类蔬菜的烹饪可遵循先洗后切、急火快炒、开汤下菜、炒好即食四个原则；而部分豆类蔬菜，如四季豆则需要充分加热。

脂溶性维生素和水溶性维生素的摄入指南详见表2-5-2和表2-5-3。

表2-5-2　脂溶性维生素快速指南

名称	功能	缺乏与过量的表现	DRIs	食物来源	备注
维生素A（又称视黄醇、抗干眼病维生素；其前体为类胡萝卜素，主要包括β-胡萝卜素和番茄红素）	（1）参与视觉形成； （2）促进细胞生长分化、组织更新，帮助骨骼生长，参与软骨内成骨； （3）维护上皮组织细胞的健康； （4）促进细胞免疫功能； （5）β-胡萝卜素等具有抗氧化作用	**缺乏**：夜盲症；儿童发育迟缓，男性睾丸萎缩，精子数量减少、活力下降，也可影响胎盘发育；机体组织上皮干燥、增生及角化、食欲下降；免疫功能低下。 **过量**：维生素A过量——腹痛腹泻、脱发、关节痛、骨骼肌肉酸痛、肝脏受损及脾脏增大等；胡萝卜素过量——胡萝卜素血症，致使黄色素沉着在皮肤及皮下组织内	**普通成人** 男（RNI）：800 μg RAE/d[1] 女（RNI）：700 μg RAE /d UL：3000 μg RAE/d **运动人群**（含运动员） 美国：700~900 μg RAE/d； 中国：一般训练期1500 μg RAE/d，视力紧张运动项目可增加为1800μg RAE/d	视黄醇来源（动物）：肝脏、蛋黄、鱼肝油、奶酪、黄油。 β-胡萝卜素来源（植物）：深绿色与颜色鲜艳的水果和蔬菜，如西兰花、菠菜、生菜、芒果、橘子、枇杷等	（1）高温下与氧接触会遭破坏，对紫外线敏感，阳光可破坏维生素A，如晒干的蔬菜、置于阳光下的鱼肝油都会令其营养下降。 （2）普通膳食一般不会引起维生素A中毒，其中毒往往由于误食过多或服用大剂量补充剂引起，分为急性、慢性和致畸毒性（鳕鱼、北极熊肝脏等含维生素A极高）

（续表）

名称	功能	缺乏与过量的表现	DRIs	食物来源	备注
维生素D（抗佝偻病维生素）	（1）通过调节钙磷吸收促进骨骼健康； （2）促进肠道内对钙的吸收，调节血钙平衡； （3）改善免疫功能； （4）提高抗炎作用； （5）通过激活刺激肌肉的酶与防止氨基酸通过肾脏时丢失，促进肌肉收缩与肌肉蛋白质的合成代谢	**缺乏：**骨骼发育不正常，儿童——佝偻病、腹部肌肉松弛导致腹部鼓胀；成年人——骨质软化症（孕妇、乳母、老人）、骨质疏松症（老人）及手足痉挛症。 **过量：**食欲减弱、恶心、呕吐、腹泻、高钙血症、尿钙过高、软组织钙化，严重时可导致死亡	**普通成人** RNI：10 μg/d UL：50 μg/d **65岁以上老人** RNI：15 μg/d **运动人群**（含运动员） 美国：15 μg/d 中国：暂无	食物来源：海水鱼（如沙丁鱼、金枪鱼等）、鱼肝油、肝脏、蛋黄等动物性食品；一般牛奶与人奶中维生素D含量较低。 内源性：通过阳光（紫外线）照射由人体皮肤产生	（1）维生素D在所有维生素中潜在的毒性是最大的，通过膳食来源一般不会引起中毒，但摄入过量维生素D补剂或强化维生素D的奶制品，以及高钙摄入有发生过量和中毒的可能。 （2）婴幼儿仅暴露面部和前手臂，每天在户外运动2h即可预防维生素D缺乏症的发生；老年人尤其需要注意维生素D的补充；国际上也存在运动员照射紫外线灯（UV）刺激生成维生素D的方法

（续表）

名称	功能	缺乏与过量的表现	DRIs	食物来源	备注
维生素E （生育酚、α-生育酚）	（1）抗氧化作用，保护不饱和脂肪酸、细胞膜、神经系统等免受氧化损伤作用； （2）与动物的生殖功能和精子生成有关； （3）与血红蛋白合成有关，同时保持红细胞的完整性	**缺乏**：较为少见。如有，则易造成大细胞性溶血性贫血；母体缺乏维生素E易造成流产或早产；增加癌症和心脏疾病的发病风险。 **过量**：肌无力、极度疲乏、视觉模糊、头痛；抑制生长、损害凝血机制，造成维生素K的吸收和利用障碍；使肝脏脂肪堆积	**普通成人** AI：14mg α-TE/d② UL：700 mg α-TE/d **运动人群**（含运动员） 美国：15 mg α-TE/d 中国：暂无	多不饱和与单不饱和植物油、麦胚、坚果、种子类、豆类及其他谷类胚芽	（1）人体维生素E缺乏很少见，且其毒性相对较小，证据表明人体长期摄入1000mg/d以上的含量时存在中毒风险； （2）硒有节约维生素E的作用； （3）目前尚无足够的证据支持在正常膳食之外额外摄入维生素E补剂可获得运动表现相关的确切益处

（续表）

名称	功能	缺乏与过量的表现	DRIs	食物来源	备注
维生素K（凝血维生素）	（1）调节凝血蛋白合成，促凝血作用； （2）参与骨钙代谢，对骨矿物质密度有潜在作用； （3）参与机体氧化还原反应	**缺乏**：较为少见，但维生素K不能通过胎盘，新生儿又无肠道细菌，有可能出现缺乏。症状为“新生儿出血症”及临床上出血。 **过量**：天然维生素K不产生毒性	**普通成人** AI：80 μg /d UL：暂无 **运动人群**（含运动员） 美国：700~900 μg /d 中国：暂无	食物来源：深绿色多叶蔬菜（萝卜缨、卷心菜、莴苣、甘蓝、菠菜）、肝脏。 内源性：肠道细菌可合成维生素K	（1）服用人工合成的维生素K可能会产生维生素K中毒，尤其是对婴儿和孕妇，如导致皮肤变黄或黄疸，所以纯粹的维生素K补剂都是处方药； （2）尚无维生素K与运动表现之间的相关性；对抗性项目的运动员，足量维生素K是避免淤青和出血所必需的，但并无证据证明运动员是患维生素K缺乏症的高风险人群
备注：本表仅展示普通成人（18~49岁）与运动人群（成人）推荐标准。 ①RAE：视黄醇活性当量，1RAE=1 μg 视黄醇=12 μg β-胡萝卜素=24 μg 其他膳食维生素A原类胡萝卜素。 ②α-生育酚（α-TE）当量，膳食中总α-TE当量（mg）=1×α-生育酚（mg）+0.5×β-生育酚（mg）+0.1×γ-生育酚（mg）+0.02×σ-生育酚（mg）+0.3×α-三烯生育酚（mg）					

资料来源：普通成人摄入量标准参考中国卫生行业标准WS/T 578.4—2018。

美国运动人群摄入量标准参考丹·贝纳多特. 高级运动营养学（第2版）. 北京科学技术出版社，2009。

中国运动人群摄入量标准参考杨则宜. 运动营养师培训教程. 人民体育出版社，2008。

表2-5-3 水溶性维生素快速指南

名称	功能	缺乏与过量的表现	DRIs	食物来源	备注
维生素B_1（硫胺素、抗脚气病因子、抗神经炎因子）	（1）以辅酶形式参与糖代谢，因此是肌肉代谢及维持神经中枢系统功能所必需的营养素； （2）通过抑制乙酰胆碱的分解，可调节肠胃功能，因为乙酰胆碱具有促进胃肠蠕动的作用，可改善食欲	**缺乏：**脚气病，症状集中表现在神经系统、消化和循环系统，包括疲乏、恶心、忧郁、急躁、沮丧、足麻木、足下垂、步态异常、食欲差、心电图异常等；糖代谢发生紊乱，造成神经系统能源不足；糖代谢中间产物堆积，影响正常生理功能。 **过量：**一般不会引起过量中毒。若超过RNI的100倍，会有头痛、心律失常、过敏反应等症状	**普通成人** 男性（RNI）：1.4mg/d 女性（RNI）：1.2mg/d UL：暂无 **运动人群**（含运动员） 美国：1.5~3.0 mg/d 中国：训练期3~5 mg/d，比赛时5~10 mg/d	粗粮；瘦猪肉、内脏；花生、核桃、芝麻与豆类等，以及用这些原料制成的食品，如馒头、面条等	（1）其需要量取决于总能量的消耗，并受到糖类影响，对于每日能量消耗较大的运动人群应增加维生素B_1的补充； （2）运动负荷量越大，维生素B_1需求量越大，耐力性运动与神经系统负担较重的项目需要较多的维生素B_1； （3）对氧稳定，比较耐热，在酸性条件下极其稳定，但在碱性条件下受热极易被破坏，故在制作食物时应避免加碱

（续表）

名称	功能	缺乏与过量的表现	DRIs	食物来源	备注
维生素B_2（核黄素）	（1）参与体内许多代谢中的氧化还原反应，参与能量代谢中复杂的细胞呼吸链过程； （2）在氨基酸、脂肪酸和糖类代谢中均起重要作用； （3）参与维生素B_6生物转化； （4）参与铁的代谢与利用； （5）参与体内抗氧化系统； （6）与维生素A配合保护眼、皮肤、口舌及神经系统的正常功能	**缺乏：**导致能量代谢受损；唇炎、舌炎、口角炎、眼睑炎、畏光、巩膜出血、脂溢性皮炎、阴囊炎等症状；出现生长停滞、毛发脱落、生殖功能下降等症状；引起继发性铁营养不良、继发性贫血。 **过量：**一般不会引起过量中毒	**普通成人** 男性（RNI）：1.4mg/d 女性（RNI）：1.2mg/d UL：暂无 **运动人群**（含运动员） 美国：1.6~3.0 mg/d 或 1.1~1.6mg/1000kcal； 中国：2~2.5 mg/d	广泛存在于动物性食物中，如肝、肾、心脏、奶类及蛋类等；植物性食物中，谷类、绿叶蔬菜和豆类含量也较多	（1）来源于4种黄色素：肝脏中的肝黄素、奶中的奶黄素、蛋中的蛋黄素以及草中的绿黄素； （2）在日光下容易受到破坏，储存时应避光； （3）烹饪注意事项与运动人群需要量注意事项同维生素B_1，此外，建议谷类加工不宜过于精细

（续表）

名称	功能	缺乏与过量的表现	DRIs	食物来源	备注
烟酸 （维生素B_3、尼克酸、抗癞皮病因子；烟酸与烟酰胺总称为维生素PP）	（1）参与体内糖类、脂肪及蛋白质的物质和能量代谢； （2）与核酸的合成有关； （3）降低血胆固醇水平； （4）是葡萄糖耐量因子（三价铬、烟酸与谷胱甘肽）的组成成分	**缺乏：**癞皮病（糙皮症），即出现皮炎、腹泻、痴呆、无力、嗜睡症状。烟酸缺乏常与维生素B_1、B_2缺乏同时存在。 **过量：**皮肤发红、眼部不适、恶心呕吐、高尿酸血症和糖耐量异常，长期大量摄入，会对肝脏造成损害	**普通成人** 男性（RNI）：15mg NE/d[①] 女性（RNI）：12mg NE /d UL：35 mg NE /d **运动人群**（含运动员） 美国：14~20mg/d； 中国：暂无	肝、肾、瘦禽肉、鱼、全谷物以及坚果类；乳和蛋中丰富的色氨酸可在体内转换为烟酸	（1）机体细胞具有由色氨酸合成烟酸的能力（60mg色氨酸可生成1mg烟酸），因此人们既可以直接从食物中获得烟酸，也可以通过间接摄入色氨酸获得烟酸； （2）过量摄入烟酸降低了脂肪代谢水平，导致在运动过程中对糖类物质依赖性增加，导致耐力下降
泛酸 （维生素B_5）	辅酶A的结构组分： （1）参与糖类、脂肪与蛋白质的能量代谢； （2）参与乙酰胆碱的合成； （3）烟酸在应激反应时可以减少能量消耗，因此被称为抗应激维生素	**缺乏：**不常见。若有，则易疲劳、无力和失眠，并导致代谢受损、烦躁不安、食欲缺乏、消化不良等。 **过量：**毒性很低，10~20g/d时，可偶尔引起腹泻和水潴留	**普通成人** RNI：5.0mg/d UL：暂无 **运动人群**（含运动员） 美国：4~5 mg/d 中国：暂无	广泛存在于除加工食品及精加工食品以外的所有食物	在中性水溶液中耐热，在一般温度下蒸煮损失很少；但高温易破坏，酸、碱条件下均不稳定，易被破坏

（续表）

名称	功能	缺乏与过量的表现	DRIs	食物来源	备注
维生素B_6（吡哆素，主要包括吡哆醛、吡哆醇、吡哆胺）	（1）参与氨基酸与蛋白质代谢、参与糖酵解与糖异生过程、参与脂质代谢； （2）参与血红蛋白、肌红蛋白和细胞色素的生成； （3）参与神经递质合成； （4）参与烟酸的形成； （5）具有免疫功能	**缺乏**：主要表现在皮肤与神经系统，缺乏常与其他B族维生素同时存在，如导致眼鼻口周围脂溢性皮炎、肌肉抽搐和癫痫样惊厥、忧郁及精神错乱、免疫功能下降、小细胞性贫血。 **过量**：毒性很低，若过量，会出现周围神经炎（四肢感觉缺失）、进行性步态不稳等	**普通成人** RNI：1.4mg/d UL：60 mg/d **运动人群**（含运动员） 美国：1.5~2.0 mg/d 中国：暂无	高蛋白肉类（如鸡肉和鱼肉），其次为肝脏、豆类、坚果类、蛋黄和蔬果如香蕉、卷心菜、菠菜等	（1）毒性相对较低，经食物来源摄入大量维生素B_6没有不良反应，但补充剂中的高剂量摄入会引起严重不良反应； （2）由于其对蛋白合成与肌肉增长的重要作用，多数增肌产品中会加入一定量的维生素B_6； （3）为了减少维生素B_6流失，在食物制作上避免长时间加热，在储存上避免时间过长
生物素（维生素B_7、维生素H）	（1）在糖类、脂类、蛋白质和核酸代谢过程中发挥重要作用； （2）参与胰淀粉酶和其他消化酶的合成，与食物消化过程密切相关	**缺乏**：不常见。若有则会出现食欲减退、呕吐、抑郁、肌肉疼痛和皮炎症状；还可能出现头发变稀少，发色变浅，个别严重者，可在3~6个月内眉毛、睫毛、头发都脱光，称为“生物素缺乏脸”。 **过量**：生物素毒性很低，至今未见毒性反应的报道	**普通成人** AI：40μg/d UL：暂无 **运动人群**（含运动员） 美国：30μg/d 中国：暂无	广泛存在于天然食物中，含量相对丰富的食物有肝、肾、大豆粉、奶类、鸡蛋（蛋黄）、胡桃、山核桃、花生及酵母等	（1）大量摄入生鸡蛋可能会导致生物素缺乏，因为生鸡蛋清中含有抗生物素蛋白； （2）人体肠道菌群同样可以合成生物素

（续表）

名称	功能	缺乏与过量的表现	DRIs	食物来源	备注
叶酸（维生素B_9，维生素M，也有书籍标注为维生素B_{11}）	（1）在细胞分裂和增殖中发挥作用，为许多生物和微生物生长所必需的营养素； （2）参与甲硫氨酸代谢、DNA合成、红细胞生成及胎儿正常发育	**缺乏**：巨幼红细胞贫血；如果是孕妇，可造成胎儿出现神经管畸形、高同型半胱氨酸血症；无力、易疲劳、神经功能紊乱。 **过量**：影响锌的吸收而导致锌缺乏；胎儿发育迟缓；掩盖维生素B_{12}缺乏的症状，干扰诊断	**普通成人** RNI：400 μg DFE/d[②] UL：1000 μg DFE/d **运动人群**（含运动员） 美国：400 μg DFE/d； 中国：暂无	绿色多叶蔬菜、豆类、柑橘、香蕉、肝脏、肾脏及坚果类	天然叶酸对高温和强酸溶液及紫外线敏感，因此经过烹调加工可损失50%~90%；合成叶酸的稳定性更好，室温下保存6个月仅有少量分解
维生素B_{12}（钴胺素，唯一含有金属的维生素）	（1）促红细胞生成； （2）提高叶酸利用率； （3）以辅酶形式发挥生理作用，降低血浆同型半胱氨酸，减少动脉硬化发生的危险性； （4）与神经髓鞘物质代谢密切相关，维持神经组织正常功能	**缺乏**：不常见，缺乏表现为巨幼红细胞贫血、高同型半胱氨酸血症、神经系统损害。 **过量**：毒性相对较低，未见明显不良反应报道	**普通成人** RNI：2.4 μg /d UL：暂无 **运动人群**（含运动员） 美国：2.4~2.5 μg /d； 中国：暂无	动物性食品：肉类及内脏、鱼、贝壳类、禽及蛋类；另外，食物发酵后也含有丰富的维生素B_{12}；体内肠道细菌也可以合成一部分	完全素食人群容易缺乏B_{12}，对于素食运动人群更需要注意B_{12}补充

（续表）

名称	功能	缺乏与过量的表现	DRIs	食物来源	备注
维生素C（抗坏血酸）	（1）抗氧化作用； （2）促进胶原形成，维护血管、肌肉、骨、牙的正常生理功能； （3）增强免疫功能； （4）促进铁、钙和叶酸的吸收与利用； （5）促进胆固醇排出，降低胆固醇； （6）参与解毒作用	**缺乏：**不常见，若有则为坏血症，即毛细血管脆性增加，出现疲倦、烦躁、牙龈红肿出血、易感染化脓、皮下出血；胶原合成障碍，导致关节痛、骨质疏松等。 **过量：**毒性较小，但过量容易造成女性不育、妊娠期过量可能影响胚胎发育；腹胀腹泻、肾结石及膀胱结石的风险	**普通成人** RNI：100 mg/d UL：2000 mg/d **运动人群**（含运动员） 美国：200 mg/d； 中国：训练期140 mg/d， 比赛期200 mg/d	存在于新鲜蔬果中，如辣椒、菜花、苦瓜、雪里蕻、油菜等；鲜果中酸枣、鲜枣、山楂等。豆子发芽时维生素C大量增加，在蔬菜淡季供应不便时，不妨用豆芽来供应维生素C	（1）在自然界中，植物能从葡萄糖和果糖合成维生素C，多数动物也可利用葡萄糖的碳链经一系列反应，生成维生素C； （2）运动时维生素C会大量消耗，它与ATP酶活性有关，因此当它缺乏时，很容易出现疲劳和肌肉无力； （3）酗酒、碱性环境、加热过久等会加速对维生素C的破坏，一般冷冻或冷藏可降低其损失

注：本表仅展示普通成人（18~49岁）与运动人群（成人）推荐标准。

①膳食中的烟酸参考摄入量应以烟酸当量（niacin equivalent，NE）表示。烟酸当量（mg NE）=烟酸（mg）+1/60色氨酸（mg）。

②叶酸摄入量应以膳食叶酸当量（dietary folic acid equivalent，DFE）表示。叶酸当量DFE（μg）=天然叶酸（μg）+1.7×合成叶酸（μg）

资料来源：普通成人摄入量标准参考中国卫生行业标准 WS/T 578.5—2018。

美国运动人群摄入量标准参考：丹·贝纳多特. 高级运动营养学（第2版）. 北京科学技术出版社，2009。

中国运动人群摄入量标准参考：杨则宜. 运动营养师培训教程. 人民体育出版社，2008。

三、维生素与运动的关系

运动人群，尤其是大强度运动者或运动员，维生素的需要量应比普通人群有所增加，主要是由于：第一，运动使胃肠道对维生素吸收功能下降；第二，汗液、尿液及粪便中排出量增加；第三，体内维生素的周转率加速；第四，高强度运动训练的初期适应和/或急性运动训练使能量代谢突然增加等。

大多数维生素，尤其是B族维生素，均参与能量代谢过程，细胞通过这些能量代谢从碳水化合物、蛋白质和脂肪中获得能量，如维生素B_1、维生素B_2、维生素B_6、烟酸、生物素和泛酸等联合作为酶的辅助因子参与调节糖酵解、三羧酸循环、氧化磷酸化、β氧化（脂肪酸分解）和氨基酸降解等过程。此外，具有抗氧化作用的维生素（主要是维生素C和维生素E）和某些矿物质可参与机体抗氧化缓冲体系，以对抗能量代谢增加所产生的过量氧自由基，可能对机体起到促恢复作用，具体如图2-5-1所示。对于运动人群，其能量代谢水平较高，运动过程中消耗、丢失增多，氧化应激水平增加，因此，更应注意B族维生素以及抗氧化类维生素的补充。

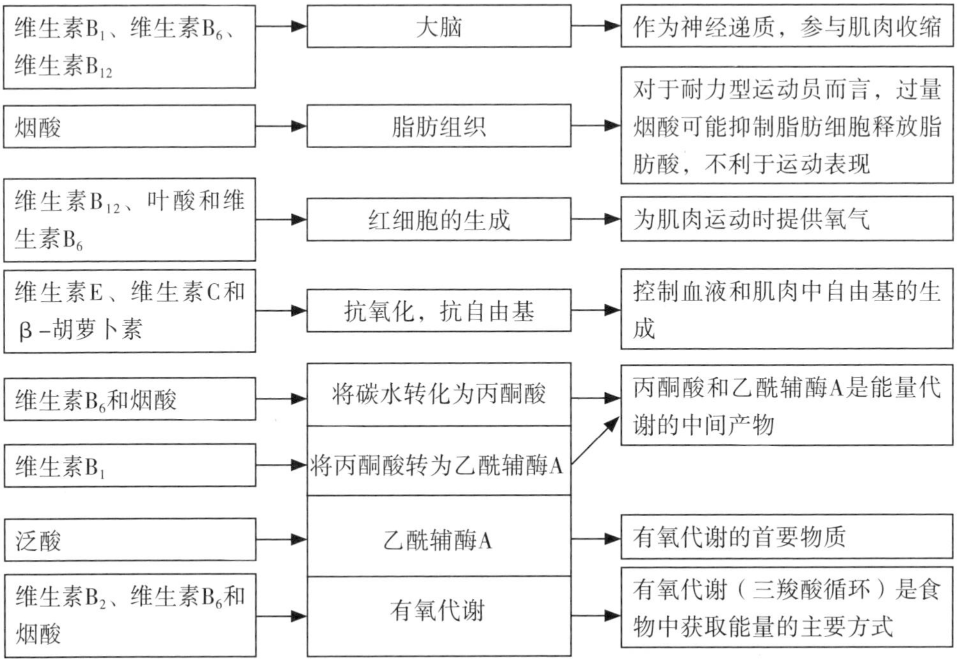

图2-5-1 维生素与能量代谢和肌肉功能的关系

（引自：Dan Benardot，2019）

除B族维生素以及抗氧化维生素以外，其他维生素与维持矿物质平衡有关，如维生素D能促进膳食中钙与磷的吸收，参与骨骼代谢，因此，维生素与矿物质的协同作用是理解其营养需求的关键因素，这些营养素的综合作用要求运动人群摄入种类尽可能丰富的维生素与矿物质（详见本章第三节）。维生素对与运动训练、运动表现相关的机体功能的影响见表2-5-4。

表2-5-4 维生素对与运动训练、运动表现相关的机体功能的影响

	能量代谢辅助因子	神经功能与肌肉收缩	血红蛋白合成（红细胞生成）	免疫功能	抗氧化功能	骨骼代谢
水溶性维生素						
维生素B_1	√	√				
维生素B_2	√	√	√[a]		√[b]	
维生素B_3（烟酸）	√	√				
维生素B_5（泛酸）	√					
维生素B_6	√	√	√	√		
维生素B_7（生物素）	√					
维生素B_9（叶酸）		√	（√）			
维生素B_{12}		√	（√）			
维生素C			√	√	√	
脂溶性维生素						
维生素A（β-胡萝卜素）					√	
维生素A				√		√
维生素D						√
维生素E			√	√	√	
维生素K						√

资料改编自：杨则宜. 运动营养师培训教程. 人民体育出版社，2007。

注：a代表维生素B_2通过影响铁的利用而影响血红蛋白浓度。

b代表辅酶中的内源性抗氧化作用。

第二节 运动与矿物质

组成人体的元素有数十种，这些元素在机体内按照严格的方式和规律，有条不紊地进行着一系列相互联系的化学反应。其中碳、氢、氧、氮元素构成有机化学物质与水分，约占整个人体重量的95%，其余部分有益于机体的元素称为矿物质，又可称为无机盐或灰分。

一、矿物质的特点

矿物质具有以下特点：

（1）矿物质不能在体内合成，必须从外界摄入。

（2）矿物质是唯一可以通过天然饮用水途径获取的营养素，但若长期饮用矿物质含量超标的水，容易导致毒性作用。

（3）矿物质在体内分布极不均匀，如钙和磷主要分布在骨骼和牙齿，碘集中在甲状腺，铁分布在红细胞等。

（4）矿物质之间存在协同或拮抗作用，一种矿物质可影响另一种矿物质的吸收或改变其在体内的分布，如摄入过量的铁或铜可以抑制锌的吸收和利用，而摄入过量的锌也可以抑制铁的吸收，而铁可以促进氟的吸收等。

（5）某些矿物质在体内的生理剂量与中毒剂量范围较窄，摄入过多极易产生毒性作用，如我国居民氟的AI为1.5mg/d，而其UL仅为3.5mg/d。

二、矿物质的分类

根据占人体重量的多少，我们将矿物质分为常量元素与微量元素两大类。

1. 常量元素

凡体内含量大于体重0.01%的矿物质称为常量元素，一般每日摄入量大于100mg，包括钙（Ca）、磷（P）、镁（Mg）、钾（K）、钠（Na）、硫（S）、氯（Cl）。其中，钙是机体含量最多的矿物质，成年人体内钙占体重的1.5%～2.0%，其次是磷，约占体重的1.1%。此外，钠、钾分别占体重0.15%～0.20%，镁约占体重0.04%。常见常量元素的功能、来源及可能存在的相关问题详见表2-5-5。

表2-5-5　常量元素快速指南

名称	功能	缺乏与过量的表现	DRIs	食物来源	备注
钙	（1）构成骨骼和牙齿； （2）钙-蛋白或钙-酶复合物维持神经和肌肉活动； （3）作为“第二信使”促进细胞信息传递，如基因表达调控、腺体的分泌、视觉形成过程以及神经末梢递质的释放； （4）参与凝血过程； （5）调节机体酶的活性； （6）维持细胞膜稳定性； （7）参与激素分泌、维持体液酸碱平衡以及维持正常免疫功能等其他作用	**缺乏：**儿童时期佝偻病；成年人骨质疏松症与骨质增生症、肌肉功能不良；此外，缺钙的人经常神经紧张、脾气暴躁、牙齿发育不良、易出现腿抽筋、肠痉挛、吃饭速度快等现象。 **过量：**高钙血症，即神经系统症状如抑郁、疲惫、乏力、意志模糊、昏迷等；消化系统症状如便秘、胰腺炎等；伴随低钾血症易发生心律失常；导致肾结石；影响其他二价矿物质（铁、镁、锌）吸收不良等；儿童过量补钙易影响食欲，影响其他营养物质吸收、骨骼过早钙化闭合限制身高	**普通成人** RNI：800 mg/d UL：2000 mg/d **运动人群**（含运动员） 美国：1300~1500mg/d 中国：1000~1200 mg/d	乳制品、钙强化食品、豆奶、豆类、可连骨吃的小鱼小虾及绿色多叶蔬菜；硬水中含有一定量的钙，也可作为钙的来源	（1）若想确立不同年龄运动人群的钙膳食推荐量，则以同龄普通人推荐量作为推荐范围下限，加200毫克为建议运动人群钙摄入上限； （2）可促进钙质吸收的因素有维生素D、乳糖、适量蛋白质和氨基酸、低磷膳食、一些药物如青霉素和新霉素等；干扰钙质吸收的因素有谷类中的植酸、膳食纤维中的糖醛酸残基以及一些碱性药物如抗酸药、肝素等

（续表）

名称	功能	缺乏与过量的表现	DRIs	食物来源	备注
磷	（1）构成骨骼和牙齿； （2）组成重要的生命物质，如核酸、磷脂、细胞膜、环腺苷酸； （3）参与ATP合成，保证B族维生素功能； （4）参与维持体液酸碱平衡，即组成磷酸盐缓冲体系	**缺乏：**很少见，如果发生，则会导致佝偻病样骨骼异常。 **过量：**出现毒性的可能性很小，如果发生，则会干扰钙的吸收，导致高磷血症或高磷低钙血症，骨密度降低和胃肠道不适；严重可损害肝脏，引起脂肪肝及肝坏死	**普通成人** RNI：720 mg/d UL：3500 mg/d **运动人群**（含运动员） 美国：1250~1500 mg/d 中国：暂无	所有高蛋白食物，以及海带、紫菜、坚果、粗粮等	（1）粮谷中的磷为植酸磷，其与钙结合不易吸收；因此粮谷中的磷不经加工处理，吸收利用率较低； （2）理论上，膳食中钙磷比例维持在2：1之间比较好，不宜低于0.5；牛奶的钙磷比为1：1，成熟母乳钙磷比为1.5：1
镁	（1）与钙、磷共同构成骨盐，维护骨骼生长； （2）多种酶的激活剂，参与蛋白质合成、葡萄糖代谢等物质与能量代谢； （3）是细胞内液的主要阳离子，与其他离子协同维持体内酸碱平衡和神经肌肉的兴奋性； （4）维护神经系统； （5）维持心脏正常功能，阻止高血压发展，预防脑卒中、高胆固醇血症、冠状动脉粥样硬化及心肌梗塞等作用	**缺乏：**不常见；如果发生，则会导致血清钙下降，神经肌肉兴奋性亢进，导致肌肉痉挛和心律失常，同缺钙症状，很多婴儿由于缺镁夜间不停啼哭，幼儿可发生惊厥。 **过量：**一般不易发生镁中毒，若有则可造成高镁血症，引起恶心、呕吐、腹泻、胃肠痉挛、嗜睡、肌无力及呼吸麻痹等；同时也容易引起低钙血症，影响骨质组织	**普通成人** RNI：330 mg/d UL：暂无 **运动人群**（含运动员） 美国：如果从食物中摄入，为400~450mg/d；如果从补剂中摄入，为350mg/d 中国：暂无	绿色蔬菜、海产品、干豆类、粗杂粮、坚果类食品中含量最多；肉类、淀粉食物及奶制品含量中等；硬水中也含有较高镁盐	

（续表）

名称	功能	缺乏与过量的表现	DRIs	食物来源	备注
钾	（1）是细胞内液的主要阳离子，维持细胞内外正常渗透压和酸碱平衡，参与水平衡； （2）参与糖原、蛋白质代谢，估计1g糖原合成约需23.4mg钾，合成蛋白质时每1g氮需要117mg钾，ADP转化成ATP也需要一定量的钾； （3）维持神经肌肉的正常功能； （4）钾协同钙镁维持心脏的正常功能，对心肌的自律性、传导性和兴奋性有密切关系	**缺乏**：可在神经肌肉、消化、心血管、泌尿、中枢神经等系统发生功能性或病理性改变，表现为肌肉无力或瘫痪、心律失常、横纹肌溶解及肾功能障碍等；膳食中长期缺钾容易导致高血压并且出现脑卒中。 **过量**：血钾浓度高于5.5mmol/L时，可出现毒性反应，即高钾血症，导致神经肌肉方面与心血管方面症状，如导致四肢与口周麻木，极度疲乏软弱、下肢沉重；心肌自律性、传导性和兴奋性受抑制，心率缓慢、心音减弱	**普通成人** AI：2g/d UL：暂无 **运动人群**（含运动员） 美国：4.7g/d，大量出汗时摄入量应更多 中国：暂无	广泛地存在于各种食物中，新鲜的蔬菜和水果是较好的来源；此外土豆、豆类、牛奶、肉类、鱼等均可	（1）脱水会导致细胞内钾丢失，当脑细胞发生缺钾后，会丧失及时提示补水的能力，此情况较为危险； （2）补钾对降低血管阻力、改善血管大动脉状况有一定帮助，故降压治疗可在低钠饮食的同时配合补钾饮食； （3）从食物中摄取钾是安全的，口服过量的钾一般不会造成生命危险，因为过多的钾会引起呕吐将其排出体外；但静脉注射过量的钾则可导致心脏停止跳动

（续表）

名称	功能	缺乏与过量的表现	DRIs	食物来源	备注
钠	（1）调节体内水分与渗透压； （2）钠在肾脏重吸收后与氢离子交换，排出体内酸性代谢产物，维持酸碱平衡； （3）钠钾钙镁等离子相互拮抗，对于维持神经肌肉的应激性都是必需； （4）钠对ATP的生成和利用、肌肉运动、心血管功能、能量代谢都有关系	**缺乏**：一般不易缺乏；但缺乏会导致低钠血症，伴随肌肉痉挛、恶心、呕吐、视力模糊、血压下降、疼痛反射消失，甚至外周循环衰竭、休克、惊厥和昏迷，严重者因急性肾功能衰竭而死亡（极具潜在危险性）。 **过量**：一般不会过多在体内蓄积。若摄入过多或水分摄入不足及丢失过多的情况下，出现高渗性脱水，即口渴、面部潮红、软弱无力、烦躁不安、精神恍惚，甚至昏迷和死亡；急性中毒可出现水肿、血压上升、血浆胆固醇升高等；高血压、心血管疾病和脑卒中风险增加	**普通成人** AI：1.5g/d UL：暂无 **运动人群**（含运动员） 美国：大于1.5g/d；大量出汗导致的钠丢失可能使需要量增加至10 g/d甚至更高 中国：暂无	广泛存在于各种食物中，主要来源为食盐，其次为酱油、盐渍、腌制肉、酱咸菜等食物	（1）钠随着食物在肠道中被动吸收，主要通过肾脏和皮肤排出体外； （2）禁食、少食、膳食钠限制过严而摄入量过低、过量出汗、胃肠疾病、反复呕吐、腹泻使钠过量排出丢失时，可引发钠缺乏；利尿剂的使用、慢性肾上腺皮质功能减退等，可抑制肾小管重吸收钠，也可引发钠缺乏

（续表）

名称	功能	缺乏与过量的表现	DRIs	食物来源	备注
氯	（1）调节细胞外液的容量与渗透压，维持水平衡； （2）维持酸碱平衡，参与血液CO_2运输等； （3）与神经功能相关； （4）参与壁细胞（胃）产生盐	**缺乏：**频繁的呕吐、腹泻和大量出汗。 **过量：**高血压	**普通成人** AI：2.3g/d UL：暂无 **运动人群**（含运动员） 美国：大于2.3g/d 中国：暂无	食盐（大约60%的氯化物，40%的钠）	

注：本表仅展示普通成人（18~49岁）与运动人群（成人）推荐标准。

资料来源：普通成人摄入量标准参考，中国卫生行业标准（WS/T 578.2—2018）。

美国运动人群摄入量标准参考，丹·贝纳多特. 高级运动营养学（第2版）. 北京科学技术出版社，2009。

中国运动人群摄入量标准参考，杨则宜. 运动营养师培训教程. 人民体育出版社，2008。

2. 微量元素

凡体内含量小于体重0.01%的矿物质称为微量元素，它们在机体内含量微量甚至超微量。按微量元素在人体的不同生物作用，可以将其分为必需、可能必需以及非必需三类。

对维持机体正常生理功能所必需的微量元素，称为必需元素。人体代谢所必需的微量元素有8种，包含铁、碘、锌、硒、铜、钼、铬、钴；人体可能必需的微量元素有5种，包含锰、硅、硼、钒、镍；而氟、铅、镉、汞、砷、铝、锡和锂等微量元素对人体具有潜在毒性，属于非必需微量元素，但它们在低剂量时可能还对人体有一定益处。值得注意的是，任何一种物质都有潜在毒性，主要在于剂量。常见微量元素的功能、来源及可能存在的相关问题详见表2-5-6。

三、矿物质与运动的关系

如表2-5-5和表2-5-6所示，矿物质的多种功能都与运动人群相关。如钙、磷、镁共同维持骨骼健康，细胞液中钠、钾、钙、镁、氯等与蛋白质等物质共同维持细胞内外液水分平衡与神经肌肉正常兴奋性，蛋白质中的磷和硫、血红蛋白中的铁、甲状腺素中的碘、超氧化物歧化酶中的锌、谷胱甘肽过氧化物酶中的硒等均通过不同方式参与能量代谢与机体恢复。此外，一些微量元素的缺乏，如硼、矾、钴、锰等，从理论上而言会影响运动表现，但目前还没有任何已发表的研究确切表明如果这些矿物质的摄入量不达标，就一定会影响运动表现。

矿物质缺乏可能会损害健康，而健康损害可能会对运动过程带来不利影响，且矿物质的代谢过程大部分在运动期间会加速，所以，运动人群应该在饮食中获得足量的矿物质。矿物质对运动训练及运动表现相关的机体功能影响见表2-5-7所示。

表2-5-6 微量矿物质快速指南

名称	功能	缺乏与过量的表现	DRIs	食物来源	备注
铁	（1）制造红细胞中的血红蛋白，参与氧气的运输、交换和组织呼吸过程； （2）足量的铁可以维持免疫系统的正常功能； （3）影响机体体温调节	**缺乏：**影响血红蛋白浓度，引起营养性贫血或缺铁性贫血，疲乏、虚弱、眩晕、呼吸急促和心跳加速等症状；缺铁的人指甲容易断裂，并且出现凸起线条；抗感染能力差，能量代谢水平低（伴随体温过低）。 **过量：**出现皮肤色素沉着过度，造成肝硬化及心力衰竭；慢性铁中毒表现为器官纤维化，急性铁中毒表现为胃肠道出血性坏死；铁摄入过多易与磷结合，形成不溶性复合物，造成磷缺乏；过量补铁会影响锌、镁等元素的吸收	**普通成人** 男性（RNI）：12mg/d 女性（RNI）：20mg/d UL：42 mg/d **运动人群**（含运动员） 美国：15~18 mg/d 中国：男性20mg/d（常温），25mg/d（高温）；女性25mg/d（常温），30mg/d（高温）	膳食是铁的良好来源，如动物肝脏、动物全血、畜禽肉类、鱼类，蔬菜类含铁不高。动物性食物中铁吸收率高于植物性食物。铸铁炊具一定程度上可增加所烹调食物中的铁含量	（1）在机体中以功能性铁和储存性铁存在，前者主要存在于血红蛋白、肌红蛋白及含铁酶中；后者以铁蛋白与含铁血黄素形式存在于肝、脾与骨髓中； （2）铁在体内代谢可被身体循环利用，一般除肠道分泌和皮肤、消化道、尿道上皮脱落损失少量外，排出铁很少； （3）促进铁吸收的因素有：维生素A、β-胡萝卜素、维生素B_2、维生素C；干扰铁吸收的因素有：钙、锌的过量摄入、茶类与咖啡类及大部分蔬菜中所含的酚类物质、粮谷与蔬菜中的植酸盐与草酸盐等

（续表）

名称	功能	缺乏与过量的表现	DRIs	食物来源	备注
碘	主要参与甲状腺素的合成，其生理功能主要通过甲状腺素的生理作用显示（参与能量代谢、维持中枢神经系统结构、调节体温、保证正常精神状态与身体形态、调整水盐代谢等）	**缺乏**：低碘性甲状腺肿（甲状腺肿胀，甲状腺素分泌不足），损害智力，幼儿缺碘引起呆小症（克汀病），易肥胖。 **过量**：高碘性甲状腺肿、甲状腺素合成不足；碘过量也可引起碘性甲状腺功能亢进、甲状腺功能减退、桥本氏甲状腺炎等	**普通成人** RNI：120 μg /d UL：600 μg /d **运动人群**（含运动员） 美国：120~150 μg /d 中国：无	碘盐和海洋生物；一些蔬菜也可能富含碘，取决于生长的土壤	人可以从食物、水、空气中摄取碘
锌	（1）构成多种酶与辅酶，如含锌酶有超氧化物歧化酶（SOD）、乳酸脱氢酶等，参与蛋白质合成、脂类与糖类等物质与能量代谢，影响胰岛素的合成与储存等； （2）维持人体免疫功能； （3）促进机体生长发育，维持性激素水平，有助于精子形成，保护皮肤与毛发，促进骨骼和牙齿发育； （4）影响口腔上皮黏膜细胞功能，参与味觉素形成	**缺乏**：伤口愈合与免疫功能障碍，食欲减退，发育停滞（如侏儒症），皮肤干燥，第二性征发育不全；严重时出现异食癖。 **过量**：免疫系统受损、干扰铜铁元素的吸收；出现胃肠道相关症状，如上腹疼痛、腹泻、恶心、呕吐，甚至肾脏衰竭；吸入含锌的废气出现呼吸系统症状，呼吸增强、出汗过多，甚至虚脱	**普通成人** 男性（RNI）：12.5mg/d 女性（RNI）：7.5mg/d UL：40 mg/d **运动人群**（含运动员） 美国：11~15mg/d 中国：暂无	在粗制完整的谷类食物中含量较为丰富，在海产品中尤其是牡蛎中的含量十分丰富； 此外包括动物肝脏、豆类、坚果类、蛋类、肉类、鱼类和食用菌中也含有丰富的锌； 绿色蔬菜中芹菜含量较高	精细的粮食加工过程可导致大量锌丢失；食物中铁、钙、磷和铜等元素含量过高时，锌的吸收率也会降低；摄入过多的纤维素、植酸、蛋白质、酒精等均会抑制锌的吸收

（续表）

名称	功能	缺乏与过量的表现	DRIs	食物来源	备注
硒	（1）抗氧化作用； （2）维持正常免疫功能； （3）参与多种酶的催化反应（如谷胱甘肽过氧化物酶）； （4）维持正常生育功能，如睾酮的生物合成、精子的形成和正常发育； （5）解除体内重金属的毒性作用	**缺乏**：克山病，症状是心脏扩大、心功能下降，可发生心源性休克或心力衰竭。 **过量**：脱发、指甲脆、容易疲劳、周围神经炎、浮肿、不育症、龋齿、维生素B_{12}与叶酸代谢紊乱、铁代谢失常等	**普通成人** RNI：60μg/d UL：400μg/d **运动人群**（含运动员） 美国：50~55μg/d 中国：暂无	一般海产品、动物肝脏、肾脏、肉类以及整粒谷类等均为硒的良好来源	硒在体内以两种形式存在：硒半胱氨酸和硒蛋氨酸，前者来自于动物性食物，后者来自植物性食物；植物的硒含量随土壤硒含量不同差异较大，因此容易形成与硒相关的“地方病”
铜	（1）构成铜结合蛋白与含铜酶的成分，如运铁蛋白、血浆铜蓝蛋白和超氧化物歧化酶，参与氧化反应并保护机体细胞； （2）参与铁代谢和红细胞生成，维持正常造血功能； （3）促胶原结构形成； （4）维护中枢神经系统的健康	**缺乏**：血红蛋白生成减少，出现缺铜性贫血；白化病；冠心病发病概率增加；葡萄糖耐量降低等。 **过量**：不常见，相对无毒；如果发生，则会出现恶心、呕吐、口腔金属味、流涎、上腹疼痛及严重腹泻；摄入100g或更多硫酸铜则会引起溶血性贫血、肝衰竭、肾衰竭、休克、昏迷或死亡	**普通成人** RNI：0.8mg/d UL：8mg/d **运动人群**（含运动员） 美国：0.9mg/d 中国：暂无	广泛存在于各类食物中，牡蛎中含量最高，其次是动物的肝和肾脏、谷类胚芽部分、豆类、鱼、家禽、贝类海产品、鸡蛋、坚果等	

（续表）

名称	功能	缺乏与过量的表现	DRIs	食物来源	备注
铬	（1）参与糖代谢，加强胰岛素作用，维持葡萄糖耐受（葡萄糖-胰岛素控制）能力； （2）可能对血清胆固醇内环境稳定有作用，可预防动脉粥样硬化； （3）促进蛋白质代谢和生长发育； （4）改善体成分	**缺乏：**葡萄糖不耐受、造成儿童发育停滞，智力下降。 **过量：**不常见，六价铬毒性比三价铬高100倍，在临床上主要侵害皮肤和呼吸道；食物中大多为三价铬，口服毒性较低	**普通成人** AI：30μg/d **运动人群**（含运动员） 美国：30~35μg/d 中国：暂无	全谷物食物、肉类、鱼贝类、酿酒酵母、葡萄酒、啤酒、蘑菇、坚果类、芦笋、豆类、奶酪等；在用不锈钢炊具进行烹饪食物时，通过酸性食物的作用可以从锅中溶取铬，加工过的肉类铬的含量较高	（1）人体内各部分都存在铬，并主要以三价铬形式存在，但浓度极低；成人随年龄增长，体内铬含量逐渐减少，因此老年人常有缺铬现象。 （2）由于铬可以促进蛋白质合成，参与核酸代谢，维持核酸稳定和完整，因此其在增加瘦体重产品中时有添加，同时也具有改善体成分作用。 （3）运动引起血铬增加，继而尿铬增加，运动日丢失铬可能会达到非运动日的2倍

注：本表仅展示普通成人（18~49岁）与运动人群（成人）推荐标准。

资料来源：普通成人摄入量标准参考中国卫生行业标准（WS/T 578.3—2018）。

美国运动人群摄入量标准参考，丹·贝纳多特. 高级运动营养学（第2版）. 北京科学技术出版社，2009。

中国运动人群摄入量标准参考，杨则宜. 运动营养师培训教程. 人民体育出版社，2008。

表2-5-7 矿物质对与运动训练、运动表现相关的机体功能的影响

	能量代谢辅助因子	神经功能与肌肉收缩	血红蛋白合成（红细胞生成）	免疫功能	抗氧化功能	骨骼代谢
常量元素						
钙		√		√		√
磷	√					√
镁	√	√		√		√
钾		√				
钠		√				
微量元素						
铁	√		√	√	√[a]	
碘	√					
锌	√			√	√[a]	
硒				√	√[a]	
铜	√		√	√	√[a]	
铬	√					

注：a代表辅酶中内源性抗氧化作用。

资料改编自：Louise Burke. 实用运动营养学. 常翠青，艾华，译. 科学出版社，2019。

第三节 运动与维生素及矿物质的协同作用

在实践中，了解维生素与矿物质的协同作用是理解其营养需求的关键因素。维生素与矿物质对很多与运动相关的生理过程均具有协同调节作用，这种协同作用不仅出现在不同种类的维生素之间或不同种类的矿物质之间，还存在于维生素与矿物质的联合作用上，如它们分别对能量代谢、神经肌肉功能、血红蛋白合成、免疫、抗氧化、骨代谢之间的协同作用。此外，如维生素C对矿物质铁吸收有促进作用，相应的一些营养元素也存在消化吸收层面的拮抗作用。

营养素的综合作用要求运动人群摄入种类尽可能丰富的维生素与矿物质，补充单种维生素或单种矿物质可能会破坏营养平衡及这些营养素之间的关系。如果维生素与矿物质摄入减少和/或流失增加，将会导致相应营养素的缺乏症

状，从而导致运动能力下降。合理的维生素、矿物质摄入量参照表2-5-2、表2-5-3、表2-5-5及表2-5-6。

运动、维生素、矿物质三者可共同影响机体多方面的生理功能，如能量代谢、运输氧气与二氧化碳、调节体液平衡、防止氧化损伤、维持骨骼健康等。其中，调节体液平衡的协同作用可详见本篇第六章，本节将分别以运动时能量代谢与骨骼健康为例，阐述三者协同作用，其中运动、维生素D与矿物质钙共同维护骨骼健康可作为本节内容的经典示例。

一、维生素、矿物质与运动时能量代谢的协同作用

如图2-5-2所示，人体需要多种维生素B（维生素B_1、维生素B_2、烟酸、B_6和泛酸）和一些矿物质（铁、镁、铜和锌）来促使碳水化合物进行代谢并产生

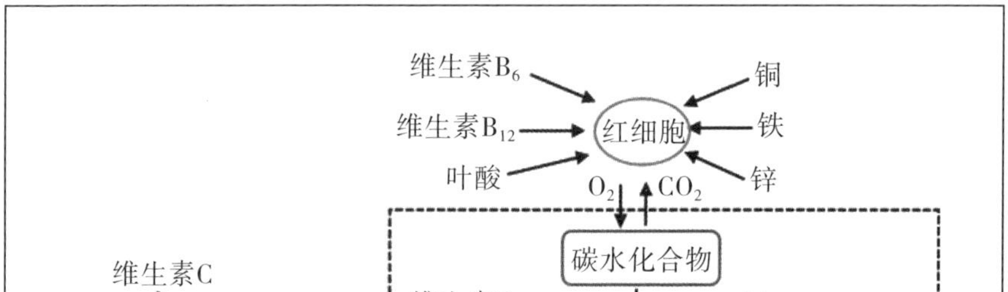

图2-5-2　与运动时能量代谢相关的维生素与矿物质的协同作用

资料来源：美国国家体能协会（NSCA）. 美国国家体能协会运动营养指南. 人民邮电出版社，2018。

能量，从而为骨骼肌提供能量。铁、铜、维生素B_6、维生素B_{12}和叶酸可以用来形成红细胞（RBC），并将氧气（O_2）传输到肌细胞，锌主要用来去除运动肌中的二氧化碳（CO_2）并将乳酸转化为葡萄糖。在肾上腺中，维生素C对于肾上腺素的产生是必需的，肾上腺素起到促进脂肪组织释放游离脂肪酸（FFA）的作用。烟酸可以在运动中阻止释放游离脂肪酸（FFA）。维生素C和维生素E、β-胡萝卜素和一些矿物质（锌、铜和锰）会中和活性氧（ROS），并防止肌肉和其他组织的自由基损伤。

二、维生素、矿物质与运动对骨骼肌肉健康的协同作用

骨骼健康对于各个年龄段的人群均具有重要意义，因此，健康骨骼的建立，应贯穿健康人体生命周期的所有阶段。人在20岁以前，主要为骨的生长阶段，其后的10余年骨质继续增加，在35～40岁，单位体积内的骨质达到顶峰，称为峰值骨度。此后，骨质逐渐丢失，尤其妇女绝经以后，骨质丢失速度加快，骨质降低到一定程度，就无法保持骨骼结构的完整，甚至压缩变形，以致在很小外力下即可发生骨折，即为骨质疏松症。运动人群对骨骼健康的关注将围绕在预防应力性骨折以及预防骨损伤等方面。

在骨代谢中发挥作用的营养素包括维生素A、维生素D、维生素K和矿物质钙、磷、镁，以及蛋白质。已有相当多的证据表明，含有充足钙、磷和维生素D的特定饮食模式对骨骼健康具有积极作用。此外，多项研究表明，抗阻训练（负重训练或力量训练）可协助增加骨密度，这与骨骼对力量的应力性适应有关。美国运动医学学会（ACSM）的立场声明中显示，建议把负重活动（3～5次/周）及抗阻训练（2～3次/周）作为维持骨密度的目标。

因此，综合以上信息，维持健康骨骼的措施包括：充足的膳食钙摄入和最佳的维生素D水平，结合规律的抗阻运动（负重训练和力量训练）和适量的日光照射。在这个总体建议下，还有生命周期每个阶段中这些变量的具体建议，如钙、维生素D的各种变量参照表2-5-2、表2-5-5，抗阻运动方案制定可参照本书第四篇内容。适量的日光照射是为了保证维生素D通过暴露于阳光下经皮肤合成来满足人体需求。

值得注意的是，骨骼肌和骨质不断地参与到彼此的调节途径中，导致相互依赖，这些相互调节因子之一似乎是维生素D。研究结果表明，骨骼组织产生的维生素D反应性激素在维生素D存在时被激活，反过来，对肌肉蛋白合成（MPS）有积极的影响。与此相似的是，肌肉细胞产生的维生素D反应因子也

会对骨组织产生积极的影响。可见，骨骼与肌肉健康问题互相依存。

由于含有维生素D的食物来源有限，大部分运动员需要合理的日光照射和规律的补充，或者采用膳食摄入、日光照射和膳食补充剂的联合措施，但补充不可过量，参照表2-5-2。日光照射可考虑每周2～3次，接近中午时分。根据最新研究显示，建议日光下暴露皮肤的时间（不涂抹防晒霜）为达到轻度晒伤（定义为最小红斑剂量）时间的25%～50%，例如，白种人在20分钟内晒伤，则应暴露5～10分钟，之后需要使用防晒霜或全身覆盖衣物遮挡，这样应能产生足够的维生素D。由于人种对于紫外线的不同敏感性，黄种人可能不易晒伤，却易晒黑，为防止晒黑或晒伤，除参考以上方法外，还可选择涂抹防晒霜或做好面部护理的前提下，延长户外日光照射时间，如至少30分钟以上；在无防护的情况下，暴露皮肤的时间视日光强烈程度适量调整。

本章小结

本章重点内容为维生素与矿物质的分类，并适当掌握其各自分类中维生素与矿物质的功能、摄入量、食物来源、过多或过少的表现及其与运动的关系。在实际使用过程中，了解运动、维生素、矿物质之间的协同作用尤为重要。

（汤春雪　白旭阳）

第六章 运动与水盐代谢

水是人类机体赖以维持最基本生命活动的营养素之一，机体在断水时比断食时生命耗竭得更快，一旦水分丢失20%，则生命无法维持下去。人体中水分主要以体液形式存在，在体液中存在各类营养素，它们通常与水分联合作用影响人体的各种生理活动，其中，无机盐与水分的联合作用在维持人体体液平衡中具有重要意义。

水盐代谢是研究机体对水和无机盐的摄入、排出，以及在机体调控下在一定范围内维持动态平衡的问题。无机盐即为矿物质，它在体内多解离为带电荷的离子而存在，通常称为电解质，因此，水盐代谢又称为水与电解质平衡。通常运动会影响机体水与电解质的正常代谢平衡，若这种影响超过了机体可调节和代偿的程度，则导致水与电解质平衡紊乱，这一紊乱会引起体内一系列反应，包括酸碱平衡紊乱等，从而导致运动性疲劳，甚至出现运动损伤。本章着重讲解水盐代谢原理，并为运动人群维持最佳身体水合状态提供指导策略。

第一节 水盐代谢概述

一、体液

机体内的液体称为体液。体内各种无机物和有机物大多为水溶性，而不溶于水的物质可与亲水性物质形成水溶性较大的复合物，从而一同形成体液。各种无机物和一些低分子有机物等皆以离子状态溶于体液中，称为电解质。因此，体液是指体内溶有多种电解质和多种复杂有机化合物的溶液。

（一）水的主要生物学功能

1. 构成身体成分与维持组织器官形态

人体内水是构成体液的主要成分，占体重的50%～80%。平均而言，成人体内的水约占体重的57%，一般男性体内的含水量约为60%，一般女性体内的含水量约为50%。体液可分为细胞内液和细胞外液，细胞外液即细胞外的液体，又包括血浆和细胞间液（又称组织液）。人体内全部水分的65%为细胞内液，35%为细胞外液。不同年龄人体中体液总量及分布见表2-6-1。

表2-6-1 不同年龄人体中体液总量及分布（占体重百分比：%）

	新生儿	1岁	2～14岁	成人
体液总量	80	70	65	60
细胞内液	35	40	40	40
细胞外液	45	30	25	20
组织液	40	25	20	15
血浆	5	5	5	5

资料来源：张爱芳. 实用运动生物化学. 北京体育大学出版社，2005。

此外，水分在体内以两种形式存在：一是结合水，不能在体内自由流动，是与蛋白质、黏多糖、磷脂等物质相结合而形成亲水胶体中的水，参与构成器官组织；二是自由水，可以自由流动，如血液、组织液、淋巴液等。不同组织器官中含水量不同（表2-6-2），且由于所含结合水和自由水的比例不同，因而彼此的形态、硬度和弹性也不同。例如，肾脏含水量为82.7%，比血液的含水量仅少0.3%，但由于肾脏中主要含结合水，故能维持一定的形态，而血液中主要含自由水，故能循环流动。

表2-6-2 人体不同器官含水量（以重量计）

组织器官	含水量（%）	组织器官	含水量（%）
血液	83.0	大脑	74.8
肾脏	82.7	肠	74.5
心脏	79.2	皮肤	72.0

（续表）

组织器官	含水量（%）	组织器官	含水量（%）
肺脏	79.0	肝脏	68.3
脾脏	75.8	骨骼	22.0
肌肉组织	75.6	脂肪组织	10.0

资料来源：张爱芳. 实用运动生物化学. 北京体育大学出版社，2005。

如表2-6-2所示，充分水合的肌肉组织含水量约为75%，而脂肪组织约为10%。因此，肌肉含量越高，体脂含量越少，人体内水分占总体重的比例越大。一般情况下，运动员体内的含水量约为70%，而肥胖个体体内含水量约为40%，因此，肥胖者对失水的耐受力更差一些。

2. 参与物质运输及新陈代谢反应

机体所需要的能源物质及代谢产物大多能溶于水，因此通过体液交换和血液循环过程将营养物质运输至细胞内供机体利用，同时将代谢产物运输至排泄器官排出体外。

此外，水是良好溶剂，是新陈代谢的介质。许多物质可在水中溶解或解离，水可以促进这些物质代谢，也可以直接参与体内水解、氧化等代谢过程，因此，水是人体细胞的无数次化学反应必不可少的物质。

3. 润滑作用

人体内许多关节腔内都有滑液，滑液由水和其他营养物质组成，可在关节活动时减少摩擦，起润滑作用，如泪液、关节囊液、唾液等都是人体器官的润滑剂，可维护各器官的正常功能。

4. 调节体温

水的重要功能之一是维持体温。正常体温的维持，是机体产热和散热两个过程动态平衡的结果。机体产热的来源是组织细胞的各种代谢活动，安静时产热的部位主要是深部脏器，劳动或运动时产热的部位主要是肌肉和皮肤。机体有多种散热方式，当外界温度低于体温时，机体有辐射、传导和对流三种散热方式；当外界温度高于或等于体温时，机体的散热方式只有蒸发，即以出汗的形式从体内散热，在此过程中，机体就会不同程度地丢失水分。

水的比热和蒸发热都较高，故对调节体温有重要意义。一方面，1g水从

15℃升至16℃所需的热能为1kcal，比其他溶剂高，人体代谢所产生的热量被体液中的水分吸收后，体液本身温度不至于变化太大，且由于水分的流动性，可通过体液交换和血液循环使机体各部分温度处于均匀状态，并可使代谢过程中的产热通过体表散至外界环境中；另一方面，水的蒸发热较高，每蒸发 1L 汗水，可排出575～620kcal的热量，这一热量视外界温度不同而有所差异，如1L水在20℃完全蒸发为气体所吸收的热量称为蒸发热，为586kcal；37℃时蒸发热为575kcal，所以，机体以排汗的形式蒸发少量水分即可散发较多热量，这对处于高温环境下长时间运动的机体维持一定的体温极为重要。

机体的产热与散热过程受到下丘脑的体温中枢和外周温度控制器的调控，引起代谢变化的各种神经体液因素也可对调控过程产生影响。

（二）电解质的主要生物学功能

人体的无机盐（矿物质）一部分以结晶形式构成机体组织成分，如骨骼、牙齿等，一部分则以电解质形式溶于体液。体液中电解质的种类和浓度在维持体液含量、分布及动态平衡方面起着重要作用。协同维持体液平衡相关的电解质包括Na^+、K^+、Ca^{2+}、Mg^{2+}、Cl^-等，它们在细胞内外液的分布特点决定了其主要的生物学功能，本节主要详述电解质在维持体液平衡与神经肌肉兴奋性的相关功能，其余功能详见第五章。各部分体液中电解质含量见表2-6-3。

表2-6-3　各部分体液中电解质的含量（mmol/L）

电解质	细胞外液		细胞内液
	血浆	细胞间液（组织液）	
阳离子总量	154	155.5	194
Na^+	142	147	15
K^+	5	4	150
Ca^{2+}	5	2.5	2
Mg^{2+}	2	2	27
阴离子总量	154	155.5	194
HCO_3^-	27	30	10
CL^-	103	114	1
HPO_4^{2-}	2	2	100
SO_4^{2-}	1	1	20

（续表）

电解质	细胞外液		细胞内液
	血浆	细胞间液（组织液）	
有机酸	5	7.5	—
蛋白质	16	1	63

资料来源：张爱芳. 实用运动生物化学. 北京体育大学出版社，2005。

1. 维持细胞内外液的容量与渗透压

渗透压是指恰好能够阻止水分子通过半透膜从浓度较低的溶液移向浓度较高的溶液，在浓度较高的溶液液面上施加的额外压强。简单来理解，就是溶液中溶质微粒对水的吸引力。人体内渗透压与电解质、蛋白质密切相关。当电解质与蛋白质的颗粒越多，则浓度越高，对水的吸引力越大，渗透压则越高；反之，电解质与蛋白质的颗粒越少，对水的吸引力越小，则渗透压越低。体液中由低分子晶体物质构成的渗透压称为晶体渗透压，由高分子胶体物质（如蛋白质）构成的渗透压称为胶体渗透压。

晶体渗透压对细胞内外水分的转移和物质交流十分重要。如表2-6-3所示，细胞外液中主要的阳离子是Na^+，主要阴离子是Cl^-与HCO_3^-，它们共同维持细胞外液的容量与渗透压；同理，细胞内液中主要的阳离子是K^+，主要的阴离子是有机磷酸根与蛋白质，它们共同维持细胞内液的容量与渗透压。细胞内外液渗透压近似相等。

值得注意的是，Na^+与K^+这种细胞内、外液的显著差异主要是由于细胞膜上存在着Mg^{2+}依赖性的Na^+-K^+-ATP酶，俗称“钠泵”，即此酶需在Na^+、K^+、Mg^{2+}同时存在时才有活性。在钠泵的作用下，细胞膜能主动将Na^+排出细胞外，同时缓慢将K^+转入细胞内，这种运转是一个耗能过程。因此，运动时当ATP缺乏或Na^+、K^+、Mg^{2+}代谢紊乱时，钠泵运转减慢，从而造成运动性疲劳发生。

2. 维持体液的酸碱平衡

各部分体液中的阳离子总量与阴离子总量相等，故体液呈电中性。人体各组织细胞需要适宜的氢离子浓度才能维持各种酶的正常活动，正常人组织间液及血浆的pH值为7.35～7.45，在血液缓冲系统、肺和肾的调节下，维持相对稳定。

3. 维持神经肌肉的兴奋性

体液中细胞内、外液Na^+、K^+的分布差异与人体生物电的产生有关，即维持细胞静息电位与产生动作电位等。动作电位的产生即可理解为“兴奋”的产生，神经肌肉之间的“兴奋–收缩耦连”机制与此密切相关。神经肌肉的兴奋性与血浆中的离子浓度有关，其关系大致如下：

$$\text{神经肌肉的兴奋性} \propto \frac{[Na^+]+[K^+]+[OH^-]}{[Ca^{2+}]+[Mg^{2+}]+[H^+]}$$

上式代表神经肌肉兴奋性与右侧式子成正相关：当分子部分的离子浓度增高时，神经肌肉的兴奋性增高；分母部分的离子浓度增高时，神经肌肉的兴奋性降低。神经肌肉的正常兴奋性即依赖这些离子的相互作用来维持。例如，当血浆钙离子浓度低于正常值时，神经肌肉兴奋性过高，可引起手足抽搐（痉挛）。

（三）体液间的交换

体液包含细胞内液与细胞外液。细胞外液即为机体内环境，分为组织液和血浆，胃肠道消化液、汗液、尿液、脑脊液、关节囊液及炎性渗出液等分泌液也称为透细胞液，也属于细胞外液。各体液间的水分、无机盐（电解质）始终在不停地流动，并保持相互之间的交换流通，维持动态平衡。组织液是细胞内液和血浆进行物质交换的中转站。

1. 血浆与组织液之间的交换

血浆与组织液之间的物质交换，主要在毛细血管进行。毛细血管在小动脉和小静脉之间，管壁只有一层内皮细胞，具有半透膜的特性，所以，血浆与组织液中的水及溶于其中的物质，除蛋白质外，经常在毛细血管部位进行交换。

体液进出毛细血管的流向取决于管壁两侧各种压力的对比。如图2–6–1所示，毛细血管中正压力促使体液向外流动，而负压力则促使体液向血管内流动。可知，毛细血管动脉端的血压高于静脉端，综合渗透压因素，动脉端最终具有10mmHg的有效滤过压，促使液体从毛细血管流向组织液，各种养料也随之流向各组织；静脉端处于负压力状态，液体就由组织液流向毛细血管内，同时代谢产物也随之进入血液，即体液交换的同时进行了物质交换。

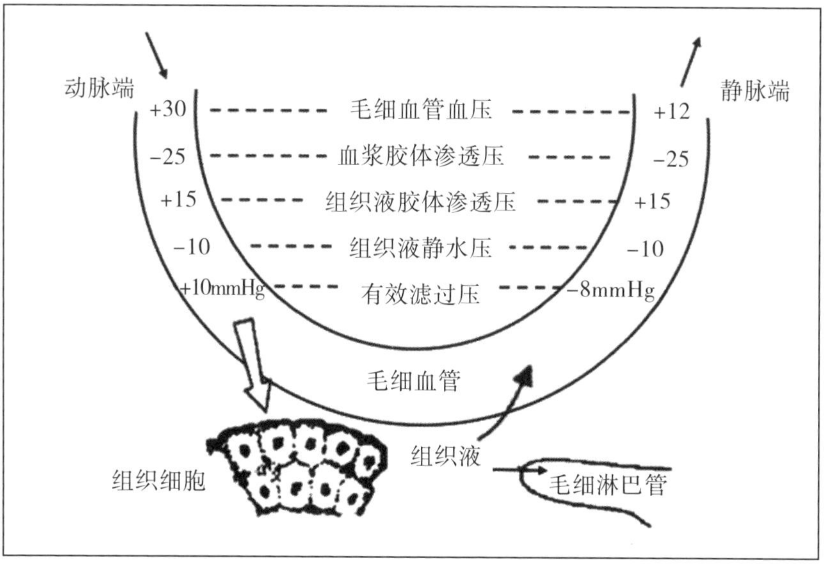

图2-6-1 毛细血管内外液体交流示意图

资料来源：张爱芳.实用运动生物化学.北京体育大学出版社，2005。

如果从毛细血管动脉端滤出液体增多，或从静脉端回流液体减少，则容易导致组织液积聚，造成水肿。血浆与组织液中总离子浓度和电解质含量都非常接近，主要差别在于蛋白含量不同，血浆蛋白浓度高于组织液，因此，血浆胶体渗透压高于组织液，这对血浆和组织液之间水分的交换具有重要意义，当血浆蛋白浓度过低时，组织液中的水无法顺利流向血液而潴留，从而导致水肿。

2. 组织液与细胞内液之间的交换

组织液与细胞内液之间被细胞膜相隔，细胞膜是一种特殊的半透膜，除蛋白质外，对Na^+、K^+、Ca^{2+}、Mg^{2+}等无机离子存在特殊通透规律。体液中的水分会随着细胞内外各种养分和代谢产物不断进出细胞的同时进行流动与交换。

二、体液中水盐代谢的动态平衡

（一）水的代谢

人体中的水主要有三个来源，即饮水、食物中的水以及体内生物氧化产生的代谢水。饮水量可随运动或劳动强度、气候条件、各种生理情况的不同及个体差异而有所变化，但对一般成年人而言，每天从饮料中摄取的水分为500～1200ml，从各种食物中摄取700～1000ml水分，除此以外，糖、脂肪和蛋白质在体内氧化代谢时产生约300ml的代谢水，如表2-6-4所示。

表2-6-4 正常成年人一般情况下每日水分的出入量（ml）

摄入量		排出量	
食物水	700～1000	呼吸蒸发	350
饮料	500～1200	皮肤蒸发	500
代谢水	300	粪便排出	50～150
		肾脏排出	600～1500
合计	1500～2500	合计	1500～2500

资料来源：杨则宜.运动营养师培训教程.人民体育出版社，2007。

人体中的水可由四条途径排出体外：肺脏呼吸蒸发、皮肤排汗及蒸发、消化道排水以及肾脏排尿。人体每天排出水的数量与摄取水的数量有密切的关系，一般来说，多摄入则多排出，少摄入则少排出，以此维持体内水分的动态平衡（参见表2-6-4）。值得注意的是，临床上提示，肾脏排尿量不少于每天500ml，才能将代谢过程中产生的废物排出体外，若排尿量少于每天500ml，临床上称为少尿；如少于每天100ml，称为无尿。当运动员急性降体重而引起脱水时，可能造成少尿或无尿，导致代谢废物在体内堆积而引起运动能力下降。

（二）电解质的代谢

正常情况下，人体内的电解质处于相对恒定状态。电解质的食物来源可详见本篇第五章，而电解质的丢失主要与水分排出有关。在短时间剧烈运动时，体内不发生电解质大量丢失而缺乏，但是在热环境下长时间运动，大量出汗是体内电解质的重要丢失途径。已知皮肤以排汗和表面蒸发两种形式排水，正常成人每天经皮肤表面蒸发的水分约500ml，而汗腺排汗量随环境温度、劳动或运动强度等因素改变有较大差异，因此，汗液中电解质丢失量变化幅度也较大。表2-6-5综合了不同文献数据对比了汗液、血浆和肌细胞中主要的电解质浓度。

表2-6-5 汗液、血浆、肌细胞的电解质浓度

	渗透压（mos mol/L）	电解质（mmol/L）				
		Na^+	K^+	Ca^{2+}	Mg^{2+}	Cl^-
汗液	80～150	20～80	4～8	0～1	<0.2	20～60
血浆	290	130～155	3.2～5.5	2.1～2.9	0.7～1.5	96～110
肌细胞	290	9	162	0	15.5	6～8

（引自：Oxford University，1994；闻芝梅，1998）

（三）水与电解质平衡的调节

身体含水量充足，代表水的摄入与排出处于平衡状态，即水平衡，也称为水合状态良好或水合正常；若身体含水量低于人体正常水平，称为低水合状态，当身体排水量超过摄入量而发生机体缺水时，这种低水合状态也称为脱水状态；若身体含水量超过人体正常水平，称为超水合状态，体内水过量时，也会出现“水中毒”现象，如低钠血症的发生。低水合与超水合状态都存着健康风险，因此，人体体内存在对水分与无机盐进行调控的系统。水和无机盐最重要的生理功能是维持体液正常渗透压和容量（主要是细胞外液），因此，机体也是通过渗透压感受器和容量感受器刺激分泌一系列激素对水分进行调节的，其中渗透压感受器监测细胞外液渗透压的变化，容量感受器监测细胞外液的水容量，而激素对水盐平衡的调节又是通过肾脏的排泄功能实现的，所以，必须有健全的肾功能才能完成调节作用。调节水盐平衡的主要激素是抗利尿激素、醛固酮等。

1. 抗利尿激素

抗利尿激素（ADH）又称血管升压素，属于肽类激素。当机体需要时，ADH由垂体后叶释放入血作用于肾脏，促使肾小管对水分重吸收增加，尿量减少。

（1）渗透压感受器对ADH的影响。ADH的分泌对血浆渗透压的改变极为敏感。当血浆渗透压升高时，位于丘脑下部视前区的渗透压感受器受到刺激，一方面产生兴奋并传至大脑皮质，引起口渴感觉；另一方面使ADH分泌和释放增多，使肾小管对水分重吸收增多，尿量减少。若此时及时补水，则由于水的

重吸收增多使血浆渗透压得以恢复正常。

（2）容量感受器对ADH的影响。当血容量增加时，心房内压升高，位于左心房的容量感受器受刺激，从而抑制ADH的分泌和释放，引起利尿、排水，使血容量恢复正常；反之，当血容量减少时，通过容量感受器的作用，ADH分泌和释放增多，水排出量减少，如能及时补水，血容量即恢复正常。

（3）压力感受器对ADH的影响。在颈动脉窦和主动脉弓处有压力感受器，当动脉血压降低时，通过压力感受器可反射性地促进ADH分泌和释放，使水重吸收增多，如能及时补充液体，则有利于动脉血压恢复。

此外，情绪激动、剧烈疼痛、应激状态等神经抑制因素也会使ADH分泌释放增多，从而减少排尿；而神经紧张又可使尿量增加。

2. 醛固酮

醛固酮是由肾上腺皮质球状带合成和分泌的一种类固醇激素（盐皮质激素），其主要生理功能是促进肾脏泌H^+、泌K^+以及对水分和Na^+重吸收。当血容量或血清Na^+浓度改变时，会影响醛固酮分泌。

由于Na^+是主要的细胞外液电解质，血容量受到Na^+浓度的影响。较高的Na^+浓度与血容量的最终增加相关，这是由于机体试图维持单位液体中Na^+的正常浓度。与之相反，较低的Na^+浓度通常与血容量的最终减少有关。为了根据钠摄入量的自然变化进行调节，当在低Na^+条件下，机体会分泌醛固酮以保留更多的Na^+；当Na^+浓度较高时，醛固酮分泌停止，促使多余的Na^+排出。

3. 其他激素

心钠素又称心房钠尿多肽（ANP），由心房肌细胞产生和分泌，会抑制肾小管对水分和钠的重吸收，还具有增加肾小球滤过作用，因此具有强大的利尿和利钠效应；此外，它还有扩张血管和降低血压的作用。雌性激素可促进水与钠在体内潴留，但对钾的排出影响较小；雄激素和胰岛素可使钾从细胞外液转入细胞内液，从而降低血清钾。相反，甲状腺素能增加钾移出细胞而从尿中排出增多。

综上所述，在正常情况下，渗透压感受器、容量感受器、抗利尿激素和醛固酮等激素的调节可共同维持相对稳定的血容量，即使在液体或钠的摄入量发生变化时，该系统也具有相应的调节功能。但若体液平衡被破坏超出自身调节能力时，如脱水或超水合等极端情况下，将会严重影响健康以及运动表现。因此，维持不同人群的体液平衡十分重要。

三、不同人群水盐需要量和参考摄入量

不同人群无机盐需要量可见本篇第五章内容。普通人群水摄入可参考表2-6-4。此外，水的需要量主要受代谢情况、年龄、体力活动、温度、膳食等因素的影响，故水的需要量变化很大。美国食品营养委员会（FNB）1989年第10版RDAs提出：成人每消耗1kcal能量的水需要量为1ml，考虑到发生水中毒的危险性极小，水需要量常增至1.5ml/kcal，以便包括活动、出汗及溶质负荷等的变化。婴儿和儿童体表面积较大，身体中水分比例和代谢率较高，肾脏对调节因生长所需摄入高蛋白时的溶质负荷的能力有限，易发生严重失水，因此以1.5ml/kcal为宜。哺乳期妇女乳汁中87%是水，产后6个月内平均乳汁的分泌量约为750ml/d，故需额外增加1000ml/d。此外，根据单位体重的每日需水量如表2-6-6所示。

表2-6-6　不同年龄单位体重每日需水量（ml/kg）

年龄	每日需水量	年龄	每日需水量
1周～3岁	100～160	10～14岁	50～80
4岁～9岁	70～110	成人	30～40

资料来源：张爱芳. 实用运动生物化学. 北京体育大学出版社，2005。

第二节　运动人群水盐代谢特点与最佳水合策略

运动人群经常进行大运动量的训练或比赛，并且经常在高温度与高湿度环境下进行训练和比赛，因此，运动人群在水盐代谢上具有与普通人不同的特点，且在体育运动中体液平衡及其各种物质代谢紊乱十分常见，它是引起运动性疲劳的重要因素或运动性疾病伴有的病理变化，有时甚至是过度训练的主要危险因素。

一、运动人群水盐代谢特点

人在剧烈或大量运动时，体内热量产生增加，所产生的热量只有少部分（25%）用于机械做功，而大部分（75%）则转化为热的形式。这些运动中

产生的热量需要排出体外，以保持温度的恒定。静息状态下，人体的散热方式包括辐射、蒸发、传导和对流四种，但在运动时，几乎所有的散热都是通过蒸发（汗液）完成的。当人体通过排汗调节体热平衡时，皮肤蒸发1ml汗液释放0.5～0.6kcal体热。运动时机体的热调节机制导致运动人群在运动过程中水盐代谢速率高于普通人，因此具有以下特点：

1. 出汗速率大、出汗量大

影响排汗量的因素有很多，包括环境温度、湿度、气压、热辐射强度以及运动负荷。环境的温度、湿度和热辐射强度越大，出汗率越高；运动人群的出汗率与运动负荷呈正比，运动负荷越大，出汗率越高。

一般运动人群通过汗液丢失的液体总量为1～1.5L/h；在炎热或湿热环境中运动时，人体通过汗液丢失的液体总量可增大至1.5～2.5L/h，这是因为在湿热的环境中汗液不易经皮肤蒸发，必须产生更多的汗液才能维持热量的散发。

另外，运动人群的机能水平也会对汗液分泌产生影响，相同负荷运动时，训练水平高的运动人群其汗液分泌不仅速度快，而且量多，且水合状态越好，越容易出汗。

值得注意的是，汗中电解质浓度与血液、肌细胞内液的电解质浓度均不同，伴随着汗液的丢失，同样可能出现电解质不平衡的情况。例如，汗液中钠浓度为60mmol/L，每丢失1L含有60mmol/L钠的汗液等于丢失了约3.5g的氯化钠，若运动人群每小时丢失2L汗液，则2小时的运动就会丢失约14g氯化钠，超过了普通人氯化钠的每日正常摄入量。

2. 排尿量少

汗液是低渗性的，长时间大运动量的训练会引起大量出汗，致使机体失水量增多，加上运动时肾血流量和肾小球滤过率都减少，常常导致少尿或无尿，这种尿液生成量的轻微减少是人体保持水分的方式之一。

3. 呼吸道排水量大

人在休息时的耗氧量为 250ml/min，运动时耗氧量大大增加，例如，马拉松跑步时的耗氧量可达 4L/min。运动引起机体组织细胞代谢速率增加，对氧的需求和对二氧化碳的排出都增大，因此，呼吸的频率加快和幅度加深，这就导致从呼吸道丢失的水分会增加至平时的 10～20 倍。

4. 代谢水产生增多

由于运动的需要，为提供足够的能量，组织细胞的代谢过程加速，糖、脂肪和蛋白质分解代谢产生的代谢水量也增多，但远远低于身体大量出汗而丢失的水分，如果未及时补充，往往容易造成运动性脱水。

二、运动性脱水

运动性脱水是由于运动引起体内水分和电解质（特别是钠离子）丢失过多，其常见原因是健身运动人群在高温、高湿情况下训练比赛，大量出汗而未及时补充。在运动训练中，健身运动人群出汗丢失水分和呼吸排出的水分量都很显著，湿热环境下更甚。此外，运动人群在低温环境下运动，比如登山运动，虽无大量汗液丢失，但因寒冷导致交感–肾上腺系统兴奋，尿液增多，从呼吸道呼出的水分和从皮肤蒸发的非显性出汗也较多，也可能造成机体的脱水。

（一）运动性脱水的类型

1. 按脱水目的分类

（1）主动型脱水：常见于举重、摔跤、拳击、健美等运动项目中，运动员为了参加低体重级别的比赛而采取快速脱水降体重的措施，造成机体严重脱水。常见措施有减少水、饮料摄入；使用具有利尿作用的食物增加排尿，如咖啡等；在热环境下运动促进排汗增多，如桑拿浴、蒸汽浴或热天穿厚衣物进行大强度运动。

（2）被动型脱水：常见于马拉松、公路自行车、球类等长时间耐力性运动项目，属于运动人群为调节体温而大量排汗引起的脱水。

2. 按脱水程度分类

根据丢失水分的多少，可将运动性脱水分为轻度脱水、中度脱水和重度脱水，水分的丢失势必会影响运动能力，严重者甚至会危及生命，详见表2–6–7。

表2-6-7 运动性脱水的程度

脱水程度	失水量	脱水部位	症状	运动能力下降
轻度脱水	2%体重	细胞外液为主	血液渗透压升高、血容量减少、血液浓缩、心脏负担增加、口渴、尿量减少	10%～15%
中度脱水	4%体重	细胞内外约相等	严重口渴、心率加快、体温升高、疲劳加重、血压可能下降	20%～30%
重度脱水	6%以上	细胞内失水增加	除了中度脱水表现外，还可能出现呼吸加快，肌肉抽搐，烦躁不安，严重时出现幻觉、谵妄甚至昏迷	严重威胁健康甚至生命

（引自：冯美云，1999）

3. 按脱水性质分类

尽管细胞内、外液中离子的组成成分与浓度不同，但由于溶质的总浓度是一样的，因此细胞内、外液的渗透压是一致的。如果任何一个部位的浓度发生变化，就会发生物质的转移。根据脱水时细胞外液渗透压的变化，将脱水分为低渗性脱水、等渗性脱水与高渗性脱水三类，详见表2-6-8。

表2-6-8 低渗性脱水、等渗性脱水与高渗性脱水

	脱水特点	常见于	临床表现
等渗性脱水	（1）失水与失钠比例适当； （2）血钠130～150mmol/L； （3）以细胞外液减少为主，渗透压正常	急性体液丢失（如大面积烧伤、肠梗阻、腹膜炎等）、运动量适中、饮水少、感冒低烧或腹泻病程短的人群	口渴、疲乏、厌食、恶心等
低渗性脱水	（1）失钠>失水； （2）血钠<130mmol/L； （3）细胞外液渗透压降低，水向细胞内移动； （4）细胞外液进一步减少，形成低钠血症	因急性失水后，只补水而忽略补盐；或反复呕吐、腹泻的人群	头晕、心悸、疲乏、血压下降、站立性晕倒、厌食、恶心、肌肉抽搐、腱反射减弱、口渴不明显、尿量较多、血液循环降低、易休克、休克时尿量减少

（续表）

	脱水特点	常见于	临床表现
高渗性脱水	（1）失水>失钠； （2）血钠>150mmol/L； （3）细胞外液渗透压升高，水向细胞外移动； （4）形成高钠血症	大运动量或热环境中大量出汗而进水少者、感染高热的人群等	粘膜和皮肤明显干燥、口唇干裂、明显口渴、烦躁、甚至惊厥、高热、血压下降、昏迷、休克

资料来源：杨则宜. 运动营养师培训教程. 人民体育出版社，2007。

（二）运动性脱水的危害

不同程度的运动性脱水均会对身体产生不良影响，从而导致运动中疲劳提早出现、运动能力下降以及运动后疲劳恢复减慢。这是因为脱水会造成血容量降低，而血容量是衡量运动人群能否保持高水平运动表现的主要指标，血容量降低将导致如下危险。

（1）加重心脏负担，致使心输出量减少、心率加快，从而导致肌肉所需的氧气和营养物质供应不足。

（2）输送到皮肤的血液减少，进而导致汗液减少，加上运动时排尿量减少，将导致机体代谢废物的排泄受阻。

（3）高强度运动产生的大量乳酸更容易对脱水的运动人群产生负面影响，这是因为水合充足的人血容量更大，能更好地稀释由细胞内排出乳酸的浓度。

（4）由于血容量降低使汗液减少，肌肉收缩时产生的热量无法快速散发而在体内蓄积，导致体温升高；人类生存体温上限约为43.3℃，或比正常体温高6.3℃，剧烈运动时产生的热量是静息状态下的20倍，体温有可能每5分钟上升0.6℃，因此可预见，一个水合不足的运动员在开始运动后不到1小时就可能面临中暑和死亡的威胁。

（5）脱水与恢复补水拖的时间越长，对运动能力的影响越明显，严重脱水时要花几天时间才能建立体液平衡，所以，在失水应激之前或即刻就应该补水。

（三）运动性脱水的预防

研究发现，出现中度以上脱水的情况在优秀运动员的身上并不多见，这除了与运动人群及时补充水分有关外，还与其对脱水的适应性有关。

1. 提高对运动性脱水的耐受性

运动人群长期处于热环境下运动，对高温和脱水可产生一定的适应性或耐受性。一般训练水平的运动人群当处于轻度脱水时，其运动能力即受到明显的影响（参见表2-6-7）；而研究发现，已有适应性的高训练水平运动员即使处于中度脱水时，体温变动较小，心血管的紧张性较低，机体代谢率和酶及激素的反应性也较低，而出汗排热能力加强，汗液中电解质的含量也减少，过多换气的症状有所改善，即对各种机能和运动能力并无明显影响。耐力性运动训练可使细胞内液和血容量增加，而血容量的扩充可能是运动训练促进机体对运动性脱水适应的机制之一。因此，增强训练水平和提高在高温、高湿环境下运动的适应能力，对运动性脱水的预防具有积极的作用。

2. 进行补水以防止和纠正脱水

防止运动性脱水的关键是及时补充水分，使机体水分达到平衡。水合正常状态应该是所有运动人群每天需要实现的目标，水合过度和水合不足是液体摄入的两个极端现象，都具有危险性，因此，补水需要以科学的理论和原则为指导。

三、运动人群最佳水合策略

根据上述内容可知，运动人群可以通过训练来提高其达到最佳水合状态的能力。运动人群应当首先遵循维持水合状态所需的液体推荐摄入原则，再进行最适合自身情况的调整。对于体脂较高、体能水平较差的运动人群而言，他们耐热能力相对较差，因此，维持充分的水合状态十分重要；而对于体脂较低，体能状态良好的运动人群而言，要想提升状态，必须制订相应的策略以提高液体摄入量，因为体能状态越好，出汗速率越快，即不同运动人群的阶段水合目标不同。

（一）水合状态评估

为了在日常运动健身过程中有意识地建立自身水合策略，首先需要运动人群了解自身水合状态的评估，以确保运动人群在比赛和休息的时候身体都有充足的水分。对于初级运动健身人群而言，建立定性评估意识，便可在一定程度上延缓运动性疲劳，预防运动损伤；对于中、高级运动健身人群而言，定量评估可以更准确地帮其把握自身水合规律。

1. 定性评估

方法一：口渴

首先明确，口渴属于延迟感受，当身体水分丢失1.5～2.0L（或体重的3%）时才会感觉到口渴。渴觉是由于神经调节中渗透压感受器的激活所导致的，人体对血浆渗透压的敏感度较高，当血浆渗透压增加2%～3%时就会产生口渴的感觉；而对容量感受器敏感度较低，血容量降低近10%时才会觉得口渴。因此，对于运动人群而言，将口渴视为液体需求的信号显然是不妥的，感觉口渴才开始摄入液体不可能在运动中恢复到充分水合的状态。口渴机制的明显延迟，也是中、高级运动健身人群需要训练自己预先计划补液（无论口渴与否）的一个主要原因。

方法二：尿液颜色与尿量

运动人群需要学会通过检查自己的尿量、查看尿液颜色、留意小便频率来评估水合状态，排尿减少和颜色变深都是脱水的表现，并可能先于口渴感出现。

尿液的颜色主要是由尿色素的含量决定的，尿色素是血红蛋白的一种分解产物。当摄入水分过少时，血浆渗透压增高，脑垂体释放抗利尿激素，通过产生高浓缩的尿液促使肾脏重吸收更多水分，这是身体的节水策略。一般来说，尿液应与稀释的柠檬水的颜色相同；如果尿液颜色变深、浓度增加且气味变重，运动人群就缺水了；如果尿液呈酱油色或棕色，运动人群需立即咨询医护人员。值得注意的是，特定的饮食成分也会造成尿液颜色加深，其中包括复合维生素B、β-胡萝卜素、β-花青苷和一些人工食用色素及药品。经常通过尿液颜色进行水合评估的运动人群需要知晓，若在小便前一小时左右服用了多种维生素和复合维生素B，尿液颜色也会变深或变亮，此时，利用尿液颜色评估水合状态就不准确了。

2. 定量评估

日常生活中，体重也是一种测试水合状态的工具。对于能量平衡且水合状态良好的人而言，体重（排完晨便的体重）上下波动不超过1%。值得注意的是，清晨的体重会受到排便和饮食习惯的影响。对于女性而言，月经期间的激素波动也会影响身体体重。如果体重在极短的时间内发生明显的下降，就基本可以断定是由身体水分流失造成的。对于运动人群，可以通过以下两种方法估算液体丢失量，从而确定相对精准的补液计划。

方法一：根据训练前后体重差估算体液丢失量

具体步骤如下：

（1）记录开始运动时的时间。

（2）记录体重（最好是净体重）。

（3）正常训练并监测训练过程中所摄入的液体量。

（4）训练结束后立即脱掉汗湿的衣服，并用毛巾将身体擦干，不出汗后再次记录体重（最好也是净体重）。

（5）记录训练结束后称体重当前的时间。

（6）用训练前的体重减去训练结束后的体重，加上训练过程中摄取的液体量，从而计算出液体总体丢失量。

（7）根据最初时间和最终时间来计算训练时间。

举例：小陈参加了2小时的橄榄球训练，前后体重减轻了1.8kg，训练期间喝了大约500ml水。则在这2小时内，小陈的体液丢失量大约为2.3kg，即2.3L水（1ml水约为1g水）。因此，需参考该数值进行合理补液。

方法二：根据能量消耗预估体液丢失量

在不便称重时，可通过能量消耗进行体液丢失预估，具体步骤如下：

（1）记录日常体重。

（2）记录运动时间与运动强度。

（3）计算此次运动能量消耗值。

（4）根据蒸发1ml汗液可散发0.5～0.6kcal的热量，进行汗液蒸发量的计算。

举例：小李体重为60kg，2小时游泳训练的平均强度大约是10MET，1MET=1.05kcal/（kg·h），故小陈2小时10MET的运动训练可消耗的热量为：10×1.05kcal/（kg·h）×60kg×2h=1260kcal；按照机械做工转换效率为25%计算，则散发的热量为1260kcal×75%=945kcal；根据蒸发1ml汗液可散发0.5～0.6kcal的热量可知，散发945kcal的热量需蒸发1575～1890ml，即身体丢失1.5～1.9L体液。

（二）常见补液误区

了解自身水合状态后，需掌握正确补液原则方可进一步促水合，然而日常生活及运动过程中均存在许多补液误区。

1. 不渴不补

如前所述，当人感觉到口渴时，事实上已有3%体重的水丢失，即机体已处于轻度脱水的状态，对身体健康和运动能力会造成一定的影响。因此，感到口渴时再补液已达不到预防脱水的目的。

运动健身时应根据水合评估状态养成合理的补液习惯，不要等口渴时再补液。

2. 运动中一次性过量补液

脱水会使运动员在运动过程中几乎不可能恢复到理想的水合状态，如果试图通过大量补充液体来获得理想水合状态，很可能导致不适，而非更快地再水合。

机体一次大量水分的摄入可引起血液稀释，血液循环量增加，红细胞的运输氧的能力反而下降，加重了心脏负担；血液中过多的水分由肾脏和汗腺排出，既增加了肾脏的负担，又增加了能量消耗，并进一步引起盐的损失；再者，大量的水进入胃后，稀释胃液影响消化与食欲，继续运动可引起腹痛与呕吐。

为了让运动人群在比赛或训练中，获得较好的竞技状态，承受较大的生理负荷，在补水方式上，要采取少量多次补充的饮水方法。

3. 单独补充白水

许多人运动后都有过“越喝越渴”的感觉，这是由于只是大量补充白水造成的，因为白水中钠、钾等无机盐的含量甚微，不能补充运动时大量出汗丢失的盐分。大量补充白水会使血容量增加，细胞外液电解质浓度下降，反射性的引起机体排尿、排汗增多，反而会造成水分丢失增多，而且暴饮白水还能稀释胃液，影响食欲和消化，不利于疲劳恢复。在长时间运动中补水的同时，除钠、钾外还应补充相应钙、镁等电解质，以预防出现肌肉痉挛。

4. 酒精或其他含咖啡因饮料摄入

许多运动健身人群热衷于在一次充分训练后饮用酒精、汽水等饮料，这对于轻度脱水的人群或许影响不大，但对于中重度脱水人群具有较大影响。酒精及咖啡因（咖啡、巧克力、汽水等）都具有利尿作用，不利于机体再水合。此外，酒精会对糖原耗尽后的恢复产生不利的作用，影响肝脏内碳水化合物的存储状态，特别是在酒醉后没有采取有利于恢复的手段的情况下，对运动后的恢复会产生不良的影响。因此，不建议运动人群在运动期间饮酒或过量进食具有利尿作用的食物和饮料。

（三）最佳水合策略

假设一瓶水代表身体所处的最佳水合状态，不训练时，就像瓶子底部有个小孔，水位会以极慢且能让你轻松维持最佳水合状态的速率下降，由于水位下降缓慢，偶尔饮用一杯水或其他液体足以维持水合状态；而在运动时的情形相当于在瓶子底部开了一个铅笔粗细的孔，水分流失的速率更快，在很短的时间内水分丢失的量就足以影响运动表现和耐力，在这种情况下，等感到口渴再饮水就不合适了。因此，通过评估水合状态，避免补液误区，加之日常健身训练时期水合策略的实施，可帮助身体建立最佳水合状态，以应对运动比赛或其他紧急易缺水的状态。

1. 运动期科学补液方案

运动中机体的水分摄取量以满足失水量、保持水平衡为原则，同时还要考虑气候条件、运动项目、运动强度以及个体间的差异等，可在运动前、中、后期根据不同运动项目及时补水。

- **运动人群日常补液与运动前补液**

在训练或比赛开始前，运动人群的身体就处于最佳水合状态至关重要，这对提高运动表现及预防运动损伤都有积极作用。因此，所有运动人群均可遵循以下补液指南：

（1）不以口渴感作为补液信号，而应适应在尚未感到口渴时补充液体。

（2）在日常或训练前保持尿液澄澈，即保持良好的水合状态。

（3）在训练前1～1.5小时，可在相对较短的时间里摄入大量（如500ml）

液体，以确保身体水分含量充足，并促使胃排空，在此后的运动过程中只需进行少量多次的补充以维持水合状态。

（4）在缺乏密切监控的情况下，请勿达到超水合状态，即避免一次性过度饮水。

（5）避免在赛前进食过多具有利尿作用的食物和饮料。

• 运动中补液

运动中合理补液可预防运动性脱水及其引发的中暑、热衰竭以及低钠血症等发生，运动中补液需要根据不同运动负荷注意补液时间与频率、补液量及补液种类。

（1）补液时间与频率：非运动时饮水频率约每2小时一次，运动时饮水频率应为每10～20分钟一次。

（2）补液量：运动中所摄入的液体量应当为每减轻1kg体重补充1～1.5L的液体。对于一般健身人群而言，保持每15～20分钟补液120～240ml的习惯即可。

（3）补液种类：对于运动强度很小，且运动时间在1小时以内，且未有大量出汗的运动，补充白水或矿泉水即可；但若出现了运动性脱水状态，则根据运动时脱水程度补充水盐复合物。这是由于机体脱水时，丢失水分的同时还丢失了一定量的电解质，因此，补水或纠正脱水的同时还应适量地补充无机盐。此外，对于长时间运动中能量补充也需要适宜的糖类。研究证明，糖浓度为6%～8%时液体吸收率较单纯的水更快，运动饮料就是在此基础上研制的能够迅速补充水分、电解质和能量，维持和促进体液平衡、促进恢复、提高运动能力的饮品。

• 运动后补液

运动后，运动人群应当摄入足够的液体以尽快恢复良好水合状态，以尿液清澈为准，补液原则同上，训练后体重每下降1kg，可补充1～1.5kg的水分。一个好的训练计划应尝试在运动中进行足量的补液，以避免体重出现明显下降及明显上升。

举例：在进行大强度训练2小时过程中，小陈或小李均丢失约2L的体液，根据补液原则，120分钟内需要将2000ml水分补足，以20分钟补充一次，则需补充6次，则小陈或小李需要在下次类似强度与负荷的训练中每20分钟补充330ml。其中，小陈若已在运动中补液500ml，则需在运动后在身体可承受范围内尽快补液1500ml液体，液体种类可根据实际补剂或补充营养素进行选择。

2. 其他促水合措施

对于运动人群而言，保证肌肉细胞的水合状态，可以进一步提升运动表现。已知体能状态越好，肌肉质量越好，则身体水合状态越好，训练过程中越易出汗。因此，对于运动人群促水合措施，还可以考虑以下因素。

（1）糖类补充配合肌肉力量训练，从而提高肌肉对糖原的利用程度，肌肉储存1g糖原可以连同储存2.7g的水，因此，糖类可以达到促水合作用。

（2）肌酸补充同样可以达到对肌肉内促水合的效果，这一效果可以在增加高GL糖类联合补充时达到更好的效果。

（3）有研究证明甘油可以帮助运动员达到超水合状态，因为甘油能够充当保湿剂（即甘油可以吸水），有限的证据表明，在运动前饮用的液体中按照每千克体重1g的量加入甘油，可以提升运动员在高热和潮湿环境中的耐力性运动表现，但存在使肌肉发僵等副作用。世界反兴奋剂机构曾将甘油纳入禁用清单，因此，运动员不能将它用作保湿剂，但自2019年起已将其移出禁用清单，而其是否可以添加在食品中，仍需遵守相应食品法规要求。

（4）食物中钠的摄入易使水分潴留在细胞外液，而食物钾的摄入易使水分潴留在细胞内液，因此，可根据不同目的，适当考虑钠钾的摄入。此外，为维持神经肌肉兴奋性的稳定，在补充钠钾的同时需要注意钙镁的补充，以预防肌肉痉挛。

本章小结

水盐代谢涉及身体内的多种调节机制，在长时间耐力运动人群及部分健美人群备赛时，该部分内容将成为重要的参考依据。本章介绍了水盐代谢调节机制与运动人群水盐代谢特点，并提供了关于实施最佳水合策略所需进行的水合状态评估、需要避免的误区以及实践运用方式。

（汤春雪　葛晓川）

第七章　运动与膳食纤维

膳食纤维（dietary fiber）是碳水化合物中的一类非淀粉多糖。将其从碳水化合物中分出来成为独立章节，是因为它与人体健康密切相关。

第一节　膳食纤维的定义与分类

一、膳食纤维的定义

2010年，WHO/FAO膳食纤维工作组报告发布将“膳食纤维”定义为：膳食纤维共性特点是指10个和10个以上聚合度（DP）的碳水化合物聚合物，且该物质不能被小肠内的酶水解，并对人体具有健康效益。

由于“膳食纤维”的定义关乎到科学和贸易两个重要问题，因此，各国基于不同考虑，在国家食品标准文件中，仍然有很多国家使用“≥3DP聚合度的碳水化合物为膳食纤维”概念。中国食品标准GB/Z 21922-2008对膳食纤维定义也同样维持聚合度≥3DP，相比WHO/FAO膳食工作组的定义，有一定扩展性，即包括3～9DP的低聚糖部分。

二、膳食纤维的分类

根据膳食纤维的溶解性，科学家们将其分为可溶性膳食纤维（soluble dietary fiber，SDF）和不可溶性膳食纤维（insoluble dietary fiber，IDF）两类。

可溶性膳食纤维的主要功能是，可减少血液中的胆固醇水平，调节血糖水平，从而降低心脏病的危险，改善糖尿病，其来源主要是水果、蔬菜、大豆和燕麦，它包括果胶等亲水胶体物质和部分半纤维素。不可溶性膳食纤维主要功能是膨胀，可以调节肠的功能，防止便秘，保持大肠健康，它包括纤维素、木质素和部分半纤维素。

绝大部分植物性食品都含有两种纤维，只是比例有多有少而已，而且成熟的、过熟的以及谷皮较多的食物中膳食纤维的含量，比精细的谷物制品如精白粉、精白米、嫩蔬菜中的含量高得多（表2-7-1）。

表2-7-1 部分代表性食物膳食纤维的含量（g/100g可食部）

食物名称	总膳食纤维	不可溶膳食纤维	食物名称	总膳食纤维	不可溶膳食纤维
小麦粉（全麦）	12.6[a] 11.3[c]	10.2	马铃薯	1.6[a]	0.7 0.4[a]
小麦粉（标准）	3.9[c]	2.1	甘薯	3.0[a]	1.0
小麦粉（精白）	2.7[a] 3.9[c]	0.6	胡萝卜	3.2[a] 2.2[c]	1.3 1.5[a]
稻米（粳）	0.6[c]	0.4	大白菜	1.0[a]	0.6
稻米（糙米）	3.5[a] 2.2[c]	2.0	菠菜	1.1[a]	1.6 0.6[a]
麦麸	42.2[a]	31.3	黄瓜	1.0[a] 0.9[c]	0.5 0.5[a]
大麦米	17.3[a]	9.9	橙、橘	2.4[a] 2.6[c]	0.6 0.43[a]
燕麦片	10.3[a]	5.3	梨	2.6[a] 4.7[bc]	2.0 2.46[a]
玉米面	11.0[a]	5.6	苹果	1.9[a] 2.2[ab]	1.2 2.27[a]
黄豆	12.5[a]	15.5	西瓜	0.7[a] 0.3[c]	0.5 0.5[a]

注：a为美国食物成分表数据；b为带皮；c为加拿大食物成分数据；其余未注明的为中国食物数据。

三、常见的膳食纤维

日常生活中常见的膳食纤维包括纤维素、半纤维素、果胶、树胶、木质素以及抗性淀粉等。

纤维素（cellulose）是由数千个葡萄糖组成，化学结构与直链淀粉相似，不能被人体胃肠道酶所消化，但具有一定亲水性。

半纤维素（hemicellulose）由多种糖基组成，主链上由木聚糖、半乳聚糖或甘露糖组成，在其支链上带有阿拉伯糖或半乳糖。半纤维素比纤维素更易于被人体大肠内细菌分解，并具有结合离子的作用。半纤维素中一些可溶性成分形成黏稠的水溶液，具有降低血清胆固醇的作用。

果胶（pectin）是一种无定形的物质，存在于水果和蔬菜的软组织中，可在热溶液中溶解，在酸性溶液中遇热形成胶态。其分子主链上是半乳糖醛酸，侧链上是半乳糖和阿拉伯糖。果胶具有与离子结合的能力。

树胶（gum）的化学结构因来源不同而有差别，主要是由葡萄糖醛酸、半乳糖醛酸、阿拉伯糖及甘露糖所组成的多糖。它可分散于水中，具有黏稠性，可起到增稠作用。

木质素（lignin）是苯基类丙烷的聚合物，具有复杂的三维结构，存在于细胞壁中难以与纤维素分离。人和动物均不能消化木质素。

抗性淀粉（resistant starch）包括改性淀粉和经过加热再冷却的淀粉，不能被小肠所吸收。当前，抗性淀粉引起人们的兴趣，是因为可以通过加工的方法而将淀粉加工成富含膳食纤维的食物，也就是富含抗性淀粉的食物，此类食物和非淀粉多糖一样不被α-淀粉酶所消化，因而起到有益于健康的作用。

第二节　膳食纤维的功能

近年来的医学研究表明，膳食纤维虽然对人体没有营养价值，但它却有着极为特殊的重要生理功能，并非可有可无。膳食纤维不仅本身具有重要功能，而且在肠道益生菌的作用下发酵所产生的短链脂肪酸和肠道菌群增殖有着广泛的健康作用。

一、增加饱腹感，降脂减肥

高膳食纤维的食物进入消化道内，在肠胃中吸水膨胀并形成高黏度的溶胶或凝胶，增加胃内容物的容积，且可溶性膳食纤维黏度高，可降低胃排空速率，延缓胃内容物进入小肠，抑制食欲，使人产生饱腹感，从而减少食物以及热量的摄入，这对需要减控体重的人群很有帮助。

二、促进胃肠蠕动，减少便秘、肠道疾病的发生

膳食纤维具有较强的吸水功能和膨胀功能，可以增加大便水分、体积，稀释大肠中的致癌物质，减少粪便硬度，并促进肠道蠕动和加速排便，防止便秘的发生；也可以减少致癌物质在肠道内的停留时间，使粪便中的有害物质特别是致癌物质及时排出体外。不同膳食纤维吸收水分的作用差异较大，谷类纤维比水果、蔬菜类纤维能更有效地增加粪便体积和防止便秘。此外，膳食纤维还可促进肠道有益菌群的增殖，在肠壁形成保护屏障，大大减少肠道癌，尤其是结肠癌和痔疮等的发病概率。

三、降低血胆固醇水平，预防心脑血管疾病

肝脏中的胆固醇会转变成胆酸，到达小肠能帮助消化脂肪，然后胆酸会被小肠吸收回肝脏再转变成胆固醇。由于膳食纤维在小肠中能形成胶状物质将胆酸包围，胆酸便不能通过小肠壁被吸收回肝脏，而是通过消化道被排出体外。于是，当肠内食物再进行消化需要胆酸时，肝脏只能靠吸收血中的胆固醇来补充消耗的胆酸，从而降低了血中的胆固醇，令冠心病和中风的发病率也随之降低。

四、降低血糖，预防糖尿病

膳食纤维可增加肠内容物的黏度，延缓葡萄糖的吸收，同时束缚吸附葡萄糖，降低肠内葡萄糖的有效浓度，改善糖耐量，对糖尿病具有很好的防治作用。实验证明，食物中膳食纤维含量越高，血糖指数（GI值）就越低，即不易引起血糖升高。

五、改变肠道菌群

研究证实，某些膳食纤维在结肠发酵，可有选择地刺激肠道菌生长，尤其是某些有益菌群的增殖，如乳酸杆菌和双歧杆菌等，且发酵所产生的短链脂肪酸可降低肠道pH，从而改变肠内微生物菌群的构成与代谢，诱导益生菌大量繁殖。

第三节 膳食纤维与运动的关系

膳食纤维以其优越的生物学功能而在运动人群中广受欢迎，其主要作用在于减控体重，因此，它对于运动减脂人群、健美塑身人群及需要减控体重的运动员均有重要意义。

膳食纤维减控体重的主要机制包括：（1）高膳食纤维的食物食用时间较长；（2）膳食纤维减少了食物能量密度；（3）膳食纤维可延长胃排空时间，减少食物的消化率；（4）高纤维膳食的能量可能在粪便中损失较多；（5）膳

食纤维含量越高，GI值越低，因此，有利于减少胰岛素的促脂肪合成作用。

在竞技体育比赛中，需要减控体重的运动员主要有两类，一类，如举重、摔跤、柔道、跆拳道、轻量级划船，以及其他按不同体重级别进行比赛的项目，有部分运动员常在赛前短期内重复采取各种减体重措施以参加低一级别的比赛；另一类，如体操、跳水、芭蕾舞、花样滑冰等灵敏、技巧类项目，这类项目的运动员需要长期控制或间歇减轻体重，以降低自身的运动负荷。在这些运动员减控体重期间，高膳食纤维的食品可以替代部分或全部主食，以减少热量的摄入，增加饱腹感，有效减轻体重，取得较好的比赛成绩。

以魔芋为例，魔芋是科学界目前已知的分子量最大、黏度最高的膳食纤维，主要成分为魔芋葡苷聚糖，作为一种可溶性的膳食纤维，魔芋有很好的减重作用。人体试验表明，举重运动员在不限制饮食和饮水的情况下服用16%的魔芋食品3天，体重下降3.2%。强化的膳食纤维食品可以在减控体重期间替代部分或全部主食，减少热量的摄入，增加饱腹感，以减轻节食饥饿感造成的压抑、焦虑、急躁等心理改变，维持健身锻炼。

此外，对于健美塑身人群，有些女性体重并不超标，但为了追求苗条身材，也一味地限制饮食。结果，在减肥的同时，体力和美丽也一起减下来了。作为“第七大营养素”，膳食纤维具有较强的吸水膨胀功能，使人产生饱腹感并抑制进食，具有较好的调节减肥功能，可以帮助女性瘦身塑形。值得一提的是，膳食纤维具有排除宿便的作用，它能够刺激肠道蠕动，防止便秘，使肠道中的有害物质及时排出体外，从而减少色斑的形成，留住年轻美丽的容颜。膳食纤维还可通过梯度黏合作用、机械隔离作用和网孔吸附作用，有效延缓和减少饮食中有毒重金属以及有害化合物在肠道中的吸收，从而减少和预防饮食中有害化学物质对人体的毒害作用。

第四节　膳食纤维的需要量与食物来源

一、膳食纤维的需要量

根据多项研究证明，膳食纤维的摄入量少于12g/d，粪便的重量将少于100g/d，且常伴随便秘和肠道疾病的发生。膳食纤维摄入量不足会导致多种疾病的发生，但也并非多多益善。

过高的纤维饮食，尤其是过多纤维类制剂的补充会引起一些胃肠道的不适，诸如肠胃胀气、胃疼等，这些症状通过饮食调整会减轻和消失。一般建议人们逐渐增加膳食纤维的摄入量，可以避免胃肠道问题的发生，而且高纤维饮食时应注意增加水分的摄入。对于正处在生长发育阶段的青少年，如过多摄取膳食纤维，易把人体所必需的糖分、脂肪、矿物质元素（如钙、磷、镁、锌、铁、铜等）等营养物质带出体外，而造成营养不良。而且，当水溶性膳食纤维摄入增加时，粪内脂肪与氮排出增加，易引起脂溶性维生素摄入不足，所以对膳食纤维应适量摄入。运动员也存在以上问题，因此也需要适量摄入膳食纤维。

中国营养学会2016年提出，成年人（19～50岁）膳食纤维的摄入量为25～30g/d，这是在总能量为2000kcal基础上的推荐量，即每1000kcal能量，膳食纤维摄入量为12.5～15.0g/d，举例如下：

低能量膳食7531kJ（1800kcal）——25g/d

中等能量膳食10042kJ（2400kcal）——30g/d

高能量膳食11715kJ（2800kcal）——35g/d

此外，针对特殊人群，如部分慢性病人在此基础上应增加10～15g/d，青少年和儿童应少一些，14岁以下儿童适量下调，可按照每1000kcal能量10g/d膳食纤维计算。

二、膳食纤维的食物来源

食物中的膳食纤维来自植物性食物，如水果、蔬菜、豆类、坚果和各种谷类，由于蔬菜和水果中的水分含量较高，所含纤维的量就较少，因此，膳食中膳食纤维的主要来源是谷物。全谷粒和麦麸等富含膳食纤维，而精加工的谷类食品则含量较少。因此，中国营养学会鼓励每日至少全天谷物的1/3为全谷物食物，蔬菜水果摄入至少达到500g左右。常见食物原料中的纤维含量见表2-7-2。

表2-7-2 常见食物原料中的纤维含量（单位：g/100g食物可食部）

分类	名称	纤维含量	名称	纤维含量
谷类	小米	2.2	高粱米	5.8
	粳米	0.8	籼米	0.7
	玉米	7.6	小麦面	2.8
豆类及其制品	黄豆	28.2	北豆腐	0.8

（续表）

	名称	纤维含量	名称	纤维含量
水果	桃子	0.4	香蕉	0.3
	葡萄	0.2	草莓	0.8
蔬菜	芹菜	0.5	大白菜	0.4
	菠菜	0.8	莲藕	0.6

资料来源：中国营养学会. 中国居民膳食营养素参考摄入量（2013版）. 2017。

对于运动员而言，富含纤维的碳水化合物GI值较低，因此可作为日常膳食选择，然而膳食纤维可能是产生气体和造成胀气的原因，这又使得它们不适合在比赛前和比赛期间食用。食物中含量最多的是不可溶膳食纤维，它包括纤维素、木质素和一些半纤维素，其食物来源包括谷物的麸皮、全谷粒、干豆类、干的蔬菜和坚果等。可溶性膳食纤维食物耐受度会相对好一些，如燕麦、大麦、水果和一些豆类中的膳食纤维。但由于食物种类以及个体差异性，运动员可能需要通过试验才能确定哪些食物对自己而言最耐受。表2-7-3为部分富含可溶性膳食纤维和不可溶性膳食纤维的食物清单。

表2-7-3　富含可溶性膳食纤维和不可溶性膳食纤维的食物

可溶性膳食纤维的最佳来源	不可溶性膳食纤维的最佳来源
香蕉	甜菜
豆类和豆类蔬菜	球芽甘蓝
胡萝卜	卷心菜
柑橘类水果	菜花
燕麦麸	水果和带皮的蔬菜
燕麦	大米（除精米外）
豌豆	芜菁
米糠	麦麸
草莓	小麦类谷物
甘薯	全麦面包

（引自：Dan Benardot，2018）

本章小结

本章重点在于了解膳食纤维的定义及功能，同时知晓对于普通人群和运动人群而言，当膳食纤维摄入不足或过量摄入时可能带来的健康风险与运动受限。对于运动人群而言，在运动期间不建议摄入过多膳食纤维，以防止胃肠不适。

（汤春雪）

第三篇

运动营养食品基本知识

第一章　运动营养食品概述

运动营养食品，在国内俗称运动营养品、运动营养补剂、健身补剂等，是与运动相关的一类食品。随着现代社会发展，无论是竞技体育还是全民健身，运动和营养就像是健康的两个支柱，二者缺一不可。合理的营养首先来自于合理的膳食，即全面、均衡、适量的饮食；其次，适当的膳食补充剂（含运动营养食品）对于有特殊需求的人群也是非常重要的。本章将围绕运动营养食品的定义、分类及国内外发展进行阐述。

第一节　运动营养食品的定义与分类

运动营养食品在食品门类中属于较新概念，其在不同国家和地区的定义并不完全统一，总体来说，其定义中均有与运动、人体相关的含义。各国大多以产品分类，也有按照受众人群来分类的。值得注意的是，国际上对运动营养品成分的研究有时会因其概念及分类的差别难以在国内直接应用，这便导致即使是运动科学专业人群，有时也无法判断相应舶来产品的标准合理性，这也间接造成了国内市场运动营养品产品良莠不齐的状况。因此，对于运动营养师以及运动人群而言，了解运动营养食品的国内及国际官方定义与分类，不仅有利于为不同人群合理选择运动营养品提供官方参考，还可以更准确地理解那些翻译自不同国家的运动营养专著。

一、我国运动营养食品的定义与分类

自2004年以来，中国食品科学技术学会运动营养食品分会在符合中国国情的前提下，参照国际上多个国家的运动营养食品标准，协同国家食品安全风险评估中心制订了多项运动营养食品行业标准和国家标准。2015年11月《食品安全国家标准运动营养食品通则》（GB 24154—2015）由国家卫生和计划生育委员会

正式发布，作为强制性食品安全国家标准，它确立了运动营养食品的官方定义与分类，并为规范我国运动营养食品产品市场提供了法律依据。与此同时，2017年国家食品药品监督管理总局开展了运动营养食品生产许可（SC）试点工作。自此，我国运动营养食品的生产与质量安全进入有法可依，有章可循的阶段。

根据我国最新发布的《食品安全国家标准运动营养食品通则》（GB 24154—2015），运动营养食品的官方定义为：为满足运动人群（指每周参加体育锻炼3次及以上、每次持续时间30分钟及以上、每次运动强度达到中等及以上的人群）的生理代谢状态、运动能力及对某些营养成分的特殊需求专门加工的食品。

GB24154—2015标准中用两种方法对运动营养食品进行官方分类：按照特征营养素分类——补充能量类、控制能量类、补充蛋白质类；按照运动项目分类——速度力量类、耐力类、运动后恢复类。

二、国外运动营养食品的定义与分类

以下介绍美国、加拿大、欧盟及澳大利亚-新西兰关于运动营养食品的定义与分类方法。

（一）美国

运动营养食品在美国已有近70年的发展历史，其被归类为膳食补充剂（Dietary Supplements），实行备案制，不需要审批，因此，没有专门的定义和分类。1994年《美国膳食补充剂健康与教育法案》（dietary supplement health and education act，DSHEA）中对膳食补充剂的定义为：含有一种或多种膳食成分，如维生素、矿物质、草本（草药）或其他植物、氨基酸，一种用以增加每日总摄入量来补充膳食的食物成分或以上成分的浓缩品、代谢物、成分、提取物或组合产品等。这一定义使得美国市场上运动营养食品的种类非常多，其中运动/能量饮料占比最大，接近销售总额的一半，随后依次是运动营养补充剂、减重代餐补充剂和减重片剂补充剂。

值得注意的是，美国运动营养食品备案制的规定，意味着膳食补充剂在上市前不需要经过美国食品药品监督管理局（U.S. food and drug administration，FDA）注册审批或政府许可，只要生产商提出上市要求并保证其安全即可。FDA于2003年发表了新的行政规则建议《膳食补充剂和膳食成分的制造、包装或保存的现行生产质量管理规范》，即cGMP规范，于2007年生效。因此，虽然FDA不对膳食补充剂评审，但是对膳食补充剂的安全性有质疑的权利，可对违反规定的企业或问题产品依法予以警告或起诉。

由此可见，DSHEA的规定以及美国备案制的管理方式，虽然最大程度开放了市场自由度，但是却减少了对运动营养品上市前的监管，也因此导致各种新种类产品在美国和国际市场的泛滥，其中包含多种兴奋剂及激素原，如雄烯二酮、脱氢表雄酮等。

此外，多数翻译自美国的运动营养专著倾向于将运动营养食品定义为营养强化剂。它们将“强化剂”定义为能够增强体力或精神（尤其能消除疲劳症状）的物质；将“营养强化剂”定义为，能提高运动成绩的物质，既可以是营养素，也可以是营养素的代谢产物、食物（植物）提取物或食物中普遍存在的物质（如咖啡因或肌酸）。

因此，在翻译自美国的运动营养专著中所提到的强化剂实际上包含了允许使用的营养强化剂（运动营养食品或运动营养品）以及禁止使用的兴奋剂等药理强化剂，这并不代表我国运动营养食品类物质包含兴奋剂，因此需要阅读学习者清晰该概念，以防止概念混淆产生的信息误导。

（二）加拿大

在加拿大，运动营养食品主要归类为天然健康产品（natural health products，NHP），并制定了《天然健康产品管理条例》对NHP的销售、生产、包装、标示、进口、分类及储存等活动进行监管，于2004年开始实施。

根据以上产业归类，加拿大国际市场局将运动营养食品按照消费人群分为两类，即运动人群和非运动人群。运动人群消费者细分为健美者、运动员和业余体育爱好者；非运动人群消费者即为崇尚健康生活方式的用户。

（三）欧盟

运动营养食品在欧盟有近40年历史，它最初被归类为“特殊营养目的用食品”，后来作为正常消费的食物，受相应欧盟食品法规管理。

随着运动营养食品在欧盟的愈发普遍，消费人群越来越广，其针对的特殊人群特殊目的性也逐渐减弱，因此，欧盟运动营养食品和普通食品的界限也越来越模糊。2016年6月15日，欧盟委员会指出，运动人群已经不再是消费者中特定的小众人群，体育已成为一个主流，除运动人群外，几周才参加一次体育活动或完全不参加体育活动的人，因生活方式的需要，也会使用运动营养食品；同时，确定了欧盟市场三大类运动营养食品：（1）运动饮料；（2）增强肌肉和加速运动后恢复，以蛋白质为基础的产品；（3）持续补充能量和提高运动能力的产品。

（四）澳大利亚-新西兰

澳大利亚-新西兰将运动营养食品称为运动食品，被纳入“特殊目的用食品”进行管理，并指定了该类产品的通用标准（Formulated Supplementary Sports Foods Standard 2.9.4），它对运动食品的定义为：为了帮助人们获得特殊的营养或运动能力而开发的食品，主要用于补充运动人群日常膳食摄入营养不足的目的，而非作为运动人群唯一或者主要营养来源。

根据运动食品所具有的科学依据、使用原则和功用，澳大利亚运动委员会（Australian Sports Commission）将其分为A类、B类、C类和D类，各类别又根据其产品功用的不同细分成相应的亚组，详见表3-1-1。

表3-1-1 澳大利亚运动委员会运动营养食品分类表（2015年）

产品分类概述	使用原则	产品功用分类亚组	产品举例
A类（有实验数据支持使用；需在特定运动项目中使用）	根据最有效的使用方案，提供给（或允许）部分运动员使用	（1）运动食品	运动饮料、能量胶、能量棒、运动糖果、液体餐、乳清蛋白、电解质补充剂
		（2）医用补充剂	铁补充剂、钙补充剂、维生素D、复合维生素/矿物质、益生菌（肠道/免疫）
		（3）强力补充剂	咖啡因、β-丙氨酸、碳酸氢钠、甜菜根汁、肌酸
B类（值得进一步研究，并可以考虑为运动员提供一个研究方案或个性化管理和监测下使用）	在研究或临床监测情况下可提供给运动员使用	（1）食物多酚	槲皮素、酸樱桃汁、姜黄素、异国浆果（如巴西莓、枸杞）、维生素C和维生素E、鱼油、左旋肉碱、谷氨酰胺、β-羟基-β-甲基丁酸盐（HMβ）、氨基葡萄糖
		（2）其他	

（续表）

产品分类概述	使用原则	产品功用分类亚组	产品举例
C类（缺乏有意义的有益效果证明）	不在提供给运动员的补充计划内；或经运动营养品专家小组特批或报备，可允许运动员个别使用	（1）在批准的补充方案之外使用的A类和B类产品 （2）不存在于A、B以及D类中的成分或产品	详情可见网站：www.ausport.gov.au/ais/Nutrition/Supplements
D类（禁止使用或可导致药检阳性的物质污染风险很高）	不应被运动员使用	国际反兴奋剂组织（WADA）禁用清单：list.wada-ama.org	麻黄碱、士的宁（番木鳖碱）、西布曲明、二甲基丙烯酰胺（DMAA）、其他草本兴奋剂、脱氢表雄酮（DHEA）、雄烯二酮、其他刺激原、刺蒺藜和其他睾酮刺激素、玛咖根粉 甘油——用于复水/高水合策略，禁止作为血浆扩容剂使用 初乳——由于在其成分中含有生长因子，WADA不推荐使用

资料来源：Louise Burke，Vicki Deakin. Clinical sports nutrition（5th）. 2018。

三、我国运动营养食品生产许可归类

如前所述，美国将运动营养食品归类为膳食补充剂，加拿大将其归类为天然健康产品，体系相对完善的澳大利亚-新西兰标准以及2016年以前的欧盟将其归类为“特殊目的用食品”，2016年以后的欧盟逐渐将其向普通食品过渡。由于不同国家对食品类别的规定有所差异，因此我国根据自身情况，参考国际分类，将运动营养食品归类在“特殊膳食食品”类别中。

2015年10月1日，国家食品药品监督管理总局颁布的《食品生产许可管理办法》正式实施，将原有的食品生产许可“QS”及“XK”编号证书更换为“SC”编号证书，并确定了32项SC食品类别，如表3-1-2所示，运动营养食品属于该类别中第30号“特殊膳食食品”类别。

表3-1-2　食品生产许可SC分类目录

编号	食品类别	编号	食品类别
01	粮食加工品	17	水果制品
02	食用油、油脂及其制品	18	炒货食品及坚果制品
03	调味品	19	蛋制品
04	肉制品	20	可可及焙烤咖啡产品
05	乳制品	21	食糖
06	饮料	22	水产制品
07	方便食品	23	淀粉及淀粉制品
08	饼干	24	糕点
09	罐头	25	豆制品
10	冷冻饮品	26	蜂产品
11	速冻食品	27	保健食品
12	薯类和膨化食品	28	特殊医学用途配方食品
13	糖果制品	29	婴幼儿配方食品
14	茶叶及相关制品	30	特殊膳食食品
15	酒类	31	其他食品
16	蔬菜制品	32	食品添加剂

资料来源：国家食品药品监督管理总局. 食品生产许可分类目录. 2016。

特殊膳食食品类别中又分三类，分别为3001婴幼儿谷类辅助食品、3002婴幼儿罐装辅助食品以及3003其他特殊膳食食品。运动营养食品属于3003号其他特殊膳食食品。可见，运动营养食品对标婴幼儿食品质量控制体系标准，严于普通食品的安全性指标，这一特点更加强调了我国运动营养食品的安全性。

综上所述，我国在对标美国、欧盟以及澳新标准的情况下，建立了更符合国情、更专业、更全面、更严格的运动营养权威标准指导。GB 24154—2015以及运动营养食品SC的落地实施，代表运动营养产业在我国即将进入强监管时代，这为运动营养食品更加安全、有效地服务于运动人群及有特殊需求的人群提供了重要保障。

四、我国运动营养食品的特点

如前所述，美国的强化剂与膳食补充剂概念、澳大利亚-新西兰的运动食品概念，均将兴奋剂或部分保健品纳入其中。而在我国，运动营养食品与普通膳食、保健食品、药品及兴奋剂均有明确差别。

（1）运动营养食品来源于普通膳食，但不可替代普通膳食。运动营养食品是由一些高度纯化和浓缩的营养素或食物活性成分单独或复配形成的产品，其成分均广泛地存在于食物中，属于食物成分。这一特点决定了它比日常普通膳食具有某种更浓缩的营养物质，可提供更高效的营养补充方式，以协助完善饮食结构，但其营养素种类又少于日常普通膳食，因此，不可完全替代日常普通膳食。

（2）运动营养食品不属于保健食品。根据表3–1–2所示，运动营养食品与保健食品在我国分属两个食品类别，二者类别不同，但又有部分功能交叉，因此，存在某些产品既属于运动营养食品，也属于保健食品。我国在GB 16740—2014《食品安全国家标准保健食品》中明确了保健食品的定义：保健食品是指声称并具有特定保健功能或者以补充维生素、矿物质为目的的食品，即适宜于特定人群食用，具有调节机体功能，不以治疗疾病为目的，并且对人体不产生任何急性、亚急性或者慢性危害的食品。2016年，国家食品药品监督管理局中关于保健食品可申报的功能共有27项，如表3–1–3所示，其中1、4、10、12、13、15、17、18共8项功能与运动有关。

表3–1–3　2016年国家食品药品监督管理局关于保健食品的申报功能

序号	保健食品功能	序号	保健食品功能
1	增强免疫力	13	提高缺氧耐受力
2	辅助降血脂	14	对辐射危害有辅助保护功能
3	辅助降血糖	15	减肥
4	抗氧化	16	改善生长发育
5	辅助改善记忆	17	增加骨密度
6	缓解视疲劳	18	改善营养性贫血
7	促进排铅	19	对化学性肝损伤的辅助保护作用
8	清咽	20	祛痤疮
9	辅助降血压	21	祛黄褐斑
10	改善睡眠	22	改善皮肤水分
11	促进泌乳	23	改善皮肤油分
12	缓解体力疲劳	24	调节肠道菌群

（续表）

序号	保健食品功能	序号	保健食品功能
25	促进消化	27	对胃黏膜损伤有辅助保护
26	通便		

注：除以上功能以外，营养素类也纳入保健食品管理范畴，称为营养素补充剂（如维生素、矿物质为主要原料的产品），以补充人体营养素为目的。

保健食品按食用对象不同分为两大类：一类以健康人群为对象，主要为了补充营养素，满足生命周期不同阶段的需求；另一类主要供给某些生理功能有问题的人食用，强调其在预防疾病和促进康复方面的调节功能。因此，运动营养食品和保健食品不能画等号，两者虽都是功能食品，有交叉的部分，但保健食品的范围更广一些，运动营养食品只涉及与运动有关的部分。

（3）运动营养食品不是药品。根据表3–1–2可知，保健食品与运动营养食品的本质均属于食品类别，其成分均来自于食物成分，虽有调节人体某种机能的作用，但不是人体赖以治疗疾病的物质。

（4）运动营养食品不是兴奋剂。运动营养食品与兴奋剂均属于体育领域的特有名词，许多人对运动营养食品的认识存在误区，认为运动营养食品就是兴奋剂或药，使用它会对人体存在副作用。实际上，运动营养食品是专为从事运动的人群而设计的一类特殊营养食品；而兴奋剂特指《世界反兴奋剂条例禁用清单国际标准》中的成分或手段，这种成分可能是药品或医用手段。运动营养食品与兴奋剂的本质区别在于，运动营养食品不含上述违禁成分，不会对人体的健康造成危害，其添加的物质都已被充分证明是安全的。它主要通过营养补充的手段来支持训练、加快训练后的疲劳消除，从而安全有效地提高运动能力，预防运动损伤的发生。值得注意的是，反兴奋剂工作在我国体育领域尤为重要，详见本篇第二章。

第二节　国内外运动营养食品产业的发展状况

就食品工业而言，运动营养食品产业仅仅是一颗幼苗，只有短短几十年的历史。目前普遍认为，现代运动营养食品市场始于1940年，一家专为健美和力量项目运动员提供运动营养食品的公司——韦德营养国际有限公司的成立，标志着运动营养食品产业的开端；20世纪50年代，第一代可溶性蛋白粉配方问世，其最初基于大豆蛋白，但很快引入牛奶和鸡蛋，并确立了乳清蛋白的重要性；自1965年第一个运动饮料——佳得乐（Gatorade）问世，运动营养产业进入了快速发展期；20世纪80年代，健美产品的生产和销售超过早期预想界限，转入膳食补充剂市场，出现了“补充剂暴涨”；20世纪80年代后期，运动营养产业在食品工业的主流中脱颖而出，逐步成为新兴的、生命力强的产业。

一、国外运动营养食品产业的起源与发展

在国外，运动营养食品已经成为食品行业中最年轻但是发展最为迅速的产业。由于各国对运动营养食品分类上的差异，其销售额统计上存有较大差异，根据相对保守且具有统计延续性的欧睿国际公司（Euromonitor International）数据表明，全球运动营养食品销售总额从2004年不足40亿美元的情况下，在经历了全球经济衰退期的阶段，2014年仍达到101亿美元，同时预测2014—2020年全球运动营养产业的年复合增长率（CAGR）为9.1%，这一预测同其他统计公司类似，明显高于普通食品的CAGR。展望全球运动营养市场的未来，仍然会高速发展。

美国运动营养食品产业起步最早，其发展和推进也最好。1997年，美国膳食补充剂的销售额不足150亿美元，2015年达到388亿美元，其中运动营养食品的增长速度最快。根据2014年统计数据可知，其运动营养食品销售总额占全球市场的一半以上，若包含减肥食品，其销售总额将显著高于以上统计数据，均为数百亿美元以上。美国从 1935 年就开始经营此类产品，全美大多数购物中心、商场及仓储式商店都有运动营养食品和保健品专卖店或柜台，店里的运动营养食品和保健品总共有上万种之多，仅运动饮料类产品在美国就有上百种。

美国运动营养食品市场的快速增长主要取决于三个因素：美国运动人群比例较高、美国运动人群的认知程度与需求快速增长、备案制的市场管理方式。之所以美国可以按照备案制方式进行市场管理并因此得益，与其消费人群认知水平的提高和需求有关，这就要求美国大型运动营养品企业更加重视大众运动营养产品的安全有效性，并进行积极开发和推广。但这一备案制的市场管理方式暂不适用于我国这样人群基数大且消费者认知率较低的国家。

迄今为止，发达国家的运动营养食品在产品的品种、配方设计和使用功效的要求上根据不同人群的需求都已形成了很完整的系统。在产品的剂型上有运

动饮料、口服液、粉剂、胶囊等；在功效上包含提供各类营养素、增加肌肉质量、快速提供能量、提高免疫力、增强抗氧化能力、加速疲劳消除、调整机体代谢、保护软组织等。他们所研制的营养品中也有加入取自世界各地的草药提取物，对这些提取物的提取工艺、成分和功效也有较深入的研究。可见，发达国家运动营养食品的快速发展除得益于健身环境与产业发展外，运动营养食品的研究、开发及使用推广同样重要。

二、我国运动营养食品产业历史、现状和发展

我国从1958年开始有运动营养学科，但研究仅限于为运动员解决营养需求，尚无运动营养食品市场；1984年，由广东健力宝饮料厂首创了含碱性电解质的运动饮料，以“东方魔水”的称号在第23届洛杉矶奥运会上一举成名，开创了中国运动营养食品的先河；20世纪90年代，随着我国改革开放，国外运动营养食品开始大量传入中国，但当时还只是从国外引进少量产品，国内还没有形成一个独立产业；1998年，国内第一家集研发、生产及市场推广为一体的北京康比特体育科技股份有限公司成立，其产品在保证竞技体育运动人群训练效果、促进疲劳消除、解决训练中常见的医学问题中全面发挥作用，标志着中国运动营养产业开始浮出水面。近几年来，国内运动营养食品的种类和数量迅速增长，在一般人群中也由不为人知，逐渐扩大到健身俱乐部和社区的健身人群。

我国运动营养食品产业起步较晚，但发展迅速。有报告显示，我国运动营养食品销售额从2005年的1.123亿元人民币增长到2010年的2.224亿元人民币，复合年增长率为14.6%，其中2009—2010年增长了17.6%。2014年的调查显示，运动营养食品市场在我国尚不发达，正处于成长期，2018年将达到5亿元人民币。

综合各国发展经验，我国运动营养食品产业及其市场呈现了一个厚积薄发的态势，尤其是当前健康中国建设已上升为国家战略。表3-1-4罗列了近年来我国为推进国民健康事业所推行的国家政策以及我国自2004年开始建立运动营养食品标准的工作进程，这两方面政策措施的推进，意味着运动营养食品产业作为一个新兴产业，在我国已逐步形成了从研发创新到法规建立，再到生产和市场监管的完整产业链及管理系统，为我国运动营养产业发展营造了良好氛围。

表3-1-4　运动营养产业大力发展的政策利好及行业规范进程

国家政策利好	运动营养食品行业规范进程
2014年10月20日，《国务院关于加快发展体育产业促进体育消费的若干意见》（国发〔2014〕46号）	QB/T 2831—2006《运动营养食品 能量补充食品》
2016年06月23日，《国务院关于印发全民健身计划（2016—2020年）的通知》（国发〔2016〕37号）	QB/T 2832—2006《运动营养食品 蛋白补充食品》
2016年10月25日，中共中央、国务院印发并实施《“健康中国2030”规划纲要》	QB/T 2833—2006《运动营养食品 能量控制食品》
2017年07月13日，《国务院办公厅关于印发国民营养计划（2017—2030年）的通知》（国发〔2017〕60号）	QB/T 2834—2006《运动营养食品 食用肌酸》
2018年7月17日，国家体育总局举行新版《全民健身指南》首发式	QB/T 22895—2007《运动营养食品 运动人群营养素》
2019年07月09日，国务院成立健康中国行动推进委员会印发《健康中国行动（2019—2030年）》	GB/T 24151—2009《运动营养食品通则》
2019年07月15日，《国务院关于实施健康中国行动的意见》（国发〔2019〕13号）	GB 24154—2015《食品安全国家标准运动营养食品通则》
	2015—2017年《食品生产许可审查通则》及《运动营养食品生产许可审查细则》

本章小结

不同国家对运动营养食品的官方定义与分类不同。为保障我国运动营养食品产业健康发展，除需规范落地生产许可制度，形成公平、良性的市场竞争环境和完整的食品法规体系以外，还需进一步提高我国运动营养研究的实用性及前沿性，并积极进行科学普及推广。随着我国全民健身运动的蓬勃开展和国民运动营养健康理念的提升，公众对运动营养食品的认知率与需求将会大大增加，运动营养食品的产业发展和市场前景值得期待。

（汤春雪）

第二章　运动营养食品与反兴奋剂工作

我国GB 24154—2015中对运动营养食品的基本技术要求中明确表示：运动营养食品中所使用的原料应符合相应的标准和/或相关规定，不得添加世界反兴奋剂机构禁用物质。这也是就我国食品安全唯一提出此项要求的国家标准，进一步保证了运动营养食品的安全性。

第一节　兴奋剂的定义与分类

兴奋剂在医学上原指能提高人体神经系统兴奋性的一类药物，也是在体育运动中最早被发现服用的药物，后在体育界泛指可作用于人体并提高运动员成绩的药物，也称禁用药物。国际奥委会对兴奋剂的含义规定为："竞赛健身运动人群应用任何形式的药物或以非正常量或通过不正常途径摄入生理物质，企图以人为的和不正当的方式提高他们的竞赛能力即为应用兴奋剂。"所以，目前所称兴奋剂（Doping）是指世界反兴奋剂机构（WADA）年度《禁用清单》中包含的禁用物质和禁用方法。禁用物质清单可参考世界反兴奋剂机构最新发布的《2020年禁用清单国际标准》（表3-2-1），具体可查询网站www.wada-ama.org与www.chinada.cn。

表3-2-1　《2020年禁用清单国际标准》分类（每年更新一次）

禁用物质（赛内和赛外）	禁用物质（赛内）	特殊项目禁用物质	禁用方法
S0 未获批准的物质	S6 刺激剂	P1 β-阻断剂	M1 篡改血液和血液成分
S1 蛋白同化制剂（含雄性类固醇激素及其他）	S7 麻醉剂		M2 化学和物理篡改

（续表）

禁用物质（赛内和赛外）	禁用物质（赛内）	特殊项目禁用物质	禁用方法
S2 肽类激素、生长因子、相关物质和模拟物	S8 大麻（酚）类		M3 基因和细胞兴奋剂
S3 β2-激动剂	S9 糖皮质激素		
S4 激素及代谢调节剂			
S5 利尿剂和掩蔽剂			

第二节　兴奋剂的危害

世界上首次使用兴奋剂的报道是1865年荷兰运动员在横渡海峡的比赛中服用了兴奋剂，第一例运动员由于服用兴奋剂而死亡的报告发生于1886年法国600 公里自行车赛中，但由于当时科技不发达，兴奋剂的作用并不是很大，再加上对它的危害没有足够的认识，因此并没有引起人们的重视。现如今，兴奋剂使用及滥用的危害十分严重，从医学角度，会对运动员的身体、心理造成严重损害；从伦理道德角度，不仅破坏了公平竞争的体育精神，并有害于运动人群健康价值观的建立，助长投机取巧、弄虚作假之风；从体育角度，严重干扰科学训练，影响体育产业可持续发展；从政治角度，严重损害国家声誉及集体形象，并严重影响社会风气、浪费社会资源。

从运动员身体及生理角度而言，滥用兴奋剂，不仅会产生药物依赖性，而且严重危害身体健康，导致细胞和器官功能异常、免疫功能紊乱、代谢异常等严重后果。以下简述几种常见兴奋剂对身体的危害。

一、蛋白同化制剂（合成类固醇）

蛋白同化制剂中的合成类固醇是指雄激素（睾酮）的衍生物，如早年常用的大力补、康力龙、苯丙酸诺龙等，由于其具有类似雄激素的生理作用，能够促进蛋白质的合成，减少分解代谢，因而能够加速肌肉增长，提高肌肉力量。这些药物作为兴奋剂使用可以说是频率最高、范围最广的一类，但它的副作用也是非常明显和严重的，有些甚至不可逆转。这些副作用包括：引起肝功能异常及肝脏肿瘤；通过影响脂肪代谢影响心血管系统而增加冠心病患病风险及危险性；引起水盐和氮滞留而诱发高血压；使韧带和肌腱失去弹性，易造成肌肉发胀、发紧、变硬、痉挛及撕裂；可导致青少年骨骺过早闭合而导致身材矮小；主观毒性副作用还包括类固醇性躁狂症等精神障碍。女性使用类固醇会造成不可逆副作用，如由于声带变厚而使声音变低、阴蒂增大、脸部毛发增多、秃头、皮肤增厚、闭经、过度的攻击行为；男性使用类固醇会造成睾丸萎缩、精子生成减少、女性样乳房增大、阴囊痛等，以及肌肉痉挛、明显的皮脂腺分泌增多和皮疹。

二、肽类激素及其衍生物

肽类激素及其衍生物是一类人体能够自身分泌的物质，包括人体生长激素（hGH）、促红细胞生成素（EPO）和人体绒毛膜促性腺激素（hCG）等。许多健美健身运动人群认为，生长激素具有合成类固醇一样的作用，能够使肌肉增大，但是关于使用生长激素对肌肉大小和力量作用的动物试验发现，给大鼠使用大剂量hGH 21天，可以使股四头肌的重量和横截面积增大，而单位重量组织的肌张力却减少，故有人认为肌肉体积的增大可能是由于结缔组织增生。在医学上，儿童时期生长激素分泌增多会引起巨人症，目前虽然没有使用外源性 hGH 引起巨人症的例子，但是 hGH 的早期作用使健身运动人群面貌变得粗鲁、皮肤粗糙和颌骨增厚等肢端肥大症的早期征候的例子并不少见。特别与健身运动人群相关的是典型的肢端肥大症发展成疾病，如末梢神经病和心脏病（包括冠心病和心肌病）。尽管 hGH 水平可恢复正常，疾病却是不可逆的。长期使用hGH 还可能导致糖尿病、关节炎等并发症，缩短寿命。

三、利尿剂和掩蔽剂

利尿剂是一类增加排尿的药物，运动人群使用利尿剂的目的主要在于：快速减轻体重；逃避兴奋剂检查；排出体内贮留的水和无机盐。

从理论上讲，利尿剂能够迅速减轻体重，但使用利尿剂造成的脱水将使血容量减少而降低运动能力。而且，几乎所有的利尿剂都能引起低血钾或缺钾的发生，当血清钾低于正常时，会产生不适、疲劳、无力、肌痛、肌肉痉挛、麻痹，甚至肌肉坏死等临床症状。

四、刺激剂

刺激剂是一类对中枢神经系统有强烈兴奋作用的药物，包括士的宁、苯丙胺、麻黄碱等，此类药物可以提高神经系统的兴奋性、增加机体新陈代谢，使健身运动人群的行为和能力直接得到迅速调整。有些运动员认为，刺激剂可以通过提高肌肉的效率和减少疲劳而延长大强度运动的时间。事实上，这些药物能够促进葡萄糖、糖原和脂肪酸代谢，导致能量更快地消耗，并掩盖疲劳，导致过度的兴奋与焦虑，影响运动员的判断能力而使运动中受伤的概率大大增加。此类药物还能作用于周围β-肾上腺受体使外周血管收缩，血压升高，心率加快，这种对心血管刺激的副作用被竞技比赛进一步加强，可造成致命性心率失常、心肌梗塞、脑梗塞等，甚至会引起猝死。另外，大量服用刺激剂还可引起短期或长期的行为改变，包括失眠、焦虑、神经过敏、慌乱、攻击行为、偏执狂、幻觉等。

五、麻醉剂

麻醉剂包括吗啡及其衍生物和同类合成制剂，使用后能使人产生快感及心理亢奋，给运动人群造成超越体能的幻觉，并降低痛感使运动员感觉不到受伤的真实情况，仍继续参加比赛从而造成更严重的伤害。大剂量使用时可发生肌肉僵硬、呼吸抑制和高血压；常用则会成瘾，而且很快产生耐药性，故还易引起严重的生理及社会问题。

六、β-阻断剂

这类药物具有镇静的作用，使用范围主要在技能类和准确性项群中，目的是为了减少心脏的过度兴奋，降低焦虑，稳定情绪。β-阻断剂的副作用主要与它的阻断作用本身有关。有心功能异常的人，可能出现心功能抑制和继发的充血性心力衰竭。由于一些β-阻滞剂是高亲脂性的，所以很容易通过血脑屏障而引起中枢神经系统的症状，如多梦和抑郁。β-阻滞剂还可引起男子性功能异常，如阳痿等。

第三节 我国的反兴奋剂工作

使用兴奋剂虽然有巨大的风险和严重的危害，但在世界体坛仍然屡禁不绝。除了价值失范以外，也与一些人对兴奋剂的错误认知有关，主要表现在：（1）对兴奋剂的过度迷恋、依赖和崇尚，认为兴奋剂有用、必用，是提高成绩的“捷径”；（2）在迷信兴奋剂的心理基础上，对诚实比赛失去信心，认为“不用兴奋剂吃亏”；（3）为了作弊不惜以身试法，对兴奋剂检查抱有侥幸心理；（4）认为使用兴奋剂是个人行为，即使出现“丑闻”也与他人无关。为建立起抵制兴奋剂的精神防线，对这些认识必须加以澄清。

中国在反兴奋剂问题上立场十分明确，坚持对兴奋剂零容忍态度。使用兴奋剂既不符合国际奥林匹克精神，更不符合中国道德标准，还会对使用者身心造成严重危害。尤其在我国人群基数较大、政府积极推广健康行动的大环境下，良好的健身环境及健康引导尤为重要。

在我国，针对“奥运争光”计划的竞技体育领域，反兴奋剂工作持续严格进行。专业或职业运动员不仅需要了解并遵守《世界反兴奋剂条例》等相关国际规则，还需要了解兴奋剂检测的程序、准确填报行踪信息，更重要的是要保证运动员食品、营养品及药品安全。我国运动营养食品具有严格法规要求，同时，对于提供给专业运动员使用的运动营养品均需经过专业反兴奋剂中心进行检测确认。由于各国补剂法规要求的差异，对于我国专业运动员而言，不建议自行购买营养品或运动营养品，尤其是国外产品，且需在专人指导下进行合理搭配使用，同时其他食品及药品也需专人把关，确保安全，并知悉“申请用药豁免”流程以做好自身保护。

此外，我国全民健身领域的反兴奋剂工作同样不容忽视。在党和政府推行多项促进国民健康政策的大环境下，更多民众参与到健身健康事业中。值得注意的是，非奥项目中的健美项目受国际某些商业机构组织影响，成为兴奋剂使用重灾区，而健美项目与日常健身联系紧密，这也容易使民众对健身存在误会，也会对兴奋剂与运动营养品产生混淆。倘若对于初涉健身圈的人群，没有此方面的正确引导，后果不堪设想，以牺牲健康的代价获取成绩，并不是“全民健身”的理念，更不利于健身事业的发展。我国运动营养产业需要基于“纯洁体育”的环境，得到安全健康的发展。

2019年11月，我国最高人民法院发布《关于审理走私、非法经营、非法使用兴奋剂刑事案件适用法律若干问题的解释》，为打赢反兴奋剂攻坚战、维护体育竞赛公平竞争、保护体育运动参加者身心健康提供有力保障，该司法解释自2020年1月1日起实施。

本章小结

“兴奋剂”属于体育领域中的特有名词，由于其大部分属于药品，因此除具有药物的治疗作用外，还会具有药物的不良反应、毒性反应、药物过敏、致畸性或药物依赖等特点。对于运动人群而言，兴奋剂的危害不仅仅在于身体、心理层面，还在于整个体育事业及社会影响层面。为建立起抵制兴奋剂的精神防线，对关于体育领域中部分兴奋剂的认识误区必须加以澄清。我国坚持对兴奋剂持零容忍态度，坚定“纯洁体育”的理念，对兴奋剂说“不”。通过科学合理的运动营养手段提高运动成绩，才能维护好公平、诚实的体育精神，这是确保体育事业健康发展的基石。

（汤春雪）

第三章　运动营养食品的合理选择与使用

本章为实践内容，为便于日常选择及使用沟通，以下正文中均用“运动营养品”替代“运动营养食品”。已知运动营养品不可替代日常膳食，但对于具有特殊需求的人群，它可辅助完善营养结构，安全有效地达成相应特殊需求。本章着重阐述运动营养品的合理选择与使用方法。

第一节　运动营养品的合理选择原则

运动营养品的合理选择需要遵循需求性、安全性、有效性、适合性及个性化四项原则。

一、需求性原则

根据自身需求选择运动营养品，是首要原则。根据运动营养品受众人群进行分类，对于运动营养品的需求存在以下三种情况。

（一）运动人群需求

根据官方定义可知，运动营养品的受众人群主要是运动人群（指至少连续三个月，每周参加体育锻炼3次及以上、每次持续时间30分钟及以上、每次运动强度达到中等及以上的人群，简称“3330原则”），具体可分为参加竞技体育的职业或业余运动员，以及经常参加体育锻炼的人群。这一人群在我国数量相当可观。目前，我国参加竞技体育的职业运动员有1万人左右，业余体校和体育院校的运动员人数尚无数据报道；根据国家体育总局2014年调查统计，我国城乡居民经常参加体育锻炼（运动人群）的比例为33.9%，约为4.6亿人，其中20～69岁居民经常锻炼率为14.7%，约为2亿人。

在运动健身过程中，运动人群若由于缺乏必要的运动营养知识，无法正确地选择和使用运动营养品，将会遇到运动时体能不足、运动后疲劳难以消除、增肌或减脂效果差以及微量营养素缺乏等一系列问题，这会直接影响体能训练及健身效果。此外，对于运动人群的日常饮食，由于运动能量消耗的增多，能量摄入理应高于一般普通人群，但较大的能量摄入可能会对这类人群造成一定胃肠压力及负担，此时具有高浓缩营养素成分的运动营养品便可协助完善运动人群的膳食结构。例如，一位马拉松爱好者在进行长时间跑步训练期间需要补充糖类时，使用馒头或米饭是不太现实的，而随着脱水情况的不同，选择合适的运动饮料或其他相关运动营养品方可最大程度地达到补充目的，并减轻运动中的胃肠负担。

综上所述，运动人群可针对自身所具有的增肌减脂需求和体能提升需求（包括运动中能量补充、营养补充及运动后加快疲劳消除等）进行运动营养品的合理选择。

（二）其他特殊职业人群需求

运动营养品不仅对传统运动人群有益，还对一些同样具有上述类似需求的人群起到重要作用，如部队训练及作战人员、警务训练及消防执行任务人员、演艺训练及演出人员，以及特殊情况下需长时间参与紧急救援的医护人员等，他们对营养的需求因其职业具有一定特殊性，常规日常膳食无法完全符合条件要求，因此，需要根据其具体活动特点，选择更高标准、更便携、营养素密度更高的补剂食品来辅助满足需要。

（三）崇尚健康生活方式的普通人群需求

近年来，随着健康生活方式的普及和推进，运动营养品也逐渐进入寻常百姓家，在发达国家更是得到了广泛应用。如前所述，加拿大将运动营养食品的消费人群分为运动人群及崇尚健康生活方式的非运动人群；欧盟也逐渐根据人群需求将运动营养食品扩展到非运动人群中。

这一需求主要来自于现阶段社会的快节奏发展，一方面，环境污染导致的食物中有毒物质富集，以及动植物生长周期变短导致的营养素比例失衡等问题会引起食物成分改变；另一方面，人们自身生活节奏加快，加工食品增多、食物过度精制等问题也引起了人们日常生活习惯的改变，这些问题同样为普通人群埋下了健康风险。

对于崇尚健康生活方式的非运动人群而言，日常体力活动配合均衡合理的日常膳食是足够的；但对于工作、生活节奏加快且对健康生活方式有需求的人群而言，在无法协调时间搭配均衡饮食的前提下，可选择便捷、营养素密度更高的保健食品或部分运动营养品达成营养补充及加快疲劳消除等需求。如开篇所述，健康的生活方式离不开运动与营养，因此，本书对所有人群的倡议均是在自身条件允许下积极参与体力活动，运动频率及强度可能无法达到运动人群标准（“3330”原则），但运动习惯的养成将有益于终身健康。对于这类泛运动人群而言，根据自身饮食情况可适量选择搭配运动营养品作为营养辅助手段。

二、安全性原则

在确定自身存在对运动营养品的需求后，选择运动营养品时需遵循安全性原则，将自身身体健康放在首位。这就需要严格按照国家食品安全标准及反兴奋剂原则进行多种产品品牌挑选。根据本篇第一章与第二章可知，我国对运动营养品的生产要求、质量把控标准以及反兴奋剂原则均已有法可依，有章可循，进入强制监管阶段。GB 24154—2015的出台与运动营养食品SC标准的落地实施，使我国自行生产的运动营养品从生产到质量把控方面均严于普通食品，质量把控体系中涉及到百余项指标检测且批批全项检测，使我国生产并销售的运动营养品从产品研发、原料采购、生产过程、质量检验各环节更容易追溯，这是选择国内产品品牌的重要依据。

由于国际上不同国家对运动营养品产品的分类及监管力度不同，故在选择进口产品时，消费者同样需要重视相应企业是否达到食品安全标准及反兴奋剂标准。根据本篇第一章内容可知，国际上运动营养品标准相对完善的是澳大利亚-新西兰。而美国学者对其国内市面上销售的各类草药类强化剂进行统计，多达25%含有禁用物质，且标签上并未列出。

简单而言，无论是选择国产品牌还是进口品牌，作为食品类别，安全健康是第一要素，选择一些持久性、质量美誉度较高的品牌而言相对放心；而对于一些网站上销售的不知名且文字、成分标注不清的产品，消费者应谨慎选择。

三、有效性原则

在确保需求性、安全性原则的前提下，运动营养品需要具备有效性，这不仅指运动营养品的产品有效期，更重要的是运动营养品功效成分的有效性。运动营养品作为针对运动人群所开发的具有高营养素密度和高生物活性的食品，其有效成分主要来自两类食物成分（表3-3-1）：一类是营养素及其代谢产物或衍生物，如一些运动营养品是糖类、脂肪或蛋白质的代谢中间产物，均为人体生命活动的必需营养素。例如，肌酸就是一种氨基酸衍生物，天然存在于肉类、鱼类以及人类机体中。另一类是具有食物生物活性的物质，如植物提取物等。

表3-3-1　依据食物功效成分对运动营养品产品进行分类

食物成分		功效成分	运动营养品产品分类
食物营养素及其代谢产物	（1）蛋白质	卵白蛋白、乳清蛋白、酪蛋白、大豆蛋白等	蛋白质类功效成分单品或复配产品：如蛋白粉、蛋白棒、蛋白奶昔、肽类产品（活性肽、多肽）
	（2）氨基酸及其代谢产物	必需氨基酸（EAA）、支链氨基酸（BCAAs）、肌酸、谷氨酰胺、肉碱、β-丙氨酸（肌肽）、HMβ、牛磺酸、L-精氨酸、半胱氨酸、α-酮戊二酸（OKG）、γ-氨基丁酸等	氨基酸类功效成分单品或复配产品：如支链氨基酸、谷氨酰胺、肌酸、左旋肉碱
	（3）糖类及其代谢产物或衍生物	葡萄糖、低聚糖、1，6-二磷酸果糖（FDP）、食用级甘油、壳聚糖/几丁聚糖、硫酸软骨素、氨基葡萄糖等	糖类功效成分单品或复配产品：如运动饮料、能量棒、能量胶、低聚糖、健肌粉/增肌粉
	（4）脂类及其衍生物	n-3族多不饱和脂肪酸、中链甘油三酯（MCT）、共轭亚油酸（CLA）、磷脂酸、磷脂酰丝氨酸（PS）等	脂类功效成分单品或复配产品：如鱼油、共轭亚油酸、中链甘油三酯（MCT）、磷脂酰丝氨酸咀嚼片

（续表）

<table>
<tr><th colspan="2">食物成分</th><th>功效成分</th><th>运动营养品产品分类</th></tr>
<tr><td rowspan="2">食物营养素及其代谢产物</td><td>（5）维生素和矿物质</td><td>维生素及其衍生物（天冬氨酸锌、硫辛酸）、各类矿物质或无机盐（钠、钾、钙、铁、锌、硒、镁等）及其衍生物（碳酸氢钠、柠檬酸钠）等</td><td>维生素、矿物质功效成分单品或复配产品：
如铁制剂、复合维生素制剂、复合矿物质/电解质制剂、运动饮料
*制剂形式包含咀嚼片、泡腾片等</td></tr>
<tr><td>（6）膳食纤维类</td><td>燕麦纤维、魔芋纤维等多种食物纤维</td><td>膳食纤维功效成分单品或复配产品：
如代餐粉/棒/奶昔、魔芋粉</td></tr>
<tr><td rowspan="4">食物活性成分</td><td colspan="2">（1）咖啡因</td><td rowspan="4">食物活性功效成分单品或复配产品：
如雨生红球藻、番茄红素、氮泵、调节运动性内分泌紊乱类产品、减脂类产品等</td></tr>
<tr><td colspan="2">（2）甜菜根汁/膳食硝酸盐</td></tr>
<tr><td colspan="2">（3）益生菌</td></tr>
<tr><td>（4）其他植物提取物</td><td>雨生红球藻、番茄红素、人参、玛咖、枸杞、灵芝、西洋参、红景天、植物甾醇、刺蒺藜提取物、淫羊藿草、白杨素、3-吲哚甲醇、葡萄籽提取物、昆布提取物、绿茶提取物、白芸豆提取物、甜菜碱、藤黄果提取物、辣椒素、姜黄素、二十八烷醇、东革阿里、槲皮素等</td></tr>
</table>

2012年美国运动医学学会（ACSM）将运动营养品的功效成分分为四类（表3-3-2）；2015年澳新标准对运动营养品功效成分的分类参见表3-1-1；2019年在ACSM官方会议上，来自澳大利亚的路易斯·伯克（Louise Burke）教授在2012年的基础上介绍了目前最具有强证据证明有效的5种运动营养品成分为：咖啡因、肌酸、膳食硝酸盐/甜菜根汁、β-丙氨酸和碳酸氢钠（参见表3-3-2）。

表3-3-2 国际官方资料中明确的运动营养品功效成分

资料来源	分类	功效成分
2012年第59届美国运动医学年会	（1）已被实验证实有效	肌酸、咖啡因、运动饮料、能量凝胶、能量棒、作为缓解酸性环境的碳酸氢钠、蛋白质和氨基酸补充剂
	（2）可能有效但尚无足够实验数据证实	谷氨酰胺、HMβ、牛初乳、核糖
	（3）认为有效但仍需更多研究证实	蜂花粉、肉碱、吡啶羧酸铬、冬虫夏草、辅酶Q10、共轭亚油酸、细胞色素C、二羟基丙酮、γ-谷维素、人参、肌苷、中链甘油三酯、丙酮酸、含氧水、钒
	（4）禁止使用且不合法	雄烯二酮、脱氢表雄酮等固醇类激素及其他禁用成分
2015年澳大利亚官方四级分类	参见本篇第一章表3-1-1	
2019年第66届美国运动医学年会	具有充分证据证明有效	咖啡因、肌酸、膳食硝酸盐/甜菜根汁、β-丙氨酸、碳酸氢钠

根据表3-3-2可知，虽然大部分运动营养品并无足够的实验数据充分证明其有效性，但调查均显示，绝大部分运动员或普通运动人群仍然认为使用相应运动营养品可以帮助他们促进训练适应性、提高运动成绩和维持身体健康，这主要有以下两个原因：

第一，运动营养作为实践应用型学科，依旧存在实践先于研究的特点。因此，可能这些补剂成分的确存在对运动表现的真实益处，但目前的研究方法及研究能力还未达到相应水平，如部分针对细胞水平、组织水平以及动物实验的研究结论无法直接应用于人体，而一些人体功效实验的方法以及结果，其准确性可能会因个体差异而存有疑虑。

第二，在保证安全性的前提下，运动营养品的安慰剂效应或许同样可以视为一种有效性。路易丝·伯克（Louise Burke）教授提出，即使运动营养品没有产生真正的生理或强力效益，但运动员也可能因为心理促进或“安慰剂”效应而改善运动表现，这种效果是真实存在且可能是重要的，但目前很少有专门研究证明安慰剂效应与运动之间的关系。“安慰剂效应”正如食物通过对人们情绪和心理的影响，而使人体行为表现产生改变。可见，目前运动营养方面的研究远远无法满足运动营养实践的发展，运动心理同样需要被考虑在运动营养研究范围内。

值得注意的是，在运动营养品有效性研究及实践使用方面，我国与发达国家仍有一定距离，这同运动营养产业在我国还不够发达有关，也对我国体育科学研究者与体育产业参与者提出要求，在跟进国际运动营养最新产业及研究发展的前提下，努力提高自身运动营养研究能力，使研究服务于产业发展，使产业发展推动科学实用研究。

四、适合性及个性化原则

在确定了自身对运动营养品的需求性、运动营养品成分的安全性与有效性之后，不同个体在选择运动营养品时仍需遵循适合性及个性化原则。这是保证运动营养品有效性的重要措施，因此，需要掌握一定的运动营养知识，或遵循专业的运动营养咨询与指导。

首先，国际上不同人种决定运动营养品的适合性。由于人种差异及各地饮食习惯的不同，各国膳食营养素推荐标准有所差异。因此，在接受国外营养知识教育或购买国外产品时，需注意其每日营养素推荐量可能与中国人群膳食营养素参考标准不同（尤其是不同年龄运动人群差异），这就需要购买者知悉符合国人的营养素标准进行酌情补充。

其次，同一人种的个体差异性决定运动营养品的个性化原则。运动营养品作为辅助膳食的补充剂，应当考虑个体每日膳食营养素的摄入情况，且不同个体的年龄、职业、身体情况、消化吸收能力、饮食习惯、运动水平、健身目的及健身频率等均有所不同，因此，在选择运动营养品时不能随意盲从，需要知悉适合自己的才是最好的。

第二节　运动营养品的合理使用

不同运动项目、不同运动人群在不同运动时期对营养物质需求是不同的，因此在搭配使用运动营养品时，适合性及个性化原则同样重要。此外，由于多种需求存在，运动营养品产品也会根据其单一功效成分或功效成分的组合搭配而出现种类繁多的情况。

实际上，运动营养品之所以可以提高运动人群的运动能力，是源于这些产品提供了运动人群经常食用的食物中所缺乏的食物成分。结合表3-3-1的食物功效成分分类，根据运动中常见问题与产品使用目的及效果，对运动营养品产品进行实用分类如下：

第一类是补充膳食营养素的运动营养品；第二类是具有调节运动人体机能功效的运动营养品，包括补充运动能量类、改善肌肉质量类、减控体重类、抗氧化类、增强免疫力类、加快运动性疲劳消除及促体能恢复类、改善及预防运动性贫血类、改善及预防运动性低血睾类、提升运动表现类以及修复和保护关节及软骨类。

一、补充膳食营养素的运动营养品

当运动人群通过日常膳食补充的能量及营养素不足或不够均衡时，运动营养品或保健食品的使用效果将会更加明显（能量及营养素摄入标准参照第二篇内容）。

（一）产能营养素

根据第二篇内容可知，糖类是人体的高效能源，此外，蛋白质中的必需氨基酸及脂类中的必需脂肪酸均为人体的必需营养素。因此，当运动人群由于能量消耗增加、体内能源物质周转率增加，其需求也会相应增加。在保证日常膳食的前提下，可根据需求，依照实际情况选择健肌粉、蛋白粉、鱼油等运动营养品产品（参见表3-3-1），作为糖类、优质蛋白以及优质脂肪酸的辅助来源，并根据日常膳食摄入水平确定补剂补充量。值得注意的是，大部分有增肌增重需求的运动人群，往往由于胃肠道消化吸收问题而导致无法通过日常膳食进行足量的能量摄入，此时，科学运动训练搭配运动营养品的合理使用将会事半功倍。

例如，一名体重为90kg的男性运动员需要全天补充190g蛋白质（参见表2-2-6），其中至少三分之一需来自于优质蛋白，完全按照日常膳食补充可能会增加其食物消化的胃肠负担，另外，考虑到运动营养的时效性及加餐的便捷性，膳食计划2中选择了“分离乳清蛋白粉”产品作为训练后加餐与睡前加餐，成为全天优质蛋白的重要辅助来源。

（二）非产能营养素

提供非产能营养素的运动营养品产品包括各类维生素与矿物质及其复合制剂、运动饮料及食物纤维类补充剂等。根据第二篇第五章及第六章可知，即使是普通人都需要每天通过膳食补充适量的维生素和矿物质，当膳食无法满足需求时，可寻求安全有效的补剂作为辅助来源；而运动人群因大量出汗，维矿类营养素往往随汗液、尿液及粪便中排出量增加，且运动使胃肠道对维矿类营养素吸收功能下降，包括运动消耗本身导致机体对维矿类营养素的需要量增加等原因，运动人群对该类营养素的需要量较普通人群增加，但运动人群往往忽略此类营养素，并导致摄入不足。如初涉健身运动领域的人群，在刚开始运动的一段时间可能会出现类似皮炎、口角炎等B族维生素缺乏的症状，还可能有体力恢复缓慢等情况，这可能与其开始运动后未随之调整饮食策略有关，这种症状会在补充相应复合维生素后得到改善及缓解。

有关各类维生素和矿物质的详细内容可参见第二篇第五章表2-5-2～表2-5-7。如根据表2-5-4可知，运动人群对于B族维生素及抗氧化维生素的需求尤为迫切，因此，对于不同B族维生素（维生素B_1、B_2、B_6等）及抗氧化维生素进行合理复配的产品更加适于运动人群进行选择，如维他保咀嚼片、善存等；根据表2-5-4和表2-5-7可知，钙、磷、镁以及维生素D对运动人群的骨骼肌肉健康可以发挥协同作用，因此，在遵循科学指导的前提下，钙镁D咀嚼片类的产品同样适于运动人群或对骨质健康有需求的人群进行选择；此外，耐力性项目如马拉松、铁人三项等运动后期所使用的盐丸，通常也是包含钠、钾、钙、镁及复合维生素的复合制剂，主要用来补充运动中人体由于大量排汗而导致的电解质及水溶性维生素的流失。

二、具有调节运动人体机能功效的运动营养品

解决运动中常见的实际问题需要测试、评估、运动训练计划、营养补充计划及行为或心理干预等综合手段进行联合干预（详见本书第四篇内容），补剂计划仅是营养补充计划中的一部分，因此，运动营养品或保健食品这类膳食补充剂并不是万能的，它们只是保持人体健康的重要辅助手段之一。在具有调节运动人体机能功效的运动营养品中，其成分不仅可能包含了上述食物

中的七大类营养素，还可能包含一些食物活性成分，如动植物提取物等，详见表3-3-1。

（一）补充运动能量

运动前、中、后及时补充能量，对于支持既定强度的训练是必需的，而且有助于预防运动损伤。此外，没有足够的热量，也不可能保证肌肉的正常生长。如进行健美增肌训练的人，每天每公斤体重需要50kcal以上的能量，以80kg的人为例，他每天至少需要摄入4000kcal的热量。而一两米饭约含有60kcal的热量，那么4000kcal的热量若只通过米饭来满足，就需要大概6斤米饭；此外，根据运动营养时相学原理，为了抗疲劳、防止肌肉分解，健美爱好者一般运动前后要补充300～500kcal的热量，大约相当于要吃将近一斤的香蕉或5～10片的切片面包。所以，单纯靠膳食摄入来提供如此之多的热量是不太可能的，这就要求我们除正常膳食以外，还需要进行额外补充。

供能营养素包括糖类、脂肪与蛋白质。其中糖类是运动中典型的有限能量底物，它先于脂肪和蛋白质被耗尽。极限强度中，磷酸肌酸是肌肉的供能物质；高强度运动中，糖类是肌肉工作的主要供能物质；在低强度、长时间的运动中，脂肪则是主要的供能物质，但脂肪的完全氧化必须有糖类的参与。而将蛋白质作为运动能量来源并不是一个好策略，因为这个过程必然需要排泄氮，这种强制性的尿液排泄会增加水分流失，增加脱水的发生概率，使不良的水合状态更加严重。因此，以下介绍几种常见的补充运动能量的运动营养品：运动饮料、能量胶、能量棒、1，6-二磷酸果糖（FDP）、肌酸、中链甘油三酯（MCT）。

1. 运动饮料

《中华人民共和国国家标准：运动饮料》（GB 15266—2009）中将运动饮料定义为：营养素及其含量能适应运动或体力活动人群的生理特点，能为机体补充水分、电解质和能量，可被迅速吸收的饮料。

（1）运动饮料的功效：根据以上定义可知，运动饮料除了能够及时补充机体在运动时消耗的水分和电解质，使机体内环境维持平衡，它的另外一个作用就是为运动人体高效合理地补充能量。

（2）运动饮料的特点：根据表3-3-3可知，就运动饮料成分而言，其以水占主要比例，其次是能源物质、电解质及其他微量元素等，因此，它是一种运动期间“补水为主，补糖及电解质为辅”的低渗饮料。理想的运动饮料应当具备促进饮用、迅速恢复并维持体液平衡、提供能量三个条件。为满足这样的条件，运动饮料必须口感好，且胃排空速率快，吸收效率高，不给胃肠道造成过大压力。研究报道，低渗溶液的胃排空率高于高渗溶液，且低渗溶液比等渗和高渗溶液在人体能产生较大的水吸收，因此，要使水分及其他营养成分尽快通过胃，并充分被吸收，运动饮料的渗透压要比血浆渗透压低，即低渗饮料。而饮料中所含糖和电解质的种类和量是饮料渗透压的直接决定者。

表3-3-3 运动饮料技术要求理化指标（GB 15266—2009）

项目	指标
可溶性固形物（20℃时折光计法）/%	3.0 ~ 8.0
钠/（mg/L）	50 ~ 1200
钾/（mg/L）	50 ~ 250

资料来源：中华人民共和国国家标准·运动饮料（GB 15266-2009）。

①科学的糖配比。糖类是运动饮料的必含成分，以满足机体快速补充能量的需要。而运动饮料中的糖含量及糖种类通常需要进行科学配比以满足上述条件。

运动人群往往偏爱口感微甜的凉爽饮料。在训练过程中，含糖量高（12%的糖含量）的饮料不如含糖量为6% ~ 7%的饮料受欢迎；而在不训练时情况可能相反。运动饮料的糖含量会影响其口感，且训练期间食物和饮料的口感可能会与平时不一样，因此，需要让运动人群在日常训练时就选择自己喜欢的口感，以保证体育竞赛或大强度运动时对运动营养品选用的适应性。此外，当液体中糖含量增加时会降低胃排空率，而且会增大渗透压影响水的吸收，因此，运动饮料中糖含量在3% ~ 8%的范围为宜。

运动饮料中糖的种类同样会影响胃排空时间。糖链的长度越短，胃排空的时间就越长，在热量相同的情况下，葡萄糖比蔗糖的胃排空时间要长，而蔗糖又比低聚糖的排空时间要长。因此，运动饮料中以3 ~ 10个单糖组合而成的中低聚糖（低聚麦芽糖）为主。低聚糖由于其分子量大于单双糖，因此相同浓度下渗透压更低，而且甜度低、口感好、胰岛素反应低，可以保证运动饮料是低渗溶液的同时补充尽可能多的糖。由于不同种类的糖类在小肠中具有不同的转运机制和转运率，在同一时间内，越多的转运机制被激活，被转运吸收的糖也越多，水的吸收也越快，因此，在满足渗透压浓度要求的前提下，运动饮料应尽量含有多种糖类以提高糖和水的吸收。此外，为降低胰岛素反应，运动饮料中的糖类可选用高GI（如葡萄糖）及低GI糖类（如果糖）相搭配，使运动饮料整体呈中低GL（参见第二篇第三章第五节）。

②合理的电解质添加。电解质是指在溶解状态下能够解离、带有电荷可以导电的一类物质，主要包括钠、钾、氯等一些无机离子，对维持体液渗透压、酸碱平衡以及神经肌肉细胞的兴奋性发挥着重要的作用。运动饮料含有一定量的电解质，可迅速补充运动时大量出汗丢失的钠、钾等离子，这样有助于水和糖的吸收，并防止肌肉抽筋、身体乏力及运动能力的下降。但电解质的浓度不能太高，否则会增加饮料的渗透压，改变饮料的口味，影响水的摄入和吸收（参见表3–3–3）。

③其他建议。国外运动饮料品种繁多，且国内GB 15266—2009中除表3–3–3标准外未提出其他过多相关要求，因此，运动饮料可根据特殊需求添加其他功效成分。但在实践应用过程中，建议一般运动人群的运动饮料选择应考虑无碳酸气、无咖啡因以及无酒精的特点（表3–3–4）。

研究发现，虽然碳酸化饮料口感好，且对胃排空影响不大，但会引起胃部的胀气和不适，如果过快大量饮用碳酸饮料，有可能引起胃痉挛甚至呕吐等症状；此外，碳酸气会让运动人群产生更强饱腹感而降低喝水欲望，这会对其水合状态产生负面影响。

咖啡因和酒精都有一定的利尿、脱水作用，会进一步加重体液的流失，不利于体液的恢复和保留。此外，二者还对中枢神经有刺激作用，不利于疲劳的恢复。尤其是在提供给青少年运动人群的运动饮料中更需要注意这两种成分的不利影响。

表3–3–4　运动饮料与其他饮料的比较

饮料种类	糖种类	糖含量	电解质	其他营养素	渗透压	碳酸气	咖啡因
碳酸饮料	蔗糖	≥10%	微量	无	高	有	无或有
矿泉水	无	无	微量	无	极低	无	无
果汁	果汁或加果糖	≥10%	不均衡	维生素	高	无	无
乳饮料	乳糖或加蔗糖	≥10%	不均衡	维生素	高	无	无
茶饮料	蔗糖	≥10%	微量	微量	高	无	有
运动饮料	低聚麦芽糖、葡萄糖、蔗糖、果糖	3～8%	适量	B族维生素、维生素C、牛磺酸等	低	无	无

资料改编自：杨则宜. 运动营养师培训教程. 人民体育出版社，2007。

（3）最佳使用策略：运动补液的最佳策略详见第二篇第六章第二节内容——运动时补液应该遵循预防性补充原则和少量多次原则：预防性补充可以避免脱水的发生，提高运动能力；少量多次可维持胃内液体量，使胃排空率保持相对恒定，并可避免一次性大量补液对胃肠道和心血管系统造成的负担加重。

根据表2-6-7及表2-6-8进行运动性脱水分类，当处于运动性高渗性脱水时，应当补充低渗性运动饮料；当处于运动性低渗性脱水时，应当配合水分补充高渗性饮料或运动营养品，如能量胶、盐丸等。因此，低渗性的运动饮料主要适用于运动性高渗性脱水的情况。

运动人群使用方法：运动前2小时补充运动饮料250～500ml，运动前15～20分钟再补充150～250ml，以增加营养储备，提高运动能力；运动中补液的量根据运动时间的长短、出汗量的多少而定，少量多次，每隔15～20分钟，补液120～240ml，以保证运动质量，延缓疲劳发生，但每小时累计补液量建议不超过800ml，以免引发运动中胃部不适；运动后补液越早越好，按照体重每下降1kg应补液1500ml的原则，以快速促进体力恢复。

（4）注意事项：影响液体饮用及胃排空速度的因素还包括运动饮料的温度、运动类型及运动强度、运动人群的精神压力及紧张程度。运动饮料略低于室温（一般为15～22℃）可能更适于饮用，同时口味应适合运动特点，且运动饮料应在运动期间尽量随手可得；而对于运动员而言，还需要向运动心理学家学习相应心理训练技巧，以缓解比赛期精神紧张程度所产生的不利生理效应，如紧张性胃肠不适等。

2. 能量胶与能量棒

运动饮料是一种运动期间“补水为主，补糖及电解质为辅”的运动营养品。而运动中以补充糖类能量为主的运动营养品主要包括半胶状或啫喱状的能量胶及固体形式的能量棒。这类食品与饮料相比具有方便、快捷的特点。

能量胶也叫能量啫喱，含水服用，不需咀嚼，是较为便捷的能量补充食品。能量胶的主要功效是在比赛中为身体提供易于吸收的糖类，同时补充电解质。当运动时间较长，运动期间糖类消耗过多，且同时存在运动性低渗性脱水风险时，由于运动饮料中糖及电解质含量均较低，此时，能量胶是更好的选择。由于其甜度及渗透压较高，因此，能量胶食用时需要配合白水或矿泉水，在马拉松等长时间耐力项目后程配合盐丸共同使用，则补充能量及电解质的效果更佳。

能量棒是指能够迅速补充能量、体积小、易携带的棒状食品。能量棒多采用低聚糖或寡糖作为主要原料，并且含有一定量的优质蛋白，因此，它不仅可以持续为人体提供能量，对于人体的各种组织特别是肌肉的修复、保持和增长也是非常重要的。一些品牌的能量棒中还会添加支链氨基酸、肌酸、谷氨酰胺以及多种微量营养素，从而有效地帮助健身人群抗疲劳、增肌增重。

值得注意的是，能量棒不同于巧克力和压缩饼干，巧克力每 100g中含有30 ~ 32g脂肪，脂肪成分主要是饱和脂肪酸，所以，巧克力可以被看成是一种愉悦味蕾的食品；压缩饼干虽然含有很高的热量，但脂肪含量高，并不能快速为人体提供能量，还会导致脂肪摄入超标。

3. 1，6-二磷酸果糖

1，6-二磷酸果糖（1，6 fructose diphosphate，FDP）是细胞内糖代谢的中间产物参见图2-1-5。早期对FDP最重要的研究，是发现它不仅能绕过限速酶磷酸果糖激酶（PFK）反应步骤直接进入糖代谢途径，参与ATP合成（比葡萄糖供能快且多），还可以反馈刺激糖酵解限速酶（PFK）和丙酮酸激酶（PK）的活性，从而促进糖酵解。因此，FDP不仅是细胞内有效的供能物质，更为重要的是FDP可通过改善和增强无氧代谢的调节能力，加速产生ATP，改善细胞在缺氧后的生理机能和应激适应水平，是国际上公认的细胞强壮剂。研究证明，FDP可通过口服途径吸收并进入血液，自20世纪70年代起，它就被广泛地应用于冠心病、心脏骤停、急性心肌梗塞、心肌缺血及肾缺血等治疗上，表明FDP对组织缺血与缺氧起保护作用；且外源性FDP摄入可促进细胞内FDP、ATP以及2，3-二磷酸甘油酸含量成倍增加。在大强度运动时，人体组织尤其是运动肌处于不同程度的缺血环境下，加速组织氧的供应和提高能量代谢调节水平可改善机体运动能力，因此，FDP作为运动营养品同样具有多重功效。

（1）FDP的功效：根据以上原理及早期研究，结合国内冯美云等人的研究可知，FDP对运动训练的益处表现在促进糖利用、保护细胞膜以及增加氧利用三方面。

①促进缺血、缺氧组织细胞糖类的利用，改善能量代谢并提高运动机能。实践功效体现为改善无氧运动能力，增加机体特殊状况下的供能能力，如提高中高强度力量训练效果、提高400 ~ 800米比赛成绩等，在实践中FDP对加快酒精代谢也具有一定作用。

②增加细胞膜的稳定性，改善细胞膜极化状态，减少钾丢失；并具有明显的钙拮抗作用，促进钙离子细胞内外交换的稳态调整。实践功效为保护细胞

膜，从而促进细胞恢复，如降低运动员血液肌酸激酶（CK）水平、缓解肌肉酸痛、加快机体恢复；此外，也可通过FDP保护细胞膜的作用促进细胞水合效应，这对于增肌人群与健美备赛人群似乎也有所裨益。

③增加红细胞膜韧性，降低红细胞脆性，从而提高红细胞数量，并可升高红细胞内2，3-二磷酸甘油酸含量，促进红细胞向组织释放氧。实践功效为清除氧自由基及抗氧化，加快乳酸清除及促恢复作用。此外，这种氧利用能力的加强可能对有氧运动能力也具有改善效果。

（2）最佳使用策略：根据FDP提供糖类能量、改善运动机能的功效可知，FDP在运动前补充可促进运动表现；根据FDP保护细胞膜、抗氧化及促恢复的功效可知，FDP在运动后补充可促进运动恢复与组织修复，加快疲劳消除。此外，联合以上各类功效作用，FDP对运动员还具有最原始的心肌保护作用。因此，FDP在运动前与运动后均可使用。由于FDP运动营养品产品制剂形式具有差异，因此运动前补充时间需要根据其制剂消化吸收快慢决定，如口服液制剂可能在运动前即刻补充即可，而片剂产品可能需要在运动前1～2小时补充。具体补充时间及补充量需参考具体FDP运动营养品产品标注。GB24154—2015中提示，FDP允许在运动饮料中添加，添加量需要保证FDP摄入量≤300mg/d。

（3）注意事项：本书提到的FDP属于糖代谢中间产物，属于运动营养品产品成分，不同于临床用药中使用的果糖片等药品，使用时需严格区分，不可混淆。

4. 肌酸

肌酸（creatine，Cr），又名甲基胍乙酸，是一种由精氨酸、甘氨酸和甲硫氨酸构成的氨基酸衍生物（图3-3-1），主要在人体内的肝脏和肾脏合成，可随血液运输到各组织。肌酸与磷酸分子可结合生成磷酸肌酸（phosphocreatine，CP），CP作为一种能量储备物质，用于维持高强度运动期

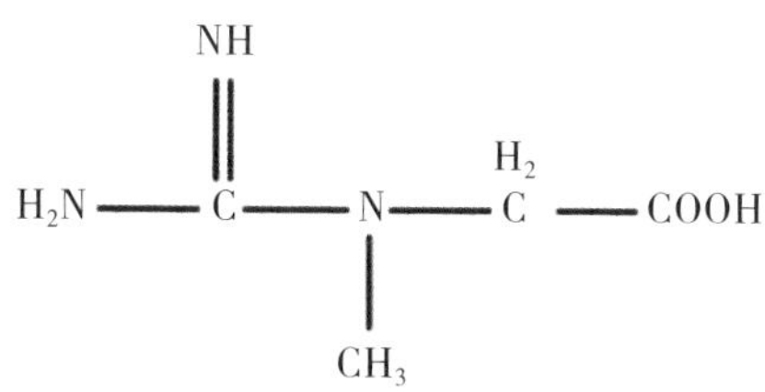

图3-3-1　肌酸结构简式

间的能量供应。因此，肌酸可以被视为一种储存高能磷酸键的物质，而CP是一种供能物质。简而言之，短时间剧烈运动时，机体可分解CP供能，休息时可合成CP储能。

人体内的“肌酸池”代表体液和各组织中的肌酸和CP的总和。健康成年人体内，肌酸池的总量非常恒定，一个体重70kg的人体内肌酸池总量为120～140g，其中2/3为CP。人体内95%的肌酸池储存在骨骼肌内，其余的存在于心脏、大脑及睾丸中。

人体内的肌酸除了可由体内合成以外，还可以通过饮食中的肉类进行外源性摄入（英语中creatine一词的希腊词根为“creas”，译为肉类）。正常非运动人体每日的肌酸周转需要量为1～2g，包括从混合饮食中获得的1g，体内自身合成1g。一般瘦肉和鱼肉中的肌酸含量较高，如1kg牛肉含4g肌酸。然而，正常的烹饪方法很容易降低食物中的肌酸水平，或使这种多肽变性，因此，熟肉中的肌酸含量相对较低。人们普遍认为，肌肉中肌酸水平较高的运动员在高强度运动中的耐疲劳能力更强，冲刺能力更强，维持高能化合物ATP的水平更高。因此，一些对此有需求的运动人群，为避免单纯从饮食摄入而导致肌酸补充的不规律，可选用肌酸产品。

（1）肌酸的功效：补充肌酸的作用已被广大健美爱好者和健身运动人群所认识，在长期实践使用及研究中均被证明是安全且有效的，其使用剂量为1～20g/d。

①提高运动中的能量生成。口服肌酸可以提高肌肉中CP的含量（约提高20%），为训练提供更多快速能量，增加肌肉的爆发力和耐久力，提高身体素质和运动成绩，尤其对于以磷酸原供能系统供能为主的运动项目效果更明显。

②间接增加肌肉力量与体积。因为有了更多的能量，运动人群便可进行更高强度的训练，通过“肌肉产生力量，力量产生肌肉”的循环，促进肌肉的生长。此外，肌细胞在吸收肌酸时，也带进细胞更多的水分（水合作用），细胞体积由此增大，从而为肌肉蛋白合成创造良好环境，增加肌蛋白的合成速度。

（2）最佳使用策略：服用肌酸需合理掌握剂量、时间及用法。过量的肌酸既不经济，又会增加机体肌肉痉挛风险和代谢负担，因为未被利用的肌酸均需以肌酐的形式从肾脏随尿液排出体外。

①肌酸的吸收利用与补充方法因人而异。不同人群、不同目的的情况下，肌酸的补充方式不一样，在补充肌酸时应在遵循基本原则的情况下找到最适合自己的补充方式（表3-3-5）。通常原有肌酸池水平越低的人，补充肌酸后增加的总量越多。

表3-3-5　肌酸推荐用量表

人群	推荐用量	资料来源
专业运动员	建议采用冲击期—维持期—停用期的补充方式。前5～7天每天服用20g肌酸（分4次服用，每次5g，分别在两餐之间、训练前30～60min及训练后），随后28天每天服用3g。服用肌酸的计划要与大强度力量训练或速度爆发力训练的内容相配合以提高补充的效果	杨则宜. 运动营养师培训教程. 2007
普通健身爱好者	建议采用维持期补充方式。每天服用3g，同时配以高GL糖类	GB 24154—2015
普通大众	建议合理膳食，可以通过食用瘦肉、鱼肉等来补充肌酸。素食主义者可以适量补充一些外源性肌酸，每天不超过3g	GB 24154—2015
青少年运动员	ISSN（国际运动营养学会）认为儿童和青少年运动员可以在监督下使用肌酸。但是目前针对青少年补充肌酸的研究有限。有的肌酸产品会标注不建议未成年人使用	国际运动营养学会（ISSN）

②研究表明，肌酸摄入的最佳时间是运动前或运动后即刻，并提示这可能比肌酸的实际剂量更重要，可尽量避免运动过程中服用肌酸，以防止胃肠道不适。安东尼奥（Antonio）和席康（Ciccone）研究发现，健康的老年男性（59～77岁）在阻力运动前和运动后立即服用肌酸各0.05g/kg，每周3天，共10周，与安慰剂组相比，超声波测量显示全身肌肉更粗大。有趣的是，在力量训练前后摄入肌酸与训练日早晨和晚上摄入肌酸相比，前者会增加更多的瘦组织质量。其作用机制难以解释，但可能的原因包括运动诱导的骨骼肌血流量将肌酸向运动肌肉传递，上调肌酸转递运动力学，以及肌肉收缩时Na^+-K^+泵功能的增加。

若运动前使用，可以快速补充能量以增强本次训练运动表现，通常建议在运动前30～60分钟补充肌酸，因为口服肌酸60分钟后，血清肌酸浓度达到峰值，具体服用时间根据热身时长和运动方式决定；若运动后使用，是为了进行训练后肌酸池填充，可在运动后即刻至2小时内配合高GL糖类补充，配合训练后身体促合成环境（激素环境），帮助肌肉高效吸收肌酸。

③肌酸搭配高GL碳水化合物，如含糖饮料，效果更佳。补充肌酸时添加

一定量中高GL的食物，可以通过促胰岛素的释放，利用胰岛素的促合成作用，帮助肌肉高效吸收肌酸。研究显示，配合高GL糖类补充，肌肉内CP的储存量可以提高60%。

④肌酸补充计划要与大强度力量训练或速度爆发力训练的内容相配合，以提高补充的效果。注意不要过度训练，以防肌肉和韧带的拉伤，同时应配合蛋白质等营养补充，为肌肉的生长提供充足的原料，否则不会有理想的体重增加。

⑤补充肌酸的同时需要摄入足够的水分，同时避免同有脱水、利尿作用的食物一起服用。由于肌酸的溶解性不太好，很多人在冲调肌酸时发现很难混匀，所以干脆直接干吃肌酸，殊不知这样反而会造成肌肉缺水增加受伤风险。补充肌酸时，每天需要多补充1200ml水，以保证足够的水合作用，防止出现肌肉发紧、僵硬或痉挛等症状。另外，应避免和含有咖啡因之类具有脱水作用的食物一起服用，以免影响肌细胞的水合作用。

⑥切勿用热开水冲调肌酸，以防止肌酸水合物的结构改变，影响其功能；同时也需避免和鲜榨果汁一起服用，因为鲜榨果汁中所含的酸性物质会使肌酸水合物变性成为废物。

⑦有控体重要求的运动员需注意肌酸的使用与赛期安排。由于肌酸的水合作用，补充肌酸可能会造成体重的增加，从0.9 ~ 3.2kg不等，增加的质量取决于肌酸服用的时间长短和初始肌肉内肌酸的含量，对于一些需要控制体重项目的运动员来说，体重增加可能会阻碍其提高运动成绩，因此，需要注意在赛前停用肌酸。

（3）肌酸产品类型：目前国内常见的肌酸产品有粉剂、咀嚼片、微晶粒、口服液等。粉剂便于保存；咀嚼片携带方便；液体、胶体产品被许多专家否定，因为它们性质不稳定，杂质含量高达40%左右。肌酸粉比片剂或胶囊类更易被人体吸收利用，一水肌酸粉是肌酸中的经典产品，高纯度的一水肌酸杂质少，溶解度好，利于吸收，目前仍是大众最经济、最安全的选择。此外，近年来出现的增强型产品，如各类复合型肌酸，将肌酸与合适比例的碳水化合物以及磷酸盐同时使用，其主旨是增强肌酸的吸收，促进更多的肌酸进入肌肉细胞，提高肌肉中CP的含量，更有利地促进肌肉增长，提高爆发力和耐久力。对于健美爱好者来说，服用复合肌酸或许比单纯服用肌酸更有效。

（4）注意事项：

①高纯度的一水肌酸化合物就是理想补剂。许多研究提示，口服CP对肌肉中CP的填充无效。

②人体内储存肌酸的能力存在上限（约160mmol/kg干肌，约21g/kg干

肌），且动物实验显示，短期大量补充肌酸可能会使自身体内肌酸合成酶的活性降低，而停用肌酸后，酶活性恢复。虽然人体实验并未显示此效应，但根据肌酸的储备上限可知，如表3-3-5中专业运动员的肌酸填充法，需在体内肌酸池饱和后，进行1～2周的停用期。另外，运动员体重越轻，每日补充剂量越小，有研究表明，每个月内只要有连续5天补充肌酸，可能就足以使肌肉组织中的肌酸达到饱和状态。

③有潜在肾功能障碍的人群，需要避免服用大剂量的肌酸，并且定期检查。由于未被肌肉利用的肌酸最终是从肾脏代谢，有的人在口服肌酸第二天体检发现尿肌酐含量很高，医生怀疑是肾功能损伤，其实这可能只是大量补充肌酸后的正常代谢过程。虽然有少数的研究认为补充肌酸会造成肾功能的损伤，但大多数研究结果并不支持这一观点。

5. 中链甘油三酯

中链甘油三酯（medium-chain triglyceride，MCT）是由中链脂肪酸（medium-chain fatty acid，MCFA）组成的脂肪，链长8～12个碳原子。通常椰子油和棕榈仁油（不同于棕榈油）中含有MCT，属于人体所需的营养物质中最常见的饱和脂肪。

与长链甘油三酯相比，MCT因其相对分子量较小而相对具有极性，水溶性较好，室温条件下为液态，可以在肠腔内被消化吸收，分解的MCFA直接经门静脉进入体循环，且不需要借助左旋肉碱即可进入细胞线粒体进行代谢，增加脂肪酸供能并节省肌糖原，延缓疲劳发生，因此被认为是除了糖类以外另一种有价值的外源性供能物质。

（1）MCT的潜在功效：多年来，MCT都被用作肠内营养（管饲）的能量来源，因此，它一直被使用且十分安全，在一些保健食品中很常见。根据上述原理，体育科研者的研究主要集中在运动期间摄入MCT是否可以作为耐力和超耐力运动项目的能量来源而具有潜在功效。早在1995年的研究报道显示，长时间运动期间MCT与糖类的共同摄入，可能通过提高MCT的吸收速率来增加MCT的氧化速率，在运动后120～180分钟时达到MCT的最大氧化速率。但针对MCT在运动中是否具有改善运动表现及支持节约糖原等实际作用仍需更多研究证实。现今，MCT作为运动营养品所声称的潜在功效如下：

①快速供能，加快代谢速率。

②有助于动员体内储存的脂肪来提供能量，在肝脏中可快速氧化产生较多酮体。

③通过减少体脂达到增加肌肉相对含量的效果。

（2）最佳使用策略：目前，关于摄入MCT对于运动的作用尚未明确，已有的研究证据表明，只有1996年一项涉及大量MCT摄入的研究显示其具有节约糖原，对长时间运动能力有益。但由于胃肠道中对MCT总摄入量的耐受性限于约30g，而口服约30gMCT将其对典型超耐力运动中总能量消耗的贡献率限制在3%～7%，且搭配糖一起摄入时MCT的氧化增加；而当MCT摄入量大于30g，会引起胃肠不适甚至运动表现受损。因此，MCT作为保健食品使用或许具有一定减脂作用，但对运动表现方面的作用仍需进一步研究证实。

（3）注意事项：根据食品安全国家标准《特殊医学用途婴儿配方食品通则》（GB 25596—2010）和食品安全国家标准《食品添加剂使用标准》（GB 2760—2011）的规定，MCT可作为食品原料或乳化剂使用。MCT作为食品原料使用时，应当按照《食用植物油卫生标准》（GB 2716—2005）执行；作为乳化剂使用时，应当符合食品安全国家标准《食品添加剂辛，癸酸甘油酯》（GB 28302—2012）的规定。

（二）改善肌肉质量

为了改善肌肉质量，达到增肌效果，营养补充与力量训练同样重要。增长肌肉的过程中，充足的肌肉原料（蛋白及氨基酸类物质）、肌肉燃料（糖类、肌酸等）非常重要，与此同时，也要有良好的促合成、抗分解的激素环境。人体内有三大合成代谢激素：生长激素、胰岛素和睾酮，这三种激素都可以促进机体的生长和物质合成，减少肌肉组织分解，因此又被称为“同化激素”。某些运动营养品具有促进体内同化激素分泌、促合成的作用，可以促进肌肉蛋白的合成，并减少因训练造成的肌肉蛋白分解。常见的改善肌肉质量的运动营养品包括蛋白粉及蛋白棒、肌酸、谷氨酰胺、支链氨基酸、HMβ、其他氨基酸类成分以及健肌粉等复配产品。

1. 蛋白粉与蛋白棒

蛋白质是肌肉构成的原料，对于健身人群，当饮食蛋白受限时，肌肉质量就会降低。从蛋白产品形式上来分，有粉剂和固体蛋白棒两种。

（1）蛋白原料成分：蛋白粉与蛋白棒主要是以蛋白质为原料，脂肪和胆固醇的含量甚低。目前，常见的蛋白粉与蛋白棒原料按其来源分类可分为动物蛋白原料和植物蛋白原料。不同种类的蛋白原料具有不同的特性和使用目的。

动物蛋白原料包括乳清蛋白、酪蛋白、鸡蛋蛋白、牛肉蛋白等。其中乳清蛋白原料是从牛乳中提取纯化的，根据提取纯化比例不同而分为浓缩乳清蛋白（WPC，蛋白浓度34%～80%）与分离乳清蛋白（WPI，蛋白浓度约90%及以上），是目前发现的生物学价值较高的一种蛋白质，具有消化吸收快、吸收率高、低脂肪和低胆固醇等特点（表3-3-6），它在人体内有效利用率高，能提供丰富的必需氨基酸和支链氨基酸，还可增加血清中胰岛素样生长因子-I（IGF-I）含量，已成为增肌最必需的营养品，是补充蛋白质的理想来源。酪蛋白分子大，坚硬致密，不像乳清蛋白能够在肠道内迅速分解，消化吸收速率要慢的多，被称为缓释蛋白，不适合训练后即刻使用，但可在餐间和睡前供缓慢持续提供氮源使用。鸡蛋蛋白生物利用率高，但是口感差，还可能会致敏，作为蛋白粉原料需考虑性价比问题。牛肉蛋白则多数需要经过水解分离。

表3-3-6 乳清蛋白与常见食物的蛋白质和脂肪含量列表

食物名称	蛋白质（%）	脂肪（%）
乳清蛋白	≥80	<3
牛奶	3	3
奶粉	19.9	18.9
猪肉（瘦）	20.3	6.2
牛肉（瘦）	20.2	2.3
羊肉（瘦）	20.5	3.9
鸡肉	19.3	9.4
鸡蛋	12.8	10.1
鱼肉	16.6	5.2
虾肉	16.6	1.5

资料来源：中国食物成分表. 北京大学医学出版社，2009。

植物蛋白原料主要是大豆蛋白，它是植物蛋白中少有的完全蛋白，包括人体所需的各种必需氨基酸。大豆蛋白虽然在氨基酸组成和吸收利用率上不如乳清蛋白，但是由于大豆蛋白中含有一种称为“植物雌激素”的物质——大豆异黄酮，对于女性来说，可以把大豆蛋白当作一个很好的荷尔蒙替代品，它不仅效用明显，且非常柔和，避免了直接服用雌激素而产生的副作用。大豆蛋白中富含铁，平均100g大豆蛋白中含有17mg铁，其含量远远高于牛奶中的铁含量，能够作为营养性贫血患者的优质铁源。此外，研究发现，大豆蛋白的酶水解产物与磷脂可以改善胆固醇的代谢，显著降低血浆胆固醇、甘油三酯和低密度脂蛋白，同时不影响血浆高密度脂蛋白，从而降低冠心病的发生，但需注意大豆蛋白也是常见的过敏原。

蛋白棒是运动营养学家特别为健身人群设计的健康食品，能提供均衡的营养，为人体快速全面地补充所需的优质蛋白。一般来说，蛋白棒主要以乳清蛋白为原料，另外，可根据健身运动的需要适量添加更易被人体吸收利用的肽类物质。此外，针对运动人群在运动过程中，伴随能量消耗和汗液增加丢失大量维生素和微量元素，蛋白棒在补充优质蛋白的基础上，可全面补充多种维生素和微量元素，很好地解决这一问题。

（2）最佳使用策略：具体的蛋白补充方法详见第二篇第二章第五节。

①与蛋白粉相比，蛋白棒的营养更加全面，且蛋白棒体积小、重量轻，便于运动人群在任何地点训练和比赛时的携带，也适合健身人群户内及户外活动时随时随地补充。

②蛋白粉区别于蛋白棒的优势在于无需咀嚼，冲泡饮用后消化吸收更快。

③针对蛋白粉的选择而言，富含乳清蛋白原料的蛋白粉，由于其消化吸收更快的特点，更适于运动后即刻补充；富含酪蛋白原料的蛋白粉更适于日常补充；富含大豆蛋白原料的蛋白粉更适于女性及中老年人。根据运动人群的运动等级及训练水平而言，初级运动水平的人群可选用整体蛋白浓度相对较低或蛋白原料中蛋白浓度相对较低（如浓缩乳清蛋白）的蛋白粉，而随着运动水平的提升，肌肉对蛋白质的需求以及吸收度的提升，可逐渐选用蛋白浓度及原料浓度均较高的蛋白粉，以确保蛋白补充的高效利用率。

④蛋白粉的单日使用次数及使用量需根据全天蛋白总摄入量进行匹配，但单次摄入量建议根据具体蛋白粉产品的蛋白浓度进行计算，参照本篇第二章中所述的0.25～0.3g/kg进行单次摄入，以提高优质蛋白利用率。例如，某蛋白粉产品的蛋白浓度为70%，则一名75kg的消费者单次摄入纯蛋白应为18.75～22.5g，折合为该蛋白粉产品需27～32g，即30g左右该蛋白粉产品。通常，蛋白粉产品包装会标注推荐使用量。

⑤一般来说，动物性蛋白比植物性蛋白在消化吸收方面、氨基酸整体搭配比例方面均具有优势。此外，大部分植物蛋白中同时含有凝集素、植酸等抗营养物质，这些成分可能会影响蛋白质、矿物质的吸收。因此，诸如乳清蛋白粉这种易消化、吸收的动物蛋白，也非常适于老年人及处于恢复期的病人补充。

（3）注意事项：不同蛋白粉及蛋白棒产品均有不同的配料及营养成分含量，因此，不同运动人群可根据自身需求及特点合理选择及使用该类运动营养品。此外，需注意以下几点：

①蛋白粉应避免热水冲调，因为热水会使蛋白凝固结块，影响消化吸收。

②蛋白粉需避免与酸性饮料一起冲饮，有机酸和蛋白质易形成凝块，影响消化吸收。

③为了最大限度发挥蛋白粉及蛋白棒补充优质蛋白的作用，不建议空腹或在运动前、中食用，以防止其作为能源物质而被消耗；训练前、中可补充氨基酸类运动营养品。

④一些蛋白粉或蛋白棒产品会复配添加乳清蛋白及乳酪蛋白等多种原料，这样可达到有效提高即刻且持久的蛋白合成率；日常食用时，也可使用牛奶冲泡乳清蛋白粉，达到以上作用。

2. 谷氨酰胺

L–谷氨酰胺（glutamine，以下简称谷氨酰胺）占人体游离氨基酸总量的60%，空腹血浆谷氨酰胺浓度为500 ~ 750 μmmol/L，是肌肉中最丰富的游离氨基酸。谷氨酰胺属于条件必需氨基酸，它在人体内可由谷氨酸、缬氨酸、异亮氨酸合成，但在疾病、营养状态不佳或高强度运动等应激状态下，由于机体对谷氨酰胺的需求量增加，导致机体自身合成不能满足。在体育领域，测定血浆谷氨酰胺水平可作为过度训练的监测、评价指标。长时间、力竭性运动后血浆谷氨酰胺水平更低，有的个体可能维持在低水平达几周、几个月甚至数年的时间。补充谷氨酰胺对其降低有预防作用。运动对血浆谷氨酰胺水平的短期效应可以累积，因此，大强度训练引起的低血浆谷氨酰胺水平需要长时间才能恢复。

（1）谷氨酰胺的功效：在疲劳、情绪波动或感冒引起身体虚弱时，应当加强谷氨酰胺的补充。如果已经连续高强度训练了8 ~ 12周，最好调整1 ~ 2周并补充大量谷氨酰胺，以免受伤痛困扰，从而影响训练计划的正常完成。总结而言，谷氨酰胺具有以下功效：

①促蛋白质合成，抗蛋白质分解。谷氨酰胺可为机体提供必需的氮源，维持氨基酸水平平衡，因此，可有效防止肌肉蛋白分解，促进肌肉蛋白合成；它还可以通过细胞水合作用，增加细胞体积，促进肌细胞的生长和分化。健美爱好者及竞技运动员在进行高强度的力量训练时，体内谷氨酰胺的水平可下降50%（运动后数小时才能恢复原来的水平），此时若不能通过饮食或自身合成得到足够的谷氨酰胺，肌肉蛋白就会发生分解以满足机体对谷氨酰胺的需求。谷氨酰胺这一“促合成，抗分解”功效可帮助机体增长肌肉，增加肌肉力量。

②刺激生长激素、胰岛素及睾酮分泌，使机体处于合成状态。研究表明，

口服仅2g的谷氨酰胺就能使生长激素水平提高4倍，并使胰岛素和睾酮分泌增加，进一步增强肌肉合成作用。

③参与氨代谢，维持体内酸碱平衡。运动期间，机体酸性代谢产物的增加使体液酸化。谷氨酰胺有产生碱基的潜力，可在一定程度上减少代谢产物堆积造成的运动能力降低或疲劳，缓解肌肉酸痛。

④提高机体抗氧化能力。谷氨酰胺可参与合成谷胱甘肽，谷胱甘肽是体内重要的自由基清除剂之一，即抗氧化剂。

⑤增强免疫力，维护免疫系统功能。谷氨酰胺是免疫细胞的重要燃料，可以为其提供能量，免疫细胞利用谷氨酰胺的效率要超过葡萄糖；同时，谷氨酰胺还是免疫细胞的复制原料。此外，身体免疫系统所需的谷氨酰胺主要来源于骨骼肌的释放，从这一角度而言，补充谷氨酰胺不仅能够增强免疫力，同样可预防骨骼肌蛋白质的分解。

⑥另外，有研究显示，谷氨酰胺有使肌肉糖原聚集的作用，对于赛前减脂的健美健身运动人群，补充谷氨酰胺能降低因糖类摄入减少引起的肌糖原下降的幅度。

（2）最佳使用策略：谷氨酰胺对肌细胞生长和提高免疫机能具有重要作用，因此，它通常是大强度运动后一种良好的恢复剂。为使健美爱好者及竞技运动人群达到最佳训练效果，使肌肉得到更好的增长，在摄入充足蛋白质的同时，还应补充谷氨酰胺。研究已证实，口服谷氨酰胺是有效的。口服补充谷氨酰胺后，血液中谷氨酰胺的浓度可以维持在一个相对稳定的水平，肌肉中谷氨酰胺的流失也相对减少，完全可以为机体提供游离谷氨酰胺。

①补充时间：一般认为，服用谷氨酰胺的最佳时间在两餐之间以及运动前10～30分钟。有专家认为，在某些时候如运动后即刻或睡觉前补充谷氨酰胺可满足内脏和免疫系统对谷氨酰胺的大量需求，保持肌肉中谷氨酰胺的高水平。如运动人群在赛后或训练后服用含3～5g谷氨酰胺的运动饮料，对预防运动后感染有效果。

②补充剂量：我国GB 24154—2015中标注其使用剂量范围为3.5～30g/d。国外专家普遍认为高强度运动时，应全天分几次补充谷氨酰胺，每次2～3g为宜。另有新的研究提示，像填充肌酸一样填充谷氨酰胺，可以使谷氨酰胺发挥最大的作用，也就是说第1周以较大剂量分次（10g/d）补充，第2～6周以较小的剂量（2～4g/d）维持，6周后再开始新的循环。

（3）注意事项：谷氨酰胺粉剂可以很容易地添加在各种饮食中，且不改变原有食品味道。

3. 支链氨基酸

支链氨基酸（branched-chain amino acids，BCAAs）是亮氨酸、异亮氨酸和缬氨酸三种氨基酸的统称，均为人体必需氨基酸。据测定，BCAAs占肌肉中必需氨基酸的35%。

（1）支链氨基酸的功效：整体而言，BCAAs具有抗分解、促合成、促恢复、抗疲劳的作用。

①参与供能，防止肌肉分解。运动健身人群在训练及比赛中会消耗大量体能，而运动过程中人体内BCAAs氧化供能约占氨基酸供能总量的60%，即使是在休息时，也会有部分BCAAs参与供能。及时补充BCAAs能为长时间大强度运动的有氧代谢过程提供物质基础，减少自身肌肉蛋白的分解。

②参与肌肉合成。BCAAs是肌肉重要的结构物质，补充BCAAs可以促进运动后恢复期蛋白质的合成代谢，加速肌肉合成，防止肌肉组织的分解，提高运动能力。

③预防和缓解中枢疲劳。色氨酸可在大脑中转变为对中枢神经系统有抑制作用的 5-羟色氨，使人疲倦，降低运动能力，而BCAAs能够有效防止过多色氨酸进入大脑，预防中枢疲劳。

④刺激相关激素的分泌。亮氨酸是酮异己酸（KIC）和β-羟基-β-甲基丁酸盐（HMβ）的前身，KIC 和HMβ可以刺激胰岛素、生长激素的分泌释放，具有促进肌肉蛋白质合成和抗分解的双重作用。

⑤降低血乳酸水平。BCAAs可以促进肝脏当中的糖异生作用，保持运动后血糖的稳定并且降低血乳酸。

⑥保护心肌、骨骼肌。长时间高强度运动可引起骨骼肌、心肌中的血清酶水平改变，BCAAs可以降低骨骼肌线粒体Ca、Mg、K离子浓度，能够降低血清、心肌中MDA的含量；维持SOD和GSH-Px的正常活性，减少氧化应激，维持细胞内环境稳定，提高运动表现能力。

（2）最佳使用策略：

①补充时间：运动前60～90分钟补充，既可以作为能源物质，又可以有效地保护肌肉细胞，降低肌肉蛋白质的分解；运动后补充，可作为肌肉蛋白质合成的原料。由于运动后即刻服用BCAAs可能会导致血氨的升高，从而导致氨中毒，为避免出现这种情况，建议运动后少量服用。

②补充剂量：研究表明，BCAAs补充量为每次4～6g，每天不超过5～10g。

我国GB 24154—2015中对BCAAs补剂产品中各种氨基酸的每日使用量做了规定，为亮氨酸1.5～3g、异亮氨酸0.75～1.5g、缬氨酸0.75～1.5g，三者比例约为2：1：1，以达到最佳的氨基酸协同配合作用。因此，确切的补充剂量需根据相应补剂产品含量，参考其包装推荐量进行使用。

（3）注意事项：在补充BCAAs的运动营养品产品中，经常会添加一些维生素B_6、肽类等成分，从而达到均衡营养、促进机体摄取利用BCAAs的效果。

4. β-羟基-β-甲基丁酸盐（HMβ）

（1）HMβ的功效：HMβ是必需氨基酸亮氨酸的中间代谢产物，尽管它的代谢机制尚未明确，但已被建议用于防止肌肉蛋白质降解，同时HMβ还具有参与修复细胞膜的作用。目前，它主要以钙盐（Ca HMβ）的形式存在。当机体处于分解状态时，补充HMβ似乎可以限制肌肉组织减少。另外，对于没有训练经历的人群而言，补充HMβ能够减少运动中的肌肉损伤情况，其具体功效证明仍需进一步研究证实。

（2）最佳使用策略：我国GB 24154—2015中标注HMβ的使用剂量范围为1～3g/d。每天摄入 1.5～3gHMβ能够明显增加肌肉体积和力量，减轻长时间运动后身体的分解代谢，与肌酸同时服用有明显的增肌功效。由于HMβ也是氨基酸代谢产物的一种，因此，服用的注意事项可根据自身需求参考其他氨基酸补充剂或产品包装推荐的摄入方式。

5. 其他促肌肉合成的单一成分

鸟氨酸-α-酮戊二酸合剂（OKG）是促进机体内胰岛素及生长激素释放的刺激因子，具有抗分解作用，并能协助肌肉与肝脏组织摄取氨基酸和葡萄糖，促进肌肉增长和恢复；甘氨酸、精氨酸、色氨酸、卵磷脂和硼可以刺激机体分泌促合成激素；铬、钒等亦能促进胰岛素发挥效应，其中铬是帮助胰岛素高效工作的葡萄糖耐受因子的组成部分；锌维持睾丸间质细胞的功能，维生素 C使更多孕烯醇酮转化成睾酮。因此，许多增肌类的运动营养品中会添加上述成分。

6. 健肌粉与快重粉

快重粉和健肌粉俗称增肌的“傻瓜粉”，是一类高热量的复配运动营养品，它们的主要成分包括糖类、蛋白质、各种维生素和微量元素，有的还加入肌酸、谷氨酰胺、支链氨基酸、肉碱、甲基铬及维生素B族等，可最大限度地综合补充健美训练所需的各种营养素。现在国内普遍认为，蛋白质含量在25%以上的属于健肌粉，25%以下的是快重粉。

快重粉或增重粉是以增加体重为主要目的，其中蛋白质的比例较少，主要以大量的糖类为主，因此，大量服用增重粉不能达到有效地增加瘦体重的目的，这一种产品只是适用于单纯以增加体重为目的的人群。

早期的健肌粉或增肌粉产品大多都是在廉价蛋白粉里掺加了不同比例的糖类和脂肪，虽然实际效果并不理想，但是仍然受到广大健美爱好者的青睐；随着科学研究的进展，现在的健肌粉在配方的科学性上已经有了很大发展，采用了综合增肌的方式，不仅补充蛋白质、糖类和脂肪，而且从多个角度出发，多方位、全面、综合地补充营养物质，以达到理想的增肌效果。

健肌粉或快重粉的功效及使用方法需参考具体的补剂产品的包装标识。

（三）减控体重

减控体重需要利用多方面综合手段进行干预，营养食品等补剂产品可作为辅助手段之一。在食物当中存在某些营养素或食物活性成分具有良好的减脂效果，包括膳食纤维、壳聚糖、中链甘油三酯（本节前文已详述）、左旋肉碱、咖啡因等。

1. 膳食纤维

膳食纤维作为人体第七大营养素，其功能及功效参见第二篇第七章第二节。

许多减肥食品的主要成分就是膳食纤维，如纤体饮料、魔芋饼干等。对于有减控体重需求的人群，在进食之前或饥饿时补充此类营养食品，可以减轻饥饿感，有效控制食量，大大减少热量的摄入；在减少脂肪和糖类吸收的同时，促进消化道内重金属和致癌物质的排出，达到内外兼修的目的。其功效及使用方法需参考具体的减控体重补剂产品。

2. 壳聚糖/几丁聚糖

几丁聚糖，由虾、蟹类外壳经过萃取加工而得，是自然界中唯一带正电荷的阳离子食物纤维，与人体具有良好的亲和性。几丁聚糖与壳聚糖作用相似，但二者在化学分子式上稍有差别。壳聚糖、几丁聚糖均能够阻碍脂类物质的吸收。食物中脂肪消化需要肠胰脂酶以胆汁酸盐做乳化剂，胆汁酸盐将脂肪中大油滴变为小的乳糜微粒，增大了脂肪酶与脂肪的接触面积，促进脂肪被消化成为甘油一酯、脂肪酸、甘油等。壳聚糖/几丁聚糖极易与带负电的胆汁酸结合，将其排出体外，由于胆汁酸盐的缺乏，脂肪也就不能被消化，从而减少对脂肪、胆固醇的吸收，有利于降低血脂。壳聚糖/几丁聚糖在胃酸作用下，在体内能聚集在带负电荷的油脂周围形成屏障，从而阻碍人体对脂肪的吸收，有一定的减肥功效，但长期服用可能造成维生素等营养物质的缺乏，其功效及使用方法需参考具体的减控体重补剂产品。

3. 左旋肉碱（L-肉碱）

肉碱是一种类氨基酸，可以在肝脏和肾脏中由赖氨酸及蛋氨酸合成。肉碱存在两个立体异构：具有生物活性的L-肉碱（左旋肉碱），和无生物活性的对映异构体D-肉碱（右旋肉碱）。后者对人体完全没有益处，甚至对肌肉有害，可造成肌无力、肌萎缩。通常所说的肉碱均指左旋肉碱，它可作为脂肪酸运输的载体，以乙酰基左旋肉碱的形式将长链脂肪酸从细胞线粒体膜外转移到膜内，在线粒体基质中氧化产生能量。在长时间大强度运动中，左旋肉碱提高了脂肪的氧化速率，减少了糖原的消耗，同时也延缓了疲劳。人体心肌细胞及肌肉细胞就是靠这种脂肪氧化的供能来获得能量。因此，它在促进体内脂肪燃烧中发挥重要作用，为人体代谢所必需。

（1）左旋肉碱的功效：左旋肉碱具有辅助减脂、提升耐力运动表现的功效，此外由于左旋肉碱有助于促进脂肪氧化供能，可减少乳酸在肌肉细胞中堆积，延缓疲劳发生。这些功效仍需更多研究进一步证实。

左旋肉碱有两种来源：其一是从膳食摄取，以肉类和乳制品最丰富，一般人只能从膳食中吸收50mg；其二是内源性合成，在一系列肝脏内辅酶的作用下，以维生素C、维生素B、烟酸和铁作为辅基，由赖氨酸和蛋氨酸合成左旋肉碱，但是这种体内合成是很有限的。对于许多节食减肥者来说，每日肉碱摄入量很少，所以，许多人即使运动量较大、饮食控制的较好，减肥效果仍然不好。左旋肉碱配合有氧运动，可以大大加快脂肪燃烧的速度，达到瘦身的效果。

（2）最佳使用策略：根据脂肪代谢及左旋肉碱功效原理可知，脂肪代谢是一个复杂的过程，左旋肉碱只是其中的一个环节。因此，对于因肉碱缺乏所引起的肥胖及减脂困难的人群，左旋肉碱的合理补充将更为有效（不吃乳制品的素食主义者需注意左旋肉碱补充）。补充建议如下。

①补充时间：训练日可在训练前30min服用，非训练日可在饭前30min服用。

②补充剂量：我国GB 24154—2015中规定左旋肉碱的每日补充量为

1～2g。国外研究显示，每日补充0.5～4g是安全有效的，但每天补充不足0.25g时，效果不明显。

（3）左旋肉碱产品类型：左旋肉碱属于安全无副作用的营养成分，在运动领域许多人已开始注重补充左旋肉碱，主要用于减脂、提升耐力运动表现与抗疲劳。在大众市场，左旋肉碱已是许多减脂产品和抗疲劳产品的主要成分。1996年，我国批准左旋肉碱在饮料、乳饮料、饼干、固体饮料、乳粉中使用。选择左旋肉碱产品时需关注剂型、纯度及兴奋剂检测三个要素，工业生产的肉碱中常含有一定量的右旋肉碱，在购买肉碱产品时要注意不要选购含有右旋肉碱的产品；此外，减肥产品良莠不齐，选购运动营养品时一定要注意预防兴奋剂及药品污染，安全第一。

（4）注意事项：在实践中我们需注意以下四个问题，才能达到良好的效果。

①左旋肉碱配合一定的有氧训练，减脂效果更明显。

②使用左旋肉碱时要注意补水，这是由于脂肪代谢是需要水参加的，每消耗1分子脂肪，就要消耗7分子的水。

③由于左旋肉碱本质上是一种氨基酸，因此，服用左旋肉碱时不宜同时服用大量氨基酸，以免阻碍左旋肉碱吸收。

④服用左旋肉碱会在一定程度上加快代谢，因此会影响睡眠质量，故不宜在睡前服用。

4. 咖啡因

咖啡因是一种存在于咖啡树、茶树、巴拉圭冬青（马黛茶）及瓜拉纳的果实及叶片中的甲基黄嘌呤。存在于瓜拉纳中的咖啡因有时也被称为瓜拉纳因，而存在于马黛茶中的被称为马黛因，在茶中的被称为茶素。它可能存在于食物及药物中，具有提高中枢神经系统的活性，也可以提高新陈代谢水平，得到广泛使用。2004年1月，咖啡因从WADA禁用清单中撤销之后，竞技体育中也开始广泛认可咖啡因的作用。

（1）咖啡因的功效：咖啡因的代谢在肝脏中进行，可形成三种不同的代谢产物，其中副黄嘌呤能够加速脂肪分解，导致血浆中游离脂肪酸与甘油含量增加；可可碱能够扩张血管，增加尿量；茶碱舒缓支气管平滑肌，被用作治疗哮喘。此外，咖啡因可通过阻断中枢和外周腺苷受体发挥中枢神经兴奋作用。最新的研究证实，咖啡因具有以下功效：

①协助减脂。咖啡因可通过激活甘油三酯脂肪酶的作用加速甘油三酯的水

解过程，提高脂肪代谢速率，因此，咖啡因可协助减脂。

②提高运动表现。补充咖啡因对于大部分类型的运动项目均有一定的益处，尤其是持续30～60分钟的耐力性项目。一方面，咖啡因可通过促进脂肪分解，提高耐力运动表现；另一方面，咖啡因可通过发挥中枢神经兴奋作用，降低疲劳反应而提高运动表现。此外，通过腺苷拮抗的调节，咖啡因可增加运动单位的募集，改善钠钾泵反应，提高肌浆网释放钙离子的速率，增强肌肉收缩速度和收缩力量，因此，对无氧和短跑能力的提高也具有重要作用。

③咖啡因在改善反应时、镇痛、改善代谢环境及促进肌肉蛋白合成等方面的作用也不容忽视。

（2）最佳使用策略：运动人群很容易在市场上以不同的形式获得咖啡因，如能量饮料、含咖啡因的饮料、凝胶、口香糖等，因此，咖啡因这种便利性可以将其视为是一种安全的运动营养品。

不同人服用咖啡因的效果可能不同，主要是对咖啡因的耐受性不同。由于人体会对摄入的咖啡因产生适应性，频繁、定期地服用咖啡因会降低其剂量效能，简而言之，就是服用得越多，就需要服用更大剂量才能达到同等强化效果。因此，为了最大限度地提高运动表现，建议运动员在比赛前7天不要摄入咖啡因。

此外，由于咖啡因的吸收速度很快，摄入约1小时后血液浓度达到峰值，血液峰值浓度可维持3～4个小时，其功效可维持长达6小时。因此，大多数评估研究中，建议运动员在训练前约1小时补充3～6mg/kg体重的咖啡因，在耐力比赛的最后阶段按照1～2mg/kg体重的剂量补充。

我国GB 24154—2015中将咖啡因列为耐力类运动营养品建议添加成分，每日用量为20～100mg。食物中咖啡因含量详见表3-3-7。

表3-3-7 常见食物、饮料和药物中咖啡因的含量

食物、饮料或药物	食用份量	咖啡因的含量（mg）
煮咖啡	250ml	100～150
滴滤咖啡	250ml	125～175
速溶咖啡	250ml	50～70
意式特浓咖啡	250ml	50～100
绿茶	250ml	25～40
红茶	250ml	40～60
可乐类饮料	360ml	35～54

（续表）

食物、饮料或药物	食用份量	咖啡因的含量（mg）
能量饮料	250ml	80 ~ 150
黑巧克力	50g	20 ~ 40
牛奶巧克力	50g	8 ~ 16

（引自：USDA National Nutrient Database for Standard Reference，Version21）

（3）注意事项：除了定期使用咖啡因会产生依赖性问题以外，它相对安全。但需要注意的是，补充咖啡因的效果因人而异。等量咖啡因摄入，可能有人没有任何不适，而有人可能会出现室颤、心率加快、头痛和睡眠障碍等情况。过量服用咖啡因会引起易激惹、失眠、腹泻和焦虑，还可能产生利尿作用，加重脱水的情况。此外，咖啡因的兴奋作用可能会使人忽略运动中具有自我保护性质的疲劳反馈，从而导致过度训练，出现损伤。

另外，并不建议运动员通过喝咖啡来补充咖啡因，可以选择含有咖啡因的运动营养品、能量饮料这种剂量更加清晰明了的来源。

5. 其他促减重的单一成分

除上述成分以外，还有很多成分常见于一些减肥产品中，包括共轭亚油酸（CLA）及一些植物提取物，如蝴蝶亚仙人掌提取物、瓜拉纳提取物、绿茶提取物、白芸豆提取物、昆布提取物、金针菇提取物等。它们可能都具有影响脂肪代谢或减少能量摄入的作用，但仍需进一步全面的研究证实。

6. 膳食代餐

膳食代餐是近年来较为流行的减肥产品或控体重运动营养品，它通常是指单一成分或多种成分的复配产品，可代替每日1 ~ 2餐，但不能完全代替日常饮食，如蛋白奶昔、营养代餐粉等。减控体重需要适度减少能量摄入，但是盲目地进行节食可能会造成严重的营养不良或出现病理症状。而膳食代餐往往可以在保证营养素摄入较为全面的前提下，减少能量摄入，且操作便捷。此方法通常通过配合日常膳食以保证营养素的全面，并进行部分线上社群监督打卡方案（具有一定的心理干预），且由于能量摄入限制，往往不要求中、高强度运动训练，因此，具有较好的实施效果。需要注意的是，减控体重的维持效果需要形成能够与体重相匹配的均衡饮食习惯，而不能长期依赖某种产品。

（四）清除自由基、抗氧化

自由基，在化学上也称为“游离基”。简而言之，在我们这个由原子组成的世界中，只要有两个以上的原子组合在一起，它的外围电子就一定要配对。当在进行化学反应，或在外界（光、热等）影响下，分子中共价键分裂的结果，使共用电子对变为一方所独占，则形成离子；若分裂的结果使共用电子对分属于两个原子（或基团），则形成自由基。即未配成对的原子要去寻找另一个电子，使自己达到电子配对并变成稳定的物质，而这种有着不成对的电子的原子或分子叫作自由基。由于自由基含有不成对电子，因此它非常活跃，存在空间相当广泛。厨房油烟、汽车尾气、工业废气、烟草、化妆品以及人体内均存在自由基，人体频繁大量的身体训练同样会产生更多的自由基。

1. 自由基的危害

生物体系主要存在的自由基是氧自由基，包括超氧阴离子自由基、羟自由基、脂氧自由基、一氧化氮自由基等，联合过氧化氢、单线态氧和臭氧，通称活性氧（ROS）。受控的氧自由基可以发挥免疫及信号转导作用，但是体内过量的自由基会引发各种疾病，对身体造成损害。这是因为自由基十分不稳定，会从邻近分子（如脂肪、蛋白质、DNA）上夺取电子，让自己处于稳定状态，这样一来，导致邻近分子变成新的自由基，造成恶性连锁反应，使细胞结构受到破坏，影响细胞功能。

自由基的主要危害包括：（1）与细胞膜上的多链不饱和脂肪酸反应，发生脂质过氧化，膜的流动性遭到破坏，导致细胞破裂、受损或死亡；（2）引起核酸变性，影响它们传递信息的功能以及转录与复制的特性，导致蛋白质合成能力下降；（3）引起蛋白质的变性，导致某些异性蛋白的出现，从而引起自身免疫反应；（4）引起细胞外可溶成分的降解，如患风湿性关节炎时，白细胞进入关节的滑液中，自由基使原来具有滑润作用的滑液中的黏多糖发生氧化降解，导致滑液失去滑润作用，对关节发生明显的损害。

2. 抗氧化的途径

要降低自由基对人体的危害，就需要抗氧自由基，即抗氧化。已知自由基不仅存在于人体内，也来自人体外。因此，抗氧化的途径也有两条：一条是内源性抗氧化系统（抗氧化酶），如体内的超氧化物歧化酶（SOD）、过氧化物酶（POD）、过氧化氢酶（CAT）、谷胱甘肽过氧化物酶（GPX）等，在正常生活环境下，由于有内源性抗氧化系统的保护，自由基的危害性仅仅表现为慢性；另一条是发掘外源性抗氧化剂，阻断自由基对人体的入侵。众多的抗氧化酶和抗氧化剂构成了身体中的抗氧化系统。膳食中主要的抗氧化剂包括番茄红素、维生素E、维生素C与β-胡萝卜素，以及微量元素如锌、硒、铜、锰等。对于运动人群而言，尽管补充抗氧化剂可能不会明显提高运动能力、增加瘦体重、提高力量，但它却可能缩短机体的恢复时间、降低肌肉酸痛、减缓疲劳、增强免疫力。这是由于运动训练会产生大量自由基，当体内抗氧化物质浓度下降，平衡被打破时，就削弱了对自由基损害的防御能力，必须通过补充抗氧化剂来提高身体对自由基的清除作用，尤其对于中老年运动人群而言更为重要。

3. 抗氧化剂

常见的外源性抗氧化剂包括虾青素、葡萄籽提取物、番茄红素、β-胡萝卜素、维生素C、维生素E、辅酶Q10、半胱氨酸（谷胱甘肽）、硒等。具有可比性的抗氧化剂排行为：虾青素>葡萄籽提取物（原花青素）>番茄红素>β-胡萝卜素>维生素C、维生素E。

对于运动人群而言，适量补充抗氧化剂具有抗疲劳、促恢复以及提高免疫力的作用。多数抗氧化剂具有协同作用。

（1）虾青素：它广泛存在于生物界，特别是虾、蟹、鱼、藻体、酵母和鸟类的羽毛中含量较高，是海洋生物体内主要的类胡萝卜素之一。虾青素被公认为是第四代抗氧化剂，是目前为止自然界发现的最强抗氧化剂。

（2）葡萄籽提取物（原花青素OPC）：它是迄今发现的植物来源的最高效的抗氧化剂之一，体内和体外试验表明，葡萄籽提取物的抗氧化效果，是维生素C和维生素E的30～70倍。

（3）番茄红素：它是一种天然的生物色素，可使番茄、番石榴、西瓜和柚子呈现红色，同α-胡萝卜素、β-胡萝卜素及黄体素一样，属类胡萝卜素的一种，在很多天然水果和蔬菜中能找到它。在人体内，番茄红素主要贮存于肝脏、肺、前列腺、结肠和皮肤，其在机体内的浓度高于其他的类胡萝卜素。番茄红素是目前比较强大的抗氧化剂，对大强度训练、比赛所引起的机体组织损伤有很强的修复作用，运动人群及健身爱好者在大运动量训练和比赛后通过使用番茄红素，可清除体内自由基，消除疲劳、防止组织细胞损伤，并能提高机体免疫力。人体自身不能产生番茄红素，但它非常容易从饮食中获得。基于最近大量的实验数据表示，每天补充5～10mg（国外数据为8～21mg）番茄红素便可获得益处。膳食中大约85%的番茄红素来自番茄及其制品（如番茄汁、番茄酱），由于不同品种、成熟度与季节的番茄中番茄红素的含量差异较大，每100g番茄中的含量为0.8～4.2mg，按照中间值2.5mg计算，每天食用3个中等大小的番茄就基本满足需要。然而需要注意的是，番茄红素易受氧、紫外线、温度的影响而迅速氧化，高于50℃时，稳定性迅速下降。因此，为了得到每天10mg番茄红素，你需要将这三个中等大小的番茄不去皮（主要存在于皮中）、小火加热（番茄红素从细胞壁溶出）、过油（番茄红素脂溶性）烹调，以更好地发挥番茄红素的保健作用。

（4）β-胡萝卜素：它是脂溶性维生素，是维生素A的前体，在人体内可以转变为活性维生素A。β-胡萝卜素耐高温，不易被破坏，且可以在体内贮存，具有抗氧化作用。

（5）维生素C与维生素E：维生素 C 是种水溶性的抗氧化剂，能清除超氧阴离子自由基、羟自由基和单线态氧，体外实验还发现，维生素C还能分解亚硝酸盐，阻止亚硝胺的合成，抑制它的致突变作用。维生素E是细胞膜内重要的抗氧化物质，并对肌肉收缩期间的能量供给和钙离子释放与摄取有重要作用，实验表明，运动机体自由基代谢增强，维生素E的消耗增加，因此，在进行大运动量训练（尤以耐力运动为主的训练）时，应当增加维生素E的摄入量，对保护受损细胞、减少体内氧自由基有重要意义。维生素C与维生素E及β-胡萝卜素三者有协同的抗氧化作用，它可以使维生素E循环再生，因此，人们在吃维生素E的同时，兼吃维生素C，可以加强和维持维生素E的抗氧化作用。

（6）辅酶Q10：它也被称为泛醌，属于非必需营养素，是一种特点类似于维生素的脂质，存在于菠菜、花椰菜、坚果、肉和鱼类中。主要位于骨骼肌和心肌细胞的线粒体内，参与细胞内氧的代谢生成能量的过程。辅酶Q10还具有抗氧化功能，可清除线粒体抗氧化防御系统中的自由基，防止其对DNA和细胞膜的损伤。

（7）半胱氨酸、牛磺酸与硒：它们都是构成人体内抗氧化酶系的重要成分。已知人体内存在着超氧化物歧化酶（SOD）、谷胱甘肽过氧化物酶（GPX）等抗氧化酶类，虽然我们摄入的动植物食品含有这些酶，但在消化过程中都将首先被分解为氨基酸，然后根据需要再在体内合成。如果饮食中缺乏合成它们的原料，就可能造成这些酶的缺乏和活性降低。半胱氨酸是合成谷胱甘肽的重要原料之一，而牛磺酸是半胱氨酸的代谢产物。硒是身体里GPX的必需成分，补硒能够提高GPX的活力，从而减轻运动所引起的脂质过氧化程度，提高抗氧化能力。硒还有加强免疫功能的作用，它与维生素 E 有协同保护作用。此外，铜、锌、锰等微量元素也参与构成体内的SOD，具有抗氧化作用。

4. 注意事项

自由基同样存在其生理意义，如具有信号传导功能并作为机体天然免疫的组成部分，因此，长期过量补充抗氧化剂可能对其有益的一面有所影响。对于大多数人群而言，通过富含抗氧化成分的食物提高自身抗氧化能力是最佳途径，在无法满足条件的情况下，合理选用抗氧化剂。此外，针对抗氧化剂及自由基的研究仍较为薄弱，开发利用天然抗氧化剂已成为当前国内外发展的趋势，中草药中抗氧化剂的研究具有中国特色，应力争保持国际先进水平。表3-3-8为运动界应用的一些抗氧化剂与具有抗氧化能力的天然食品，供参考。

表3-3-8　目前运动界应用的抗氧化剂

抗氧化剂营养品	具有抗氧化能力的天然食品及中药
维生素C、维生素E及维生素E、维生素C合剂	猕猴桃、柑橘
蕃茄红素	山楂、大枣等水果
β胡萝卜素	生大蒜、辣椒
叶酸	西红柿、洋葱
辅酶Q	花椰菜、胡萝卜等蔬菜
结合亚油酸（CLA）	西洋参、沙棘
螺旋藻类产品	丹参、知母宁
谷氨酰胺及谷酰胺肽胶囊	黄芪等中药
N-乙酰半胱氨酸（NAC）	微量元素硒
壳聚糖	灵芝多糖
牛磺酸等	绞股兰皂甙

资料来源：张爱芳. 实用运动生物化学. 北京体育大学出版社，2011。

（五）增强免疫力

根据近年来运动免疫学的研究可知，不同运动强度与运动时间对于免疫功能的影响有所不同。如图3-3-2所示，当从事适度强度运动时，可以比静坐少动人群减少上呼吸道感染概率；但是，长期从事高强度运动或进行单次长时间高强度运动的人群，其免疫功能反而受到抑制。可见，运动员人群属于免疫抑制人群，尤其是运动后（图3-3-3），因此，对于这类大强度训练的运动人群而言，增强免疫力对维持其身体健康以及运动能力和运动表现都十分重要。

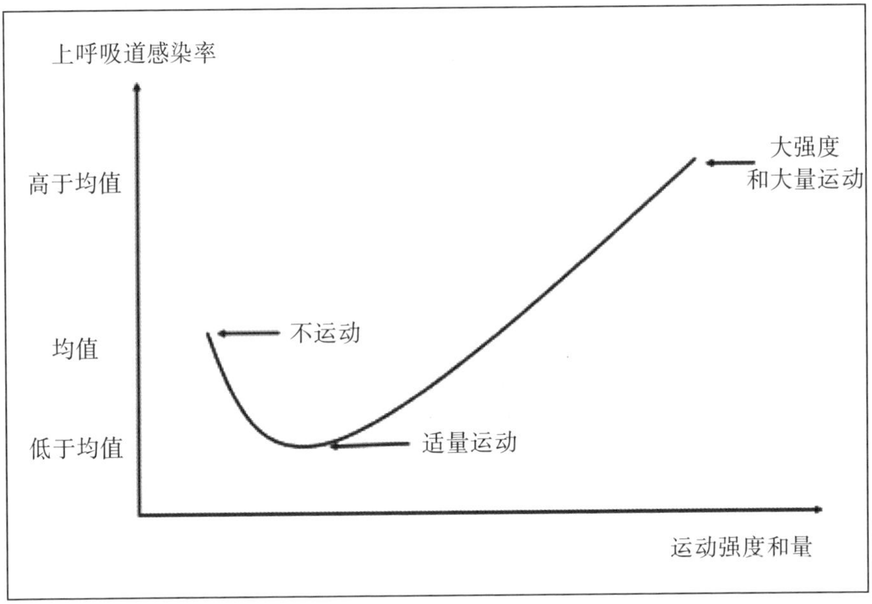

图3-3-2 运动性免疫的J型曲线模式

（引自：Nieman，1994）

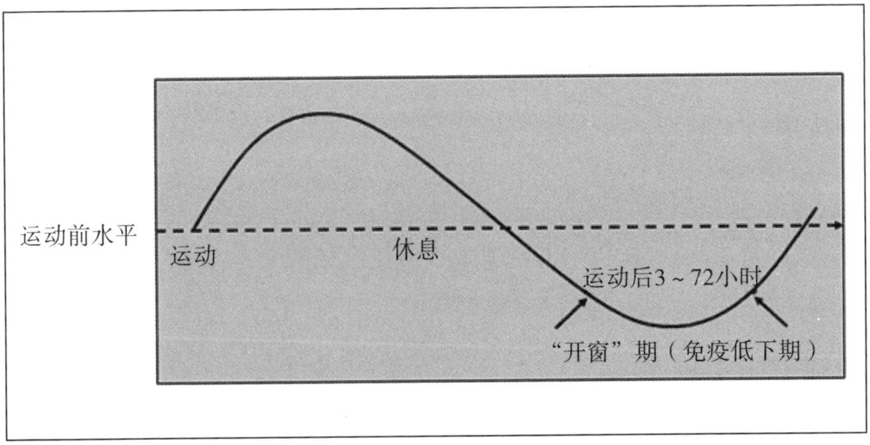

图3-3-3 运动性免疫的“开窗理论”模式

（引自：Pedersen，1997）

人体免疫系统由免疫器官（胸腺、脾脏、淋巴结等）、免疫细胞（淋巴细胞、白细胞、NK细胞）以及可溶性免疫分子（免疫球蛋白、乳铁蛋白等）组成。对于运动人群而言，增强免疫力的运动营养品成分包括蛋白粉或蛋白棒、谷氨酰胺、抗氧化剂。

（六）加快运动性疲劳消除及促体力恢复

人在运动中和运动后，尤其是大量运动后，都会感到“困”和“累”，这是正常的生理现象。但如果运动后总是感到“困”和“累”，总是感到肌肉酸痛，有的运动员甚至会出现“累得睡不着”的情况，则表示疲劳没有得到恢复，这也是健身者经常遇到的问题，很多人把这一问题的原因归结为运动过度。其实在很多情况下，这是由于运动后没有及时、合理地进行营养补充造成的。运动科学领域针对训练有这样一个原则：“没有疲劳的训练是无效训练，没有恢复的训练是危险的训练。”因此，运动性疲劳的恢复十分重要。

运动性疲劳是运动所导致的正常生理现象，它是指机体生理过程不能持续其机能在一特定水平上和/或不能维持预定的运动强度。运动性疲劳可分为躯体性疲劳和心理性疲劳，本书主要描述躯体性疲劳，它根据疲劳发生的相对部位分为中枢疲劳和外周疲劳。为便于理解，本书将“中枢疲劳”对应“困”，即运动过程中出现的反应迟钝、注意力不集中、技术动作变形等“犯困”症状；将“外周疲劳”对应“累”，即运动过程中及运动后出现的急性或延迟性肌肉酸痛等症状。值得注意的是，有时运动性中枢疲劳也会导致运动员的训练兴奋性延迟，从而导致夜间过于兴奋而处于失眠的情况，这也属于一种神经内分泌激素或递质分泌紊乱的情况，与中枢疲劳有关。而睡眠对于运动性疲劳的恢复同样十分重要。

及时合理的营养补充措施不仅可以延缓“困”与“累”的出现时间或减轻“困”与“累”的程度，而且能使疲劳快速消除、使体能迅速恢复，一定程度上还可以协助睡眠充足，从而保证次日的正常工作和生活。通常促进运动性疲劳消除及体力恢复有三大营养对策：

第一，系统补糖。即运动前、中、后合理补充糖类，详见第二篇第三章第五节及本节中糖类补剂产品推荐。

第二，及时补充优质蛋白及优质脂肪。运动产生的延迟性肌肉酸痛恢复与肌肉组织修复密切相关，蛋白质作为肌肉细胞内的原料，磷脂作为肌肉细胞膜的主要成分，均可作为恢复期原料。具体补充可详见第二篇第二章与第四章内容详述，运动营养品及保健食品产品可选择蛋白粉、蛋白棒、鱼油等。

第三，补充抗氧化剂。健身运动以及训练时，机体组织相对缺血缺氧，会产生大量自由基，它们会主动攻击机体组织，损伤的不仅是肌肉，还损伤了身体的其他组织，造成免疫力下降、肌肉酸痛，疲劳难以消除。补充抗氧化剂能清除自由基，减轻它们对身体的伤害。

除以上三大经典营养策略以外，针对运动性中枢疲劳及外周疲劳还分别具有特定的营养补充方案。具有抗运动性中枢疲劳作用的补剂成分包括糖类、支链氨基酸、磷脂酰丝氨酸（PS）与磷脂酰胆碱（PC）；具有抗运动性外周疲劳作用的补剂包括糖类、蛋白质及肽类、糖肽饮料、碳酸氢盐/柠檬酸盐、β-丙氨酸、抗氧化剂。根据中枢疲劳原理可知，对于促进睡眠质量的补剂成分包括色氨酸、γ-氨基丁酸（GABA）。以下对于上文中未详述的部分进行叙述。

1. 肽类及糖肽饮料

运动后肌糖原的快速恢复是机体疲劳恢复的关键因素。研究发现，与单纯补充糖或蛋白质相比，蛋白质与糖混合补充能够使糖原合成速率大大提高，其机理是蛋白质加糖具有刺激胰岛素分泌的协同作用。而胰岛素是一个重要的促进糖原和蛋白合成的激素，它可以加速葡萄糖由血液进入肌肉的速度，有利于促进肌糖原的合成，从而提高训练效能，促进肌肉和力量的增长，加速运动后疲劳的消除。故蛋白质与糖混合补充具有更好的促进疲劳消除的作用。运动后1小时内服用按蛋白质和糖 1∶4 的比例混合而成的饮料对于减轻运动后的肌肉酸痛、促进疲劳消除具有良好效果。

肽类是蛋白质的结构片段，寡肽具有吸收快、耗能低、不易饱和的特点，有时也称其为“活性肽”。补充活性肽可避免氨基酸之间的竞争性抑制，促进蛋白质合成，为机体修复受损组织提供稳定、充足的氮源；一些肽类还具有抗氧化效果，如谷胱甘肽等。因此，肽类是较好的促恢复成分。

在此基础之上，科研人员进一步研制出了功效更为显著的添加了糖和多肽的混合饮料，即糖肽饮料。多肽与蛋白质相比分子更小，能够更快地被人体吸收利用，能够最大限度地刺激胰岛素的分泌，因而具有更好的促进疲劳消除的效果。

2. β-丙氨酸/肌肽

β-丙氨酸是近年来相对新颖的运动营养品成分，通常作为胶囊或粉末使用，相关产品国内较为少见。它是一种限制肌肽（carnosine）合成的氨基酸。

肌肽是由组氨酸和β-丙氨酸组成的二肽，天然存在于脑部、心肌、肾脏、胃部以及骨骼肌中，尤其是骨骼肌中的Ⅱ型肌纤维（快缩肌纤维或“白肌”）中。由于外源性摄入的肌肽一进入血液就会在肌肽酶的作用下迅速降解为组氨酸和β-丙氨酸，因此，摄入肌肽是无用的。但是单独摄入组氨酸和β-丙氨酸，可以使它们被转运到骨骼肌中被重新合成为肌肽，由于骨骼肌中缺乏肌肽酶，因此，骨骼肌内肌肽含量相对稳定。而β-丙氨酸是合成肌肽过程中的限速步骤，因此，β-丙氨酸的主要作用就是合成肌肽。想要增加肌肉中的肌肽含量，最简单的方法就是摄入足够的β-丙氨酸。β-丙氨酸的膳食来源主要包括肉类，尤其是“白肉”，如鸡胸脯肉和处于缺氧条件下的海洋动物（如鲸）。素食者的静息肌肉肌肽含量低于肉食者。

（1）β-丙氨酸及肌肽的功效：针对β-丙氨酸及肌肽的研究仍在进行，目前可以确认的功效有以下三种。

①肌肽具有中和肌肉细胞内酸性物质（氢离子），缓冲pH的作用。因此，它对于通过糖酵解供能系统供能为主的运动项目或训练方式具有较好的疲劳消除作用，包括时长1～7分钟的持续高强度比赛，如赛艇、游泳、场地自行车、中距离赛跑等；重复多次的高强度运动，如举重、间歇训练、抗阻训练、持拍运动与足球、篮球等团队运动；长时间运动中某段时间或最后冲刺阶段的高强度运动，如公路自行车、长跑等。

②肌肽具有抗氧化作用。肌肽已被证明具有清除自由基和单线态氧的抗氧化作用，从而降低氧化应激，且肌肽可以通过螯合铜、铁等过渡金属，进一步降低氧化应激。

③肌肽可以提高肌肉中的钙离子处理效率，增强兴奋-收缩耦联。因此，具有提高神经肌肉疲劳阈值的作用，即延缓疲劳，增加训练量，对于老年人效果更为显著。这一点可能使肌肽对良好的运动表现做出贡献，但仍需进一步研究。

（2）β-丙氨酸的最佳使用策略：β-丙氨酸在人体内的半衰期为25分钟，摄入后30～40分钟在血浆浓度达到峰值，3小时候恢复到基础值。目前研究证明，要想提高肌肉内肌肽水平，每天需补充4～6g，持续至少4周，建议补充时间在10～12周。另外，肌肉内肌肽含量升高后，大约15周才会回到基础水平，若每天继续摄入1.2g的β-丙氨酸，可维持肌肉内肌肽的储备。其外源性补充方案类似肌酸。

（3）注意事项：目前还没有关于β-丙氨酸在肌肉中储存上限的研究。它的补充副作用是，摄入的剂量超过800mg（相当于一只鸡的鸡胸肉中β-丙氨酸的含量），可能会产生皮肤“刺痛”的异样感，可通过缓释剂或分次服用来解决。

3. 碳酸氢钠/柠檬酸钠

碳酸氢钠与柠檬酸钠是两种最受欢迎的肌肉缓冲剂，在体育领域已有70年的使用历史。碳酸氢钠已被证实可以提高肌肉缓冲能力和增加部分高强度运动表现。碳酸氢钠作为缓冲剂的作用比柠檬酸钠更强，当然副作用反应也更大。柠檬酸钠在训练或比赛前作为提高运动能力的运动营养品还需要更多的研究。此外，也有专家表示，碳酸氢钠中的钠可以帮助机体保持足够的血容量，这种血容量的增加或维持可创造一个更大的缓冲空间。

最佳使用策略：碳酸氢钠通常以家用产品“小苏打”的形式摄入，最原始的补充方案是在运动前1～2小时摄入0.3g/kg体重（柠檬酸钠为0.3～0.5g/kg体重）。但它的主要副作用是胃肠道不适，包括恶心、胃痛、腹泻和呕吐，有些运动人群会因这种肠道紊乱而导致运动表现受损。当碳酸氢钠剂量约为0.2g/kg体重时，可以降低这些副作用，但这一剂量并不能提高运动能力。因此，对碳酸氢钠/柠檬酸钠的最佳补充方式有所调整，且建议运动人群在训练中自行实践出最适合自身情况的补充方案。

一种优化血液酸碱性并降低胃肠道症状发生的综合策略是，在运动开始前120～150分钟服用碳酸氢钠，并在可行的情况下，同时摄入富含糖类的食物和一些液体的混合餐以缓解胃肠反应。另外一种赛前“连续”补充的方案被证实可能也有效，即连续5～6天补充碳酸氢钠，每天总剂量为0.5g/kg，但全天共分4次服用，这种方案可使血液碱超量增加，在停止补充碳酸氢钠的1～2天后，运动人群的长时间冲刺能力仍然能够提高，这样既避开了胃肠道副作用风险，又可提高运动能力。但针对一些系列比赛，这种助力效果的持久性仍需提高，因此，针对最佳使用方案仍需根据具体项目及个人特点进行尝试、研究及应用。

4. 磷脂酰丝氨酸与磷脂酰胆碱

磷脂酰丝氨酸（phosphatidylserine，PS）是一类存在于细胞膜内层、与一系列膜功能相关的磷脂，已被证明能够平衡大脑功能，参与调节神经递质的释放和传递，并对运动人群心理应激的适应性有积极作用，具有缓解中枢疲劳的作用。此外，PS能够抑制体内皮质醇和肌酸激酶的产生，提高血液中睾酮含量，因此，可缓解延迟性肌肉酸痛和肌肉损伤，加速训练后的恢复，提高竞技训练效率及改善竞技表现。

磷脂酰胆碱（phosphatidylcholine，PC）又称卵磷脂或蛋黄素，具有维持乙酰胆碱水平，缓解中枢疲劳的作用。乙酰胆碱是一种神经递质，可在神经细胞间或神经细胞与肌肉细胞间进行信息传导，因此，一方面可提高脑细胞活性，提高记忆与智力水平；另一方面可促进神经肌肉反应速度，协助肌肉系统的协同收缩。

5. 色氨酸与γ-氨基丁酸

“中枢疲劳”可以简化为“困”的意思，因此，造成中枢疲劳的原因，会对促进睡眠有所帮助。

已知色氨酸可经羟化反应生成5-羟色胺（5-HT），而5-HT为神经递质，参与控制疲倦与睡眠；谷氨酸可经谷氨酸脱羧酶催化下生成γ-氨基丁酸（GABA），而GABA被证明是产生中枢疲劳的原因之一。因此，适量色氨酸、GABA的补充，可能对改善运动性失眠或调整时差有所作用。具体使用方法以及与其他综合手段对睡眠的联合干预仍需进一步研究。

除以上现代医学生物研究以外，我国传统医学中对运动性疲劳的认识也值得研究，且合理配合使用中医药成分联合防治运动性疲劳也有较好的效果，但不可滥用，必须避开兴奋剂范畴。

（七）提升运动表现

根据上述内容描述，已知有多种成分具有提升运动表现的作用。根据人体运动训练时的专项供能来源可知：对于以ATP-CP（磷酸原）供能系统供能为主的运动项目，其主要能源物质为磷酸肌酸，因此，提升此类极限强度运动表现的主要运动营养品是肌酸；对于以糖酵解供能系统供能为主的运动项目，其主要能源物质为糖类及乳酸能（若将乳酸视为一种能源物质），则1，6-二磷酸果糖（FDP）、β-丙氨酸及碳酸氢钠可能都具有提升此类高强度运动表现的作用；对于以有氧氧化供能系统为主的运动项目，其主要能源物质为糖类和脂肪，因此糖类、中链甘油三酯、咖啡因、左旋肉碱可能都具有提升此类耐力运动表现的作用。

除此之外，近年来一些新兴的促运动表现的补剂成分及产品也在健身领域开始应用，这其中包括膳食硝酸盐（甜菜根汁）等成分以及一些复配产品，如氮泵。国内这些产品还较为少见。

1. 膳食硝酸盐（甜菜根汁）

硝酸盐（NO_3^-）是一族含有氮和氧的化合物的家庭成员之一，它既可以在人体内产生，又可以通过食物摄取，主要存在于蔬菜中。美国和欧洲成年人膳食硝酸盐的平均摄入量是60～120mg/d，其中蔬菜提供总量的80%左右，而加工肉类和饮水则贡献较小。膳食硝酸盐在胃和小肠中被迅速吸收，1～2小时后血浆中的硝酸盐水平达到峰值，再经唾液腺提取并催化为亚硝酸盐，在胃酸的作用下转变为活性氮，包括生成一氧化氮（NO）。NO是人体内一种十分重要的物质，具有松弛血管张力（调节血压）、调节血小板聚集（减少动脉粥样硬化的风险）、调节免疫系统活动（减少口腔、肠道和皮肤感染）的作用。甜菜根汁是一种丰富而稳定的硝酸盐来源，在体内可进行膳食硝酸盐—亚硝酸盐—NO的生成途径。

（1）膳食硝酸盐的功效：膳食硝酸盐对于健康和人体功能是有益的，而不是作为一种有毒物质，而硝酸盐最初常常在腌制肉类（如添加了亚硝酸盐和硝酸盐的香肠、火腿肠）的大量摄入和癌症发生的流行病学联系中提及，这导致了一些信息的误解。补充膳食硝酸盐对生成NO的作用同样有益于运动能力改善。

膳食硝酸盐—亚硝酸盐—NO的生成途径可增加肌肉血流量，提高高强度运动表现。这可能是因为硝酸盐可增强肌肉氧合作用、改变钙离子处理或ATP酶活性，使肌肉收缩和线粒体效率增强。硝酸盐-亚硝酸盐-NO途径可在相对缺氧和（或）酸性环境中发挥优势，在较高强度运动时，局部肌肉环境可能发生pH下降的情况，此时补充硝酸盐可改善运动能力。

（2）最佳使用策略：国际上对甜菜根汁的运动补充方案目前有两种，运动前2～2.5小时一次性摄入甜菜根汁，或慢性补充甜菜根汁（3～15天），但对于运动人群的表现增强效果并不一致，根据剂量—效应的研究结果，运动前补充膳食硝酸盐的剂量至少为480mg。

根据最新的研究可知，欧洲及美国成年人膳食硝酸盐的摄入量为60～140mg/d；若考虑到对心脑血管疾病的预防效果，则膳食硝酸盐的推荐摄入量为800～1200mg/d，如DASH饮食（抗高血压饮食）和地中海饮食可能每日膳食硝酸盐摄入量达到1200mg。

补充甜菜根汁的副作用较小，在浓缩形式或者剂量较大时，可能会造成轻微的胃肠道不适，尿液和粪便出现无害和暂时性的粉红色，但若同时摄入其他硝酸盐补剂，可能会造成过量摄入硝酸钠，特别是亚硝酸钠，会产生毒性效应，如高铁血红蛋白血症（“蓝婴综合征”）。

（3）注意事项：

①对于膳食硝酸盐的“致癌”风险主要来自加工肉摄入与直肠癌风险的流行病学研究，但当膳食硝酸盐的来源是蔬菜或补剂产品时，其中会富含或添加维生素C等物质，能够阻断硝酸盐在体内产生癌症的通路，且日常膳食硝酸盐的来源主要是蔬菜。

②对于NO产生能力较强的高水平训练运动员，可能不需要依赖膳食硝酸盐—亚硝酸盐—NO途径的强化，因为其本身超强的血流量和肌肉微灌注可以降低高强度运动肌肉的相对低氧/低pH情况。L-精氨酸通常也被用作NO的产生来源，但其效果仍需进一步研究。

2. 氮泵

氮泵产品是近些年在健身领域较为流行的运动营养品产品，国际上产品名称为pre-workout，国内翻译为“氮泵”，属于训练前使用的一种由多种成分复配而成的运动营养品。不同厂家生产的氮泵配方不同，总体来说，其配方根据其作用进行搭配，主要包括以下几种。

（1）增加训练时期“泵感”，扩张血管，提高充血效果，提高耐力和爆发力。此补剂成分包含肌酸、L-精氨酸、甜菜根汁及与能量代谢相关的B族维生素等。

（2）提高神经系统兴奋性。此补剂成分包含咖啡因、瓜拉纳等。

（3）提高抗疲劳程度，缓解肌肉酸痛。此补剂成分包含牛磺酸、甜菜碱、β-丙氨酸及一些植物提取物等。

目前对氮泵产品的研究较少，多为多种补剂成分联合复配的实践应用，应用效果因人而异，国内对该产品的研究与应用刚刚起步。由于氮泵具有提高神经兴奋性与抗疲劳的作用，因此，使用此类产品时应注意避免训练过量，预防造成训练损伤；睡前6个小时不要服用，以避免影响睡眠，对于睡眠质量不佳的人不推荐使用此类产品；不要长期服用，避免形成心理依赖。此外，要注意国际上某些氮泵产品为了增强效果，会含有违禁成分，曾造成心脏病及死亡案例，因此，选择产品时需注意安全第一。

（八）改善及预防运动性贫血

普通人群出现营养性贫血的概率通常不低，常见原因有青少年生长发育过快以及铁缺乏、育龄期妇女膳食铁缺乏及生理周期性铁丢失、老年人造血功能减退和蛋白合成降低及铁吸收能力下降等，而运动人群同样存在贫血风险。运动性贫血是指由于运动训练所造成的单位容积血液中红细胞计数或血红蛋白浓度或红细胞压积低于正常值的现象。改善及预防运动性贫血的主要目的，一方面是保证运动人群的自身健康，另一方面是保障训练效果，因此其诊断标准通常有所差异。在注意红细胞压积（HCT）变化的前提下，我国运动员血红蛋白（Hb）参考数值为：男性>150g/L，女性>130g/L（周丽丽等，体育科学，2002），当低于该数值时，运动员存在运动性贫血风险。

运动性贫血的防治主要包括三大营养策略：合理补充蛋白质、抗氧化剂应用、膳食铁或铁制剂的补充。其中，选择铁补剂的关键是要选择生物利用度高而副作用相对较小的制剂。早期的无机铁——硫酸亚铁，以及有机铁——葡萄糖酸亚铁、琥珀酸亚铁、富马酸铁等生物利用度低（低于10%），且有较明显的胃肠道反应，会引起腹痛、腹泻、腹部不适、便秘等副作用。目前较好的铁剂是血红素铁和 EDTA 铁，这两种铁剂生物利用度高（28%～40%），且无明显副作用。

值得注意的是，运动界采用中药以维持和提高Hb浓度取得了大量研究成果，如应用补血中药来达到升高Hb的目的。但中药复方成分较为复杂，可能会含有国际奥委会的禁用物质，因此，在应用补血中药对运动性贫血运动员干预时，应首先对该中药进行兴奋剂检测以确定其不含违禁成分，方可使用。

（九）改善及预防运动性低血睾

运动员及运动人群有一个良好的内分泌环境，是保持其良好竞技状态及训练状态的重要前提和保障，而自身血睾酮水平的高低便是反映内分泌（下丘脑-垂体-性腺轴）功能状态的重要标志。运动性低血睾的重点干预是平衡内分泌状态。虽然临床上对原发性或继发性的性腺功能减退（血睾酮低下）的患者，多采用给予促性腺激素释放激素（GnRH）或人工合成的衍生物、人绒毛膜促性腺激素（hCG）或直接使用合成类固醇同化激素、生长激素进行治疗，但是在体育领域，这些药物均属于国际奥委会禁用物质。因此，对于改善及预防运动性低血睾，目前的主要运动营养策略包括合理安排训练量、锌补剂（如天冬氨酸锌）以及一些天然植物提取物或中药补剂的调整，如红景天、白杨素、玛咖、3-吲哚甲醇等，其中，中药补剂需要确认不含有违禁成分方可使用。

锌是许多金属酶（200余种）组成成分或酶的激活剂，具有多种生物活性，可参与调节细胞的分化和基因表达，对激素的调节和影响具有重要的生物意义，在胰岛素、睾酮、前列腺素的释放过程中起调节作用。动物实验表明，缺锌可致大脑垂体功能降低。因此，缺锌影响垂体功能使雄激素水平降低。给体内缺乏锌的运动员补锌，能增强运动员的肌肉代谢，提高肌肉力量。

一些植物提取物或中药补剂固然对机体有一定的调理作用，但“中药”是针对一些“虚病”的，只有当机体出现了或将要出现适应症时，如运动性低血睾，使用才较为合理有效，相反，若不考虑机体自身状态，盲目滥用，往往达不到预期效果。

（十）修复和保护关节及软骨

运动人群出现骨骼关节损伤的风险较高，因此，无论是预防还是伤后恢复，骨骼关节及软骨的保护及修复均十分重要。一些营养成分对于修复和保护关节软骨具有重要作用。

保护骨骼关节的本质是维护肌肉健康，如大多数中老年人出现的骨骼、关节疾病，其本质可能都是由于肌肉减少（老年肌少症）引起的，因此，骨骼健康与肌肉健康密切相关。这一原则对于运动员或运动人群而言同样重要。因此，对于骨骼关节及肌肉健康的营养要素包括骨胶原蛋白、维生素C、钙、镁、维生素D以及运动刺激（Wolf定律），对于青少年的骨骼发育还包括对生长激素分泌及释放的合理干预。此外，关于关节软骨修复和保护还包括硫酸软骨素（CS）、氨基葡萄糖、二甲基砜（MSM）、姜黄素等缓解关节疼痛、润滑关节及防治关节炎等症状的化合物，它们通常也应用于保健食品领域。

本章小结

运动营养食品或运动营养品是运动营养研究的落脚点之一。作为运动营养师，清晰了解运动营养品的官方分类及实用分类，不仅可以协助运动人群合理选择及使用运动营养品，还可以及时跟进国际最新研究进展。本章就合理选择及使用运动营养品进行了大量介绍，强调保障运动营养品的有效性。对于运动人群而言，运动营养品的使用和选择具有个性化特点，因此，了解运动营养品知识同样重要。对于运动营养研究者而言，我国运动营养补剂成分的有效性研究仍需进一步提升，同时需立足于我国自身传统医学中草药优势，进一步发挥其效用，力争保持国际先进水平，使体育科学研究服务于体育产业发展，又使体育产业发展推动体育科学研究。

（汤春雪）

第四篇

运动营养师基本技能

第一章 运动营养咨询与指导流程管理

运动营养师的基本技能是为有需求的人群提供线上及线下的运动营养咨询与指导服务。具备不同等级“运动营养咨询与指导”职业技能的运动营养师，其工作领域、工作任务以及职业技能要求水平均有所差别。结合本领域企业运营及行业发展人才需求特点，本书将“运动营养咨询与指导”职业技能分为硬性技能与软性技能。

硬性技能通常具有可见的、可计量的、可客观比较的三大特征，根据实际工作经验，硬性技能集中体现在专业知识与专业技能两方面。“运动营养咨询与指导”的硬性技能包括运动健康风险评估、运动营养测试与评估、运动营养方案制订。这三大项硬性技能以“测、评、练、吃”构成技能闭环，是本篇重点阐述内容。

软性技能相对而言具有无形的、感性的、不确定性的特征，主要表现在沟通能力、表达能力、人际关系等多个方面。根据多年工作经验总结，本书将初级“运动营养咨询与指导”的软性技能概括为运动营养信息收集、运动营养信息管理、运动营养档案建立。这三项软性技能将贯穿三大硬性技能的工作始末，本章将做详细阐述。

本篇结合《运动营养咨询与指导职业技能等级标准（2020）》，围绕运动营养师的基本技能——“运动营养咨询与指导”进行详述，该技能围绕“测、评、练、吃、心/行”的干预思路，涉及运动健康风险评估、运动营养测试与评估、运动营养方案制订三大领域的九大硬性技能。初、中、高级“运动营养咨询与指导”的硬性技能差别体现在相同工作领域中的不同技能、知识深度及不同服务人群；而软性技能差别在于，初级仅掌握“收集”“记录”等初级工作技能，中、高级则需要掌握“分析”“管理”“设计”等中高级软性技能，具有一定的知识内涵延展性。此外，中高级“运动营养咨询与指导”的技能还包括培训教学与科学研究。伴随以上硬性技能的工作流程开展，涉及的软性技能也将逐步提升。

运动营养咨询与指导的整体工作流程详见图4-1-1所示。为便于学习者快速进入职业角色，本篇以下内容将“有运动营养咨询与指导需求的人群”统一描述为“客户”，并要求各位学习者进入角色前，明确职业道德准则，做一名高素质的运动营养师。

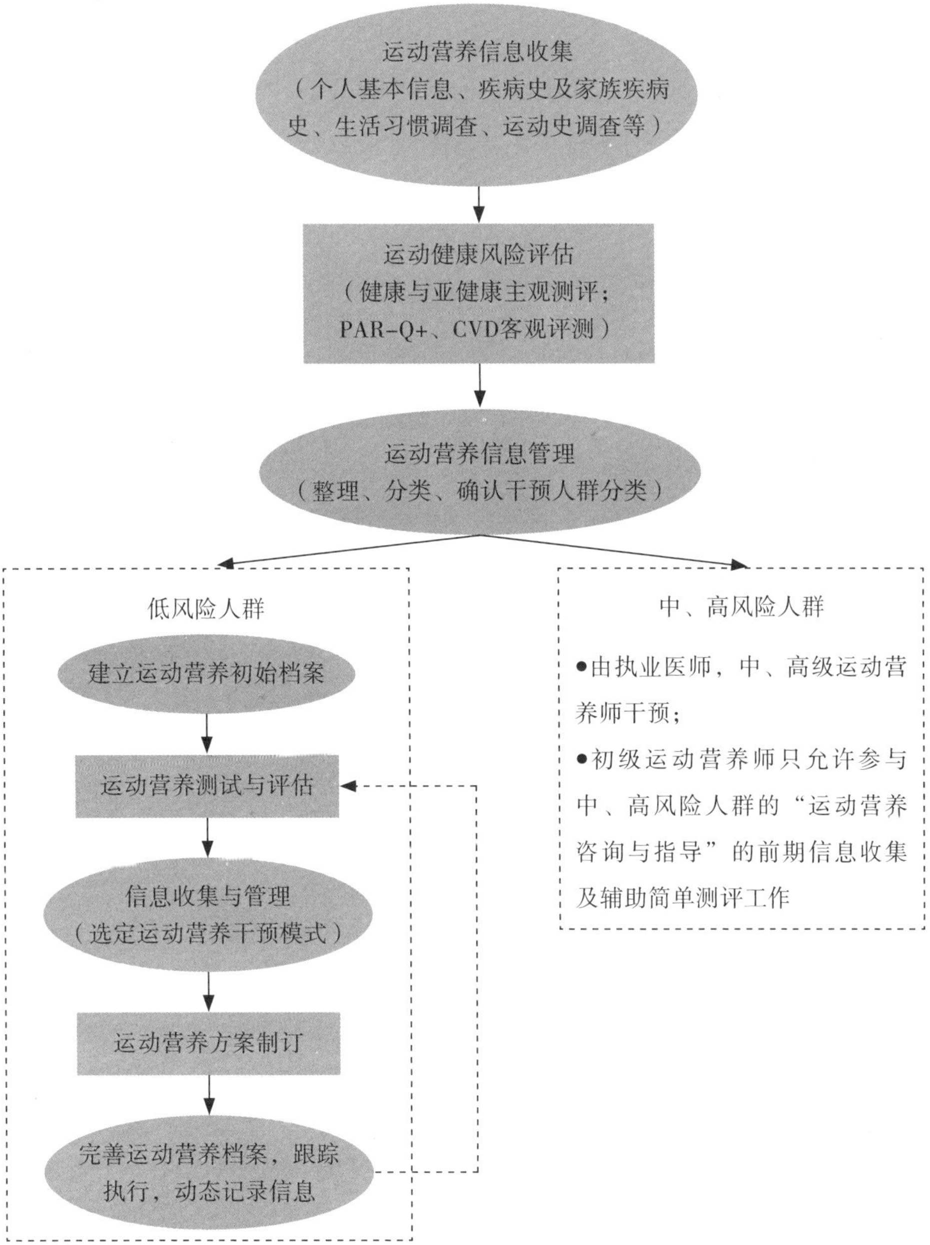

图4-1-1　“运动营养咨询与指导”工作流程管理

资料来源：汤春雪. 北京康比特运动健康营养研究院内部资料. 2019。

运动营养师的职业道德准则包括：

- 提供安全有效的运动营养咨询与指导，遵循国家反兴奋剂管理条例。其中，安全意味着该咨询与指导不会对客户造成身体、精神或财务伤害；有效意味着该咨询与指导对客户的目标具有目的性以及预期影响。
- 不得在性别、年龄、职业、民族、国籍、宗教信仰、价值观等方面歧视个体或群体，为所有客户提供平等和公平的待遇。
- 工作前需让客户了解运动健康营养工作的性质、特点以及参与个体或群体自身的权利和义务。
- 在对客户开展工作时，应与客户对工作的重点进行讨论并达成一致意见，必要时（如采用某些干预措施时）应与客户签订书面协议。
- 保持与最新的运动、营养与健康研究同步，并了解其实际应用，能够客观、准确解读相关最新研究对参与者的指导意义。
- 遵守所有国内适用的商业、就业以及知识产权法律法规。
- 与参与的个体或群体建立和保持明确的专业界限，并懂得适时将客户介绍给更具资质的医疗专业人员。
- 应始终严格遵守客户信息保密原则。
- 维护并增强公众对健身、营养与健康行业的信任与支持。

第一节 运动营养信息收集

运动营养信息收集工作是“运动营养咨询与指导”工作流程的第一步，也是贯穿整个工作流程的重要步骤（参见图4-1-1）。运动健康风险评估流程中涉及主、客观风险评估信息收集；运动营养测试与评估流程中涉及各类客观测评信息收集；运动营养方案制订后，同样涉及跟踪执行并进行动态信息反馈的收集。运动营养初始信息收集主要包含以下五个方面，其主要目的是掌握客户关键信息，建立初步咨询关系，协助完成运动健康风险评估。

一、个人基本信息

个人基本信息收集主要包含姓名、性别、年龄（出生日期）、职业、身高、体重、运动营养干预目标。针对一些有过运动健康筛查经验的客户而言，还可以了解对方的体脂百分比、晨起心率（晨脉）或安静心率、安静血压。在情况允许的前提下，可以请其携带近期的体检报告，对其中关键指标进行记录，关键指标包含血红蛋白值、脂代谢指标、血糖指标等。特殊群体还包含运动员的机能监控数值、慢病人群的血脂、血糖等相关指标。

二、疾病史信息

疾病史信息特指个体自身及其家族曾患过或正经历的疾病信息。疾病史回顾的询问对象不仅包括本人，还应询问其父母、祖父母、外祖父母及子女；疾病史回顾的内容不仅包括疾病种类，还包括药品/药物使用信息。

一方面，疾病会导致人体营养素代谢失衡，影响运动过程；另一方面，运动不当，营养素短期或长期缺乏、过剩也会导致或加重疾病。因此，在此环节中，与饮食营养、运动关系密切的疾病都需要进行问询。

与饮食营养密切相关的疾病包括肥胖症、2型糖尿病、糖耐量受损、高血压病、高脂血症、动脉硬化、脂肪肝、胆囊炎、胃炎（及其他消化系统疾病）、痛风、骨质疏松、贫血及其他营养素缺乏症等疾病；与运动密切相关的疾病包括心血管系统疾病（如动脉粥样硬化、冠状动脉疾病等）、呼吸系统疾病（如支气管炎、肺气肿、哮喘、慢性阻塞性肺病（COPD）等）、骨骼肌系统损伤（如过劳性损伤或其他扭伤、拉伤等运动损伤）、部分代谢类疾病（如糖尿病与甲状腺功能性疾病）。此外，疝气作为举重类运动项目的相对禁忌症，病毒或细菌感染疾病期间、女性怀孕等特殊时期运动及饮食计划也具有相关禁忌，因此均需作重点标注。此部分信息应用详见本篇第二章第二节。

药物治疗或药品使用信息是疾病史调查时涉及的重要内容，因为药物可改变身体的部分生化反应，而且可能会影响客户进行运动或对运动做出响应的能力。多种非处方药和处方药会影响心脏对运动的响应，如导致静息心率、运动时心率或最大运动心率的变化，这种由药物引起的心率变化可能会严重影响运动计划的设计与监督执行，且易发生危险事故。常见的此类药品包括降压药（β-阻滞剂、钙通道阻滞剂、利尿剂、血管紧张素转换酶抑制剂、血管紧张素Ⅱ受体拮抗剂）、支气管扩张剂（哮喘药物）、感冒药等。使用任何有可能会影响运动的处方药或非处方药的客户在参加运动训练前，必须获得医生允许，或请其医生开具运动处方，并监督执行；且这类人群在进行运动计划执行时，不应以心率反应为主要强度设置标准，而应更加重视其自身感觉，并辅助其他指标监控。

需要注意的是，对于具有以上特定疾病史信息的客户虽不在初级运动营养师干预范围内，但仍需初级运动营养师完成详细的信息收集过程，确保如需转介绍至专业医师或中、高级运动营养师参与干预时，信息不再进行重复收集，减少沟通成本，同时也增加初级运动营养师的信息收集能力，为后续技能提升做储备。

三、生活习惯调查

根据个人基本信息收集的结果，可进一步延伸沟通询问内容。根据其职业或生活特点，了解其日常酒精、烟草、咖啡因、营养品或保健食品的使用频率、使用量及持续时间，并进行记录。

此外，对于客户日常活动或运动的信息收集尤为重要。美国运动医学学会（ACSM）将久坐少动的生活习惯定义为：至少3个月内每周少于3天，每天少于30分钟的中等强度体力活动的生活习惯。因此，根据这个简易的“非3330”原则，便于对客户体力活动水平进行分类。

四、运动史调查

对于具有运动史的客户而言，了解其运动项目、运动年限、运动频率、运动强度、运动水平（最好成绩或参与的最高赛事水平）是十分必要的。

五、其他注意事项

在进行以上各类信息收集的过程中，需要注意以下几个重要原则：

（1）所有信息收集的前提是，首先了解客户进行运动营养咨询的目的及原因，即客户自身期待的干预目标；询问前说明缘由，若客户不便提供，不做强制要求。

（2）以上所有初始信息收集阶段，条件允许的情况下，应以运动营养师进行开放性问题问询及引导交流，并进行记录，掌握合适的沟通话术，进行有效沟通；线下现场咨询时，还需注意沟通环境以及非语言沟通方式，如姿势、手势、眼神接触、面部表情等亲和自然，并进行有效倾听。

（3）一般情况下，在以上的所有初始信息收集阶段，运动营养师只做记录，不做任何相关结论性回答；同时避免进行现场测试，所有信息均需来自需求方的自主提供。这既可以减轻需求方的心理压力，同时也有机会为运动营养师在后续测评阶段了解需求方的自我认知与客观事实的差距，有助于问题溯源。

第二节 运动营养信息管理与档案建立

运动营养信息管理的主要技能要求是针对收集到的信息进行整理、分类、分析，其中“分析”的重点是参照各测试结果的官方标准进行评估分类。这一过程同样贯穿运动营养咨询与指导的三大工作流程。运动营养档案是由运动营养师针对每个独立客户或客户群体建立的，是对所有咨询与指导信息进行阶段性汇总与有效保存的重要手段。

一、运动营养信息管理

针对上一节提到的各类运动营养初始信息的管理工作，其主要目标是对收集到的各类初始信息进行整理、分类，并将获得的信息纳入“运动健康风险评估”中，根据各类判别标准作出准确分析，确认客户的运动健康风险等级，并提供合适的运动营养干预目标参考。如“个人信息收集”中涉及“安静心率”与“安静血压”的信息收集，则对它们的评估分析需要准确无误。

（一）安静心率或静息心率

心率通常可以在动脉搏动接近体表的任何身体部位进行测量，常见的触诊部位包括桡动脉、颈动脉、肱动脉等，最常用的是桡动脉测量。心率是身体在休息或运动时对强度反应的有效指标。

安静心率也称静息心率（resting heart rate，RHR），受身体素质状况、身体姿势、疲劳、体成分、药品、酒精、咖啡因及压力等因素影响。测试RHR时，建议晨起后舒适安静地休息几分钟后再进行测试。RHR的传统分类标准为：

窦性心动过缓或心率较慢：RHR<60次/分

正常窦性心率：60次/分≤RHR≤100次/分

窦性心动过速或心率较快：RHR>100次/分

一般情况下，男性的RHR低于女性，男性平均RHR为60～70次/分，女性平均RHR为72～80次/分。了解客户的心率，有助于提示或提前预警客户是否出现过度训练表现。当客户的RHR相对于其正常RHR升高值>5次/分的情况持续数日时，就有充足理由降低运动负荷或逐渐降低训练强度。

当运动期间通过脉搏测试心率时，建议以每10～15秒进行计数，从而推算出每分钟心跳次数，以获得即时准确的心率计数，并确定运动强度。

（二）安静血压

血压定义为血液对血管壁向外施加的压力，通常包括收缩压（systolic blood pressure，SBP）与舒张压（diastolic blood pressure，DBP）两个数值。SBP表示心脏通过心室收缩将血液泵入循环系统时所产生的压力，是一个心动周期中最大的压力，俗称高压；DBP表示在心动周期的充盈阶段血液保留在动脉中时或心脏舒张时动脉血管弹性回缩时产生的压力，是一个心动周期中存在的最低压力，俗称低压。成年人的血压分类见表4-1-1所示。

表4-1-1 成年人血压分类

血压分类	收缩压SBP（mmHg）		舒张压DBP（mmHg）
正常血压	<120	且	<80
高血压前期	120～139	或	80～89
高血压			
1期	140～159	或	90～99
2期	≥160	或	≥100

资料来源：王正珍. ACSM运动测试与运动处方指南（第10版）. 北京体育大学出版社，2019。

测量安静血压时，应确保未服用降压药且未患有其他急性病。当SBP和DBP属于不同类别时，应选择较高类别来对个体的血压状态进行分类，如应将140/82mmHg归类为1期高血压；154/102mmHg归类为2期高血压。有研究证明，对于40～70岁的个体而言，若相对于正常值静息SBP每增加20mmHg或静息DBP每增加10mmHg就会使心血管疾病的风险增加一倍；若两手臂之间差异为15mmHg或以上时会增加外周血管疾病和脑血管疾病的风险，且死于心脏病的风险为70%。

当客户确诊为高血压时，该客户的干预需要由中、高级运动营养师及专业医务人员完成。

二、运动营养档案建立

通过运动营养初始信息收集及数据管理、分析后，运动营养师可以为客户完成运动健康风险评估，以此明确客户的运动健康风险分级，并确认可干预人群分类，并根据该人群运动营养初始信息收集与整理结果进行电子版或纸质版保存，建立运动营养初始档案。该档案将随整体干预流程进行动态更新与完善，且可完整记录客户不同时间段的风险评估、测试评估、方案干预等流程与结果，这不仅提高了运动营养师与客户之间的沟通效率，同时也便于不同等级运动营养师干预时进行参考查询，有利于保证个性化方案的完整性。

本章小结

本章围绕运动营养师的基本技能——“运动营养咨询与指导”进行综述，并对贯穿于“运动健康风险评估”“运动营养测试与评估”“运动营养方案制订”三大硬性技能始末的相关“信息收集”“信息管理”与“档案建立”等软性技能进行详述。作为职业技能的一部分，软性技能将从个体工作的执行能力、逻辑能力、表达能力、人际沟通能力等方面体现，而这些方面不仅有益于运动营养工作，更是个人综合能力的体现。软性技能的提升是在掌握硬性技能过程中逐步培养的，因此，具备不同等级运动营养咨询与指导职业技能的运动营养师，其软性技能将随硬性技能的提升进一步完善。

（汤春雪）

第二章 运动健康风险评估

合理的运动与营养干预可以带来众多生理、心理益处，但运动与营养干预同样存在一些固有风险。如中等强度运动在健康个体中不会引起任何危险性心血管系统或骨骼肌系统损伤，但对于不健康或患有特定疾病及存在疾病风险的个体而言，在运动中受到伤害的风险则较高；饮食营养的风险也因个体对食物的不耐受或食物过敏反应、消化吸收水平不同而有所差异。

运动健康风险评估的主要目的，就是在进行整体干预前，针对以上风险因素进行评估和筛查，这一措施既是对客户的保护，也是对运动营养师自己的保护。饮食营养的风险评估将在本篇第三章“膳食营养调查与评估”部分详述，本章重点进行运动前健康风险筛查的阐述。针对具有中、高运动风险的客户，初级运动营养师需及时联系中、高级技能人员进行联合指导，对具有潜在医学风险的个体或群体还需及时转介绍至专业医务人员或机构。

通常运动健康风险评估分为主观测评与客观测评，前者是了解客户自身干预目标，并提示其对自身健康有所关注；后者是根据信息收集进行客观运动前风险因素筛查。

第一节 健康与亚健康主观测评

一、健康的定义与表现

在1948年以前，人们认为健康就是无疾病，有病才是不健康。1948年世界卫生组织（WHO）成立以来，健康的定义不断被完善，1984年WHO在《保健大宪章》中进一步将健康概念表述为：“健康不仅仅是没有疾病和虚弱，而是包括身体、心理和社会适应能力的完好状态。”这三方面的标准具体为：一是没有器质性和功能性异常，二是没有主观不适的感觉，三是没有社会公认的不健康行为。1989年，WHO又进一步完善了健康概念，指出健康应是“生理、心理、社会适应和道德方面的良好状态”。沿用至今的关于健康的10个标志为：

（1）情绪乐观，从容不迫、勇于承担责任。

（2）精力充沛，能够从事日常生活、学习和工作而不感到有压力。

（3）应变能力强，能适应环境的各种变化。

（4）善于休息，睡眠良好。

（5）具有抵抗一般疾病和传染病的能力。

（6）体重适中，身材均匀，站立时头、肩、臂位置协调。

（7）眼睛明亮，反应敏锐，眼睑不发炎。

（8）头发具有光泽而少有头屑。

（9）牙齿清洁，无空洞，无痛感；齿龈颜色正常，不出血。

（10）肌肉、皮肤有光泽、有弹性，走路感觉轻松。

值得注意的是，1986年WHO在《渥太华宪章》中提出：“良好的健康是社会、经济和个人发展的重要资源，是个人能力的体现。”由此可见，健康作为一种资源，既属于个人，又属于社会，它可以被开发利用，更应该被合理地经营管理和保护。

人们对健康的认识和对健康的渴求，是随着科学的发展、时代的不同和人们生活状况的改进而变化的。当人们的生活还达不到温饱水平的时候，是无法奢望健康的；当科学技术还不足以判别人们的健康状态和提出增进健康的科学手段时，即使生活条件已经很优越了，人们还是得不到健康。21世纪以来，越来越多的人崇尚健康的生活方式，对待生活的观念也在不断更新。随着对健康生活方式的研究不断深入，接受并实施健康生活理念的人群不断扩展，人们的生活质量的确有了很大的提高。但需要注意的是，即便如此，现实情况依然是，真正有病的人和健康的人都是少数，多数人处于疾病与健康之间的状态，人们称为亚健康状态。

二、亚健康的定义与表现

（一）亚健康的定义

20世纪80年代中期，苏联的伯克曼（Berkman）教授通过研究发现，除了健康状态和疾病状态之外，人体还存在着一种非健康非患病的中间状态，称为亚健康状态。1999年，WHO根据健康的定义，经过严格的统计学统计指出，世界人口真正健康的人仅占5%，患有疾病的人占20%，而70%以上的人群处在健康和患病之间的过渡状态，WHO称其为“第三状态”，国内常称为“亚健康”状态。

2006年中国保健科技学会调查数据显示，我国人口中15%为健康人群，15%为患有疾病人群，70%为亚健康人群，亚健康人口超过9亿人。2009年的城市人群调查显示，亚健康人群比例已经达到76%（图4-2-1）。

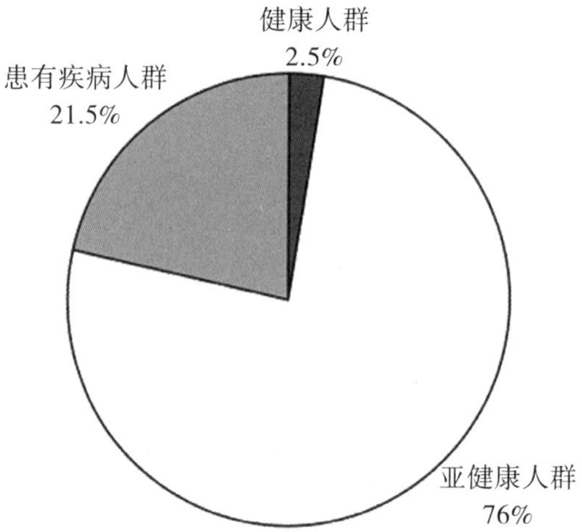

图4-2-1 2009年城市人群亚健康人口比例

资料来源：中国群众体育发展报告. 2014。

“亚健康”状态是指人的机体虽然无明确的疾病，但呈现出活力降低，适应力呈不同程度减退的一种生理状态。在此状态下，人们感觉身体和精神上有各种各样的不适感，在医院做各种检查和化验，未发现任何器质性病变。追溯历史，我国是对亚健康关注最早的国家，《素问·回气调神大论》中有：“是故圣人不治已病治未病，不治已乱治未乱，此之谓也。”明确提出了亚健康即“未病”的概念，提出应以预防为主，并记载了大量行之有效的防治之法。

（二）亚健康的主要表现

亚健康状态是指机体在无器质性病变情况下发生了一些功能性改变，因其主诉症状多种多样且不固定，也被称为“不定陈述综合征”。它虽然不是疾病，却是现代人身心不健康的表现，被称为21世纪人类健康的“克星”和“世纪之病”。亚健康状态的表现有多种分类方法，大致分为5大类，如表4-2-1所示。

表4-2-1　亚健康状态表现

分类	表现
躯体亚健康	躯体慢性疲劳：躯体疲劳乏力、头痛头昏、失眠多梦、脸色无华、神情黯淡、烦躁多虑、腰酸背痛、夜尿增多、性功能低下等
心理亚健康	（1）常见为焦虑，主要表现为担心、恐慌。担心和恐慌是一种发自内心的不安，这种精神状态若持续存在，无法自我解脱和控制，就会进入心理障碍和心理疾病阶段。焦虑症者常常觉得生活中危机四伏，且认为自己没有能力解决这些难题，陷于焦虑沉思时，便会出现心悸、不安、胃绞痛、慌乱，进而手足无措，无所适从。这些可怕的结果长期停留便会造成心理疾患，并诱发心脏病、癌症。 （2）除焦虑状态外，还有烦躁、易怒、嫉妒、反应迟钝、睡眠不佳等多种表现形式
情感亚健康	（1）主要表现为冷漠、无望、溺爱、疲惫、机械，同周围人之间的心理距离变大，交往频率下降，人与人之间的关系不稳定。 （2）随着社会的进步，社会竞争的激烈，在人际交往上出现的问题越来越多。对情感亚健康问题的初步研究发现，人们受教育程度的提高，独立意识和自我意识的增强，信息接收来源的广泛、及时和量的充足，个性发展的多样化，这些都会导致人际关系的淡化。孤独、冷漠、自卑、猜疑、自闭，更是在人与人之间树起了一道道屏障，这也是现代人患心理障碍和疾患人数多的一个重要原因。在这种情况下，有很多人患上了感情饥饿症和社会不适应症，特别是年纪较大的人会产生一种被社会抛弃和遗忘的强烈孤独感
思想亚健康	指人们的世界观、人生观、价值观上存在不利于自己和社会发展的偏差。思想深藏在大脑里，只要它不转化为具体的行动，就是绝对的个人隐私，很难被别人发现。所以，如果哪个人的思想处于亚健康状态，那是非常危险的
行为亚健康	行为失常、无序、不当等。行为处于亚健康的人内心矛盾冲突非常强烈，其理性相对较差，感情、行为冲动较多，对某一事情的误解往往导致行为上的偏差，有时甚至做出不顾一切地伤害别人、损害社会的极端举动

资料来源：杨则宜. 生命在于运动和营养. 北京体育大学出版社，2006。

亚健康的发生机理尚不十分清楚，现代理论关注较多的机理有神经内分泌功能失调、病毒感染（包括疱疹病毒、肠道病毒、逆转录病毒等）、对环境毒性的反应、遗传的变异或免疫系统功能障碍等，也可能是以上几种变化的结合。这些变化可明显削弱机体的免疫监视功能和DNA修复功能，促使原癌基因转化，诱使肿瘤发生，因此，亚健康是一种长期的、慢性的、不易觉察的心脑血管疾病、肥胖、肿瘤等特异性疾病的前期表现或临界状态。长期的高度紧张和心理压力又可促使交感张力增加，导致长时间血管痉挛，促使冠心病、高血压和中风的发生和发展。此时，人体内脏系统虽没有明显病变，但已经有功能性障碍，如胸闷、气短、头晕、目眩、失眠、健忘、无故头痛等，各种仪器和化验手段都不能发现阳性结果，没有对症的药，也没有合理的解释。

（三）亚健康的危害

诱发亚健康的因素多种多样，包括社会心理压力过重、不良的生活习惯与方式（吸烟、酗酒、饮食不当、低质量睡眠、性乱、情绪紧张等不良行为）、缺少运动以及环境污染。在大、中城市生活的人，因为高效率、快节奏、强竞争的生活和工作环境，亚健康的发生率远高于其他城市和农村。亚健康高发人群为白领阶层（包括企业的管理人员、律师、法官、检察官及新闻工作者）、演艺界人士、中年知识分子和在校大学生。

值得注意的是，若亚健康状态处理得当，则身体可向健康转化；若得不到及时有效的纠正，就会变成持续的、症状突出的亚健康状态，这种状态也被称为“慢性疲劳综合征（chronic fatigue syndrome，CFS）”。美国于1987年首次给慢性疲劳综合征命名，将其定义为一组以长期极度疲劳为突出表现的全身性不适，基本特征是休息后不能缓解，理化检查没有器质性病变，诊断标准如表4-2-2所示，其中具有2项主要标准或累计8项以上单纯症状标准，即可确诊为CFS。

表4-2-2 CFS的表现及诊断标准

分类	表现
CFS的主要诊断标准	（1）持久或反复发作的疲劳，持续在6个月以上。 （2）根据病史、体征或实验室检查结果，可以排除引起慢性疲劳的各种器质性疾病

（续表）

分类	表现
CFS的症状标准	（1）体力或心理负担过重引起不易解除的疲劳。 （2）没有明确原因的肌肉无力。 （3）失眠症状普遍存在，或有多梦、早醒。 （4）头胀、头昏或头痛。 （5）注意力不易集中，记忆力减退。 （6）食欲不振。 （7）肩背部不适，胸部有紧缩感，或有腰背痛、不定位的肌痛和关节痛，无明确的风湿或外伤史。 （8）心情抑郁、焦虑或紧张、恐惧。 （9）兴趣减退或丧失。 （10）性功能减退。 （11）低热。 （12）咽干、咽痛或喉部有紧缩感

资料来源：杨则宜. 生命在于运动和营养. 北京体育大学出版社，2006。

CFS经过运动和营养手段的调整，是可以恢复健康的，若已经是CFS，但还未引起重视，就会演变成慢性疾病，甚至“过劳死”，详见图4-2-2。

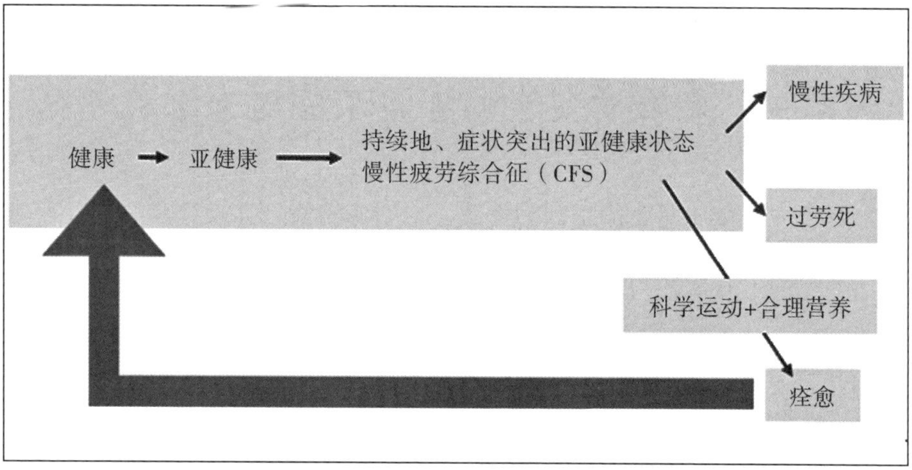

图4-2-2　亚健康的发展进程和归宿

资料来源：杨则宜. 生命在于运动和营养. 北京体育大学出版社，2006。

慢性疾病包括心脑血管病、高血压病、糖尿病、颈椎病和痛风，还包括一些自身免疫系统疾病（如桥本氏甲状腺炎等）。一些慢性疾病在现代医学中的临床治疗效果不佳，因此，“预防性健康策略”尤其重要。“过劳死”一词源自日本，国际上对其定义为因工作时间长，劳动强度加重，心理压力大，持续亚健康状态而突然引发身体潜在疾病急性恶化，救治不及时而死亡。当今社会“过劳死”案例数不胜数，目前“过劳死”直接死因前5位的是冠状动脉疾病、主动脉瘤、心瓣膜病、心肌病和脑出血，其易发人群同样包括中年知识分子、企事业白领阶层，以及演艺界人士和记者等职业。

三、健康状态的主观测评

一个健康的人会有一百个梦想，但一个失去健康的人则只有一个梦想。根据以上描述，符合“健康”状态的客户，在寻求运动营养干预时，其目的可能在于维持“健康”状态或提升运动表现；而非健康状态的客户，寻求运动营养干预的首要目的应当是恢复健康。处于亚健康状态的人只有在能够正确地认识和评价自己所处的状态时，才有可能对自己有所警示，并寻求脱离亚健康状况的途径，使自己进入健康的行列。科学规律的体育运动与合理均衡的营养补充是预防与改善亚健康状况的有效手段。对于低运动风险的普通民众而言，参照国家出台的运动指南与膳食指南进行亚健康状态预防与改善，是可行的。详见本系列分册教材。

第二节　运动前健康筛查与风险因素客观评估

对客户完成健康状态的主观测评后，根据初始信息收集对客户进行运动健康风险客观评估尤为重要，尤其是对其风险等级进行划分。参考美国运动医学学会《ACSM运动测试与运动处方指南》第8版至第10版的内容，并结合我国体育运动发展及医疗体系特点，在此阶段，运动营养师需要掌握初步的运动前健康筛查及风险分级工作（备注：截至2018年，《ACSM运动测试与运动处方指南》共出版10版，其中第10版对医学知识要求更高，结合我国健康领域发展现状，在参考第10版书籍的前提下，本书选用了第8版与第9版的部分内容，这些选用内容更符合初级与中级运动营养师的知识领域）。

一、运动前健康筛查

规律的体力活动带来的健康益处已得到公认，应该鼓励更多的人每天进行规律的体力活动。体力活动对大多数人来说是非常安全的，但仍然建议所有想要开始运动计划的个体都应使用运动前自我健康筛查工具进行筛查。运动前健康筛查的主要目的是确认客户是否可以自主参与运动计划或是否需要专业的运动指导。希望自主参与运动计划的客户需要一种简单、有效、经济且具有时效性的方法来判断，他们需要在参与运动计划前向专业医师征求意见，尤其是运动强度较大时，需要确认运动风险是否扩大。

体力活动准备程度问卷（the physical activity readiness questionnaire for everyone，PAR-Q）是目前国际上使用的最低限度但安全的运动前筛查措施，它可针对参与低至中等强度但非高强度运动训练进行初步筛查。常用的PAR-Q问卷目前有两版，分别是2002年修订版的PAR-Q问卷（适用于15~69岁人群）与2018年修订版的PAR-Q+问卷（适用于全人群）。由于PAR-Q+问卷的第2-3页涉及更多疾病信息，超出了初级运动营养师的咨询与指导范围，故图4-2-3显示的是2018年修订版的PAR-Q+问卷的第一部分，完整版PAR-Q+问卷详见《ACSM运动测试与运动处方指南（第10版）》，相关知识将在中、高级课程中阐述。

当图4-2-3中的答案中，有一项或者多项答案是“是”时，则建议该客户在需要进行中、高强度运动前征求医生建议，或在中、高级运动营养师或专业教练监督指导下进行运动。

PAR-Q+问卷是在大量证据的基础上发展而来，实施起来快捷、容易且无损伤性，是一种专业的自我筛查指导。它的局限性在于缺乏细节而且可能忽略重要的其他疾病史、损伤史与药物使用情况，因此需要配合第一章所述的疾病史回顾信息，总结如表4-2-3所示。

2018 PAR-Q+
全人群体力活动准备问卷

规律的体力活动带来的健康益处已得到公认，应该鼓励更多的人每天进行体力活动。体力活动对大多数人来说是非常安全的，此问卷会告诉你是否有必要在开始进一步的运动前向医生或运动指导进行咨询。

常规健康问题		
请认真阅读以下7个问题并根据真实情况选择“是”或“否”。	是	否
（1）是否曾经听医生说过你有心脏病或高血压？	□	□
（2）在日常生活中或进行体力活动时是否出现过胸痛？	□	□
（3）在过去的12个月中，是否因头晕而失去平衡或失去知觉？ 如果你的头晕与过度通气（包括进行较大强度运动时）有关，请回答“否”。	□	□
（4）是否确诊患有其他慢性疾病（除心脏病或高血压外）？ 请填写疾病名称：________________	□	□
（5）是否正在服用治疗慢性疾病的药物？请填写药物名称及其治疗的疾病：________________	□	□
（6）目前（或在过去的12个月内）是否存在运动时加重的骨、关节或软组织（肌肉、韧带或肌腱）问题？ 如果你过去有问题，但现在并不影响你开始进一步的运动，请回答“否”。 请填写存在的问题：____________	□	□
（7）是否曾经听医生说过你只能在医务监督（有专业人士监督或仪器监测）下进行体力活动？	□	□

如果以上问题你的回答都为“否”，说明你可以安全地参加进一步的体力活动。你可以跳过第2页和第3页，直接在第4页的“参与者声明”中签名。

- 应循序渐进地开始进一步的运动。
- 根据国际体力活动指南对应年龄的推荐（www.who.int/dietphysical activity/en）进行运动。
- 可以根据健康和体适能评估。
- 如果你的年龄超过54岁且没有规律的较大强度到最大强度运动的习惯，请在参加这类强度较大的运动前咨询专业运动指导。
- 如果你有其他问题，请联系专业运动指导。

如果以上问题你有一个或多个回答为“是”，请继续填写第2页和第3页。

如果有以下任何情形，请暂缓开始进一步的运动：

- 急性疾病期间，如严重感冒或发烧，请在病情缓解后再开始运动。
- 妊娠期，请在开始进一步的运动前咨询医生、专业运动指导，并填写ePARmed-X+问卷（www.eparmedx.com）。
- 如果你的健康状况发生改变，请在开始任何一种体力活动前填写此问卷的第2页和第3页，并咨询医生或专业运动指导。

图4-2-3 PAR-Q+问卷

资料来源：王正珍. ACSM运动测试与运动处方指南（第10版）. 北京体育大学出版社，2019。

注：限于篇幅及实用原因，本书未展示PAR-Q+的第2-4页内容，详情可参考资料来源。

表4-2-3　运动前健康筛查中需注意的疾病史信息列表

疾病史信息类别	疾病史信息列表
需注意的疾病种类	●与饮食营养密切相关的疾病 包括但不限于以下类别——肥胖症、2型糖尿病、糖耐量受损、高血压病、高脂血症、动脉硬化、脂肪肝、胆囊炎、痛风、骨质疏松、贫血及其他营养素缺乏症、胃炎及其他消化系统疾病等。 ●与运动密切相关的疾病 包括但不限于以下类别——心血管系统疾病：动脉粥样硬化、冠状动脉疾病等；呼吸系统疾病：支气管炎、肺气肿、哮喘、慢性阻塞性肺病（COPD）等；骨骼肌系统损伤：过劳性损伤或其他扭伤、拉伤等运动损伤；代谢类疾病：糖尿病（1型或2型）、甲状腺功能失调、肾或肝脏疾病。 注意：疝气作为举重类运动项目的相对禁忌症，病毒或细菌感染疾病期间、女性怀孕等特殊时期运动计划也具有相关禁忌
需注意的药物使用种类	包括但不限于以下类别——降压药：β-阻滞剂、钙通道阻滞剂、利尿剂、血管紧张素转换酶抑制剂、血管紧张素Ⅱ受体拮抗剂等；支气管扩张剂：哮喘药物（乙酰胆碱受体拮抗剂、β2受体激动剂）等；感冒药等

资料来源：王正珍. ACSM运动测试与运动处方指南（第8版）. 人民卫生出版社，2010。

进行运动前筛查的过程涉及详细的信息收集和对客户的健康信息、疾病史和生活习惯的全面调查，这将有助于运动营养师确定客户的风险因素分级或是否具有体检需要，并为后续生活方式改变及运动计划制定策略、提供建议。

二、运动风险因素分级

PAR-Q+问卷与详细的疾病史信息筛查可初步确认客户在参与低至中等强度运动前是否存在相应风险。但通常公共健康的主要目的是促使个人参与规律的中等、较大强度的运动或体力活动。虽然在中、大强度运动中有急性骨骼或肌肉损伤的风险，但最重要的还是较大强度运动导致的猝死和心肌梗死风险增加。因此，对于中、高强度运动有需求的人群，仍需进行更详细的健康风险因素评估，以避免或减少与运动相关的不良健康事件发生。需要注意的是，确定风险后，专业人员对于风险的处理不应该对参与运动或体力活动造成显著障碍。

（一）运动风险因素分级依据

ACSM根据医学检查、运动或体力活动水平、运动试验（医学）以及专业医师所提供的专业建议，将参与运动的人群分为三个风险因素等级：低、中、高。其分级依据如下。

1. 是否存在已知的心血管、肺脏和（或）代谢疾病

已知的心血管、肺脏（呼吸系统）和（或）代谢疾病包括以下情况：

（1）心血管疾病（cardio vascular disease，CVD）：心脏、外周动脉或脑血管疾病。

（2）肺脏疾病（呼吸系统疾病）：慢性阻塞性肺病（chronic obstructive pulmonary disease，COPD）、哮喘、间质性肺病或囊性纤维化。

（3）代谢疾病：糖尿病（1型或2型）、甲状腺功能异常、肾脏或肝脏疾病。

2. 是否存在心血管、肺脏和（或）代谢疾病的症状或体征

这部分症状或体征必须由具备专业医学执照的人员在其所处临床环境下进行解释，因为它们并非心血管、呼吸系统和代谢疾病所具备的特异性表现。初级运动营养师对于此处内容需要学习参考，但不允许进行诊断。表4-2-4提供了心血管、呼吸系统和代谢疾病可能出现的主要症状或体征及其释义。

表4-2-4　心血管、肺脏或代谢性疾病的主要症状或体征

症状或体征	解释/临床意义
疼痛，可能由缺血引起的胸部、颈部、下颌、手臂或其他部位不适（或其他类似心绞痛的感觉）	心脏疾病，尤其是冠状动脉疾痛的主要表现之一。 局部缺血的主要特点包括（1）性质：紧缩感、压榨感、灼烧感、“沉重”感；（2）位置：胸骨下、胸前区、单侧或双侧手臂、下颌、肩部、颈部、面颊、牙齿、前臂、手指、肩胛间；（3）诱发因素：运动或用力、兴奋、应激、冷环境、餐后发生。 非局部缺血的主要特点包括（1）性质：钝痛、“刀割样”痛、锐痛、刺痛、呼吸时刺痛加重；（2）位置：左乳区、左半胸；（3）诱发因素：运动后、某一特定的身体动作

（续表）

症状或体征	解释/临床意义
休息或轻度活动时呼吸困难	呼吸困难（定义为反常不适的呼吸感觉）是心脏和肺部疾病的主要症状之一。通常在健康而训练有素的个体进行剧烈活动时和健康未经训练的个体进行中等强度活动时发生是正常的。但如果在进行原本不会引起呼吸困难的活动时发生这种情况，则考虑为异常现象。异常的劳力性呼吸困难提示心肺功能失调，特别是左心室功能紊乱或COPD
眩晕或晕厥	晕厥（定义为意识丧失）通常由脑部缺血引起。眩晕，特别是运动过程中晕厥，可能是由心脏功能失调导致心输出量不能正常增加（甚至出现下降）造成。这种心脏功能失调有潜在的致命危险，包括严重的冠状动脉疾病、肥厚型心肌病、主动脉狭窄和严重的室性心律失常。不应该忽视运动后即刻发生的眩晕或晕厥，但也要注意，在静脉回流减少的健康人中也会出现这样的症状
端坐呼吸困难或夜间阵发性呼吸困难	端坐呼吸困难是发生在卧位休息时的呼吸困难，坐起或站立后缓解。夜间阵发性呼吸困难常在入睡后2～5小时发生，能通过坐在床边或下床得到缓解。两者都是左心室功能紊乱的症状。虽然夜间阵发性呼吸困难也可以发生在COPD患者中，但是两者是有区别的，COPD的呼吸困难通常在排痰后得到缓解，而不是通过坐起来缓解
脚踝水肿	夜间明显的双侧脚踝水肿是心力衰竭或双侧慢性静脉功能不全的典型体征。单侧下肢水肿通常是由该侧肢体的静脉血栓或淋巴回流障碍引起的。全身性水肿发生在有肾病综合征、严重的心力衰竭或肝硬化的患者中
心悸或心动过速	心悸（定义为心脏快速或强有力地跳动产生的不适感）可以由各种心律失常引起，包括心动过速、阵发性心动过缓、异位节律、代偿间歇和瓣膜反流引起的每搏输出量增加。心悸通常是由焦虑或高心输出量（或功能亢进）引起的，如贫血、感冒、甲状腺功能亢进、动静脉瘘和先天性心脏功能亢进综合征
间歇性跛行	间歇性跛行是运动诱发的、供血不足（通常是动脉粥样硬化引起的）引起的下肢疼痛。在站位或坐位时疼痛不发生，每天重复发生，上楼梯或爬山时加重，常被描述为“抽筋”，停止运动后1～2分钟内症状消失。冠状动脉疾病在有间歇性跛行的人中较常见。糖尿病患者发生间歇性跛行的风险增加

（续表）

症状或体征	解释/临床意义
确诊的心脏杂音	虽然有些心脏杂音没有临床意义，但存在心脏杂音可能意味着有瓣膜疾病或其他心血管疾病。从运动安全的角度出发，排除肥厚型心肌病和主动脉瓣狭窄引起的心脏杂音是特别重要的，因为它们是劳力猝死比较常见的原因
日常活动时异常的疲劳或呼吸困难	虽然这些症状可能并非疾病引起的，但是它们也可能提示存在心血管或代谢性疾病或这些疾病状态发生变化

资料来源：王正珍. ACSM运动测试与运动处方指南（第10版）. 北京体育大学出版社，2019。

3. 是否存在心血管疾病的危险因素（CVD风险因素筛查）

《ACSM运动测试与运动处方指南（第10版）》中去除了以前版本中所固有的CVD风险因素筛查，但根据目前国内健康领域从业者的知识特点而言，CVD风险因素筛查具有安全性，因此，本书采用该筛查标准，作为初级运动营养师运动健康风险评估的必备常识。表4-2-5详细列出了CVD风险因素筛查标准，它是为了协助对潜在心血管疾病的鉴别，具体使用方法是：利用个体信息中的疾病史及生活习惯等信息确定是否符合表4-2-5中的某些阳性风险因素的标准，然后将阳性风险因素分值相加。此外，由于高密度脂蛋白（HDL-C）的心脏保护作用，HDL-C被认为是一个阴性风险因素。另外，其他风险因素如炎性标志物C反应蛋白和纤维蛋白原也被认为是阳性的和显性的CVD风险因素，但此表中未包括在内。

表4-2-5 用于ACSM风险分级的动脉粥样硬化性心血管疾病风险因素标准（CVD风险因素筛查标准）

阳性风险因素	定义标准	分数
年龄	男性≥45岁 女性≥55岁	+1
家族史	父亲或其他一级男性亲属在55岁以前，或者母亲或其他一级女性亲属在65岁之前出现心肌梗死、冠状动脉血运重建或猝死	+1

（续表）

阳性风险因素	定义标准	分数
吸烟史	目前吸烟或在过去6个月内戒烟，或暴露于环境烟草烟雾（即二手烟）的人	+1
久坐少动的生活方式	至少3个月内，每周少于3天，每天少于30分钟的中等强度体力活动（40%~60% VO_2R）	+1
肥胖	体重指数（BMI）≥30kg/m²，或男性腰围>102cm、女性腰围>88cm	+1
高血压	收缩压≥140mmHg和/或舒张压≥90mmHg，通过在至少两个不同时间测量确定，或目前正在服用降压药	+1
血脂异常	低密度脂蛋白（LDL）胆固醇≥130mg/dL（3.37mmol/L）或高密度脂蛋（HDL）胆固醇<40mg/dL（1.04mmol/L）或正在服用降血脂药物；如果仅可获得总血清胆固醇，则使用血清胆固醇≥200 mg/dL（5.18 mmol/L）这一标准	+1
糖尿病前期*	空腹血糖受损（IFG），空腹血浆葡萄糖≥100mg/dL（5.55mmol/L）且≤125 mg/dL（6.94mmol/L）； 或者葡萄糖耐量受损（IGT），表现为两小时口服葡萄糖耐量试验（OGTT）值≥140mg/dL（7.77mmol/L）且≤199mg/dL（11.04 mmol/L），通过在至少两个不同时间测量确定	+1
阴性风险因素	**定义标准**	**分数**
高密度脂蛋白（HDL）胆固醇**	≥60 mg/dL（1.55 mmol/L）	−1
	总分：	

资料来源：王正珍. ACSM运动测试与运动处方指南（第9版）. 北京体育大学出版社，2014。

注：*对于不能明确或不易获得的CVD风险因素，应将其记为风险因素（糖尿病前期除外）。如果糖尿病前期的诊断标准缺失或不知道，那么对满足以下条件的人应将糖尿病前期记为危险因素：年龄≥45岁且BMI≥25kg/m²；年龄<45岁且BMI≥25kg/m²，并具有其他糖尿病前期人群的CVD风险因素。然后，将阳性风险因素的数量相加。

**高HDL被视为有利因素。对于HDL≥60mg/dL（1.55mmol/L）的人，从阳性风险因素总和中减去1。

（二）运动风险因素分级

综合以上运动风险因素依据及标准，图4-2-4显示了每个个体进行风险分级的整体流程。

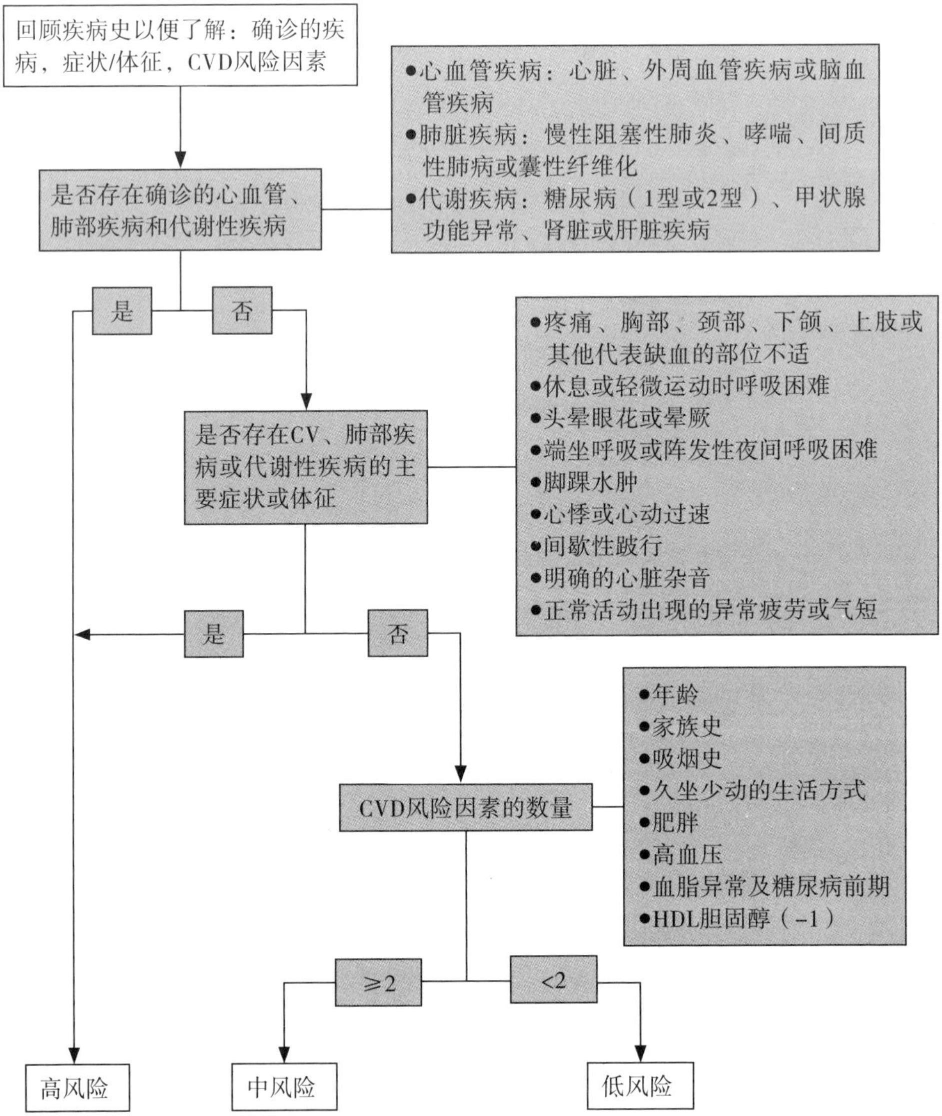

图4-2-4　运动风险因素分级流程图

资料来源：王正珍. ACSM运动测试与运动处方指南（第8版）. 人民卫生出版社，2010；王正珍. ACSM运动测试与运动处方指南（第9版）. 北京体育大学出版社，2014。

（三）基于风险因素分级的运动测试与医务监督建议

当客户确定运动风险类别后，应考虑对其进行以下类别的建议（图4-2-5）：

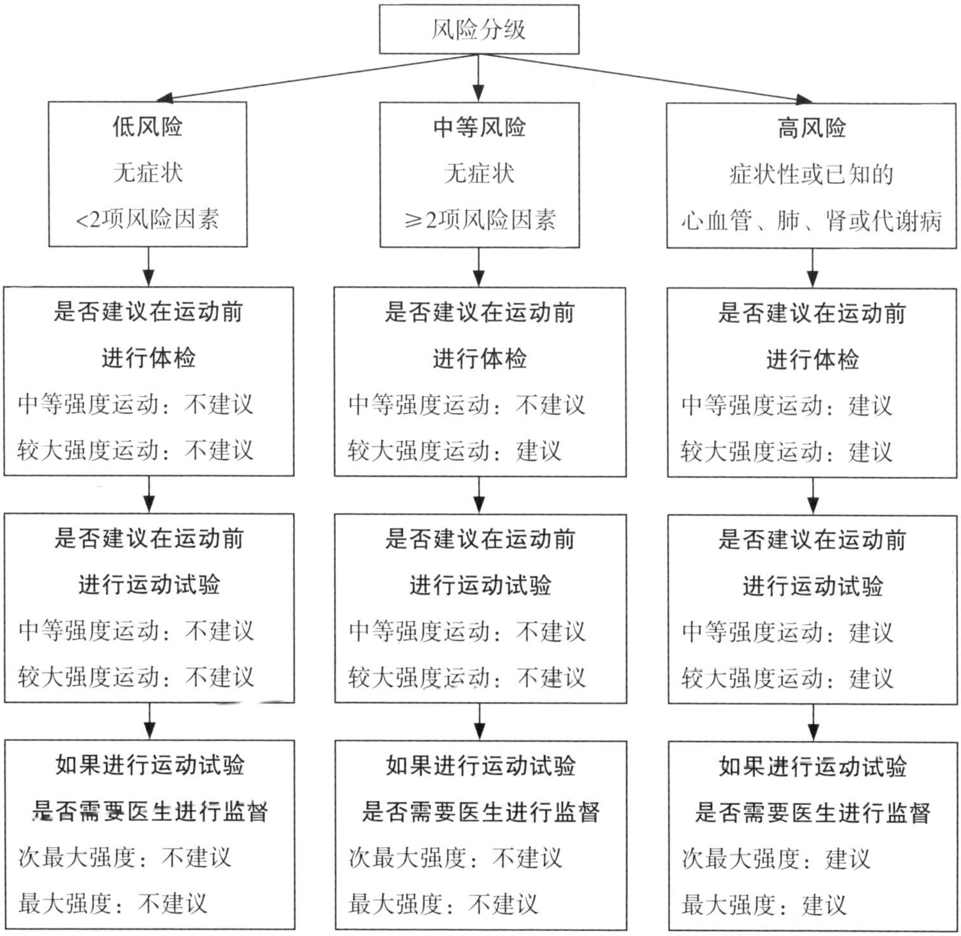

图4-2-5 基于风险因素分级的运动测试与医务监督建议

资料来源：王正珍. ACSM运动测试与运动处方指南（第9版）. 北京体育大学出版社，2014。

注：VO_2R＝储备摄氧量；MET＝代谢当量。

中等强度运动：40%～60%VO_2R；3～6METs，能引起心率和呼吸增加。

较大强度运动：≥60%VO_2R；≥6METs；能引起心率和呼吸显著增加。

不建议：反映在运动前健康筛查中，医学检查、运动试验和运动试验时的医务监督可不作为基本条件。然而，当担心存在风险或进行运动试验需要更多信息和/或患者或客户要求时，可考虑进行上述内容。

建议：反映在运动前健康筛查过程中，建议进行医学检查、运动试验和医务监督。

（1）在参加中、较大强度体力活动/运动项目前，或完全改变现有体力活动/运动项目的各类要素前，是否有必要进行运动前医学检查和声明。

（2）在参加中、较大强度体力活动/运动项目前，或完全改变现有体力活动/运动项目的各类要素前，是否有必要进行专业的递增负荷运动试验（graded exercise testing，GXT）。

（3）在中、大强度负荷GXT运动试验时是否需要医务监督。

初级运动营养师暂时不具备完成GXT运动试验的能力，且基础医学知识储备较少，因此，其干预人群定位为低运动风险人群，即初级运动营养咨询与指导的客户对象是低运动风险人群。

当客户对象的筛查结果为中、高运动风险人群时，初级运动营养师可建议其进行低强度运动，并在其具有中、高强度运动需求时转介绍至具备中、高技能的运动营养师或专业医务人员；或在中高级运动营养师及专业医务人员辅助下，参与完成中、高运动风险的客户信息收集、整理工作。

第三节　案例分析

在进入正式的运动营养“测、评、练、吃”干预流程前，运动营养师需要首先通过“运动健康风险评估”流程确认客户的干预走向，以及客户情况与自身能力的匹配度，遵循“安全有效”的职业道德准则。

运动健康风险评估的整体流程总结如下：

第一步，收集个人基本信息。包括姓名、性别、年龄、职业、身高、体重以及运动营养干预目标。此外，还可包括其他已知信息，详见本篇第一章第一节。

第二步，开展运动健康风险评估工作。包括客户主观测评与相关问卷的客观测评。

主观测评主要是针对健康状态（详见本篇第二章第一节）、亚健康状态（参见表4-2-1）、慢性疲劳综合征CFS状态（参见表4-2-2）进行自评。其目的是对标客户提出的“运动营养干预目标”，进一步确保目标的准确性与安全性。

客观测评主要包括PAR-Q+问卷（参见图4-2-3）、疾病史信息（参见表4-2-3）、相关疾病症状或体征（参见表4-2-4）及CVD风险因素（参见表4-2-5）。

获得以上评估数据后，根据图4-2-4进行风险因素分级，并确定后续干预流程。

需要注意的是，运动风险是制约运动营养干预的主要因素，对于具有中、高运动风险的人群，其营养干预可作为主要干预手段，但仍需运动营养师具备常规医学基础知识；此外，协助中、高运动风险人群恢复健康，仍然需要科学的运动处方指导。

【案例1】个人基本信息——男性，23岁，足球运动员。身高186cm，体重68kg，BMI=19.6kg/m^2。自述运动营养干预目标为：增肌增重。安静心率51次/分；血红蛋白147g/L；血清总胆固醇4.8mmol/L；空腹血糖4.61mmol/L。根据健康状态量表显示，自述处于健康状态；每周训练3～5天，每次1～2小时；无相关确诊疾病，无用药，无相关疾病症状或体征；双亲身体健康，无心血管病史。

【案例2】个人基本信息——女性，27岁，某中学教师。身高165cm，体重66kg，BMI=24.2kg/m^2。自述运动营养干预目标为：为6个月后的婚纱拍摄进行适当减控体重，主观目标为：体重50kg。晨起安静心率61次/分；血压114/62mmHg；血清总胆固醇4.51mmol/L；IFG未知。根据健康状态量表显示，自述处于健康状态；无相关确诊疾病，无用药，无相关疾病症状或体征；双亲身体健康，无心血管病史。

【案例3】个人基本信息——女性，36岁，某企业销售经理。身高163.5cm，体重53.5kg，BMI=20kg/m^2。自述运动营养干预目标为：减脂塑型，希望身体更健康。晨起安静心率76次/分；血压120/75mmHg；血清总胆固醇4.56mmol/L，高密度脂蛋白胆固醇（HDL-C）1.68mmol/L，低密度脂蛋白胆固醇（LDL-C）2.29mmol/L；空腹血糖5.03mmol/L。根据健康状态量表显示，自述处于明显的CFS阶段，偶尔有头晕症状，可能与睡眠质量有关；运动不规律；无相关确诊疾病，无用药，无相关疾病症状或体征；父亲现年69岁，患有糖尿病，并于51岁时诊断为冠心病；母亲现年65岁，患有宫颈癌。

【案例4】个人基本信息——男性，45岁，某企业高管。吸烟，每周饮酒1～2次。身高177.8cm，体重98.2kg，BMI=31kg/m^2，腰围105cm。自述运动营养干预目标是减重。晨起安静心率为62次/分；血压128/84mmHg；血清总胆固醇4.77mmol/L，高密度脂蛋白胆固醇（HDL-C）1.14mmol/L，低密度脂蛋白胆固醇（LDL-C）2.75mmol/L；IFG未知。根据健康状态量表显示，自述处于亚健康状态，但未达到CFS阶段；每周规律步行2～3次，每次步行3.2～4.8km，有一定强度；无相关确诊疾病，无用药，无相关疾病症状或体征；父亲患有2型糖尿病，68岁死于心脏病发作；母亲健在，无心血管疾病。

【案例5】个人基本信息——女性，38岁，自由职业。身高163cm，体重

49kg，BMI=18.5kg/m^2。自述运动营养干预目标是增肌增重。血清总胆固醇4.51mmol/L，8岁时诊断为1型糖尿病，现今胰岛素注射后血糖正常。根据健康状态量表显示，自述处于健康状态；每周规律上3次有氧舞蹈课，每周步行4次，每次约45分钟；无其他相关疾病症状或体征；双亲体健，且无心血管疾病史。

以上案例分析详细结果见表4-2-6。

表4-2-6 案例分析结果表

	案例1	案例2	案例3	案例4	案例5
健康状态主观测评（自述）	健康状态	健康状态	CFS状态	亚健康状态	健康状态
PAR-Q+问卷结果	全否	全否	全否	全否	有“是”
疾病史信息	无	无	无	无	确诊为1型糖尿病
相关疾病症状与体征	无	无	无	无	无
CVD风险因素：					
年龄	无	无	无	有+1	无
家族史	无	无	有+1	无	无
吸烟史	无	无	无	有+1	无
久坐少动	无	有+1	有+1	无	无
肥胖	无	无	无	有+1	无
高血压	无	无	无	无	无
血脂异常	无	无	无	无	无
糖尿病前期	无	无	无	未知但肥胖，且有糖尿病家族史+1	确诊为1型糖尿病
HDL-C	无	未知	有-1	无	无
总结	无确诊疾病及相关症状/体征，无CVD风险因素	无确诊疾病及相关症状/体征，1个CVD风险因素	无确诊疾病及相关症状/体征，1个CVD风险因素	无确诊疾病及相关症状/体征，4个CVD风险因素	已确诊的代谢性疾病
运动风险分级	低风险	低风险	低风险	中风险	高风险

（续表）

	案例1	案例2	案例3	案例4	案例5
运动营养师干预定位	进入“测、评、练、吃”干预流程（增肌增重）	进入“测、评、练、吃”干预流程（减控体重）	进入“测、评、练、吃”干预流程（考虑改善CFS症状）	转给中、高级运动营养师或初级运动营养师在中、高级运动营养师监督指导下参与干预流程	转给中、高级运动营养师或初级运动营养师在中、高级运动营养师监督指导下参与干预流程

本章小结

根据运动营养师的职业道德准则，运动营养师需要为客户提供“安全有效”的运动营养咨询与指导。因此，在执行运动营养综合干预之前，需要进行系统的“运动健康风险评估”，以排除执行运动营养干预方案中的风险因素，确认客户的干预等级。根据初始信息收集，运动营养师需要了解客户的健康主观测评以及寻求运动营养干预的主观目标；此后，根据运动前健康筛查与风险因素的客观测评进行综合评估。而对于具有潜在医学风险的个体或群体，则需及时转介绍至中、高级别运动营养师或专业医务人员或机构。

（汤春雪）

第三章 运动营养测试与评估

当客户完成运动健康风险评估后，将进入正式的运动营养“测、评、练、吃”干预流程。在进行该阶段的测试与评估时，除涉及常规医学认可的数据有统一标准外（如身体质量指数BMI、腰围、血压等），其余测试指标通常会由于国家、机构以及人群干预目标的不同而有所差异。因此，本书建议运动营养师在掌握一般测试指标推荐标准的前提下，以建立客户自身基线标准（即自身对照）作为评估重点。其目的主要包括：

第一，针对有需求的客户，将客户测试数据与推荐标准数据进行对比，使客户了解目前体质水平或运动水平及健康风险。

第二，针对并非所有客户都希望整体干预的开始阶段就被定性为某一等级。

第三，建立客户自身基线标准有利于制订计划并进行后续评估对比。

第四，帮助客户制定短期可实现的目标，从而激励客户。

运动营养干预流程中的测试与评估包括体质测试与评估（含身体形态、身体机能与运动能力）、膳食营养调查与评估两方面。

第一节 体质测试与评估

一、体质与健康

体质是指人体的质量，它是在遗传性和获得性基础上表现出来的人体形态结构、生理机能和心理因素的综合的、相对稳定的特征，这一概念于1982年由中国体育科学学会体质研究分会提出，沿用至今。表4-3-1展示了“体质”所涉及的五个范畴。

表4-3-1 体质的范畴

范畴	内容
身体形态发育水平	体格、体型、姿势、营养、身体成分等
身体机能水平（生理功能水平）	机体新陈代谢水平及各器官系统效能
身体素质和运动能力发展水平	速度、力量、耐力、灵敏、协调、柔韧； 走、跑、跳、投、攀、爬
心理发育水平	本体感知能力、个性、意志、情感等
适应能力	对内外环境的适应能力和对疾病的抵抗能力

资料来源：全国体育学院教材委员会. 体育测量评价. 人民体育出版社，2012。

由表4-3-1可知，“体质”与本篇第二章第一节中涉及的“健康”两者之间联系密切，体质的强弱和健康的好坏都涉及人体的形态发育、身体机能、运动能力和心理状况等方面；但二者又有所不同，同样健康的人其体质可能会千差万别。因此可以这样认为，体质是健康的物质基础，而健康是体质的外部反映和表现。

二、体质测试的目的

体质测试是指通过科学手段对人体体质的各项指标进行测试分析，并评估身体状况。测试的指标通常包括身体形态、身体机能和运动能力三个方面，心理发育水平和适应能力暂不列入体质测试指标。2019年全国第五次国民体质监测中体质测试项目如表4-3-2所示。

表4-3-2 2019年全国第五次国民体质测试指标

	检测指标	幼儿（3～6岁）	成年人（20～59岁）	老年人（60～79岁）
身体形态	身高	√	√	√
	坐高	√		
	体重	√	√	√
	胸围	√		
	腰围		√	√
	臀围		√	√
	体脂率	√	√	√

（续表）

	检测指标	幼儿（3~6岁）	成年人（20~59岁）	老年人（60~79岁）
身体机能	安静脉搏	√	√	√
	血压		√	√
	肺 活 量		√	√
	功率车二级负荷试验		√	
	2分钟原地高抬腿			√
身体素质	握力	√	√	√
	背力		√	
	立定跳远	√		
	纵跳		√	
	俯卧撑（男）/跪卧撑（女）		√	
	1分钟仰卧起坐		√	
	坐位体前屈	√	√	√
	双脚连续跳	√		
	15米绕障碍跑	√		
	30秒坐站			√
	走平衡木	√		
	闭眼单脚站立		√	√
	选择反应时		√	√

资料来源：国家体育总局体育科学研究所国民体质监测中心.第五次国民体质监测工作方案. 2019。
注：√ 表示该年龄组检测此指标。

协助客户进行体质测试的目的包括：

（1）可以全面了解自身体质状况，为有针对性地进行有益于身体健康的健身运动提供科学的依据。

（2）可以评估运动锻炼的效果，将健身运动科学化，提高健身运动的质量。

（3）为科学合理的营养干预提供依据，通过营养补充可以使体质进一步提高。

体质测试不同于医学体检。首先，二者的目的不同，体检是为了发现疾病、诊断疾病，而体质测试是为了全面了解身体状况，预防疾病的发生；其次，二者的内容不同，体检仅进行生理生化机能方面的检查，而体质测试除机能外，还包括形态，尤其是运动能力方面的测试；最后，二者的测试地点和人员不同，体检在医院由医务人员进行，而体质测试是在国民体质监测站或运动营养干预机构由体育工作者和运动营养相关人员进行。

三、体质测试的常用指标

据表4-3-2所示，国家标准中体质测试与评估的指标较多。但针对具体客户进行测评项目筛选时，并非所有项目都需要进行测评，一方面，考虑到测评所花费的时间较长而影响客户参与度；另一方面，并非所有客户都需要或希望一开始就进行非常完整的健身评估，有些测评项目是可以跟随干预过程进行中途添加的。因此，在选择合适的测试评估项目应考虑以下几个原则：

（1）无论选择何种体质评估项目，也不管如何安排体质评估顺序，必须要确认的是完成运动前健康筛查，以确保客户在进行体质测评时，没有相关的身体限制（如年龄、关节肌肉损伤等问题）或疾病。

（2）围绕客户的预期目标设置体质评估目标，因此，该测评项目应当因人而异，包括但不限于表4-3-2中的测评项目。

（3）根据实际线上或线下咨询与指导的设备可行性情况，进行测评项目选择。

（4）确保测试环境安全舒适，包括室温、湿度及通风条件。

（5）确保测试所需的设备安全且可用。

以下详述运动营养师常用的三类体质测评项目。

（一）身体形态测试与评估

成年人（20～59岁）常规身体形态指标测试项目包括身高、体重、腰围、臀围、体脂率（参见表4-3-2）。结合实际使用，将身体形态常用测试指标定为：体重、身体质量指数、体脂率、腰围或腰臀比（waist hip rate，WHR）以及综合评价。

1. 体重

体重是人们最熟知，且最简单、最直接可靠的反映人体营养状况的指标。

个人基础体重的标准测定方法应为晨起空腹，排过大小便后，着内衣裤进行测定。

单一的体重指标无法进行营养状况评估。

2. 身体质量指数（BMI）

身体质量指数（body mass index，BMI）又被称为体重指数，计算公式为：BMI=体重（千克）/身高^2（米^2），单位为kg/m^2。BMI是结合身高来评价个体体重及营养状况的，其评价标准如表4-3-3所示。

表4-3-3 成人BMI评价标准

评定结果范围	等级
<18.5	体重偏低
18.5～23.9	体重正常
24～27.9	超重
≥28	肥胖

资料来源：中华人民共和国国家卫生和计划生育委员会. WS/T 428—2013 成人体重判定. 2013。

BMI作为一个相对客观评价体重的参考指标，其优点是计算方便、简单，但它仍不能作为评价体型的唯一指标，其局限性在于，只评价体重，但不区分体重中肌肉组织或脂肪组织的比例，更无法区分脂肪组织的分布情况。假若不考虑这种局限性，那么BMI的评价在大肌肉量的运动群体中可能会造成误会。健身或运动人群可将BMI作为身体形态的参考指标，而非金标准。

弥补BMI这种局限性的指标有体脂率（体脂百分比）和腰围（或腰臀比）。

3. 体脂率

体脂率，又称为体脂百分比，顾名思义，是指身体脂肪重量占总体重的百分比。体脂率测试通常也被称为身体成分测试。身体成分可被分为机体的脂肪组织与非脂肪组织（瘦体重）。瘦体重由肌肉组织、结缔组织、骨骼、血液、神经组织等组成，在大多数情况下，瘦体重是使身体正常进行工作的代谢活跃的部分。体脂具有隔热、体温调节、激素产生、重要器官的减震缓冲等重要功能，因此，机体需要一定数量的体脂，但体脂过多又会影响健康与美观。这是许多健身人群较为关注的指标。

随着技术的进步，体脂率的测试方法有很多种，包括水下称重法、全身空气置换体积法（BOD POD）、双能量X线吸收测试法（DEXA）、生物电阻抗法与皮褶厚度测量法。前三种测试方法通常需要较大的空间及昂贵的设备，常见于医院或科研单位；后两种测试方法相对在健身人群中更为常用，且目前已有便携设备。

值得注意的是，体脂率作为一个体型评价指标，其并无官方明确标准，通常进行自我对比较为有效。通常，男性必需体脂为2%～5%，女性必需体脂为10%～13%，因此，男性体脂率10%～20%为宜，女性体脂率18%～28%为宜，但该数值具有明显个体差异性。此外，不同机构针对人群进行的测试标准也有所不同，我国暂无统一的体脂率标准。为统一评价标准，本书目前参考美国国家体能协会根据年龄对体脂率的七级划分标准，如表4-3-4与表4-3-5所示。

表4-3-4 不同年龄男性体脂百分比评级（%）

评级（男性）	年龄（岁）						
	≤17	18～25	26～35	36～45	46～55	56～65	≥66
非常低	≤5	≤7	≤12	≤15	≤17	≤18	≤18
低	6～10	8～10	13～15	16～18	18～20	19～21	19～21
偏低	—	11～13	16～18	19～21	21～23	22～24	22～23
平均	11～25	14～17	19～21	22～24	24～25	25～26	24～25
偏高	—	18～21	22～24	25～26	26～28	27～28	26～27
高	26～31	22～27	25～29	27～29	29～31	29～31	28～30
非常高	≥32	≥28	≥30	≥30	≥32	≥32	≥31

资料来源：美国国家体能协会. NSCA’s Guide to Test and Assessments. 2012。

表4-3-5 不同年龄女性体脂百分比评级（%）

评级（女性）	年龄（岁）						
	≤17	18～25	26～35	36～45	46～55	56～65	≥66
非常低	≤12	≤17	≤18	≤19	≤22	≤23	≤21
低	13～15	18～20	19～21	20～23	23～25	24～27	22～26
偏低	—	21～23	22～23	24～26	26～28	28～30	27～29
平均	16～30	24～25	24～26	27～29	29～31	31～33	30～32
偏高	—	26～28	27～30	30～32	32～35	34～36	33～35
高	31～36	29～32	31～35	33～38	36～38	37～38	36～38
非常高	≥37	≥33	≥36	≥39	≥39	≥39	≥39

资料来源：美国国家体能协会. NSCA’s Guide to Test and Assessments. 2012。

4. 腰围或腰臀比

腰围是间接反映人体脂肪状态的简易指标，它是指腋中线肋弓下缘和髂嵴连线中点的水平位置处（或脐上 1 厘米）体围的周径长度。腰围与中心型肥胖关系密切，其评价标准如表4-3-6所示。身体脂肪的分布与健康有密切关系，如果脂肪过多地堆积在腰腹部，则其患病风险大大增加，尤其是2型糖尿病、高血压和高胆固醇血症等疾病。近期研究证明，过量的腹部脂肪与胰岛素抵抗有相关性。

表4-3-6　成人中心型肥胖分类

分类	腰围（cm）
中心型肥胖前期	85≤男性腰围<90 80≤女性腰围<85
中心型肥胖	男性腰围≥90 女性腰围≥85

资料来源：中华人民共和国国家卫生和计划生育委员会. WS/T 428—2013 成人体重判定. 2013年。

由表4-3-6可知，腰围正常范围：男性<85cm，女性<80cm。

臀围通常在臀部的最大圆周处进行水平测量，可以反映人体的体型特点。保持臀围和腰围的适当比例关系，对人的体质、健康及其寿命都有重要意义。腰臀比（waist hip rate，WHR）是指腰围和臀围的比值。正常范围：男性0.75～0.85，女性0.70～0.80。当男性WHR超过0.9，女性超过0.85，则表明其心血管疾病患病风险高于普通人群。

值得注意的是，在实际进行测评项目选择时，围度测量项目除腰围与臀围外，还可根据客户实际需求，选择其他围度指标，如腹围、上臂围、大腿围等。

5. 综合评价

根据以上标准来源可知，我国BMI与腰围标准均来自中国卫计委等相关卫生部门，常规医学体检时也会进行BMI与腰围测量。由此可知，BMI与腰围的评估与机体健康状况密切相关。因此，将BMI与腰围结合起来进行健康层面的身体形态评估，结果更加真实可靠。评价标准可以参考表4-3-7。

表4-3-7　BMI结合腰围的评价标准

腰围（cm）	体重指数BMI（kg/m^2）			
	体重偏低	体重正常	超重	肥胖
男＜85 女＜80	需增肌人群	正常人群	正常超重人群	肥胖人群
男≥85 女≥80	肥胖人群	肥胖人群	肥胖人群	肥胖人群

资料来源：常翠青. 运动与肥胖. 中国运动医学杂志，2003。

体脂率作为一种体型参考指标，是运动人群较为关注的指标之一。在BMI基础上结合体脂百分比，便能较为准确地判断出人体体型。康比特运动健康营养研究院于2016年结合卫生部中国成人BMI标准及美国体能协会体脂百分比评价标准，制定了中国成人体型评价标准，如表4-3-8所示。

表4-3-8　BMI结合体脂率的评价标准分类

体脂率（%）	体重指数BMI（kg/m^2）			
	体重偏轻	体重正常	超重	过重
非常低	1消瘦	4低脂肪肌肉型	7运动型	7运动型
低	1消瘦	4低脂肪肌肉型	7肌肉型超重	7运动型
偏低	2低体重	5标准	7肌肉型超重	7运动型
平均	2低体重	5标准	8超重	9临界肥胖
偏高	3低体重高脂肪	6脂肪过量	9临界肥胖	10肥胖
高	3低体重高脂肪	6脂肪过量	10肥胖	10肥胖
非常高	3低体重高脂肪	10肥胖	10肥胖	10肥胖

资料来源：北京康比特运动健康营养研究院内部资料. 2016。

根据表4-3-8综合评价，针对不同身体形态人群可以作出不同的评价和相应的运动营养指导（针对表4-3-7同理）：

1与2属于需增肌增重人群：体脂率偏低或正常，但BMI低，建议增肌增重，达到健康体重标准。适用增肌增重运动营养方案。

3属于需减脂塑型人群：体脂率偏高，需要控制；BMI偏低，需要适当增加肌肉。建议减脂塑型，控制体脂的同时进行增肌训练。适用减脂塑型运动营养方案。

4与5属于标准体型：体脂率正常或偏低，BMI处于正常范围，属于较为完美的身体形态，建议继续保持目前的状态。

6属于需减脂塑型人群：体脂率较高，需要控制；但BMI处于正常范围。建议维持体重的前提下，减脂塑型，控制体脂的同时进行增肌训练。适用减脂塑型运动营养方案。

7与8属于运动型或健身健美人群：体脂率低或正常，BMI处于超重范围，可视情况，根据自身意愿选择保持当前状态。

9与10属于需减控体重人群：体脂率与BMI均较高。建议尽快控制体重。适用减控体重运动营养方案。

（二）身体机能测试与评估

成年人身体机能测试涉及安静脉搏（心率）、血压、肺活量与功率车二级负荷试验。其中，肺活量与功率车二级负荷试验有一定设备要求，不适于常规测试评估。因此，通常在运动营养师进行咨询与指导的情况下，心率与血压作为较为容易获得的指标，其评估标准详见本篇第一章第二节。

（三）身体素质（运动能力）测试与评估

表4-3-2中显示的国民体质测试指标中，成人身体素质测试项目包括握力、背力、纵跳、俯卧撑、仰卧起坐、坐位体前屈、闭眼单脚站立及选择反应时8项，它们分别反映前臂、手部和背部肌肉、下肢肌肉、上肢肌肉、腰腹部肌群力量，以及肢体柔韧性与平衡、灵敏素质。

在实际选择身体素质或运动能力测评项目时，需要调查客户本身的运动史，同时要考虑其实际运动营养干预目标。因此，若客户无相关运动史，该部分测评项目可部分包含以上项目；若客户本身有运动史，该部分测评项目可包含但不局限于以上项目。对于有运动史的客户而言，了解其运动项目、运动年限、运动频率、运动强度、运动水平（最好成绩或参与的最高赛事水平），是十分必要的。

本书将身体素质或运动能力测试评估项目分成四类：心肺耐力测试项目（有氧耐力测试项目）、肌肉适能测试项目（肌肉力量与肌肉耐力）、关节灵活性或柔韧性测试项目、运动技巧/技能类测试项目（爆发力、灵敏、协调、平衡、速度等）。这些测试项目需根据客户实际需求以及后续运动方案制订进行选择，涉及运动技巧类的测试项目，需请中、高级运动营养师或中、高级健身或体能教练人员进行辅助或监督指导。

1. 心肺耐力（有氧耐力）

心肺耐力是指身体以中等到较大强度使用全身大肌群长时间进行动态活动的能力，也是代表人体心血管系统、呼吸系统与骨骼肌系统通过摄入、运送、吸收和利用氧气进行新陈代谢产生能量的能力，取决于以上人体三大系统的工作效率与相互关系，因此也被称为“有氧耐力”或“全身耐力”。具备良好的心肺耐力，就能够以充足的精力和能力从事日常活动，并防治某些慢性疾病，促进身心健康。可以说，心肺耐力是人体健康体质与运动能力的基础。

在相对安静状态下，绝大多数人的心肺功能都能够适应安静状态时机体的需要，但在体力负荷增加的情况下，心肺耐力的个体差异就可能明显表现出来。

心肺耐力素质测定主要是采用运动负荷试验的方法，观察完成定量负荷所需要的时间、负荷后心肺功能的反应；或观察固定时间内，能完成的运动负荷量的大小。常见的心肺耐力测试方法详见表4–3–9。

表4–3–9　不同情况下心肺耐力测试方法

测试类型	测试方法	备注
检验标准	最大摄氧量测试	需要专业设备及专业体育科研水平的测试
定量负荷测试	台阶试验 1500米跑（20～39岁男性） 3000米健身走（40～59岁）	适用于普通人群的运动测试
固定时间测试	12分钟跑 9分钟跑 5分钟上下楼梯 2分钟跳绳（20～39岁女性）	适用于普通人群的运动测试

资料来源：杨静宜，徐峻华. 运动处方. 高等教育出版社，2010。

根据不同人群的分类，测定心肺耐力的方法有多种，根据现有相关标准，可对心肺耐力进行评价，但由于个体不同，本书建议运动营养师根据客户的具体情况选择或设计合适的测定方法，确定试验结果后，鼓励客户进行数据的自身对照。

2. 肌肉适能（肌肉力量与肌肉耐力）

肌肉力量与肌肉耐力被统称为肌肉适能。肌肉力量是指肌肉克服外部阻力的能力，通常通过测定肌肉最大力量来表示；肌肉耐力表示肌肉抗疲劳和连续进行重复动作的能力，通常通过设定一定的负荷，测定肌肉能够重复收缩的次数或能够持续的时间来表示。

某一个测定方法只能用来评价某一块或一组肌群的力量，与身体其他肌群的力量大小没有绝对关系。因此，要想全面地对全身各主要肌群的力量进行评价，最好进行上肢、下肢、躯干肌力的多项测定，才能为确定运动目标提供更客观的依据。

一般情况下，测定不同性别、不同年龄的人群采用的测定指标不同。用于测定肌肉适能的便捷指标如表4-3-10所示。

表4-3-10 肌肉适能测试指标

测试部位	测试方法
前臂、手屈肌	握力
上肢	最大卧推、双手前投实心球、俯卧撑、引体向上、跪卧撑
腹部	仰卧起坐、仰卧举腿
背部	背力、俯卧背伸
下肢	立定跳远、纵跳、深蹲

资料来源：杨静宜，徐峻华. 运动处方. 高等教育出版社，2010。

肌肉力量与肌肉耐力的测试方法，通常可根据客户需求进行设计并进行自身对照。另外，也可通过同一测试方法的不同规定分别测试肌群的肌肉力量与肌肉耐力。如表4-3-10所示的“深蹲”测试方法，当进行外加阻力的最大重量深蹲力量测试时，测定的是下肢肌肉力量；若进行固定时间无负重深蹲次数计量时，可测定下肢肌肉耐力。需要注意的是，所有针对最大重量的测试，均需专业人员在旁保护辅助，最大程度减少运动测试风险。对于专业运动员测试时，还可设计相关的专项体能动作进行肌肉力量与肌肉耐力测试，这需要中、高级运动营养师或体能教练的协助。

3. 关节灵活性或柔韧性

关节灵活性是指机体某个关节或身体环节不受限的活动幅度，也可理解为某关节的自主活动范围；而柔韧性是指关节的被动活动范围。研究表明，若关节灵活性与柔韧性的活动度相差超过10度，则受伤风险会明显增加，相差值越大，受伤风险越大。因此，保证一定的关节灵活性对于人体保持健康与运动能力极为重要，一个关节灵活性与柔韧性较好的人，身体姿势看起来放松、自然，走起路来步子大，运动起来也游刃有余。随着年龄增长，人体的肌腱或慢慢变短变紧，这样也就限制了关节活动范围，如有些老年人步子很小、背部僵硬、弯腰困难就与此有关。与关节灵活性相关的因素包括相关的肌肉、筋膜、关节囊、韧带、肌腱与皮肤等。

虽然可以用各种仪器对关节活动范围进行测量，但用一些简单易行的方法对这一素质进行测评仍有重要实用价值。对于一般人来讲，灵活性或柔韧性下降主要出现在躯干和下肢，因此，“坐位体前屈”测试是目前测定该素质的主要方法。此外，涉及肩关节的“摸背或双手背勾试验”与测试胸椎灵活性的“持棍转体”测试也有多种，这类测试需要与改善方案结合进行动态评估。

4. 运动技巧/技能类指标

上述三类测试指标是针对普通人群或初级运动人群在进行运动方案执行前所必需的测试项目。目前考虑到体育训练或体能训练已逐步普及，一些客户对运动技能或运动表现提升有所需求，因此，测试项目中还包含一些运动技巧/技能类的指标，如爆发力、速度、灵敏或敏捷性、平衡性、协调反应能力等。这些测试通常会结合专项运动进行，且通常会包括动态或快速的加速、减速阶段，这会对骨骼、关节和肌肉造成较大压力，通常属于中、高级运动人群的测试指标，对于很多普通客户可能并不合适。因此，在客户选择这方面测试时，需要预先通过前述三类测试，来确定这种运动技巧/技能类评估是否适合客户目前的技能和训练水平。

第二节　膳食营养调查与评估

目前，国际上已有多家体育组织将运动员的膳食营养调查作为常态化工作，列入同体检、专项运动能力测试、机能监控、心理测试等同步的定期工作中，因此，膳食营养不单单是普通人群的关注重点，更应该是运动人群的关注重点。通常，系统的运动营养服务工作流程包括测试或调查、评估或诊断、实施干预、动态监测。需要注意的是，针对第二步骤中的“评估或诊断”而言，只有具有医学背景的专业人员可进行诊断，运动营养师所做的工作定位为评估。对于一名运动营养师而言，无论是针对普通人群还是运动人群，膳食营养调查都具有重要意义，它是进行系统运动营养服务工作流程的第一步。

结合实际工作经验，本书将膳食营养调查分成两大类，一类是“膳食习惯调查”，另一类是“膳食摄入量调查”。前者趋向于定性分析，后者趋向于定量分析，二者结合，可协助运动营养师从整体角度发现客户潜在的营养问题或营养紊乱风险，协助分析运动过程中可能出现的营养问题，并为制订个性化饮食方案、饮食行为矫正方案和营养教育方案提供依据。

一、膳食习惯调查

（一）常规膳食习惯调查

在进行常规膳食习惯调查过程中，了解在现实环境下不同地域群体的饮食观念、饮食癖好以及信仰因素的差异极为重要，客户所具有的地域性饮食癖好、饮食习惯、常用烹饪方法、餐次安排习惯、饮食卫生情况等都需成为调查内容，这为后续进行定量膳食摄入调查提供数据背景。

此外，了解客户日常酒精、烟草、咖啡因、营养品或保健食品使用频率、使用量及持续时间，同样对分析其膳食营养情况具有重要意义。

值得注意的是，社会心理压力也会影响个体食欲与饮食行为，如一些运动人群会在高强度训练后出现持续1～2小时的食欲缺乏（一种正常的生理反应），或一些运动人群因担心剧烈运动前摄食会感到不适或恶心而选择在训练前2小时或更长时间内避免进食。这些行为不利于运动人群的体力恢复，也不利于每日摄入的营养素与能量的合理摄入和利用。因此，相关内容也需视情况纳入常规膳食习惯调查内容。

（二）营养素缺乏体征调查与评估

针对营养素缺乏较为准确的测试方法是实验室生化检测。这种检测方法中，血、尿、粪便用作生物样品检测时，反映的是当前或短时间内的营养状况；而毛发、指甲等用作生物样品检测时，可反映前一时期组织内的营养情况。但这一方法需要一定设备、经费、技术要求和人员条件，故在基础教程中不作为必须项目，有需求的客户可前往专业医疗机构进行检测。

区别于实验室生化检测，营养素缺乏还可通过一些临床体征进行初步判断，即运用检查者自己的感官观察受检者是否有与营养状况有关的症状、体征等，从而做出营养正常或失调的初步评估（表4-3-11）。当机体在一段时间内缺乏某一种或数种营养素时，会引起一系列的营养缺乏症状，这些症状一方面可能由于营养素摄入不足，另一方面也同机体消化道对某营养素的吸收障碍、机体代谢障碍或机体需要量增加有关。一般在检查时，尽可能在体表观察到与营养有关的问题，包括皮肤、眼睛、毛发、黏膜以及在皮下可触及的腺体等。但需注意的是，营养缺乏的许多临床症状、体征特异性不强，且营养素的缺乏往往为多发性的，即出现某一种营养素缺乏时，往往会伴有其他营养素的缺乏。一些工作表可辅助此项工作的进行，如表4-3-12所示。

表4-3-11　常见临床体征与可能缺乏的营养素关系

部位	体征	可能缺乏的营养素
全身	消瘦或水肿，发育不良	能量、蛋白质、锌
	贫血	蛋白质、铁、叶酸、维生素B_{12}、B_6、B_2、C
皮肤	干燥，毛囊角化	维生素A
	毛囊四周出血点	维生素C
	癞皮病皮炎	烟酸
	阴囊炎，脂溢性皮炎	维生素B_2
头发	稀少，无光泽	蛋白质、维生素A
眼睛	比奥斑，角膜干燥，夜盲	维生素A
口腔	口角炎，唇炎	维生素B_2
	齿龈炎，齿龈出血，齿龈松肿	维生素C
	舌炎，舌猩红，舌肉红	维生素B_2、烟酸
	地图舌	维生素B_2、烟酸、锌
指甲	舟状甲	铁
骨骼	颅骨软化，方颅，鸡胸，串珠肋，O型腿，X型腿	维生素D
	骨膜下出血	维生素C
神经	肌肉无力，四肢末端蚁行感，下肢肌肉疼痛	维生素B_1

资料来源：孙长颢.营养与食品卫生学（第8版）. 人民卫生出版社，2017。

表4-3-12 营养素缺乏调查表

		B族维生素	维生素C	维生素A	复合维生素	抗氧化剂	蛋白质	膳食纤维	钙	铁	锌
肌肉松弛		1									
易怒或忧虑或紧张	您觉得自己比身边人容易发脾气或者容易忧虑或者容易紧张吗？	2									
湿疹或皮炎	您患有湿疹或皮炎吗？	1									
溃疡或口角发炎	您每年有超过3次的溃疡或口角发炎吗？	1									
频繁感冒	您每年感冒会超过4次吗？		2	2			1				1
牙龈出血或牙龈过敏	您有牙龈出血或牙龈过敏的情况吗？		2								
容易瘀伤	您身体容易出现瘀伤吗？		1								
伤口复原缓慢	您身体有伤口时复原的时间会超过预计吗？		1				1				1
皮肤出现红色丘疹	您皮肤有出现红色丘疹吗？		1								
便秘	您每天都有大便吗？	1						2			
脂肪肝	您患有脂肪肝吗？							1			
肥胖	您的身高体重是多少？（营养师判断是否为肥胖）						2	2			
肌肉震颤、抽搐或痉挛	您最近有出现过肌肉震颤、抽搐或痉挛吗？	1							2		
蛀牙	您有蛀牙吗？								2		
面色苍白	营养师观察是否有面色苍白的情况									2	
痛经或血液流失	您是否痛经或月经量比较多？									2	

（续表）

		B族维生素	维生素C	维生素A	复合维生素	抗氧化剂	蛋白质	膳食纤维	钙	铁	锌
食欲不振或恶心	您吃饭会感觉有滋有味的吗？有恶心的感觉吗？									2	
发育迟缓	（青少年）营养师观察是否比同龄人要矮小						1				
夜视能力下降				2							
眼干不适（可能伴有眼疼）	您感觉眼睛干涩不舒服吗？（可能伴有眼疼）			1							
皮肤干燥（可能伴有毛囊角化）	您皮肤干燥吗？（可能伴有毛囊角化）			1							
味觉或嗅觉减退											2
两个以上的手指甲有白斑	营养师查看是否有两个以上的手指甲有白斑										2
经常应酬	您每周都有应酬吗？	1									
吸烟	您吸烟吗？				2	2					
饮酒	您饮酒吗？	2			2						
经常服药	您每月都有服用药物的情况吗？				2						
饮食不规律	您饮食是否有规律？				2						
一周吃粗粮少于2次	一周吃粗粮少于2次？							1			
每天果蔬少于1斤	每天果蔬少于1斤？				2			1			

（续表）

		B族维生素	维生素C	维生素A	复合维生素	抗氧化剂	蛋白质	膳食纤维	钙	铁	锌
不喝牛奶或很少喝牛奶	不喝牛奶或很少喝牛奶?								1		
常喝浓茶或咖啡	常喝浓茶或咖啡?								1		
高血压	您患有高血压吗?								2		
骨质疏松	您患有骨质疏松吗?								2		
是健身人群	您健身吗?						2				
肉类以猪牛羊肉为主	您平时吃的肉类中是不是以牛羊肉为主?						1				
工作或生活压力大	您感觉工作或生活的压力大吗?					1					
用电脑时间长	您平均每天用电脑的时间超过3小时吗?			1		1					
运动强度比一般人大	您的运动强度比一般人大吗?					1					
生活在繁华大城市	营养师根据客服资料判断客户是否生活在繁华大城市					1					
疲劳或情绪低落	您经常感觉疲劳或情绪低落吗?									2	
缺铁性贫血	您患有缺铁性贫血吗?									2	
经常佩戴隐形眼镜	您经常佩戴隐形眼镜吗?			1							
总分		10	7	8	10	6	8	7	10	10	6
得分											

注：表格各列得分越接近相应列总分，说明此种营养物质缺乏越严重。

（三）食物过敏与食物不耐受调查

不同个体对食物的消化吸收水平不同，当个体对某种或多种食物出现消化吸收不良时，势必会影响到机体细胞所需营养素的供给。了解不同个体对具体食物的消化吸收水平需要长时间的观察与总结，而在初始调查阶段，运动营养师需重点关注的是，客户是否具有与消化系统相关的疾病（参见表4-2-3），以及是否存在食物过敏或食物不耐受情况，这不仅对制订合理营养方案有所协助，而且对最终实现运动营养干预目标具有重要作用。

食物过敏是指摄入体内的食物中的某组成成分作为抗原诱导机体产生免疫应答而发生的一种变态反应性疾病，存在于食品中可以引发人体食品过敏的成分称为食物致敏原。食物过敏症状目前分为两类：由体内IgE介导的快速食物过敏反应，通常发生在摄食后数分钟到1小时或以上，症状包括哮喘、荨麻疹、胃肠反应、心血管反应等；由体内非IgE（目前常见的是IgG）介导的慢性食物过敏反应，因通常潜伏期较长，无较明显异常反应，故易漏诊，但它易导致胃肠损伤，从而导致全面的饮食紊乱，如乳糜泻症状（对麸质的慢性过敏反应）。常见的食物致敏原通常是机体不能适当处理的蛋白质，如酪蛋白是牛奶过敏的主要致敏原，麸质是小麦过敏中常见的致敏原。引起过敏的食物约有160多种，但常见的致敏食物通常包括以下8类：牛奶或乳制品、鸡蛋及其制品、花生及其制品、大豆及其制品、小麦和大麦及其制品、鱼类及其制品、甲壳类及其制品与坚果类及其制品。

食物不耐受是指不涉及免疫系统的、对食物的不良反应，如摄食某食物后出现胀气、打嗝、腹泻或不愉快的反应等。最为常见的是乳糖不耐受，此外也常见于先天性代谢障碍引起的消化不良。另外，还存在一些个体对某类食物产生心理厌恶，这也是需要注意，并与以上食物所引起的生理性反应进行区分。

如在膳食调查中发现客户具有食物过敏或食物不耐受情况，则最佳的调整方法是“限制饮食”，即排除过敏食物或不耐受食物。这种情况下，最重要的是为客户寻找或确认替代性食物或相关膳食补充剂，因为长期避免某特定食物或某类食物，可能会损害营养情况，从而造成营养素缺乏而增加患病风险。

近年来，运动员群体中出现的乳糜泻症状引起了针对由IgG介导的食物慢性过敏反应的研究。2013年，著名的网球职业运动员德约科维奇在其自传中强调，其隐藏多年的“乳糜泻”症状是制约其运动表现的主要因素，在通过营养师指导进行无麸质饮食后，他重获巅峰状态。乳糜泻容易被漏诊或误诊，据著名运动营养学家丹·贝纳多特统计，过去认为乳糜泻的患病率为十万分之一，而近年显示它的患病率可能高达百分之一，他提出这种引起胃肠道功能障碍的疾病可能正是导致大量运动员出现不明症状的原因之一。因此，若运动人群存在吸收不良、频繁腹泻、铁缺乏或与乳糜泻相关的胃肠功能紊乱的任何其他症状，都应当考虑他们是否存在对麸质的慢性过敏反应。由此推测，那些采用极低碳或生酮饮食后感觉身体情况有所改善的人，其中至少有一部分人很可能是由于饮食中消除了麸质而获得的益处。疑似的乳糜泻症状者可通过医学临床检查以确认是否患病。

值得注意的是，一些研究显示，剔除引起慢性过敏反应的食物对慢性疲劳综合征（CFS）、部分慢性病以及部分自身免疫性疾病等均具有较好的改善效果，目前属于功能医学的研究领域。随着科技水平发展，目前也有一些专业机构可针对食物慢性过敏或不耐受进行检测。

二、膳食摄入量调查

膳食调查与评估，是指调查客户一段时间内通过膳食所摄取的能量和各种营养素的数量与质量，并与该人群每日膳食推荐摄入量进行比较，以此来评估客户正常营养需要得到满足的程度。

调查客户膳食摄入量的主要内容包括全天食物与饮料的摄入量数据（含品种及数量等），通常调查持续3天，时间过长会影响调查的依从性与准确性。

对膳食摄取量的调查并不仅仅是为了评估客户吃了什么、喝了什么，还是一个有关社会、医学及心理等各方面影响食物选择的信息搜集过程。在实际工作中，这一步骤具有以下重要意义：

（1）有助于运动营养师对客户饮食情况甚至生活习惯进行全方位的分析，并可通过这一阶段的调查，结合其他参数（如体质测试数据、医学检查数据等）验证之前调查中出现的可能与营养相关的问题。

（2）为膳食方案的制订提供更准确的基准数据。

（3）通过量化方式评估不同膳食方案对运动表现或身体代谢反应的效果。

（4）调查阶段有利于客户自主接受营养教育与干预。

（5）可评估客户在不同运动阶段或其他特殊阶段的膳食情况。

（一）传统膳食调查方法

传统的膳食调查方法包括称重法、记账法、化学分析法、24小时膳食回顾法和食物频数法等。这些方法既可单独进行，也可联合进行。通常需要运动营养师根据干预目的与要调查的目标人群选择适宜的调查方法，如针对运动员群体常使用称重法；针对不方便进行实地跟踪的普通人群常使用24小时膳食回顾法和食物频数法；针对家庭或群体膳食调查时，会使用到记账法。这些方法在针对运动营养师所干预的客户使用时不够便捷准确，存在可行性差、回顾误差大等弊端。随着运动营养研究的不断推进，在过去几年中，传统的纸质膳食调查方法和以面谈问答为基础的膳食调查方法已被新技术升级，目前已具有较强可行性的膳食调查实时记录法。

（二）当前膳食调查方法（实时记录法）

现阶段，随着计算机、手持数字设备、带有照相功能的移动手机及互联网交互技术的广泛使用，运动营养师常用的膳食调查方法是利用常用的安卓手机与办公软件进行实时记录与饮食分析，可配合食物称重法或食物重量估计，即通过称重法或图片拍摄记录连续3天的所有膳食情况，并进行数据分析。这种方法对运动营养师本身的经验技能具有一定要求，如能正确使用食物秤、相对准确地估算食物热量以及估算常见食物重量，并可使用电子设备快速查询常见食物所含营养素，且熟知对应人群能量及营养素推荐标准与食物选择建议。

实时记录法存在的潜在问题是，客户可能会由于3天的连续调查而影响其原本的饮食习惯，或对客户产生一定心理负担。因此，建议运动营养师在进行该项步骤时，尽量减少对客户的饮食干预，只是提示其每次吃饭或摄入任何食物或饮料时进行清晰拍照，并通过线上交流软件进行上传，运动营养师在3天的膳食调查阶段，尽量不进行膳食评价。

此外，随着电子设备技术更新，移动手机和信息无线传输得到广泛应用，不仅食物图片便于储存发送，且多种便捷的膳食调查软件应运而生，这些软件通常便于随时记录膳食数据并通过链接食物成分数据库进行自动分析。目前已有两种类型的应用程序，分别为数字化食物记录软件和图像化食物记录软件。这种在可移动设备上运行的基于数字或图像分析的食物记录应用程序，为实时记录饮食提供了便捷方式。目前，北京康比特运动健康营养研究院自主研发的“智慧餐厅——运动员合理营养与配餐管理软件”可在电脑端、手机端进行使用，经授权后，可与多种智能设备对接，能够快速进行膳食调查，进行全面的营养相关分析。

在膳食调查阶段，运动营养师需要了解常规的食物生熟比以及食物可食部情况，确保所记录的膳食重量是客户实际真实摄入的部分。这在中国人膳食中多样的菜品及混合膳食调查中具有一定的难度，因此，特殊情况下需要进行估算，但这一步骤仍是后续营养方案制订时重要的定量参考。

三、膳食调查结果评估

（一）膳食调查信息整理

一般来说，膳食营养调查得来的数据需要进行以下几个方面的统计分析。

1. 每日摄取的各种食品的名称和数量

获取准确的食品名称，方可查询对应的准确的食物成分；获取相对精准的食品数量，方可更精准地分析膳食能量与营养素摄入水平。与此同时，最新的《中国居民膳食指南2016》中将食物分为五大种类：谷薯杂豆类、蔬菜和水果类、动物性食物、大豆及坚果类、纯能量食物（如烹调油）等，建议平均每天不重复的食物种类数达到12 种以上，每周达到25 种以上。

2. 根据食物成分表计算出所摄入的每种食物的能量和营养素量

食物的能量和各种营养素的摄入量，是根据食物成分表中各种食物的能量及营养素含量来计算的。以平均每人每日各种食物的摄入量作为基本数据，根据食物成分表中每100g各种食物的能量和营养素的含量来进行折算。计算时要注意调查食物是生重还是熟重，若食物成分表中有熟食的相应营养素成分，调查时也可尽量采用熟食调查数据。

3. 计算每日总能量以及各种营养素的总摄入量

将所有调查食物所含能量进行相加，获得每日总能量摄入数据；将所有调查食物所含某一营养素的含量进行相加，获得每日该营养素总摄入数据。

4. 计算所摄入的三大供能营养素提供能量的百分比

根据三大供能营养素（糖类、蛋白质、脂肪）数量与其对应的能量系数相乘，获得三大供能营养素对应的能量，并分别与总能量相除来进行计算。目的是了解三大供能营养素占总能量的比例是否合理。

5. 计算一日三餐中提供能量的百分比

根据一日三餐食物中所提供的能量进行计算，目的是了解一日三餐的饮食结构是否合理。

（二）膳食调查结果评价

1. 全天总能量评价

在整理膳食调查信息资料后，可得到每人每日总能量摄入值，参照本书第二篇第一章第三节内容进行对比，可评价对应人群每日能量摄取是否能满足生理需要的程度或是否超出标准。

2. 膳食比例（膳食模式）评价

膳食比例又指膳食结构，或称膳食模式，是指膳食中各类食物的数量及其在膳食中所占的比重，一般根据各类食物所能提供的能量及各种营养素的数量和比例来衡量膳食结构的组成是否合理。将其简单理解为供能营养素所占总能量的比例，即计算供能营养素提供能量百分比，并与第二篇中给出的供给量标准相比较进行评价。此外，针对具有特殊需求，如减控体重或增肌增重的运动人群，其膳食比例可随运动负荷的变化而有所调整，详见本系列分册教材。

3. 餐次比评价

根据每餐总能量摄入与全天总能量摄入的比例，得到全天各餐能量比值，通常可根据中国营养学会推荐的早、中、晚能量比例为3：4：3进行评价，对于特殊情况也可进行调整。

4. 三大供能营养素所对应的食物选择评价

对于糖类、脂肪、蛋白质三大供能营养素的数量进行评价后，还需要考量各种营养素所对应的食物选择。

首先是食材种类与数量的选择，保证“食物多样”，才可保证人体所需的七大营养素摄入全面。建议平均每天不重复的食物种类数达到12 种以上，每周达到25 种以上。

其次是三大供能营养素所对应的食物来源，除了按照相应营养干预目的确保“量”的选择外，还需注意“质”的选择。详见本书第二篇第二、三、四章的第五节实践内容。

5. 其余营养素摄入评价

除三大供能营养素以外，维生素、矿物质、水与膳食纤维的具体摄入也需额外注意，尤其是在进行膳食习惯调查中发现具有营养素缺乏或食物过敏、不耐受等群体，可通过具体膳食调查进行验证。该部分需要根据营养干预目的，结合第二篇第五章至第七章进行微量营养素摄入评价。这有利于后续为客户制订营养干预方案时，确定是否需要特殊膳食补充剂（保健食品或运动营养食品）的方案设计。

综上所述，对个体膳食评价的核心是比较他/她的日常摄入量和需要量，看其是否能满足进餐者的能量及各种营养素的需求，同时要结合烹调加工方法的合理性，将膳食调查结果与我国营养素摄入量推荐标准（DRIs）或运动人群推荐标准进行比较后作出合理的评价。在任何情况下一个人的真正需要量和日常摄入量只能是一个估算结果，因此，对个体膳食适宜性评价都是不精确的。对结果进行解释需要谨慎，必要时应当结合该个体其他方面的材料，如体质测试或医学生化测定结果进行综合评价，以确定某些营养素的摄入量是否足够。

在进行膳食调查时，不仅要得到确切的数据、资料，对结果进行评价，同时还要善于发现问题，如食物的储存、加工烹调方法、饮食习惯、食物选购和搭配以及进餐环境等，针对存在的问题提出切实可行的改善建议，同时可开展一些营养知识的普及教育工作，提高客户在运动营养方面的知识储备。

第三节 全面的运动营养测试与评估流程

综合本篇内容，对于具备基本运动营养咨询与指导技能的运动营养师而言，想要为客户制订安全有效且具有个性化特点的运动营养方案，应当按照图4-3-1所示为客户进行全面的运动健康风险评估及运动营养测试与评估流程。

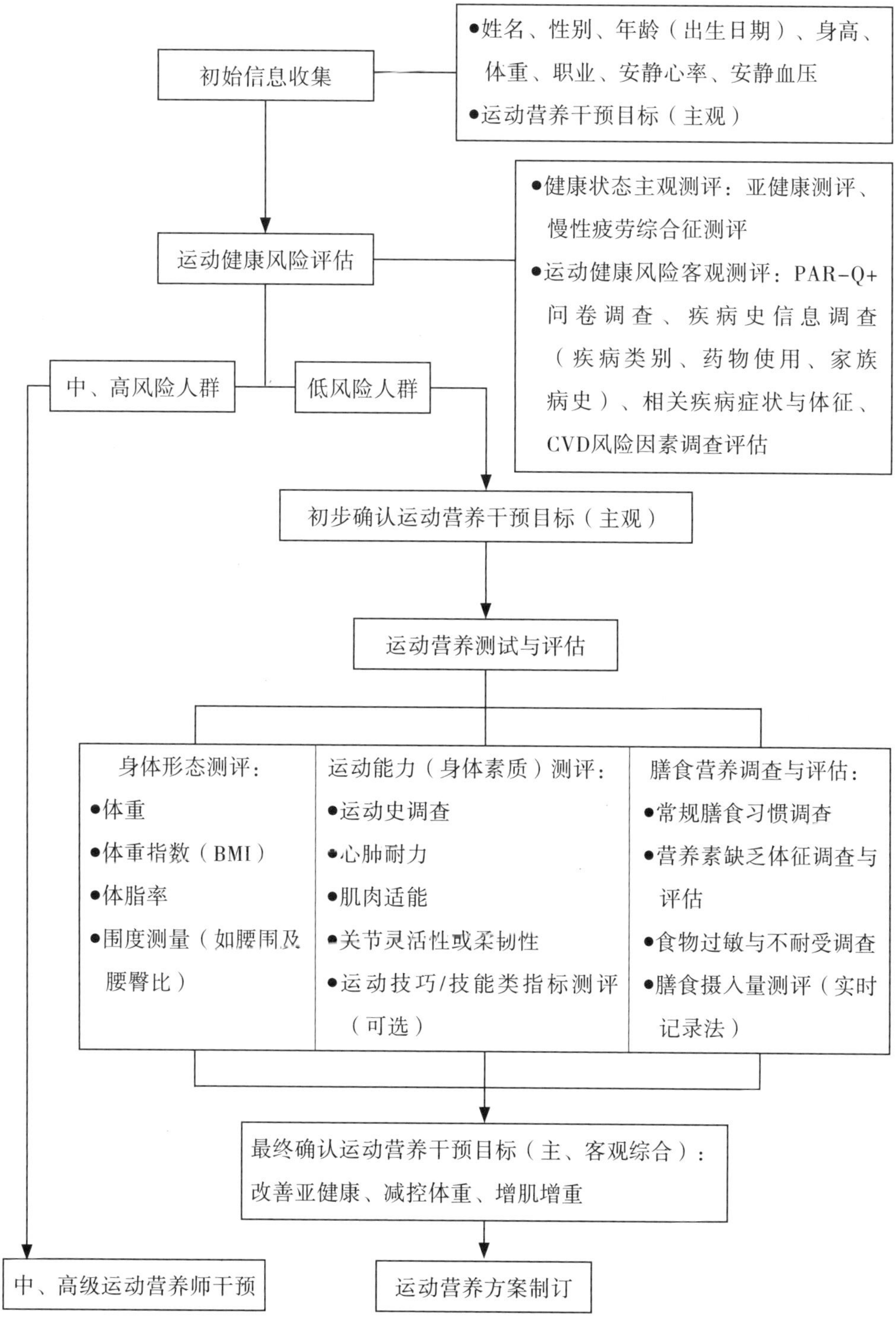

图4-3-1 运动营养师全面运动营养测试与评估流程

资料来源：汤春雪.北京康比特运动健康营养研究院内部资料.2019。

本章小结

在经过运动健康风险评估后，将进入完整的“测、评、练、吃”干预流程。本章重点阐述“运动营养测试与评估”流程，该流程包括两大领域的五项测试指标，分别为：（1）体质测试与评估，包含身体形态测评、身体机能测评与身体素质（运动能力）测评；（2）膳食营养调查与评估，包含膳食习惯调查评估与膳食摄入量调查评估。评估过程需要依据权威机构的标准数据开展，在实际咨询与指导过程中，也建议运动营养师建立客户自身基线标准作为评估对照重点，并鼓励客户关注自身指标的动态改善，提升客户执行相关干预方案的参与度与积极度。

（汤春雪）

第四章　运动营养方案制订

综合编写组成员在大众健身与竞技体育领域开展运动营养工作的实践经验，本书将“运动营养干预”的含义分为三类：

第一，制订运动方案与营养方案。这种情况下，“运动”与“营养”是相对单独的两个要素。通常对于多数非运动人群，想要改善亚健康状态或维持健康状态，以营养方案为主，辅以低强度运动或少量额外体力活动便可获得健康益处，这种情况下，分别制订营养方案与低强度运动方案即可，这对一些特殊人群如少年儿童、老年人、慢性病患者等均适用。

第二，制订围绕运动期间的营养方案，即运动前、中、后的营养补给方案。这种情况下，“运动”与“营养”是一体的。对于运动人群而言，其运动强度通常需要达到中等及以上，这种运动消耗不仅需要日常额外的营养摄入进行补充或维持，还需要考虑在运动当时如何及时补充营养物质，以提高运动表现或加快疲劳消除，从而预防运动受限或运动损伤。这种干预方案通常适用于青少年及成人运动员、大众运动发烧友（如马拉松、球类、极限运动等爱好者）以及一些涉及运动训练的特殊职业人群。

第三，“运动方案”与“营养方案”在达成健康效果方面具有相互促进的特点，因此二者通常作为“标配”方案使用。如本书第二篇所述，当进行钙质补充时，膳食营养方案是通过饮食或膳食补剂增加含钙食物的摄入，同时多种研究证明，抗阻力训练可促进人体对钙质的吸收；蛋白质摄入及吸收同理。可以说，“运动”是促进“营养”吸收的一种方式，而“营养”是保证“运动”的重要基础。

由此可见，“运动方案”与“营养方案”似乎可以独立存在，但又是相互联系、相互融合的。基于“运动营养干预”的这种含义，本书提出“运动营养”适用于全生命周期的健康照护，同时适用于多种职业人群的自我保健，这也是“运动营养师”系列教程的定位。初级运动营养师可干预的人群限制在无基础性疾病的人群，包括改善亚健康或具有增肌减脂塑型需求的人群；而针对一些具有慢性疾病或其他特殊需求的人群，则需要中、高级运动营养师或专业医学人员把控医学风险。但所有人群的运动营养方案制订原则是统一的，本章将对此进行详述。针对特定人群的运动营养方案制订可详见本系列分册教材。

第一节 运动方案制订

研究表明，对于大多数人来说，运动带来的益处远远大于其风险。一个理想的运动方案应该是在参与者健康状况、自身能力、自然环境及社会环境都允许的范围内，满足其对健康和体能发展的要求。运动在改善亚健康状态、实现增肌减脂目标、促进营养吸收方面具有重要作用，因此，本书倡导久坐少动人群积极参加体育运动，即使无法达到推荐量，能够进行一些小强度的规律运动也是有好处的，尤其鼓励那些体力活动不足或体质较差的人在保证安全的情况下积极运动。

一、运动方案制订原则

（一）安全性原则

安全性原则是指在运动过程中，要确保参与者不出现或尽量避免发生运动伤害事故，这是参加运动的首要原则。在制订运动方案前需要完成运动前健康风险评估，详见本篇第二章。此外，在制订运动方案过程中也尽量不涉及危险或不安全的动作，并检查所需设备的安全性，对于一些较大强度的运动方案，要随时关注客户的身体反应并注意提醒客户参与运动时的衣着装束的安全性，运动前要做好充分的准备活动，运动后要做好整理和放松活动。

（二）个性化原则

个性化原则是指根据每个人的遗传特征、机能特点和运动习惯，制订个性化的运动健身方案。在制订运动健身方案时，要进行必要的运动风险评估和运动能力测试，以便了解每个人的具体情况，使运动健身方案更具个性特征。

（三）目标明确原则

目标明确可以保证方案的有效执行。这里所说的“目标”既包括运动营养干预的整体目标，如改善亚健康状态、增肌增重、减脂减重、参与专业比赛或提升专项素质等，也包括确定的运动目标，如改善心肺耐力、提升肌肉适能、改善关节灵活性或柔韧性等。

（四）全面发展原则

全面发展原则是指在运动过程中，要使身体各部位都参与运动，使各器官系统的机能水平普遍得到提高，既要提高心肺功能和免疫能力，又要提高肌肉力量、柔韧性等身体素质，此外，还包括人体身心平衡的全面发展。因此，要选择全身主要肌群参与的、种类多样的运动项目，取得全面发展的效果。

（五）循序渐进原则

循序渐进原则是指科学地、逐步地增加运动时间和运动强度，如运动时间由短到长，运动强度由小到大，不可急于求成或擅自超时超量完成规定计划。循序渐进原则强调要根据自己对体育健身活动的适应程度，逐渐增加运动负荷，使身体机能和运动能力不断提高，以取得最佳体育健身活动效果。

（六）量力而行

不同年龄、不同体质的人要区别对待，对于大部分参与运动健身的人群而言，运动量宁小勿大，时刻关注自身身体反应，量力而行，不可盲目攀比。

（七）持之以恒

即使是小强度的规律运动方案，也会带来健康益处，这里所强调的“规律”就是指“坚持”的重要性。身体对于运动训练需要有一定的适应期，因此，健身运动需要持之以恒，以达到增强体质、改善健康、终身受益的目的。

二、运动目标确定

制订运动方案前，首先要确定运动目标，从而选择适合的运动项目。制订合理的短期、中期、长期运动目标，可以使运动训练更有效率。运动目标的制订需要遵循SMART原则，即明确的（Specific）、可测量的（Measurable）、可实现的（Attainable）、与个体客户的兴趣需求及能力具有相关性的（Relative）、有时限的（Time-bound）。这一原则也适用于大多数领域中的目标制订。

运动目标的确定是围绕运动营养干预的整体目标进行的。针对初级运动营养师可干预的以改善亚健康、达成增肌减脂塑型效果为目标的完整方案，可详见本系列分册教材。本节将围绕达成初级整体干预方案，进行运动目标的设置，因此，以下涉及的运动方案适用于以改善体质、体型为目的的健康成年人，业余和职业的运动员训练方法将比本节所介绍的更为复杂。

根据上一章内容可知，运动能力的测试是围绕四类运动素质开展的，因此，对于大多数成年人而言，运动方案的制订同样需要包含这四项：心肺耐力（有氧耐力）、肌肉适能（肌肉耐力与肌肉力量）、关节灵活性或柔韧性、运动技能类素质。通常前三项为必须包含项，第四项作为具有一定综合性质的素质，可根据客户需求进行选择。如对于一个亚健康的人来说，其精力不足、易疲劳的表现可能与其心肺耐力素质差有关；提升心肺耐力对于提高减脂效率、加快增肌训练疲劳消除等均具有明显作用。因此，提升心肺耐力是大多数久坐少动人群在制订运动目标时的首选，此外，提高肌肉适能与关节灵活性，对改善生活质量与预防运动损伤大有裨益。

三、运动方案制订要素

遵循美国运动医学学会（ACSM）官方的“运动处方”原则，可将运动方案的制订要素总结为“FITT-VP”原则。即：

运动频率（Frequency）：多久进行一次运动，如每周参与运动的天数。

运动强度（Intensity）：代表运动的费力程度。

运动时间（Time）：某次运动持续的时间。

运动方式（Type）：参与运动的模式或类型。

运动总量（Volume）：运动强度在运动时间上的累积，代表总体运动量或运动负荷。

运动进阶（Progression）：跟随运动计划的进展，逐步进阶。

FITT-VP原则可适用于具有改善体质需求的人群针对心肺耐力、肌肉适能、关节灵活性或柔韧性与运动技巧类素质的单项能力提升，但对于一些存在特殊健康状况或某些年龄段人群，包括以竞技和表演为目的的人群可能并不适用。这一原则更适用于为客户提供宏观建议指导与指南，若进行精细的运动方案安排，还需要综合考虑更多细节因素。

例如，《2018版美国人运动指南》中分别针对学龄前儿童、学龄儿童及青少年、成年人、老年人、怀孕妇女和产后妇女、慢性病患者提供了安全运动指南。关于成年人的运动指南包括：

第一，成年人全天都应该多动少坐，其中有身体运动总比没有好。

第二，减少坐的时间，或多或少地进行中等至剧烈的身体运动会给成年人带来健康益处。

第三，为获得实质性的健康益处，成年人应该每周至少进行150～300分钟的中等强度有氧运动，或者75～150分钟的高强度有氧运动，或者等量中等和高强度有氧运动的组合，且最好将有氧运动均匀分布到整周时间内。

第四，每周进行多于300分钟的中等强度的身体活动，可以获得额外的健康益处。

第五，成年人每周应进行不少于2天的中等强度及以上的力量训练，锻炼所有主要肌群。

目前，体育运动在促进健康领域的诸多研究成果尚未充分应用于实践，我国多数居民在参加体育活动时有很大的盲目性。因此，2018年新版中国《全民健身指南》在综合国际最新研究与各国体育运动指南的前提下，结合我国居民运动特点，将运动方案要素从FITT-VP模式归纳为运动方式、运动强度以及运动时间三项，并强调了单次运动训练应当具备的要素，更具有实践性与指导性。本书将以此为基准进行阐述。

（一）运动方式

运动方式是运动参与者采用的具体健身手段和健身方法。根据不同体育健身活动方式的运动特征，《全民健身指南》中将体育健身活动项目归纳为有氧运动、力量训练、拉伸运动、球类运动、中国传统运动方式5大类（表4-4-1），分别对应第三章中提到的4类运动能力——心肺耐力、肌肉适能、灵活性与柔韧性以及运动技巧类素质。不同的运动方式有不同的健身效果，根据每个人的健身目的，可以选择相应的运动（表4-4-2）。

表4-4-1 五类不同运动方式

运动方式	具体描述	效果与目的
有氧运动（中等强度）	健身走、慢跑（6～8km/h）、骑自行车（12～16km/h）、登山、爬楼梯、游泳等	改善心肺耐力。提高心血管功能、提高呼吸功能、控制与降低体重、增强抗疾病能力、改善血脂、调节血压、改善糖代谢
有氧运动（大强度）	快跑（8km/h以上）、骑自行车（16km/h以上）等	改善心肺耐力。提高心肌收缩力量和心脏功能、进一步改善免疫功能
力量训练	非器械练习：俯卧撑、原地纵跳、仰卧起坐等。 器械练习：各类综合力量练习器械、杠铃、哑铃等	提高肌肉适能。增加肌肉体积、提高肌肉质量、提高平衡能力、保持骨健康、预防骨质疏松
拉伸运动	动力性牵拉：正踢腿、侧踢腿、甩腰等。 静力性牵拉：正压腿、压肩等	改善关节灵活性与身体柔韧性。提高关节活动幅度和平衡能力、保持良好体态、纠正肌肉发力的不均匀、改善身体姿势、预防运动损伤
球类运动	篮球、足球、橄榄球、曲棍球、冰球、排球、乒乓球、羽毛球、网球、门球、柔力球等	提升运动技巧类综合素质。提高心肺功能、调节肌肉力量、提高反应能力、调节心理状态
中国传统运动	太极拳（剑）、木兰拳（剑）、武术套路、五禽戏、八段锦、易筋经、六字诀等	提升运动技巧类综合素质。提高心肺功能、增强免疫机能、提高呼吸功能、提高平衡能力、提高柔韧性、调节心理状态

资料改编自：国家体育总局. 全民健身指南. 2018。

表4-4-2　根据健身目的推荐运动方式

健身目的	推荐体运动方式
增强体质，强壮身体	有氧运动、球类运动和中国传统运动等
提高心肺耐力	有氧运动、球类运动等
减控体重	长时间有氧运动
调节心理状态	球类运动、中国传统运动方式
提高肌肉适能	各种力量训练
提高关节灵活性和身体柔韧性	各种拉伸运动
提高平衡能力	中国传统运动方式、球类运动、力量训练
提高反应能力	各种球类运动

资料来源：国家体育总局. 全民健身指南. 2018。

（二）运动强度

运动强度是运动方案中最关键的因素，因为它关系到运动健身的有效性与安全性。一般将运动强度划分为三个等级：小强度、中等强度、大强度。

没有疲劳的训练是无效训练，没有恢复的训练是危险的训练。适宜的运动强度不仅安全，且具有最佳的健身效果；当运动强度过大时，对机体的刺激也较为激烈，不仅达不到健身的效果，还会造成机体免疫能力下降，易感染疾病，并易产生疲劳或运动损伤；当运动强度过低时，机体的血压、心电图、血液、尿液指标均无明显的变化，给机体没有足够的刺激，健身价值不大。

通常有良好运动习惯、体质好的人，可进行中、大强度运动；具有一定运动习惯、体质较好的人，可采用中等强度运动；初期参加体育健身活动或体质较弱的人，可进行中等或小强度运动。体育锻炼者，在实施运动方案时，可根据自身情况，科学调整运动强度，以适应个体状况。运动强度的监测方式有很多种，在日常生活中，有氧运动最为常见和便捷的是采用心率、呼吸、主观体力感觉（RPE）及代谢当量（MET）来监测运动强度，力量训练还有其特殊的运动强度表示方式。

1. 有氧运动的强度安排

● 心率监测

相关研究已经证实，心血管系统对运动刺激的表现较为明显，其中，心率与运动强度、摄氧量与能量代谢之间存在显著的线性关系，因此，常用心率作为运动强度的定量化指标。本节选择了三种常用的运动心率来确定运动强度的方法。

（1）最大心率百分比法（HRmax法）。最大心率是指人体运动过程中所能达到的最快心跳频率，用“次/分”表示，它与年龄有关。最大有氧运动强度的专业测试方法是通过全身大肌肉群递增负荷进行的最大摄氧量（$\dot{V}O_2max$）测试。通过这种$\dot{V}O_2max$测试可获得最大心率。但最大心率也可以通过估算进行计算。最大心率的估算方法有两种：第一种为220−年龄；第二种为207−0.7×年龄。后者较前者误差相对更小，适用于所有年龄段和体质水平的成年男女（ACSM，2018）。

通过HRmax法进行运动强度监测，主要是使心率达到本人最高心率的期望强度百分比作为标准进行运动。计算方式为：

运动时目标心率（THR）=个人最大心率（HRmax）×期望运动强度%。

【举例】40岁男子，期望进行60%～85%最大强度的有氧运动，其运动时目标心率的计算方法如下。

最大心率计算：方法一，220−40=180次/分；方法二，207−0.7×40=179次/分。二者数值相差不大，故选用180次/分可行。

目标心率计算：180×（60%～85%）=108～153次/分，即为有氧运动的适宜运动强度。

可见，对于一名40岁的人来说，有氧运动的适宜心率应在108～153次/分的范围，这主要是因为年龄相同的人，体质和健康状况不同，体质差的人应该先选择108次/分的较低的心率开始锻炼，体质好的人则可以把运动心率提得高一些；从事健身运动的人要注意循序渐进，在刚开始运动的时候，可以选择较低的运动心率，经过一段时间的适应以后，再逐渐增加运动强度。

（2）心率储备法（HRR法）。最大心率与安静心率的差值被称为心率储备。通过HRR法确定运动强度的计算方法为：

运动时目标心率（THR）=（最大心率−安静时心率）×期望运动强度%+安静时心率。

如同为上述案例，经测试，该40岁男子的安静心率为60次/分，则其进行有效有氧运动时的目标心率（THR）=（180−60）×（60%～85%）+60=132～162次/分。

（3）根据年龄和运动持续时间来推算运动心率的方法。值得注意的是，一次运动所持续的时间不同时也要选择不同的心率强度。一次运动的时间较长，所采用的运动心率就可以低一些。因此，若客户没有充足的时间运动，就可以采用高一点的运动强度。根据年龄和运动持续时间来推算运动心率的方法，见表4-4-3。

表4-4-3 根据年龄和运动持续时间来推算体育锻炼适宜心率区（次/分）

年龄（岁）	持续时间30分钟	持续时间60分钟
20～29	155～170	140～150
30～39	145～160	130～140
40～49	135～150	120～130
50～59	125～140	110～120
60～69	115～130	100～110

资料来源：杨则宜.运动营养师培训教程.人民体育出版社，2007。

随着当前科学技术与可移动设备的发展，目前以心率进行运动强度测试的装备有很多，包括进入寻常百姓家的运动手环以及专业运动队使用的团队心率包，在进行运动强度的实时监控时，这种智能设备比人工测试心率更为便捷与准确。

- **呼吸监测**

根据有氧运动对心血管及呼吸系统的联合作用，呼吸监测是一种非正式、主观性较强但具有运动生理依据，且操作简单的运动强度测试方法，它也被称为谈话测试（talk test）。

当运动期间个体呼吸轻松平稳，可以顺畅地谈话甚至唱歌，则说明该强度为小强度或低强度；当运动期间呼吸开始加深，且只能深呼吸才能讲话，无法完整表述长句子，则说明该强度为中等强度；当运动期间呼吸急促困难，呼吸频率明显增加，无法进行任何言语交流，则说明该强度是大强度或高强度。

这一原理来自机体对有氧运动强度所产生的呼吸系统及氧运输利用情况的综合适应，即不同强度运动时，呼吸深度（潮气量）与呼吸频率的变化使机体通气量发生改变（图4-4-1）。研究证明，对于未训练的个体而言，当进行45%～65%最大强度运动时，促使每分通气量增加的主要因素是潮气量（呼吸深度）；当强度再增加时，主要贡献因素是呼吸频率。而对于有训练经验的个体而言，潮气量或呼吸深度作为增加每分通气量的主要贡献因素的强度范围为70%～90%最大强度。可见，该方法更适用于刚参与训练的个体或运动水平较低的个体。

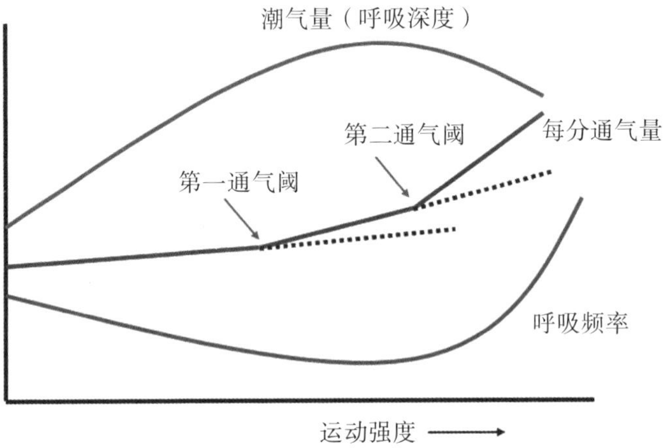

图4-4-1 有氧运动期间的通气量

资料改编自：全国体育院校教材委员会. 运动生理学. 人民体育出版社，2010。

Cedric X. Bryant，Daniel J. Green. Personal Trainer Manual（5th）. 2014. Amercia Council on Exercise。

• 主观体力感觉监测

主观体力感觉（rating of perceived exertion，RPE）是人体在运动过程中的主观感受，可用于对客户体力活动期间的总体感受和感觉进行主观定量分析，也可用于补充或替代心率来提供关于运动强度的反馈，尤其是当客户在服用某些可能改变运动心率反应的药品时，RPE监测更为安全。

目前，RPE具有两种标准化评级，分别为经典Borg量表（6～20级）与改良量表（0～10级）。经典Borg量表分为6～20个等级，6为最轻松，20为精疲力竭。主观体力感觉等级与心率密切相关，运动过程中的主观体力感觉等级数乘以10，即相当于运动中的心率（次/分），如运动中主观体力感觉等级数为12，即相当于运动中的心率为120次/分。改良量表分为0～10个等级，0为最轻松，10为精疲力竭。当与心率联合使用时，建议使用6～20级量表，当不需要测量心率时，建议使用0～10级量表。我国学者参照国际建议，也提出了RPE测定表（表4-4-4）和不同年龄者运动强度与心率、主观用力率参照表（表4-4-5），这两个表更适合于中国人使用。

表4-4-4 RPE量表

经典Borg量表RPE	主观运动感觉	相对强度（%）	相对心率（次/分）	改良量表RPE
6	安静	0.0		0
7	非常轻松	7.1	70	0.5非常轻松
8		14.3		1
9	很轻松	21.4	90	2
10		28.6		3 小强度
11	轻松	35.7	110	4
12		42.9		5中等强度
13	稍费力	50.0	130	6
14		57.2		7 较大强度
15	费力	64.3	150	8
16		71.5		9大强度
17	很费力	78.6	170	10 极大强度
18		85.5		
19	非常费力	90.0		
20		100.0	200	

资料改编自：杨则宜. 运动营养师培训教程. 人民体育出版社，2007。

Cedric X. Bryant，Daniel J. Green. Personal Trainer Manual（5th）. 2014. Amercia Council on Exercise。

表4-4-5 不同年龄者运动强度与心率、RPE参照表

强度	RPE主观感觉	一分钟心率（次/分）60岁以上	50岁以上	40岁以上	30岁以上	20岁以上	其他感受
100%	最累	155	165	175	185	190	全身疲劳不堪
90%	非常累	145	155	160	165	170	勉强能说话，同100%的疲劳差别不大，气喘
80%	累	135	145	150	160	165	不想再练，喉干唇燥，仅能坚持
70%	较累	125	135	140	145	150	紧张，汗流浃背，忐忑不安，害怕运动持续下去
60%	轻松	120	125	130	135	140	出汗，但不害怕，可坚持运动

（续表）

强度	RPE主观感觉	一分钟心率（次/分）					其他感受
		60岁以上	50岁以上	40岁以上	30岁以上	20岁以上	
50%	很轻松	110	110	115	120	125	没有出汗感觉，有点累，但感觉练得不够
40%	非常轻松	100	100	105	110	110	心情愉快，还想练下去
30%	最轻松	90	90	95	95	95	感到活动比静待着好
20%	像坐着一样	80	80	75	75	75	处于安静状态

资料来源：杨则宜. 运动营养师培训教程. 人民体育出版社，2007。

- **代谢当量（MET）监测**

根据本书第二篇第一章可知，能量代谢当量（MET）是一种涉及运动能量消耗的运动强度表示方法，运动强度越高，MET值就越大。1MET的运动强度代表每公斤体重每分钟消耗3.5ml氧气，大概相当于一个人在静息状态下每分钟氧气的消耗量。因此，5MET的强度代表以静息时能量消耗值的5倍进行运动。

根据ACSM运动测试指南，小强度运动定义为<3MET，中等强度运动定义为3～6MET，大强度运动定义为>6MET，如表4-4-6所示。

表4-4-6 利用MET值进行运动强度监测

低强度（<3MET）	中等强度（3～6MET）	剧烈运动（>6MET）
步行 在家、商店或办公室周围步行=2.0* **家务和工作** 坐姿-使用电脑、在办公桌前工作、使用轻型手动工具=1.5 站立进行轻量工作，如铺床、洗碗、熨烫、准备食物或承担店员工作=2.0～2.5	**步行** 步行（3.0mph）=3.0* 以非常快的步伐步行（4mph）=5.0* **家务和工作** 繁重的清洁工作-擦洗窗户、洗车、清洁车库=3.0 打扫地板或地毯、吸尘、拖地=3.0～3.5 木工-一般=3.6	**步行、慢跑和跑步** 以极快的步伐步行（4.5mph）=6.3* 以中等步伐和坡度步行/徒步旅行，无背包或轻背包（<10磅；4.5kg）=7.0 在陡坡上徒步旅行并负重10～42磅（4.5～19kg）=7.5～9.0 以5mph速度慢跑＝8.0*

（续表）

低强度（<3MET）	中等强度（3～6MET）	剧烈运动（>6MET）
休闲时间和运动 工艺美术、打牌=1.5 台球=2.5 槌球=2.5 飞镖=2.5 钓鱼–坐姿=2.5 演奏大部分乐器=2.0～2.5	搬运和堆放木材=5.5 修剪草坪–手扶式电动割草机=5.5 **休闲时间和运动** 羽毛球–娱乐性=4.5 篮球–投篮训练=4.5 在平地上骑自行车–低强度（10～12mph）=6.0 跳舞–在舞厅中跳慢舞=3.0 在舞厅中跳快舞=4.5 在河岸钓鱼和步行=4.0 高尔夫–步行挥杆=4.3 帆船、冲浪=3.0 悠闲地游泳=6.0^{+} 桌球=4.0 双人排球=5.0 排球–非竞技性=3.0～4.0	以6mph速度慢跑=10.0* 以7mph速度跑=11.5* **家务和工作** 铲沙、煤=7.0 搬运重物，如砖=7.5 繁重的农活，如干草压捆=8.0 铲、挖沟=8.5 **休闲时间和运动** 篮球比赛=8.0 在平地上骑自行车–中等强度（12～14mph）=8.0；快速（14～16mph）=10.0 越野滑雪–慢速（2.5mph）=7.0 快速（5.0～7.9 mph）=9.0 足球–休闲性=7.0；竞技性=10.0 游泳–中等强度/费力=8.0～11.0^{+} 网球单打=8.0 排球–竞技性，在体育馆内或沙滩上=8.0

资料来源：王正珍. ACSM运动测试与运动处方指南（第9版）. 北京体育大学出版社，2014。

注：MET=代谢当量；mph=英里每小时=1.6千米每小时。

*在平坦、坚硬的表面。

+由于心搏量和技能水平不同，游泳期间的MET值可能会因人而异。

值得注意的是，不同于以上三种相对于个体本身进行监测的运动强度监测指标，MET属于一种绝对的运动强度指标，即MET对强度的简易分类并没有考虑到运动者的体重、性别以及体质水平，其评价误差相对较大。如同样是

6MET的运动，对于老年人而言，这可能属于较大强度的运动，而针对于年轻人而言，这仅仅属于中等强度运动。

MET对于运动强度的监测，其最重要的意义在于通过运动强度进行能量消耗计算。如一名体重为70kg的男性，以5MET的运动强度（如以6.4km/h的速度进行平地步行）持续运动30分钟，则他在整个运动过程中消耗的总热量为多少？

解答：已知1MET的能量消耗值约为1.05kcal/（kg·h）（参见第二篇第一章内容）。则70kg的男性进行30分钟的5MET强度活动，其能量消耗=5×1.05kcal/（kg·h）×70kg×0.5h=184kcal。

表4-4-7对以上四种有氧运动强度的划分及监测方式进行了总结，此外，据有关文献报道，中等强度运动健心效果明显好于小强度，特别是在改善躯体化症状、抑郁与焦虑状态方面。

表4-4-7 有氧运动强度划分及其监测方式

运动强度	运动方式举例	监测方式			
		心率	呼吸	主观体力感觉（RPE）	代谢当量（MET）
小强度	散步等	≤100次/分，或50～60%最大心率	呼吸轻松平稳，可以唱歌	9～10级	<3MET
中等强度	健步走、慢跑、骑自行车、太极拳、网球双打等	100～140次/分，或60%～85%最大心率	（1）呼吸比较轻松，但深度和频率增加，可以正常语言交流，为中小强度；（2）呼吸比较急促，运动中只能讲短句子，不能完整表述长句子，为中等强度	10～12级 13～14级	3～6MET
大强度	跑步、快速骑自行车、快节奏的健身操和快速爬山、登楼梯、网球单打等	>140次/分，或≥85%最大心率	呼吸急促困难，运动中不能言语交流	15～16级	>6MET

资料改编自：国家体育总局. 全民健身指南. 2018。

2. 力量训练的强度安排

力量训练的方式有很多，可以进行自重训练，也可使用杠铃、哑铃、沙袋或固定器械进行训练。力量训练同样要遵循循序渐进的原则，大肌群动作应先于小肌群动作；多关节动作先于单关节动作；大强度动作先于小强度动作；前后相邻动作避免使用同一肌群。

力量训练的运动强度除可按照以上方式进行区分以外，还常采用最大可重复次数（repetition maximum，RM）表示运动强度的大小。RM是指在肌肉力量练习时，采用某种负荷时所能重复的最多力量练习次数。如一个人在做哑铃负重臂屈伸时，其最大负荷为20公斤，且只能重复一次，那么，20公斤就是他的负重臂屈伸的1RM强度。如果他能以15公斤的负荷最多重复8次负重臂屈伸，那么，15公斤就是他负重臂屈伸的8RM。在非器械力量练习时，一个人可以完成8次俯卧撑，相当于强度为8RM，以此类推。

当在某一特定RM负荷下训练时，如果训练者能够在目前的负荷下，表现出超过预期次数一或二次时，则建议增加2%～10%的负荷。实际情况下，根据健身者不同体能水平及健身目的（如增加肌力、肌肉体积、肌肉爆发力或肌肉耐力），采用的力量训练方式也不同。力量训练的运动强度如表4-4-8所示。

表4-4-8　力量训练的运动强度

运动强度	负荷	重复次数（每个动作）	组数（每个部位）	组间间歇	主要作用
人强度	1～10RM	1～10次	2～3组	2～3分钟	提高肌肉最人收缩力量
中等强度	11～20RM	10～20次	3组	1～2分钟	提高肌肉力量、增加肌肉体积
小强度	≥20RM	>20次	2组	1分钟	发展肌肉耐力

资料来源：国家体育总局. 全民健身指南. 2018。

（三）运动时间

每次健身运动的时间直接影响健身运动效果。运动时间过短，提高身体机能效果甚微；而运动时间过长，则容易造成疲劳累积，也不会进一步增加健身效果。对于经常参加体育锻炼的人，每天有效运动时间为30～90分钟。在参加健身运动的初期，运动时间可稍短；经过一段时间运动健身活动后，身体对运动产生适应，可以适当延长运动时间。每天健身运动可集中一次进行，也可分开多次进行，每次运动时间原则上应持续10分钟以上，其中达到适宜心率的时间须在5分钟以上。

每周参与运动的次数也与健身效果密切相关。有运动习惯的人每周应运动3～7天，每天应进行30～60分钟的中等强度运动，或20～25分钟的大强度运动。为了取得理想的运动效果，每周应进行150分钟以上的中等强度运动，或75分钟以上的大强度运动；如果有良好的运动习惯，且运动能力测试综合评价为良好以上的人，每周进行300分钟中等强度运动，或150分钟大强度运动，健身效果更佳。

（四）一次运动内容及安排

从事运动健身的人一定要遵循人体的生理和代谢规律，做到循序渐进。通常我们所说的跑步、骑自行车或者爬楼梯等运动方式只是一次体育健身活动中的一部分，一次完整的运动健身还需要运动前的热身和运动后的恢复。运动前做好准备活动，可充分热身，预防运动损伤的发生以及对心脏的过度负荷；运动结束前，要做放松运动，帮助心血管系统、呼吸系统以及骨骼肌系统的恢复。具体如表4–4–9所示。

表4–4–9　一次完整的体育健身活动的构成

活动构成	主要活动内容	活动时间（分钟）
准备活动	慢跑、动态拉伸练习	5～10
基本活动	有氧运动、力量训练、球类活动、中国传统健身方式	30～60
放松活动	行走、静态拉伸练习	5～10

资料来源：国家体育总局. 全民健身指南. 2018。

1. 准备活动

准备活动是指主要运动内容开始前的各种身体练习，它的主要作用包括：（1）提高中枢神经的兴奋性，使其达到适宜的水平；（2）预先动员心肺、肌肉等器官系统，克服各种内脏器官的功能惰性，使身体内部各器官进入运动适应状态；（3）充分的热身活动能够改善全身的血液循环，提高组织温度，增加肌肉的伸展性和弹性，降低肌肉黏滞性，增加关节活动范围与身体柔韧性，预防肌肉、肌腱和关节的运动损伤。因此，无论是职业运动人群还是运动健身爱好者，不论进行什么强度的训练，都应该适度热身，在此基础上开始自己喜爱的运动，不仅可以提高运动效果，而且可以有效预防和减少伤害的发生。

准备活动可以分成三步进行：首先，让身体每一个关节得到活动，可从头、颈开始，然后到上肢、腰部以及下肢；其次，进行动态拉伸训练，伸展肌肉、肌腱、韧带，增加关节活动度，提高肌肉、韧带等软组织弹性，预防肌肉损伤；最后，可进行低强度有氧或肌肉耐力训练，如慢跑几分钟，让身体发热，提升心脏及肺部功能，使身体为运动做好充分准备。

运动前准备活动的量、内容与时间，需要根据气候条件、运动项目、身体状况而定。一般情况下为5～10分钟，但当兴奋性较低或者气温较低时，准备活动的时间应该适当延长，对于职业运动人群，可根据正式运动内容调整设计运动前的准备活动。准备活动一般以身体发热、微微出汗，没有疲劳感觉，心跳和呼吸都略有加快为宜。

2. 基本活动

基本活动是运动的主要内容，包括有氧运动、力量训练、拉伸训练、球类运动、中国传统运动健身方式等，持续时间一般为30～60分钟。在一次健身运动中，需要选择合适的运动方式、控制适宜的运动强度和运动时间。在一周的健身运动活动安排中，参与者可以根据自身情况选择不同的运动方式和运动强度。推荐的不同运动方式的运动强度、持续时间和运动频率安排见表4-4-10。

表4-4-10 不同运动方式的运动强度、持续时间和运动频率

运动项目	运动强度	运动时间	运动频率（天/周）
快走、慢跑、游泳、自行车、扭秧歌	中	30分钟或以上	5～7
跑步、快节奏健美操	大	20分钟或以上	2～3
太极拳、气功	中	30分钟或以上	3～7
篮球、足球、网球、羽毛球、乒乓球	中、大	30分钟或以上	3
力量训练	中	20分钟或以上	2～3
拉伸训练	—	5～10分钟	5～7

资料来源：国家体育总局. 全民健身指南. 2018。

3. 放松活动

运动后，一定要进行放松整理活动。这是因为人在剧烈运动之后，尽管强烈的肌肉收缩已经停止，但是内脏器官活动仍然处于较高水平。如果立即静止下来，心脏还继续将大量的血液送到四肢，而四肢的活动已经停止，不能很快地将血液送回心脏，这样就容易出现头晕、呕吐甚至休克等反常的生理现象。非但身体疲劳难以消除，而且还会造成机体伤害。

科学研究表明，运动后适当的放松整理活动（积极性休息）有利于加速代谢产物的排除，及时放松肌肉、消除疲劳、减少运动后肌肉酸痛，比静止休息（消极性休息）对机体的恢复更有利。

运动后的放松整理活动一般包括两类：小强度的走跑活动与肌肉放松、拉伸活动。运动后的小强度走跑活动属于积极性休息，使心率、血压、呼吸逐步恢复舒缓，同时还可保持较高的组织温度，使肌肉保持较好的伸展性和弹性，在此基础上进行拉伸活动，可以提高关节活动范围，并有利于肌肉放松。运动后的肌肉拉伸活动要以静力性拉伸为主，这样可以降低中枢神经兴奋性，同时协助肌小节尽量恢复初长度，使肌肉及时达到放松，有效预防和缓解延迟性肌肉酸痛，并可加强骨骼肌蛋白质的合成过程，加速骨骼肌疲劳的消除。开始进行静力性拉伸时，拉伸幅度要适当，在持续拉伸的过程中，如果已经感到肌肉放松，可逐步加大拉伸的幅度，直到可能的最大幅度为止。拉伸活动的时间长短、重复次数多少，可根据运动强度的大小而定，推荐的一次静力性拉伸的持续时间需要达到10 ~ 30秒，一般拉伸1分钟左右，间歇1分钟，重复2 ~ 3次。

第二节 膳食营养配餐指导

膳食营养配餐的目的，是将各类人群根据其具体情况所制订的膳食营养素参考摄入量具体落实到就餐者的每日膳食中，包括运动人群与非运动人群，使他们能够按照实际需要摄入足够的能量与各类营养素，同时又防止营养素或能量的过量摄入。膳食营养配餐是一项实践性很强的工作，与人们的日常饮食直接相关，因此，需要一系列营养理论作为指导。此项工作的理论依据包括中国居民膳食营养参考摄入量（DRIs）、中国居民膳食指南与平衡膳食宝塔、食物成分表，以及运动人群营养参考摄入量和食物选择推荐（参见本书第二篇）。针对特定人群的运动营养方案制订详见本系列分册教材。

一、膳食营养配餐原则

（一）配餐前完成膳食营养调查与评估

配制一份符合个性化特征的食谱，必须对客户进行膳食营养调查与评估。膳食营养调查评估包括常规膳食习惯调查、营养素缺乏体征调查与评估、食物过敏与食物不耐受调查、膳食摄入量测评四项，根据实际情况，尽可能全地收集整理以上信息，使餐谱配制更加符合个体特点，最大程度获得健康益处。若膳食调查工作较为全面，通常建议运动营养师在客户原有饮食基础上做调整与指导，这样比直接出具食谱而言效率更高，且更易实行、具有操作性。

（二）确保营养均衡

膳食营养供应应当满足人体能量及各项营养素的需求。食物品种要多样，数量要充足，既要能满足就餐者需要，又要防止过量。根据本书第二篇理论基础可知，营养均衡包括以下几个特点：

（1）能量摄入满足机体需要且不过量。

（2）膳食中三大供能营养素需要保持一定的比例平衡。

（3）确保微量营养素摄入足够且不过量，对于一些具有营养素缺乏体征的人群或特殊人群，如儿童、青少年、孕妇和乳母，还要注意易缺营养素如钙、铁、锌等的供给，如需特殊膳食补充（如保健食品、运动营养食品），也需添加在食谱加餐中。

（4）食物选择及搭配需要符合推荐标准。如通过GI值与GL值的搭配合理选择碳水化合物食物（杂粮与精粮搭配），保证膳食蛋白质中优质蛋白质所占适宜比例（植物蛋白与动物蛋白搭配），保证饱和脂肪酸、单不饱和脂肪酸及多不饱和脂肪酸之间的平衡比例，保证富含微量营养素食物的摄入（荤素搭配）。

此外，也有人强调食物的酸碱平衡问题，认为凡含硫、磷、氯等元素较高的食物，为成酸性食物，凡含钙、钾、钠、镁等元素较高的食物，为成碱性食物，若酸、碱性食物搭配不当，容易引起人体酸碱平衡失调。这种说法从食物的化学性上看有一定道理，但在营养学上意义不大，因为正常人体内有强大的酸碱调节系统，可维持机体酸碱度处于稳定状态，人体的酸碱平衡状态通常不会因为摄入食物不同而被打破。医学上认为，只有在患有代谢性疾病或患有严重疾病造成代谢紊乱时，才会在人体内出现酸碱不平衡问题，这种情况不单单是调整膳食可以解决的，需要药物治疗；体育科学中发现，长时间大强度运动同样会造成运动员体内出现轻微酸碱不平衡现象，这通常与运动代谢引起的机体电解质紊乱有关，食物中所含的相应矿物质可对此有所缓解，但由于含量较少，通常需要通过膳食补剂配合进行综合营养调整。因此，若从微量营养素的搭配角度而言，成酸性食物与成碱性食物的合理搭配是有一定营养意义的；但通过食物改变人体“酸碱性”是不太现实的。

（5）各餐膳食能量在全天的分配比例要合理，膳食制度要合理。一般应定时定量进餐，成人一日三餐，运动人群需适量加餐，儿童三餐以外可再加一次点心，老人也可在三餐之外进行加餐，加餐热量同样需要计算在整体食谱内。

（三）照顾饮食习惯，注意饭菜口味

为保证营养食谱执行的持续性与效果，在可能的情况下，需要使膳食多样化，且照顾就餐者的膳食习惯。注重烹调方法，做到色香味美、质地宜人、形状优雅，能够引起就餐者食欲。

（四）考虑季节与市场供应情况

食谱制作需要具备可行性与可操作性，因此，在食谱制作中选择食材时，需要熟悉市场可供选择的原料，并了解其营养特点。

（五）兼顾经济条件

既要使食谱符合营养要求，又要使进餐者在经济上有承受能力，才会使食谱有实际意义。

二、营养食谱的制订方法

（一）计算法

1. 确定全天总能量摄入

根据就餐者性别、年龄、体质水平、活动强度、工作性质及饮食习惯的不同，总能量摄入也不同。本书第二篇第一章第三节共介绍了三种计算全天总能量摄入的方法，可供运动营养师根据实际情况进行选择。

方法一：每日总能量消耗±能量空缺法，即全天总能量摄入=RMR×PAL±能量空缺法（RMR：静息代谢率；PAL：体力活动水平）。

方法二：膳食调查推测法，即通过膳食调查获得的平均每日总能量摄入作为能量基准数值，根据实际运动营养干预目标（如增肌增重、维持体重、减控体重），进行数值调整。

方法三：简单估算法。根据本书第二篇表2-1-10中的DRIs可知，不同年龄、性别、体力活动强度、生理状态的人群，其能量需求也不同。可根据表2-1-10提供的每天每公斤体重能量需求值进行估算。对于有特殊健身目的的人群，推荐增肌人群的能量需求为44～52kcal/（kg·d），减控体重人群可以控制在约30 kcal/（kg·d）。依据表2-1-10可知，一名30岁中体力劳动程度的男性，体重为60kg，则其能量需求为45 kcal/（kg·d），全天总能量摄入推荐为2700kcal；某人有减控体重需求，希望将自身体重控制在60kg，则其全天总能量摄入通过简单估算，建议为1800kcal。

2. 计算宏量营养素全日应提供的能量

全天人体总能量的主要来源为糖类、蛋白质和脂类，它们所提供的能量占总能量的比例被称为膳食比例。为了维持人体健康，膳食比例应当适宜。

中国营养学会在《中国居民膳食指南》中对普通人的膳食比例建议为：碳水化合物占 50%～65%，蛋白质占 10%～15%，脂肪占 20%～30%。具体可根据当地生活水平及运动营养干预目标，在合理范围内调整上述膳食比例，根据膳食比例可求得三种营养素的一日能量供给量。

例如，已知某人每日能量需要量为2700kcal，若膳食比例分别为糖类占

60%、蛋白质占15%、脂肪占25%，则三种能量营养素各应提供的能量如下：

糖类：2700kcal × 60%=1620kcal

蛋白质：2700kcal × 15%=405kcal

脂肪：2700kcal × 25% =675kcal

3. 计算三种宏量营养素每日需要数量

根据三大供能营养素的能量供给量及其产能系数，可求出全天糖类、蛋白质、脂肪的需要量。糖类与蛋白质的产能系数为4kcal/g，脂肪的产能系数为9kcal/g。

根据上一步的计算结果，可算出三种能量营养素全日需要量如下：

糖类：1620kcal ÷ 4kcal/g=405g

蛋白质：405kcal ÷ 4kcal/g=101.25g

脂肪：675kcal ÷ 9kcal/g=75g

4. 计算三种宏量营养素每餐需要量

计算出三种能量营养素全日需要量后，就可以根据三餐的能量分配比例（餐次比）计算出三大能量营养素的每餐需要量。一般主餐能量的适宜分配比例为：早餐占30%，午餐占40%，晚餐占30%。该比例可根据实际情况进行调整，其中加餐的能量也需算进各自比例中，如早餐包括早晨的主餐与早餐的加餐。

根据上一步的计算结果，若按照30%、40%、30% 的三餐供能比例，其早、中、晚三餐各需要摄入的三种能量营养素重量如下：

早餐
- 糖类：405g × 30%=121.5g
- 蛋白质：101.25g × 30%=30.4g
- 脂肪：75g × 30%=22.5g

午餐
- 糖类：405g × 40%=162g
- 蛋白质：101.25g × 40%=40.5g
- 脂肪：75g × 40%=30g

晚餐
- 糖类：405 g × 30%=121.5g
- 蛋白质：101.25g × 30%=30.4g
- 脂肪：75g × 30%=22.5g

5. 食物选择与搭配

已知三种能量营养素的需要量，根据食物成分表，就可以确定主食和副食的品种和数量了。同时，遵循常规的《中国居民膳食指南》中针对食物种类的建议，也可保证非供能营养素的摄入足够。

目前，将食物分为五大种类：谷薯杂豆类、蔬菜和水果类、动物性食物、大豆及坚果类、纯能量食物（如烹调油）等。建议平均每天不重复的食物种类数达到12种以上，每周达到25种以上，具体见表4-4-11。这一要求可通过日常食物小份量选择、全天同类食物互换以及合理搭配来实践完成。

表4-4-11 建议摄入的主要食物种类（未包含纯能量类的油及调味品）

食物类别	平均每天种类数	每周至少品种数
谷类、薯类、杂豆类	3	5
蔬菜、水果类	4	10
畜、禽、鱼、蛋类	3	5
奶、大豆、坚果类	2	5
合计	12	25

资料来源：中国营养学会. 中国居民膳食指南（2016）. 人民卫生出版社，2016。

食物选择的重点，是既要综合客户个体的喜好，还需要具备对食物营养素知识的灵活应用，能够按照运动营养干预目标进行推荐与餐单配制。

（1）主食品种的确定：由于谷薯类食物是糖类的主要来源，因此，主食的数量主要根据各类主食中糖类的含量确定。主食的品种主要根据就餐者的饮食习惯来确定，北方习惯以面食为主，南方则以大米居多，同时可根据运动营养干预目标进行选择，如具有减控体重人群，可选择薯类主食化，不仅由于薯类GI值低，对营养素全面摄入也大有裨益。

根据上一步的计算，早餐中应含有碳水化合物122g，若以小米粥和馒头为主食，并分别提供20%和80%的碳水化合物。查食物成分表得知，每100g小米粥含碳水化合物8.4 g，每100g馒头含碳水化合物44.2g，则：

$$所需小米粥重量=122g\times 20\% \div (8.4/100)=290g$$

$$所需馒头重量=122g\times 80\% \div (44.2/100)=220g$$

（2）副食品种、数量的确定：根据三种产能营养素的需要量，首先确定了主食的品种和数量，接下来就需要考虑蛋白质的食物来源了。蛋白质广泛存在于动、植物性食物中，除了谷类食物能提供的蛋白质，各类动物性食物和豆制品是优质蛋白质的主要来源。因此，副食品种和数量的确定应在确定主食用量的基础上，依据副食应提供的蛋白质质量确定。计算步骤如下：

①计算主食中含有的蛋白质重量；

②用应摄入的蛋白质重量减去主食中蛋白质重量，即为副食应提供的蛋白质重量；

③设定副食中蛋白质的2/3由动物性食物供给，1/3由豆制品供给，据此可求出各自的蛋白质供给量；

④查表并计算各类动物性食物及豆制品的供给量；

⑤设计蔬菜的品种和数量。

仍以上一步的计算结果为例，已知该用餐者午餐应含蛋白质40g、碳水化合物162g。假设以馒头（富强粉）、米饭（大米）为主食，并分别提供50%的碳水化合物，由食物成分表得知，每100g馒头和米饭含碳水化合物分别为44.2g和25.9g，按上一步的方法，可算得馒头和米饭所需重量分别为184g和313g。

由食物成分表得知，100g馒头（富强粉）含蛋白质6.2g；100g米饭含蛋白质2.6g，则：主食中蛋白质含量=184×（6.2/100）+ 313×（2.6/100）= 20g。

用应摄入的蛋白质重量减去主食中蛋白质重量，即为副食应提供的蛋白质重量：副食中蛋白质含量 =40-20=20g。

设定副食中蛋白质的 2/3 由动物性食物供给，1/3由豆制品供给，据此可求出各自的蛋白质供给量：动物性食物应含蛋白质重量=20×66.7%=13g；豆制品应含蛋白质重量=20×33.3%=7g。

查表并计算各类动物性食物及豆制品的供给量。若选择的动物性食物和豆制品分别为猪肉（脊背）和豆腐干，由食物成分表可知，每100g猪肉（脊背）中蛋白质含量为20.2g，每100g豆腐干的蛋白质含量为15.8g，则：

猪肉（脊背）重量= 13÷（20.2/100）=64.9g

豆腐干重量= 7÷（15.8/100）=44g

此后，是选择蔬菜和水果的品种和数量。蔬菜的品种和数量可根据不同季节市场的蔬菜供应情况，以及考虑与动物性食物和豆制品配菜的需要来确定，水果同理。通常建议全天蔬菜可达500g左右，而水果为200～350g。

（3）确定纯能量食物的量：一般纯能量食物主要包括烹饪时所用到的各种烹调用油、糖、淀粉等含能量的调味料。在选择动物性蛋白摄入时，会有一定动物脂肪的摄入，因此，烹调用油的选择也需要考虑用油种类，确保三类脂肪酸比例均衡。由食物成分表可知，每日摄入各类食物提供的脂肪含量，将需要的脂肪总含量减去食物提供的脂肪量即为每日植物油供应量。

6. 食谱的评价与调整

根据以上步骤设计出营养食谱后，还应该对食谱进行评价，确定编制的食谱是否科学合理。应参照食物成分表初步核算该食谱提供的能量和各种营养素的含量，与计算值进行比较，相差在计算值的5%上下，可认为合乎要求，否则要增减或更换食品的种类或数量。值得注意的是，制订食谱时，不必严格要求每份营养餐食谱的能量和各类营养素均与推荐标准或DRIs保持一致。一般情况下，每天的能量、蛋白质、脂肪和碳水化合物的量出入不应该很大，其他营养素以一周为单位进行计算、评价即可。

根据食谱的制订原则，食谱的评价应该包括以下几个方面：

（1）食谱中所含五大类食物是否齐全，是否做到了食物种类多样化？

（2）食谱总能量是否合理？

（3）三餐能量摄入分配是否合理，早餐是否保证了能量和蛋白质的供应？

（4）全天三种产能营养素供能比例（膳食比例）是否适宜？

（5）优质蛋白质占总蛋白质的比例是否恰当？

（6）七大类营养素（如蛋白质、脂肪、碳水化合物）的选择是否符合运动营养干预目标要求？

（二）食物交换份法

食物交换份法简单易行，易于非专业人员掌握。该法是将常用食物按其所含营养素量的近似值归类，计算出每类食物每份所含的营养素值和食物质量，然后将每类食物的内容列出表格供交换使用，最后，根据不同能量需要，按蛋白质、脂肪和碳水化合物的合理分配比例，计算出各类食物的交换份数和实际重量，并按每份食物等值交换表选择食物。本法对病人和正常人都适用，此处仅介绍正常人食谱的编制。

根据所含类似营养素的量，把常用食物归为以下四组：

（1）含碳水化合物较丰富的谷薯类食物。

（2）含维生素、矿物质和膳食纤维丰富的蔬菜、水果类。

（3）含优质蛋白质丰富的肉、鱼、乳、蛋、豆及豆制品类。

（4）含能量丰富的油脂、坚果类食物。

各类食品的每一个食物交换份中所含三大产能营养素的量，详见表4-4-12。

表4-4-12　每一交换份食品的产能营养素含量表

组别	食品类别	每份质量（g）	能量（kcal）	蛋白质（g）	脂肪（g）	碳水化合物（g）	主要营养素
谷薯组	（1）谷薯类	25	90	2.0	—	20.0	碳水化合物 膳食纤维
蔬果组	（2）蔬果类	500	90	5.0	—	17.0	矿物质 维生素 膳食纤维
	（3）水果类	200	90	1.0	—	21.0	
肉蛋组	（4）大豆类	25	90	9.0	4.0	4.0	蛋白质
	（5）奶类	160	90	5.0	5.0	6.0	
	（6）肉蛋类	50	90	9.0	6.0		
油脂组	（7）坚果类	15	90	4.0	7.0	2.0	脂肪
	（8）油脂类	10	90	—	10.0	—	

表4-4-12中的食物交换份分为四大组，共计八小类，每类单份热量为90kcal。以下分别为各类食物的能量等值交换表。

1. 谷薯类食物

表4-4-13中显示的每份谷薯类食品可提供蛋白质2g、碳水化合物20g、能量376kJ（90kcal）。根茎类一律以净食部分计算。

表4-4-13　谷薯类食品的能量等值交换份表

食品名称	质量（g）	食品名称	质量（g）
大米、小米、糯米、薏米	25	干粉条、干莲子	25
高粱米、玉米渣	25	油条、油饼、苏打饼干	25
面粉、米粉、玉米面	25	烧饼、烙饼、馒头	35
混合面	25	咸面包、窝窝头	35
燕麦片、莜麦面	25	生面条、魔芋生面条	35

（续表）

食品名称	质量（g）	食品名称	质量（g）
荞麦面、苦荞面	25	马铃薯	100
各种挂面、龙须面	25	湿粉皮	150
通心粉	25	鲜玉米（1个，带棒心）	200
绿豆、红豆、芸豆、干豌豆	25		

2. 蔬果类食物

表4-4-14中显示的每份蔬菜类食品可提供蛋白质5g、碳水化合物17g、能量376kJ（90kcal）。每份蔬菜一律以净食部分计算。

表4-4-14　蔬菜类食品的能量等值交换份表

食品名称	质量（g）	食品名称	质量（g）
大白菜、卷心菜、菠菜、油菜	500	白萝卜、青椒、茭白、冬笋	400
韭菜、茴香、茼蒿	500	倭瓜、南瓜、菜花	350
芹菜、苤蓝、莴笋、油菜苔	500	鲜豇豆、扁豆、洋葱、蒜苗	250
西胡芦、番茄、冬瓜、苦瓜	500	胡萝卜	200
黄瓜、茄子、丝瓜	500	山药、荸荠、藕、凉薯	150
芥蓝、瓢菜	500	茨菇、芋头	100
蕹菜、苋菜、龙须菜	500	毛豆、鲜豌豆	70
鲜豆芽、鲜蘑、水浸海带	500	百合	50

表4-4-15中显示的每份水果可提供蛋白质1g、碳水化合物21g、能量376kJ（90kcal）。每份水果一律以市品质量计算。

表4-4-15　水果类食品能量等值交换份表

食品名称	市品质量（g）	食品名称	市品质量（g）
柿子、香蕉、鲜荔枝	150	李子、杏	200
梨、桃、苹果	200	葡萄	200
橘子、橙子、柚子	200	草莓	300
猕猴桃	200	西瓜	500

3. 动物性食物（肉、蛋类食物）

表4-4-16中每份肉类食品可提供蛋白质9g、脂肪6g、能量376kJ（90kcal）。除蛋类为市品重量，其余一律以净食部分计算。

表4-4-16 肉、蛋类食品能量等值交换份表

食品名称	质量（g）	食品名称	质量（g）
熟火腿、香肠	20	鸡蛋（1大个带壳）	60
肥瘦猪肉	25	鸭蛋、松花蛋（1大个带壳）	60
熟叉烧肉、（无糖）午餐肉	35	鹌鹑蛋（6个带壳）	60
熟酱牛肉、熟酱鸭、大肉肠	35	鸡蛋清	150
瘦猪、牛、羊肉	50	带鱼	80
带骨排骨	50	草鱼、鲤鱼、甲鱼、比目鱼	80
鸭肉、鸡肉	50	大黄鱼、鳝鱼、黑鲢、鲫鱼	80
鹅肉	50	对虾、青虾、鲜贝	80
兔肉	100	蟹肉、水浸鱿鱼	100
鸡蛋粉	15	水浸海参	350

表4-4-17中每份奶类食品可提供蛋白质5g、碳水化合物6g、能量 376kJ（90kcal）。

表4-4-17 奶类食品能量等值交换份表

食品名称	质量（g）	食品名称	质量（g）
奶粉	20	牛奶	160
脱脂奶粉	25	羊奶	160
乳酪	25	无糖酸奶	130

表4-4-18中每份大豆及其制品可提供蛋白质9g、脂肪 4g、碳水化合物4g、能量376kJ（90kcal）。

表4-4-18 大豆类食品能量等值交换份表

食品名称	质量（g）	食品名称	质量（g）
腐竹	20	豆腐丝、豆腐干	50
大豆	25	北豆腐	100
大豆粉	25	南豆腐（嫩豆腐）	150
油豆腐	30	豆浆（1∶8）	400

4. 油脂类食物

表4-4-19中每份油脂类食品可提供脂肪10g、能量 376kJ（90kcal）。

表4-4-19 油脂类食品能量等值交换份表

食品名称	质量（g）	食品名称	质量（g）
花生油、香油（1汤匙）	10	猪油	10
玉米油、菜籽油（1汤匙）	10	牛油	10
豆油（1汤匙）	10	羊油	10
红花油（1汤匙）	10	黄油	10
核桃	15	葵瓜子（带壳）	25
杏仁	15	西瓜子（带壳）	40
花生米	15		

根据以上四类食物交换份可知，配餐时可利用各类食物能量等值交换，做出具体安排，这种方法不仅可以进行配餐，还可以进行某食谱的同类食物替换，增加食谱多样性。如：

蛋白质类食物中：瘦肉50g=鸡蛋1个=豆腐干50g=北豆腐100g。

碳水化合物类食物中：水果1个交换份=谷类1个交换份。

实际利用食物交换份进行配餐时，可根据不同能量的各种食物需要量，参考食物交换份数表，确定不同能量供给量的食物交换份数（表4-4-12～表4-4-19）。举例如下：

如表2-1-10可知，对于一名轻体力劳动的成年女性而言，全天总能量摄入1800kcal为宜。根据《中国居民膳食指南》推荐可知，通常碳水化合物所占比例为50%～65%，蛋白质所占比例为10%～15%，脂肪所占比例为20%～30%。根据蔬果量推荐，全天每人大约500g蔬菜，200～350g水果。按照这一推荐，可将1800kcal的热量转换为20个食物交换份数，参考表4-4-12，可将这20份食物交换份分为主要的碳水化合物提供物——谷薯类10份，蔬菜类1份，水果类1份；主要的蛋白质提供物——奶类1.5份，大豆制品类0.5份，肉蛋类3份；主要的油脂类提供物——坚果类0.5份，植物油类2.5份。如表4-4-20所示。

表4-4-20　1800kcal食谱中食物交换份数选择

类别	食品类别	每份质量（g）	所需份数（份）	总重量（g）	碳水化合物（g）	蛋白质（g）	脂肪（g）	能量（kcal）	食物选择
1. 碳水化合物提供物	（1）谷薯类	25	10	250	200	20	—	900	面粉50g，燕麦片25g，大米75g，红豆25g，挂面75g
	（2）蔬果类	500	1	500	17	5	—	90	卷心菜50g，韭菜100g，豆芽150g，油菜50g，番茄150g
	（3）水果类	200	1	200	21	1	—	90	苹果200g
2. 蛋白质提供物	（1）奶类	160	1.5	240	9	7.5	7.5	135	牛奶1袋（约240g）
	（2）肉蛋类	50	3	150	—	27	18	270	鸡蛋（大个约60g），瘦猪肉100g
	（3）大豆制品类	25	0.5	12.5	2	4.5	2	45	25g豆腐干（1～2片）
3. 油脂类提供物	（1）坚果类	15	0.5	7.5	1	2	3.5	45	核桃7g
	（2）油脂类	10	2.5	25	—	—	25	225	烹饪油25g
总量					250	67	56	1800	

这些食物分配到一日三餐中可以这样安排：

早餐：牛奶冲燕麦（牛奶1袋250g，燕麦25g）；葱花卷饼（面粉50g，卷心菜50g，橄榄油5g）。

上午加餐：苹果1个200g。

午餐：红豆米饭（含红豆25g，生米量75g）；韭菜炒鸡蛋（含鸡蛋1个60g，韭菜100g，调和油5g）；肉丝炒豆芽（含瘦肉50g，豆芽150g，调和油7g）。

下午加餐：核桃8g左右。

晚餐：番茄肉丝油菜面（含瘦肉50g，油菜50g，番茄150g，挂面75g，调和油5g），拌豆干（含豆腐干25g、橄榄油3g）。

此外，还可以根据食物交换表进行同类食物替换，变成多份食谱。

（三）综合搭配法

食物交换份数法是一个比较粗略的方法，实际应用中，可将计算法与食物交换份法结合使用，首先用计算法确定食物的需要量，然后用食物交换法确定是食物种类及数量。通过食物的同类互换，可以以一日食谱为模板，设计出一周、一月食谱。

第三节 运动期间营养优化方案指导

“运动营养干预”除包含分别制订“运动方案”与“营养方案”外，对于能够规律参加中、大强度运动的人群，还需要注意他们在运动期间的最佳营养补充策略。

针对运动人群的营养补充干预，主要分为两类，一类是运动期间膳食补充的调整，以预防这类人群由于运动消耗引起的营养素缺乏；另一类是针对维持或提升运动表现时所做的营养优化策略，需要应用到当前国际运动营养较为流行的研究——运动营养时间学，也被称为营养择时系统（the nutrient timing system，NTS）。

一、运动人群的营养补充

已知运动人群是指在连续3个月内，每周可进行3次及以上的中等强度及以上的运动，且每次运动持续30分钟及以上。因此，运动人群无论从能量摄入还是营养素需求上都与非运动人群有所差异。针对运动人群，其营养补充应当在普通人群膳食指南下进行以下调整。

（一）调整膳食结构

调整食物结构，适当增加碳水化合物的摄入，主要是增加主食的比例，相应减少动物性食物（主要是肉制品）的比例，特别是含脂肪丰富的食品的摄入。要选择低脂肪、高碳水化合物的谷类食品。为确保优质蛋白质的比例，满足骨骼肌的修复，应注意牛、羊、鸡等瘦肉和鱼类等的摄取，但要避免摄入量过大，以免加重机体代谢负担，同时，也可避免由于肉制品中脂肪含量较高而导致脂肪摄入较多。高碳水化合物膳食有利于恢复和增加糖原储备。

动物性食品的减少，可使脂肪和蛋白质的摄入量都下降。但是，增加主食，减少动物性食品，必然使植物性蛋白质比例增加，即优质蛋白质的比例下降，可适当补充蛋白营养补充品。动物性食物减少还可能造成维生素B_2的减少，可通过维生素复合或单一制剂弥补。健身运动人群服用维生素补充制剂已是常规的事情。

健身运动人群还应该多用鲜奶或酸奶，增加钙的摄取。女性要注重瘦红肉以及其他含铁丰富的食品，以免出现缺铁性贫血。

（二）调整进餐频率（餐制需科学合理）

健身运动人群一天至少3餐，部分项目健身运动人群还要有2～3次的加餐，即每日5～6餐。根据本书第二篇图2-1-8可知，对于运动人群而言，膳食模式1中的少食多餐制对其身体成分改善有较好的影响。运动人群的加餐可围绕运动训练展开，运动前、中餐可预防运动人群过早出现饥饿感和疲劳，而运动后餐可以帮助运动人群尽快消除疲劳，恢复体力。运动期营养素补充可根据运动人群的运动种类与方式进行个性化的合理搭配，因此，这种加餐不仅包括各种零食、小吃，还包括一些运动中使用的运动营养品。

（三）选择适合自己的食品

不同运动人群有自己不同的运动营养干预目标，因此，运动人群不仅需要挑选在生理上和心理上适合自己的食品，还需要根据自身干预目标，考虑食物的适合性，不能强调所有人均一致。在确定好符合自己喜好且能帮助达成干预目标的食物后，可将自己选择的食物固定为运动前、中、后餐，且进餐时间应该尽可能规律、固定，这种对于食物的适应可以避免胃肠不适或心理问题。尤其是当运动人群有比赛任务时，不建议运动人群在比赛期尝试之前训练阶段中未接触过或未进行适应的食品。

（四）正确的补液补糖

运动人群具有出汗速率快、出汗量大、呼吸排水量大等水盐代谢特点，因此，预防运动性脱水尤为重要。在一些长时间大强度运动中，严重的运动性脱水会造成生命危险。运动前与运动中进行合理补液与补糖，可预防运动性脱水的发生以及防止能源物质的耗竭；而运动后也应该尽可能快的补充运动饮料类的饮品，补充量至少为丢失体重的1.5倍，比如体重丢失1千克，应该补充1.5千克运动饮料。补充的目的是补充电解质和碳水化合物，补充越早，越有利于机体的恢复，包括体液和糖原的恢复。

（五）合理选用运动营养食品

由于现代运动的特点和健身运动人群膳食的现状，单靠膳食手段很难满足健身运动人群的营养和体能需要，运动营养食品的合理补充是必要的。但是“补充”指补充膳食的不足，不能夸大运动营养食品的作用或加以滥用。运动营养食品的使用要合理科学，针对每个健身运动爱好者的特殊性，采用个性化的补充计划，适时适量，不能人云亦云随大流（没有针对性），更不能东一榔头、西一棒子（没有完整性和系统性），也不是多多益善（过量将加重机体代谢负担，引起营养素之间的不平衡），此外，价钱最贵的不一定是最好的（性价比才是最好的评判指标）。详细的运动营养食品选用指导详见本书第三篇。

二、营养择时系统

营养择时系统（the nutrient timing system，NTS）理论是由运动生理学家与营养学家通过多项研究得出的一项实用性很强的成果。它是关于运动营养的最新理论，旨在更高效率地增长肌肉并增加肌力，在本系列分册教材中将详细描述增肌对于改善亚健康、减控体重以及维持老年人健康等的重要性，因此，这种方法自然、安全，从儿童到老年人，从初级运动者到专业健身人士、举重运动员均适用，且NTS可在很大程度上帮助运动员突破“平台期”。

最新研究提供的强有力的证据表明，营养素摄入的时间可能比营养素摄入量或食物种类更重要。如在训练后45分钟内摄入低质量蛋白质（如谷物蛋白），实际上比在训练完2小时后摄入优质蛋白（如乳清蛋白）能引起更强的合成作用，且这个差异还不小，2小时后摄入优质蛋白比训练后即刻摄入谷物蛋白的肌肉蛋白合成效应低85%。

NTS理论是围绕运动训练的时间，将肌肉在全天24小时内的生长周期分成三个时期：能量期（energy phase）、合成期（anabolic phase）和生长期（growth phase）。其分期的原理在于，人体的肌肉可根据需要和各种刺激的变化在任何特定时刻调整自身代谢活性，这种特点被称为“代谢敏感性”。代谢敏感性与机体运动期的激素水平、内环境等息息相关。因此，为使肌肉在各个不同时期内获得最佳的代谢功能状态，就应在相应的时期给予适量、正确的营养素，使运动人群更高效率地利用摄入的营养素，最大程度增加营养素的吸收与利用，以达到最佳的肌肉生长、力量增加和运动机能提高的效果（表4-4-21）。

表4-4-21 营养择时系统（NTS）不同时期对应目标及营养素补充配方

时期	目标	营养素种类	数量（约350ml水）
能量期（运动前10分钟和运动中）	（1）增加并促进营养素向肌肉转运，节约使用肌糖原和蛋白质； （2）减轻免疫系统的抑制作用； （3）尽可能减轻肌肉损伤； （4）为运动后快速恢复营造良好的营养环境	高GI碳水化合物（葡萄糖、蔗糖和麦芽糊精）	20 ~ 26g
		乳清蛋白	5 ~ 6g
		亮氨酸	1g
		维生素C	30 ~ 120mg
		维生素E	20 ~ 60IU
		钠离子	100 ~ 250mg
		钾离子	60 ~ 120mg
		镁离子	60 ~ 120mg

（续表）

<table>
<tr><th colspan="2">时期</th><th>目标</th><th>营养素种类</th><th>数量（约350ml水）</th></tr>
<tr><td colspan="2" rowspan="6">合成期（运动后45分钟内）</td><td rowspan="6">（1）使代谢系统从分解代谢转换到合成状态；
（2）增加肌肉血流，加速代谢废物的清除；
（3）恢复肌糖原储量；
（4）启动组织修复并为肌肉生长营造良好的营养环境；
（5）减少肌肉损伤，维护免疫系统功能</td><td>乳清蛋白</td><td>13～15g</td></tr>
<tr><td>高GI碳水化合物（葡萄糖、蔗糖和麦芽糊精）</td><td>40～50g</td></tr>
<tr><td>亮氨酸</td><td>1～2g</td></tr>
<tr><td>谷氨酰胺</td><td>1～2g</td></tr>
<tr><td>维生素C</td><td>60～120mg</td></tr>
<tr><td>维生素E</td><td>80～400IU</td></tr>
<tr><td rowspan="5">生长期</td><td rowspan="3">快速期（运动后前4小时）</td><td rowspan="3">（1）维持较强的胰岛素敏感性；
（2）维持机体的合成状态</td><td>乳清蛋白</td><td>14g</td></tr>
<tr><td>酪氨酸</td><td>2g</td></tr>
<tr><td>亮氨酸</td><td>3g</td></tr>
<tr><td rowspan="2">维持期（运动后16～18小时）</td><td rowspan="2">（1）维持正氮平衡，促进蛋白质合成；
（2）促进蛋白质更新和肌肉增长</td><td>谷氨酰胺</td><td>1g</td></tr>
<tr><td>高GI碳水化合物（葡萄糖、蔗糖和麦芽糊精）</td><td>2～4g</td></tr>
</table>

资料来源：John Ivy，Robert Portman. Nutrition timing system. Basic Health Publications，2004。

（一）能量期

能量期（energy phase）是指能量消耗期，是和训练一致的时间阶段，通常指运动前10分钟和运动中。这个阶段，肌肉的主要代谢目的是释放出足够的能量，以驱动肌肉收缩。而为了帮助肌肉更好地达到这样的代谢目的，按照NTS理论，在这一期间运动营养干预的主要目标包含以下四项：

（1）增加并促进营养素向肌肉转运，节约使用肌糖原和蛋白质。

（2）减轻免疫系统的抑制作用。

（3）尽可能减轻肌肉损伤。

（4）为运动后快速恢复营造一个良好的营养环境。

为达到上述目标，在这个期间需要匹配合理的营养素，其中的关键是碳水化合物，它可以防止肌糖原的耗竭、增强耐力、保持血糖水平、推迟疲劳的发生。如果碳水化合物加蛋白质、特定的氨基酸、维生素，将进一步节省肌糖原，增加肌肉耐力，抑制分解激素——皮质醇的升高（因而减少肌肉损伤并减轻免疫抑制作用），有助于各种酶的快速恢复，以准备下一次的运动。具体营养素补充举例参见表4-4-21。

（二）合成期

合成期（anabolic phase）是指恢复阶段，包括运动结束至运动后45分钟内。这个阶段，肌肉的主要代谢目标是在摄入适当复合营养素的情况下，尽快启动受损伤肌肉的修复，包括肌肉蛋白质的修复和肌糖原储备的补充。为帮助肌肉达成这样的代谢目标，按照NTS的理论，这一期间运动营养干预的主要目标应包含以下五项：

（1）将新陈代谢系统从分解代谢状态转换到合成代谢状态。

（2）增加肌肉血流量，加速代谢废物的清除。

（3）恢复肌糖原储量。

（4）启动组织修复，为肌肉生长营造良好的内环境。

（5）减少肌肉损伤，维护免疫系统功能。

为达到以上目标，这时所需的营养素是碳水化合物+蛋白质+抗氧化剂等。胰岛素是关闭分解系统和开启合成代谢系统的开关，在此45分钟期间，肌细胞对胰岛素的敏感性非常高。随后，这种敏感性很快会下降，在几小时后肌细胞甚至变得对胰岛素产生抵抗，在产生胰岛素抵抗的情况下，肌糖原的恢复、肌肉组织的修复、新的肌肉合成都会明显地下降。所以，这一时期的营养补充非常关键。具体营养素补充举例参见表4-4-21。

（三）生长期

生长期（growth phase）是指合成期结束到下次运动开始的时期，它进一步被分成快速期（运动后的前4小时）和维持期（运动后的16～18小时）。这个阶段，在肌肉相关酶的参与下，增加可收缩蛋白数量、增加肌纤维体积以及最大程度填充能量期所消耗的肌糖原是主要目标。

根据这一需求，生长期的快速期阶段的NTS目标是：

（1）维持较强的胰岛素敏感性；

（2）维持机体的合成状态。

生长期的维持期阶段的NTS目标是：

（1）维持正氮平衡，促进蛋白质合成；

（2）促进蛋白质更新和肌肉增长。

蛋白质和碳水化合物是保持最佳肌肉生长的基本因素，如果在营养素的补充上遵循这一规律，就可以保持高水平的合成状态，完成肌糖原储备、修复肌肉组织损伤和合成新的肌肉。

运动中肌糖原被消耗，甚至耗竭，运动后肌糖原的再合成就成为恢复的关键，同时也是后续训练的必要条件。运动后营养素的及时补充是糖原再合成的关键。运动后首次补糖的时间将明显影响肌糖原的合成速率。运动后即刻给予糖补充，糖原再合成速率高达每小时7～8 μmol/g湿肌。这一速率只能维持约2小时，其后会降低约 50%。6小时后会降到每小时1～2 μmol/g湿肌。除了补糖的时间对肌糖原的再合成有影响之外，补充糖+蛋白复合物对肌糖原的再合成有更大的促进作用。具体营养素补充举例参见表4-4-21。

第四节　运动营养食品及保健食品选用指导

在符合需求性原则、安全性原则、有效性原则及适合性（个性化）原则的前提下选择运动营养食品与保健食品是运动营养干预方案中的重要组成部分。选用具体产品时，关注产品配方、营养成分表是重点，同时应了解其产品功效是否与配方、营养成分相符。本节以康比特系列产品中的部分产品为例，提供选用实践参考，具体产品详情可登录康比特官方网站查询。

对应本章第三节表4-4-21中不同时期营养素种类补充推荐，如适合能量期进行补充的运动营养食品包括康比特加速系列运动固体饮料、康比特高能补充能量运动营养粉、康比特炽金威能饮补充能量运动营养粉、康比特健身饮二代补充能量运动营养粉等；适合合成期进行补充的运动营养食品包括康比特果粒健肌粉速度力量运动营养粉、乳清蛋白粉、分离乳清蛋白粉等；适合生长期进行补充的运动营养食品包括康比特肌励矩阵蛋白、酪泵、蛋白棒、支链氨基酸肽、谷氨酰胺肽等产品。

以补糖类产品为例，适用于运动中补糖的产品包括大众系列产品的“健身饮”、户外运动系列的“加速运动饮料”，其共同特点是补糖的同时也可以补充电解质，不同点是前者以补糖为主，后者以补水为主、补糖为辅。而适用于运动后增加肌糖原恢复的产品是“健肌粉”，其蛋白与碳水化合物的复配，可进一步刺激胰岛素释放，加快促合成效果，适用于增肌增重人群训练后“合成期”使用。大众健身系列中的“分离乳清蛋白”产品、“酪泵”产品，分别以乳清蛋白、乳酪蛋白为配料，前者作为快速吸收且高浓度的蛋白产品，更适合在训练后“合成期”使用，后者作为“缓释蛋白”更适合在训练后“生长期”使用，两款产品都添加了运动人群易缺乏的B族维生素，故均适合供大众健身人群及运动员使用。

此外，除了对于常规运动健身人群的训练帮助外，在膳食基础上合理地添加补充运动营养食品，对于大众保持健康也有帮助。以蛋白粉类产品为例，青少年系列中的“三健特双蛋白粉”产品，配料包含浓缩乳清蛋白、大豆分离蛋白、鱼油与葡萄糖酸锌，其中蛋白配方可缓解青少年运动者因训练压力导致的膳食蛋白不足的风险，帮助青少年运动员更好地强健身体（“健体”）；鱼油配方可补充必需脂肪酸，有利于大脑与视力发育，可缓解青少年学业中的用脑需求（“健脑”）；葡萄糖酸锌中的锌元素有利于青少年的生长发育，确保青少年在克服训练压力、学业压力的前提下，顶住生长压力的需求，健康成长（“健康”）。因此，这一产品因其三类营养素配方主打功能“健体”“健脑”“健康”而被称为“三健特”，适用于青少年运动者，对于一些有同等需求（体弱、有锌缺乏体征、用脑）的办公族也同样适用。

对于长期进行中、大强度运动的专业运动人群而言，改善身体疲劳状态的产品还包含改善运动性低血睾的安全中药组方产品“长白景仙灵”“雄威素片”与“威力聚”等产品。

针对特定具体问题的运动营养品选用方案详见本系列分册教材。

第五节　其他辅助手段配合

在实际的运动营养干预过程中，除了“运动方案”与“营养方案”及其相应的搭配干预手段以外，一些心理干预或行为干预同样重要，尤其是针对客户的一些生活方式和生活习惯的调整上。专业的“心理干预”与“行为干预”需要更多篇幅的讲解，同时属于专业领域干预，但针对运动营养师而言，在运动方案与营养方案干预的过程中发现相应人群的心理特点和行为特点，并进行针对性的积极引导，同时进行整理总结，可形成自己对特定人群的心理干预及行为干预方法准则，这也属于软性技能之一。

一、心理干预

寻求运动营养干预的客户往往抱着希望自己“更健康、更漂亮、更有活力”或“运动表现更出色”的心理目标，因此，这是一个积极的“寻求改变”的意愿。这个意愿的强烈与否，决定了客户对运动营养干预方案的接受度以及坚持程度。

运动营养师在整个干预阶段（从初始信息收集阶段开始）都应当给予客户积极的心理暗示，以帮助客户建立“寻求改变”的内在动力与外在执行力，可以参考以下措施：

（1）建立短期的，有点小难度但易达到的目标，为客户积累“成功经验”。

（2）可为具有相同运动营养干预目标的客户建立线上社群或沟通渠道，通过“他人经验”与“共同目标”鼓励客户积极参与。

（3）对于不同客户出现的“半途而废”心理及原因进行总结，提前准备相关处理方案，对于因方案难度过大无法执行的，预先准备替代方案。

（4）鼓励客户及家人、朋友一起参与改变，营造运动营养干预的积极氛围。

（5）在纠正客户出现的错误前，先肯定客户正确的做法，而后指出错误，并与客户积极探讨原因，为其答疑解惑，进行问题纠正。

积极的心态对于目标达成有显而易见的效果，因此，无论是运动营养师在咨询与指导阶段，还是客户在进行方案执行阶段，都需要培养积极的心理状态与稳定的情绪管理能力。

二、行为干预

针对运动营养干预的不同目标，有多种行为干预方式具有可观效应。很多人的生活习惯不是一天两天培养起来的，而是经过了很长一段时间的积累，因此，很多问题对于身处其中的人来说很难发觉，这就需要运动营养师可以通过各类问询，达到“旁观者清”的作用，对其生活中存在的一些不健康或不妥的行为习惯进行可控范围内的适当纠正。

应用在减控体重中的“非运动性产热”（NEAT）减肥法、行为替代法、改变进食顺序等方法均有较好的效果；对于增肌增重人群，睡眠习惯干预、训练习惯干预都可以达到其干预效果。

本章小结

综合客观测试结果与客户的主观意愿，将获得最终的运动营养干预目标，在确立整体干预目标后，需要依据“SMART”原则制订阶段性干预目标，以确保运动营养方案的有序开展。本章围绕“测、评、练、吃”的思路，列出了五类运动营养干预方案，包含运动方案、膳食营养配餐方案、运动期营养优化指导方案、运动营养食品选用方案及心理、行为干预方案。针对不同人群所制订的不同干预目标，需在以上五类方案中选取部分或全部方案形成综合解决方案，以期最终达成干预目标。

（汤春雪）

参考文献

［1］杨则宜. 国内外运动营养食品发展现状和趋势［J］. 食品工业科技，2004（5）：10–13.

［2］杨则宜. 运动营养食品的现状和未来［J］. 中国食品学报，2006（5）：1–5.

［3］田野，王清，李国平，等. 中国体育科学学科发展综合报告（2006—2007）［J］. 体育科学，2007（4）：3–14.

［4］杨则宜.运动营养师培训教程［M］. 北京：人民体育出版社，2008.

［5］常翠青，艾华.实用运动营养学［M］. 北京：科学出版社，2019.

［6］STEINMULLER PL，KRUSKALL LJ，KARPINSKI CA，et al. Academy of nutrition and dietetics：revised 2014 standards of practice and standards of professional performance for registered dietitian nutritionists（competent，proficient，and expert）in sports nutrition and dietetics［J］. J Acad Nutr Diet，2014，114（4）：631–641.

［7］杨则宜. 运动营养生物化学研究进展［J］. 中国运动医学杂志，2004（2）：158–166.

［8］MAUGHAN RJ，BURKE LM，COYLE EF. Food nutrition and sports performance Ⅱ the international olympic committee consensus on sports nutrition［M］. London and New york：Routledge，2004.

［9］周丽丽，伊木清，杨则宜. 中国优秀运动员血液生化指标恢复值研究［J］. 体育科学，2002，22（3）：96–102.

［10］CAMPA F，MATIAS C，GATTERER H，et al. Classic bioelectrical impedance vector reference values for assessing body composition in male and female athletes［J］. Int J Environ Res Public Health，2019，16（24）：5066.

［11］WISWELL RA，JAQUE SV，MARCELL TJ，et al. Maximal aerobic power，lactate threshold，and running performance in master athletes［J］. Med Sci Sports Exerc，2000，32（6）：1165–1170.

[12] USAJ A, KANDARE F, STARC V. Changes in blood pH, lactate concentration and pulmonary ventilation during incremental testing protocol on cycle ergometer [J]. Pflugers Arch, 2000, 439 (3 Suppl): R220–221.

[13] MOREAU KL, WHALEY MH, ROSS JH, et al. The effects of blood lactate concentration on perception of effort during graded and steady state treadmill exercise [J]. Int J Sports Med, 1999, 20 (5): 269–274.

[14] GLEDHILL N, WARBURTON D, JAMNIK V. Haemoglobin, blood volume, cardiac function, and aerobic power [J]. Can J Appl Physiol, 1999, 24 (1): 54–65.

[15] 冯连世，冯美云，冯炜权. 优秀运动员身体机能评定方法 [M]. 北京：人民体育出版社，2003.

[16] KOCH AJ, PEREIRA R, MACHADO M. The creatine kinase response to resistance exercise [J]. J Musculoskelet Neuronal Interact, 2014, 14 (1): 68–77.

[17] MACHADO M, WILLARDSON JM. Short recovery augments magnitude of muscle damage in high responders [J]. Med Sci Sports Exerc, 2010, 42 (7): 1370–1374.

[18] LUCCIA TPBD. Use of the testosterone/cortisol ratio variable in sports [J]. The Open Sports Sciences Journal, 2016, 9: 104–113.

[19] PEAKE JM, NEUBAUER O, WALSH NP, SIMPSON RJ. Recovery of the immune system after exercise [J]. J Appl Physiol, 2017, 122 (5): 1077–1087.

[20] KAKANIS MW, PEAKE J, BRENU EW, et al. The open window of susceptibility to infection after acute exercise in healthy young male elite athletes [J]. Exerc Immunol Rev, 2010, 16: 119–137.

[21] 卿前东. 运动训练与谷氨酰胺代谢研究进展 [J]. 河北体育学院学报，2010，21 (6)：74–79.

[22] FINAUD J, LAC G, FILAIRE E. Oxidative stress : relationship with exercise and training [J]. Sports Med, 2006, 36 (4): 327–358.

[23] KUSANO C, FERRARI B. Total Antioxidant Capacity: a biomarker in biomedical and nutritional studies [J]. Journal of Cell and Molecular Biology, 2008, 7 (1): 1–15.

[24] GALIUTO L, FEDELE E, VITALE E, et al. Healthy athlete's nutrition [J]. Medicina Sportiva, 2018, 14 (1): 2967-2985.

[25] 周丽丽，杨则宜，伊木清. 中国运动员膳食营养状况调查分析与改进建议 [J]. 中国运动医学杂志，2002 (3): 278-283.

[26] 杨则宜，等. 运动员合理营养知识手册 [M]. 北京：人民体育出版社，1999.

[27] BURKE LM, HAWLEY JA, WONG SH, et al. Carbohydrates for training and competition [J]. J Sports Sci, 2011, 29 (Suppl 1): S17-S27.

[28] 戎爱群. 高水平田赛运动员膳食营养现状调查研究 [J]. 四川解剖学杂志，2013, 21 (4): 1-5.

[29] WARDENAAR F. Evaluation of dietary intake and nutritional supplement use of elite and sub-elite Dutch athletes [D]. Wageningen University, Netherlands, 2017.

[30] KABASAKALIS A, KALITSIS K, TSALIS G, et al. Imbalanced nutrition of top-level swimmers [J]. Int J Sports Med, 2007, 28 (9): 780-786.

[31] POTGIETER S. Sport nutrition: A review of the latest guidelines for exercise and sport nutrition from the American College of sport nutrition, the international olympic committee and the international society for sports nutrition [J]. J Clin Nutr 2013, 26 (1): 6-16.

[32] STEFFL M, KINKOROVA I, KOKSTEJN J, et al. Macronutrient intake in Soccer Players-A Meta-Analysis [J]. Nutrients, 2019, 11 (6): 1305.

[33] HILGER J, FRIEDEL A, HERR R, et al. A systematic review of vitamin D status in populations worldwide [J]. Br J Nutr, 2014, 111 (1): 23-45.

[34] FARROKHYAR F, TABASINEJAD R, DAO D, et al. Prevalence of vitamin D inadequacy in athletes: a systematic-review and meta-analysis [J]. Sports Med, 2015, 45 (3): 365-378.

[35] PELLY F E, THURECHT R. Evaluation of athletes' food choices during competition with Use of digital images [J]. Nutrients, 2019, 11 (7): 1627.

[36] MCDERMOTT BP, ANDERSON SA, ARMSTRONG LE, et al. National athletic trainers' association position statement: fluid replacement for the physically active [J]. J Athl Train, 2017, 52 (9): 877-895.

[37] 周丽丽，高红，许葆华，杨则宜. "运动员及大众膳食营养分析与管理系统"软件在运动员个性化食谱制定中的应用 [C].//2002年第9届全国运动医学学术会议论文摘要汇编. 北京：中国体育科学会运动医专业委员会，2002.

[38] 杨则宜，等. 成功的奥秘——训练以外的强力手段 [M]. 北京：人民体育出版社，1990.

[39] MAUGHAN RJ, BURKE LM, DVORAK J, et al. IOC consensus statement: dietary supplements and the high-performance athlete [J]. Br J Sports Med, 2018, 52 (7): 439-455.

[40] JOVANOV P, DORDIC V, OBRADOVIC B, et al. Prevalence, knowledge and attitudes towards using sports supplements among young athletes [J]. J Int Soc Sports Nutr, 2019, 16 (1): 27.

[41] FRACZEK B, WARZECHA M, TYRALA F, PIETA A. Prevalence of the use of effective ergogenic aids among professional athletes [D]. Rocz Panstw Zakl Hig, 2016, 67 (3): 271-278.

[42] 李勇，蔡木易. 肽营养学 [M]. 北京：北京大学出版社，2007.

[43] HACKNEY AC, HOOPER DR. Low testosterone: Androgen deficiency, endurance exercise training, and competitive performance [J]. Physiol Int, 2019, 106 (4): 379-389.

[44] 张文栋，杨则宜. 实用体能训练营养学 [M]. 北京：人民体育出版社，2014.

[45] ARAGON AA, SCHOENFELD BJ. Nutrient timing revisited: is there a post-exercise anabolic window? [J]. J Int Soc Sports Nutr, 2013, 10 (1): 5.

[46] KERKSICK C, HARVEY T, STOUT J, et al. International society of sports nutrition position stand: nutrient timing [J]. J Int Soc Sports Nutr, 2008 (5): 17.

[47] IVY JL, GOFORTH HW, JR., DAMON BM, et al. Early postexercise muscle glycogen recovery is enhanced with a carbohydrate-protein supplement [J]. J Appl Physiol, 2002, 93 (4): 1337-1344.

[48] 李世成，杨则宜. 活性肽及其在运动中的应用［J］. 中国运动医学杂志，2003，22（2）：174–177.

[49] PEAKE JM. Recovery after exercise：what is the current state of play?［J］. Current Opinion in Physiology，2019，10：17–26.

[50] 任昭君. 运动与营养对自由基代谢的影响［J］. 四川体育科学，2005（3）：24–27.

[51] DAVIS JM，BAILEY SP. Possible mechanisms of central nervous system fatigue during exercise［J］. Med Sci Sports Exerc，1997，29（1）：45–57.

[52] 魏冰，艾华，杨则宜. 运动性低血睾酮的营养干预［J］. 中国运动医学杂志，2006（2）：213–217.

[53] 王元慧，黄元汛. 运动营养与免疫［J］. 安徽体育科技，2006，27（2）：52–55.

[54] 徐凯，张蕴琨. 补充谷氨酰胺与运动能力的研究进展［J］. 南京体育学院学报（自然科学版），2004，3（1）：15–21.

[55] GLEESON M. Immunological aspects of sport nutrition［J］. Immunol Cell Biol，2016，94（2）：117–123.

[56] 尚久华，徐永胜. 长白景仙灵对游泳运动员运动能力和疲劳消除影响的临床研究［J］. 游泳季刊，2003（2）：28–29.

[57] VALERIA L. Tomatoes and lycopene in the athletes' diet［J］. Palestrica of the Third Millennium–Civilization and Sport，2014，15（1）：72–79.

[58] KELKAR G，SUBHADRA K，CHENGAPPA RK. Effect of antioxidant supplementation on hematological parameters，oxidative stress and performance of Indian athletes［J］. J. Hum. Ecol.，2008，24（3）：209–213.

[59] NOCELLA C，CAMMISOTTO V，PIGOZZI F，et al. Impairment between oxidant and antioxidant Systems：short–and long–term implications for athletes' health［J］. Nutrients，2019，11（6）：1–28.

[60] THOMAS DT，ERDMAN KA，BURKE LM. Position of the academy of nutrition and dietetics，dietitians of Canada，and the American college of sports medicine：nutrition and athletic performance［J］. J Acad Nutr Diet，2016，116（3）：501–528.

[61] DESBROWB, MCCORMACK J, BURKE LM, et al. Sports Dietitians Australia position statement: sports nutrition for the adolescent athlete [J]. Int J Sport Nutr Exerc Metab, 2014, 24 (5): 570-584.

[62] 于善旭. 论我国全民健身的宪法地位 [J]. 体育科学, 2019, 39 (2): 3-14.

[63] 胡扬. 从体医分离到体医融合——对全民健身与全民健康深度融合的思考 [J]. 体育科学, 2018, 38 (7): 10-11.

[64] 吴键. 我国青少年体质健康发展报告 [J]. 中国教师, 2011 (20): 9-13.

[65] 国家体育总局. 2014年全国学生体质与健康调研结果 [J]. 中国学校卫生, 2015 (12): 25.

[66] 国家体育总局. 国家体育总局公布《2014年国民体质监测公报》[OL]. [2005-11-25]. http: //sports.people.com.cn/n/2015/1125/c35862-27855794.html.

[67] 首都职工体质促进中心. 北京市行业工会职工体质健康蓝皮书 (2015—2018年). 康比特运动健康营养研究院内部资料, 2019.

[68] 杨则宜. 我国青少年学生体质的现状、问题与对策 [J]. 中国运动医学杂志, 2008 (3): 397-400.

[69] 何际洲, 高博闻, 程辰, 等. 脂肪组织的分类及研究进展 [J]. 组织工程与重建外科杂志, 2017, 13 (4): 224-227.

[70] 运动生物化学编写组. 运动生物化学 [M]. 北京: 北京体育大学出版社, 2013.

[71] 顾景范. 现代临床营养学 [M]. 2版. 北京: 科学出版社, 2009.

[72] 中国营养学会. 中国居民膳食指南2016 [M]. 北京: 人民卫生出版社, 2016.

[73] 中国营养学会. 中国居民膳食营养素参考摄入量 (2013版) [M]. 北京: 科学出版社, 2014.

[74] 中国就业培训技术指导中心. 公共营养师 (第2版) [M]. 北京: 中国劳动社会保障出版社, 2012.

[75] 高言诚. 营养学 [M]. 北京: 北京体育大学出版社, 2010.

[76] MAGISTRETTI PJ, ALLAMAN I. A cellular perspective on brain energy metabolism and functional imaging [J]. Neuron, 2015, 86 (4): 883-901.

[77] HACKNEY KJ, ENGELS HJ, GRETEBECK RJ. Resting energy expenditure and delayed-onset muscle soreness after full-body resistance training with an eccentric concentration [J]. J Strength Cond Res, 2008, 22 (5): 1602-1609.

[78] WESTCOTT WL. Resistance training is medicine: effects of strength training on health [J]. Curr Sports Med Rep, 2012, 11 (4): 209-216.

[79] 美国体能协会（NSCA）. 美国国家体能协会运动营养指南 [M]. 黎涌明，邱俊强，译. 北京：人民邮电出版社，2018.

[80] 丹·贝纳多特. 高级运动营养学（第2版）[M]. 周帆扬，等译. 北京：北京科学技术出版社，2019.

[81] 美国运动医学学会. ACSM运动测试与运动处方指南（第9版）[M]. 王正珍，等译. 北京：北京体育大学出版社，2017.

[82] 陈吉棣. 推荐的中国运动员膳食营养素和食物适宜摄入量 [J]. 北京：中国运动医学杂志，2001.

[83] 孙长颢. 营养与食品卫生学（第8版）[M]. 北京：人民卫生出版社，2018.

[84] 谢桂英，李冰晓，俞旗. 5-羟色胺与运动性中枢神经系统疲劳 [J]. 中国临床康复，2004，5（23）：108-109.

[85] 张爱芳. 实用运动生物化学 [M]. 北京：北京体育大学出版社，2007.

[86] ROWLANDS DS, ROSSLER K, THORP RM, et al. Effect of dietary protein content during recovery from high-intensity cycling on subsequent performance and markers of stress, inflammation, and muscle damage in well-trained men [J]. Appl Physiol Nutr Metab, 2008, 33 (1): 39-51.

[87] HOFFMAN JR, FALVO MJ. Protein-Which is Best? [J]. J Sports Sci Med, 2004, 3 (3): 118-130.

[88] SCHAAFSMA G. The protein digestibility-corrected amino acid score [J]. Journal of Nutrition, 2000, 130: 1865S-1867S.

[89] Position of the American Dietetic Association, Dietitians of Canada, and the American College of Sports Medicine. Nutrition and Athletic Performance [J]. Journal of the American Dietetic Association, 2009, 109: 509-527.

[90] ZAWADZKI KM，YASPELKIS BB，3RD，IVY JL. Carbohydrate-protein complex increases the rate of muscle glycogen storage after exercise [J]. J Appl Physiol (1985)，1992，72 (5)：1854-1859.

[91] TIPTON KD，BORSHEIM E，WOLF SE，et al. Acute response of net muscle protein balance reflects 24-h balance after exercise and amino acid ingestion [J]. Am J Physiol Endocrinol Metab，2003，284 (1)：E76-89.

[92] TIPTON KD，FERRANDO AA，PHILLIPS SM，et al. Postexercise net protein synthesis in human muscle from orally administered amino acids [J]. Am J Physiol，1999，276 (4)：E628-634.

[93] John Ivy，Rober Portman. 营养时间的最佳选择 [M]. 李文建，译. 重庆：重庆大学出版社，2013.

[94] CUTHBERTSON D，SMITH K，BABRAJ J，et al. Anabolic signaling deficits underlie amino acid resistance of wasting，aging muscle [J]. FASEB J，2005，19：422-424.

[95] MOORE DR，ARETA J，COFFEY VG，et al. Daytime pattern of post-exercise protein intake affects whole-body protein turnover in resistance-trained males [J]. NutriMetab (Lond)，2012，9 (1)：91.

[96] ARETA JL，BURKE LM，ROSS ML，et al. Timing and distribution of protein ingestion during prolonged recovery from resistance exercise alters myofibrillar protein synthesis [J]. J Physiol，2013，591 (9)：2319-2331.

[97] WITARD OC，JACKMAN SR，BREEN L，et al. Myofibrillar muscle protein synthesis rates subsequent to a meal in response to increasing doses of whey protein at rest and after resistance exercise [J]. Am J Clin Nutr，2014，99：86-95.

[98] Frances Sienkiewicz Sizer，Eleanor Noss Whitney. 营养学——概念与争论（第 8 版）[M]. 王希成，主译. 北京：清华大学出版社，2004.

[99] 于康. 膳食纤维及其在慢性疾病防治中的作用 [J]. 中国食物与营养，2006，1 (1)：49-52.

[100] 孙秀发. 临床营养学 [M]. 北京：科学出版社，2004.

[101] 莫恩. 运动营养 [M]. 杨则宜，译审. 北京：人民体育出版社，2004.

［102］陈吉棣. 运动营养学［M］. 北京：北京医科大学出版社，2002.
［103］郑集. 普通生物化学［M］. 4版. 北京：高等教育出版社，2010.
［104］常翠青. 运动与肥胖［J］. 中国运动医学杂志，2003，22（6）：593-596.
［105］邱俊强，陈演，车开萱，等. 运动科学领域的研究热点与进展——第66届美国运动医学年会综述［J］. 体育学研究，2019，2（4）：78-87.

北京康比特运动健康营养研究院简介

北京康比特体育科技股份有限公司（CPT）成立于2001年5月，是一家集运动营养食品研发与制造、专业体育科技和体育产业投资为一体的综合性高新技术企业，长期致力于为专业运动员、大众健身健美人群、青少年学校体考人群、特战部队、野外救援及应急指挥部队及户外运动人群等群体提供安全有效的运动营养食品及科学化体质健康促进综合解决方案。2001年至今，康比特连续数届成功入选奥运会供应商名录，并被评为2008年北京奥运会优秀供奥企业，2017年被授予国内首个运动营养食品生产许可，2019年康比特检测中心实验室荣获CNAS实验室国家级认可。康比特作为中国运动营养行业的开创者，自2004年起积极推动我国运动营养食品行业标准、国家标准及安全标准的编制修订，为填补我国运动营养食品法规空白，规范行业发展贡献了重要力量。

康比特运动健康营养研究院（CPT Institute of Sports Nutrition，CISN），目前已成功研发康比特系列产品一百余种，注册商标400余件，拥有161项自主知识产权，其中著作权34项，专利知识产权127项（发明专利占89项），并相继承担十余项国家级、部级科研课题与项目合作，其研发的科学训练综合信息数字化管理平台也是康比特继运动营养生化监控恢复系统之后在体育科技领域的又一创新，目前这一平台已经应用于多项目运动队的奥运备战中。

自2004年起，为满足体育产业及市场需求，研究院旗下运动营养学院组织开展《运动营养师》课程培训项目，全力打造复合型运动营养专业人才。该培训项目曾先后与中国人力资源和社会保障部中国就业培训技术指导中心、国家体育总局人力资源开发中心、中国食品科学技术学会运动营养食品分会、台湾运动营养学会合作，集康比特公司近20年运动营养食品、技术、服务体系研究成果于一体，通过与国内外多所著名高校建立产学研合作，建立了“应用反馈-理论及实践研究”的良性循环，保证课程内容科学准确，同时紧跟国际前沿理论，目前已形成完整培训体系，具备导师百余名，培训学员数万人，持续服务于竞技体育运动、大众健身运动、青少年体育、中老年健康与慢病、国民体质健康促进项目等运动营养众多领域。